Jiancha Gongzuo
Chuangxin yu
Jizhi
Yanjiu

检察工作
创新与机制研究

罗昌平　著

中国检察出版社

图书在版编目（CIP）数据

检察工作创新与机制研究/罗昌平著 . —北京：中国检察出版社，2009.11

ISBN 978 - 7 - 5102 - 0176 - 9

Ⅰ . 检…　Ⅱ . 罗…　Ⅲ . 检察机关—工作—研究—中国

Ⅳ. D926. 3

中国版本图书馆 CIP 数据核字（2009）第 187732 号

检察工作创新与机制研究

罗昌平　著

出　版　人：袁其国

出版发行：中国检察出版社

社　　　址：北京市石景山区鲁谷西路 5 号（100040）

网　　　址：中国检察出版社（www. zgjccbs. com）

电子邮箱：zgjccbs@ vip. sina. com

电　　　话：(010) 68630384（编辑）　68650015（发行）　68636518（门市）

经　　　销：新华书店

印　　　刷：三河鑫鑫科达彩色印刷包装有限公司

开　　　本：720mm ×960mm　16 开

印　　　张：22 印张　插页 4

字　　　数：418 千字

版　　　次：2009年12月第一版　2009年12月第一次印刷

书　　　号：ISBN 978 - 7 - 5102 - 0176 - 9

定　　　价：42.00 元

前　　言

　　理论来源于实践，理论又反过来指导实践。这是马克思主义认识论的基本原理，也是检察工作创新与机制完善的基本要求。当前，检察工作正面临着加快改革发展的重要机遇期。时代的要求和检察工作的宗旨对检察机关法律监督职能提出了更新更高的标准和要求。适应新形势、完成新任务，必须加快推进检察工作创新与机制完善，为检察工作注入新的生机与活力。

　　检察工作创新与机制完善，离不开检察理论的创新发展和检察工作的客观实践。在长期的检察实践中，我尤为关注对检察工作创新与机制建设的重点、热点和难点问题的收集、整理和深入研习，经过边实践、边探索，相继形成了一些研究成果在国家核心期刊、报纸上发表、获奖，这为本书的撰写积累了相当的素材。

　　本书选取的都是当前检察工作中备受关注、颇有争议、重大疑难的问题进行重点研究，比如检察工作一体化机制、刑事被害人司法救助问题、新《律师法》实施与检察工作、检察业务管理机制、知识产权检察工作等，分别从全局、战略、前瞻的角度进行阐释，探索诉讼规律和检察工作法律监督的特性。在研究过程中，立足工作实际，认真思考影响和制约检察工作的深层次问题，梳理归纳、提炼整合检察工作中已有的规则做法，着眼于基础理论和实际应用两个方面，不断拓展检察工作的新领域。

　　检察工作是一项"精密化"程度很高的工作，需要理性知识和经验智慧的传承，更需要我们孜孜以求的执著精神，在探索中不断前行、在创新中实现发展。希望借此对我国检察制度的科学发展有所裨益，这也是本书写作的初衷。

罗昌平

2009 年 10 月

目　　录

第二部分　工作创新研究

第三部分　检察机制研究

第一部分

法律监督研究

第一章 刑事政策在构建社会主义和谐社会中的功能

第一节 刑事政策是构建社会主义和谐社会的重要手段

一、刑事政策的含义

关于刑事政策的概念，国内外学者们的认识大相径庭，分歧极大，基本状况是，有多少个刑事政策研究者大概就有多少种刑事政策概念。可以这样认为，至今几乎所有关于刑事政策的著述，找不到两个完全相同的刑事政策定义。刑事政策这一概念最早出现在 18 世纪末 19 世纪初德国法学教授克兰斯洛德和费尔巴哈的著作中。克兰斯洛德认为，刑事政策是立法者根据各个国家的具体情况而采取的预防犯罪、保护公民自然权利的措施；费尔巴哈则认为，刑事政策是国家据以与犯罪作斗争的惩罚措施的总和，刑事政策是立法国家的智慧。20 世纪初德国刑法学家李斯特将刑事政策定义为"国家与社会据以组织反犯罪斗争的原则的总和"。法国著名法学家安塞尔将刑事政策视为"观察的科学"与"组织反犯罪斗争的艺术与战略"，他指出："刑事政策是由社会，实际上也就是由立法者和法官在认定法律所要惩罚的犯罪，保护'高尚公民'时所作的选择。"粗略地划分一下，对刑事政策的概念的划分大致有广义的刑事政策、狭义的刑事政策以及折中说三派。

(一) 广义的刑事政策

这一观点认为刑事政策就是一个国家的社会总政策中专门处理犯罪问题的那部分；刑事政策是社会政策的组成部分；刑事政策应该与自由、平等、团结、安全等社会发展目标联系起来，应鼓励社会多方面的宏观范围的参与，而不应仅仅依赖传统的刑法武器或刑罚。

（二）狭义的刑事政策

这一观点认为，刑事政策不可能涉及所有与犯罪现象有关联的社会问题（诸如就业条件、失业、社会保障等），刑事政策的研究对象应当是与犯罪作斗争的各种方法，这些方法既可以是立法的和行政的，也可以是司法的，即对犯罪的一般预防、特殊预防和惩罚。

（三）折中说

这一观点既不主张将刑事政策完全划到社会政策中去，也反对那种认为刑事政策就是研究刑法或刑事措施的科学的观点，而是突出强调刑事政策学研究对象的双重性。刑事政策应是实在的，应是可以或已经在特定国家付诸实施的；换言之，刑事政策学首要的任务就是将刑事政策作为一个社会现象来研究。从应用的或实践的立场出发，刑事政策学应在观察、研究的基础上提出一整套合理有效的打击犯罪、保护社会的战略战术。因此，刑事政策学的研究范围就不应仅仅局限于一时或一国，而应该是纵横相兼的，既要从总体战略角度去研究，分析世界各国的刑事政策，掌握其要领，又要在纵深上有所突破，深入研究某一特定国家刑事政策所涉及的具体问题，如犯罪现象加剧或者暴力行为上升，或者一般公众对于经济犯罪的反应等；也可以是刑事法律中某些具体制度，如缓刑、假释、减刑或者少年法官或者刑罚执行法官等，刑事诉讼法及其有关制度（如陪审制、预审、定罪、判决、执行等）也不应被忽略。

综上所述，我们认为刑事政策可定义为，国家基于预防犯罪、控制犯罪以保障自由、维持秩序、实现正义的目的而制定、实施的准则、策略、方针、计划以及具体措施的总称。刑事政策的制定与发展受制于国家、社会发展的需要和各阶段的社会治安形势。当这些因素发生变化时，刑事政策的主要内容也应作出相应的调整，否则就会影响刑事法律效能的发挥。刑事政策的价值主要包括防止犯罪、保护社会、维持秩序三个方面。

首先，刑事政策应以预防、抑制、减少犯罪为目的。刑事政策的目的是将犯罪控制在为国家、社会可容忍的范围之内，而非消灭犯罪。"消灭犯罪"在一个可预见的时期内是一个过高的目标，将此落实到实践中，容易使刑事政策出现偏差。因此，承认犯罪的不可消灭但可以预防和抑制，是刑事政策的逻辑起点。刑事政策不应局限于刑事法律领域，而应当扩展到更为广泛的社会领域。德国法学家李斯特曾说过，"最好的社会政策是最好的刑事政策"。但是，非以控制、预防犯罪为目的的政策，不能视为刑事政策。这是刑事政策与社会政策的基本区别。

其次，刑事政策应以保护社会为目的。预防犯罪是为了保护社会免遭侵害，刑事政策的目的从预防犯罪扩张到保护社会，为刑事政策设定了更为广泛的空间。刑事政策以犯罪为对象，但是又不局限于刑法意义上的犯罪，客观上危害社会的行为和具有犯罪危险的人均应纳入刑事政策的观察、调整范围，如某些精神病人、行为偏差的未成年人等。

再次，刑事政策应以维持秩序为目的。预防犯罪和保护社会都是为了维护秩序。而良好的社会秩序反过来又可以减少犯罪，从而保护社会。为了有效预防犯罪，国家和社会依法干涉与犯罪相关的因素，由此而形成的控制策略、措施等都属于刑事政策的范畴。

二、刑事政策的价值

刑事政策的价值主要表现在对刑事立法与刑事司法之间因适应新情况所进行的调配和节制，如对打击范围的划定，打击重点的确定，打击程度的设定，打击方式的选定等，具体表现在：

（一）在刑事法律规则缺乏或者不明确的情况下，需要刑事政策适度出场

与法律的保守性、稳定性相伴的僵化性所导致的法律规范不能适应于社会实际情况和实际要求的现象，广泛地存在于各个国家。司法中遇到类似刑事法律规则缺乏或者不明确的情况，就需要综合运用相关政策进行分析，进而采取相应的司法活动，力求取得最大社会效果。我国正处于社会转型期，新情况、新问题层出不穷，这种情况也在所难免。如倒买倒卖，计划经济时代被认为是投机倒把而禁止，市场经济条件下则为受鼓励的合法的经营行为。当时在 1979 年刑法未作修改的情况下，司法机关灵活运用刑事政策，根据先进生产力的要求，正确认定行为性质，未将这部分行为作犯罪处理，促进了经济发展和社会全面进步。

（二）司法推动新的法律规则的确立，需要刑事政策这一中介

政策是法律的灵魂，法律是政策的定型化和具体化。政策应当推动法律的变化，法律可以在政策的指导、推动、影响下进行重大的甚至于相反的立法改变以及创造性的应用。成功的、成熟的刑事政策应当纳入刑事法律之中。其实，这些政策性规则一旦确立，便具有了法律所具有的确定性和客观化的特征，因而可以进一步地通过立法程序纳入刑事法律的范围而成为法律，这也就是刑事政策的法律化。在司法中产生并确立的刑事政策，通过司法的实践和磨合，最终上升为立法，可以减少一项新的立法对社会的冲击，有利于法律的实施和社会的稳定。

（三）现有法律的适用上，更需要刑事政策的调节

　　刑事政策法律化是刑事政策过程的终结，是刑事政策合法化的一种重要而又特殊的形式。所有的刑事政策均需要合法化，但是并非所有的刑事政策都需要法律化。在我国，有政策学学者认为："政策或多或少地含有'人治'的味道，只有将成熟、成功的政策及时法律化，才能逐渐向'法制'靠近。"也有刑法学者认为应当减少刑事政策的出台和适用。总体上讲，这是正确的。但是，我们必须看到，刑事法律作为抽象的一般规则体系常常不可能直接地、显而易见地对应于所有的具体案件事实。像国家根据具体犯罪状况采取的具体行动计划、措施等一般刑事政策一般也难以或不可能纳入刑事法律，这一领域恰恰是刑事政策大有作为的领域，在这一领域，刑事政策的作用不是应当削弱，而是应当加强，以起到对刑事法律的补充作用。如2002年3月15日起施行的最高人民法院、最高人民检察院《关于执行〈中华人民共和国刑法〉确定罪名的补充规定》将刑法第236条的罪名确定为强奸罪，从而取消了沿袭已久的奸淫幼女罪的罪名。这样一个貌似平常的罪名修改活动却隐含了刑事政策非常明显的价值转向。根据我国刑法规定，在司法解释还没有将奸淫幼女行为纳入强奸罪时，限制刑事责任年龄的人实施奸淫幼女行为是不负刑事责任的，而司法解释将奸淫幼女行为纳入强奸罪之后，这些限制刑事责任人实施奸淫幼女行为则应当负刑事责任。

　　首先，各个社会群体不同特点要求刑事政策的调节。如未成年人正处于生理不成熟与心理不稳定状态，可塑性强，违法犯罪后具有较易接受教育改造的特点，在办理未成年人刑事案件中，要贯彻"教育、感化、挽救"工作方针和"教育为主，惩罚为辅"的刑事政策，注意有别于成年人的刑事司法，根据未成年人的特点开展司法包括检察工作，探索特殊审理方法，有针对性地进行教育、感化和挽救工作，切实保障未成年犯罪嫌疑人、被告人的合法权益。检察工作中对犯罪情节较轻、系初犯、偶犯、自首、有认罪悔改表现，且有帮教条件能落实社会帮教措施的，或可能被判处免刑、缓刑或单处罚金的，也能落实帮教措施的未成年犯罪嫌疑人，严格执行"可捕可不捕的坚持不捕、可诉可不诉的坚持不诉"的刑事政策，贯彻惩教相结合的原则，一般均作出不批准逮捕决定或不起诉决定。

　　其次，不同时期形势变化要求刑事政策的调节。一行为，在不同社会时期，受社会形势影响，其危害性是不同的。因而其应受刑罚也应是不同的。根据形势和社会危害性的不同，我们就可以制定相应的刑事政策，在较大的量刑幅度内确定应处的刑罚。

　　再次，各个地区不同情况要求刑事政策的调节。我国由于沿海、内地的经济

发展不平衡，一定数额的行为对社会的危害程度也是不一样的。而且刑事司法需要讲求对社会中犯罪行为的控制力、控制面，考虑社会对犯罪行为的承受力，公民的心理承受力，而不是过分追求数量。而这种承受力的大小，其程度也要受到经济发展水平、公民法制意识以及其他各种因素的影响，因而在各地区也存在差异。如受贿罪起点全国规定 5000 元，上海要求集中精力查处大案要案，这样就可以达到控制社会犯罪的目的，从而降低司法成本，有效控制犯罪；上海规定盗窃罪起刑点为 2000 元，后一度社会上入户盗窃行为严重，司法机关及时进行了研究，认为入户盗窃危险性、危害性都要比一般盗窃大，于是马上进行调整，降为 1000 元，加大打击力度，取得了较好的司法效果。

最后，刑事司法理念的落实要求刑事政策的调节。如司法工作目标是实现全社会公平正义，要追求社会公正，有时就需要对新类型、刚露头、有可能作大成势的犯罪行为，及时统一思想，形成政策，加大打击力度，来有效遏制犯罪。上海一度利用贷计凭证等金融票据实施诈骗犯罪十分猖獗，一度集资诈骗犯罪也兴风作浪等，司法机关就及时进行研究，统一思想，通过刑事政策调节，对这类犯罪都处以了较重的刑罚，起到了良好的社会效果。又如上海一度飞车行抢等违法犯罪活动突出，司法机关一方面正确界定飞车抢夺与抢劫的界限，另一方面考虑飞车抢夺的严重社会危害性和对人身安全的威胁性，及时将这类犯罪的起刑点从 2000 元降到 800 元，很快遏制了此类犯罪的蔓延势头，社会效果是好的。再如在处理暴力袭警案中，一方面要维护警察依法行使职权，树立执法权威；另一方面要规范公权力的行使，要在维护公共利益与维护私权利之间取得平衡。于是就运用了区别对待的刑事政策，对那些在实施违法犯罪过程中暴力袭警，以及蓄意伤害警察，妨碍执行公务，挑战法律权威等行为，坚决惩处，维护法律尊严；而对那些只是一时冲动，有对执法人员拉拉扯扯、推推搡搡之举的，则行政处罚就可以起到教育惩罚目的的，一般不动用刑法，否则打击面太大，反而不利于维护法律尊严和社会稳定。

当然，我们所说的政策指导法律，是建立在对形势作出符合客观实际的分析的基础上的，在实际执行中也要求必须依法办事。这同“法律虚无”完全是两码事。这是因为：

一是刑事政策和刑事法律在原则上是一致的，二者都必须为党和国家的中心任务服务。

二是法律的抽象性要求刑事政策的调节。由于刑事法律具有相对稳定性，刑事政策具有相对灵活性，而客观情况是在不断变化的，刑事法律要在不断变化着的各种复杂情况下与时俱进，服从服务于党和国家的中心任务，得到正确的适用，就必须靠刑事政策指导作保证。刑事政策根据客观形势加以调整，发挥指导正确适用刑事法律的作用。

三是刑事政策对司法的指导也是在法律范围内的指导。任何刑事政策决定都不能违背已有的刑法基本原则和具体规则。刑法的基本原则，例如刑法明确规定的罪刑法定原则、罪刑相当原则、法律面前人人平等原则等，是任何刑事政策执行过程中不可逾越的原则。这些原则，不仅是刑事司法活动而且也是刑事立法所不可以违背的基本原则，任何政策性选择都不可以超越于这些原则之上。所以这一政策过程必须"法为本、政策为末"，本末不可倒置，政策的制定与实施必须遵守，符合宪法、法律，而不能超越宪法、法律。同时在具体适用法律时，政策的指导作用也是限定在法律范围内的。刑事法律在制定时本身就已经为刑事政策的适用留出了空间。我国刑法关于社会危害程度是量刑根据的规定，就包含有量刑必须考虑形势需要的内容。同时刑法上规定了较大的量刑幅度，以及从轻、减轻、免除或从重处罚的情况等，赋予司法机关一定的自由裁量权，体现了对司法机关要根据案件的具体情况适用法律，以取得最佳办案社会效果的要求。

总之，刑事政策是人类理性在刑事领域觉醒的产物。本世纪，刑法界形成了一项共识，刑法刑事政策化，刑事政策是刑法的灵魂。刑事政策是否合理，直接制约惩罚与预防犯罪的效果。在现实生活中，社会公众和决策机构要求继续加大刑罚力度的余地已经极为有限。因此，如果再不运用刑事政策对司法进行合理调整，则必将为此付出沉重代价。我们要深刻领会构建社会主义和谐社会的重要内涵，及时掌握新情况，善于运用刑事政策，做到与时俱进，维护社会公平和正义，使法律效果和社会效果在司法中得到有机的统一。

三、刑事政策在构建社会主义和谐社会中的作用

党的十六届四中全会，进一步提出了构建社会主义和谐社会的任务，强调形成全体人民各尽其能、各得其所而又和谐相处的社会是巩固党执政的社会基础、实现党执政的历史任务的必然要求。根据马克思主义基本原理和我国社会主义建设的实践经验，根据新世纪新阶段我国经济社会发展的新要求和我国社会出现的新趋势新特点，我们所要建设的社会主义和谐社会，应该是民主法治、公平正义、诚信友爱、充满活力、安定有序、人与自然和谐相处的社会。民主法治，就是社会主义民主得到充分发扬，依法治国基本方略得到切实落实，各方面积极因素得到广泛调动；公平正义，就是社会各方面的利益关系得到妥善协调，人民内部矛盾和其他社会矛盾得到正确处理，社会公平和正义得到切实维护和实现；诚信友爱，就是全社会互帮互助、诚实守信，全体人民平等友爱、融洽相处；充满活力，就是能够使一切有利于社会进步的创造愿望得到尊重，创造活动得到支

持，创造才能得到发挥，创造成果得到肯定；安定有序，就是社会组织机制健全，社会管理完善，社会秩序良好，人民群众安居乐业，社会保持安定团结；人与自然和谐相处，就是生产发展，生活富裕，生态良好。和谐社会理论的提出，继承、丰富和发展了科学社会主义理论，开辟了中国特色社会主义事业的新境界，对于巩固党的社会基础、实现党执政的历史任务，实现好、维护好、发展好最广大人民的根本利益，紧紧抓住和用好重要战略机遇期，实现全面建设社会的宏伟目标，具有重大而深远的意义。

构建社会主义和谐社会，其重要的一个方面就是妥善处理好人民内部矛盾和其他社会矛盾。当这些矛盾纠纷以案件形式进入到刑事领域，刑事政策就要充分发挥其在立法和司法中的导向、调节和补充的功能，与刑事立法、司法相辅相成，相得益彰，为合理处理矛盾纠纷，恢复被破坏的社会关系，维护社会稳定和经济社会发展创造良好的法治环境和条件。具体而言，在构建社会主义和谐社会过程中，刑事政策应重点在以下几个方面发挥积极而重要的作用。

一是依法保障国家、社会和人民群众的合法权益。刑事政策对公民的保护即国家通过惩处和预防违法犯罪，使公民的权益免受不法侵害，保护公民的人身自由权、民主权利、财产权利和其他权利，保护公民的基本利益。公民的权益与社会利益又是紧密联系，不可截然分开的，因而另一方面，刑罚法规所予保护的利益，未必仅限于公民的利益。有时国家本身的利益也可成为受刑罚法规保护的对象，如刑法中的内乱罪、妨害公务执行罪等。另外，公共利益有时也成为刑罚法规所予以保护的对象，如交通肇事罪、伪造文件罪、伪造货币罪等。因此，在制定旨在保护上述利益的刑罚法规时，就得对国家或社会利益以及个人利益作出比较衡量。国家保护国家利益、社会利益实质也是保护公民的利益。比如要正确处理立法中犯罪化与非犯罪化的关系，其实质是平衡和协调国家利益、社会利益和个人利益的关系，促进社会和个人的全面发展；司法中的刑罚化与非刑罚化的关系，其实质是通过正当法律程序，保障犯罪嫌疑人、被告人在刑事诉讼过程中的诉讼权利，规范国家刑罚权的发动过程，防止公民的权利和自由在诉讼过程中被国家刑罚权侵害，同时从保护弱者和有利于教育的角度出发，对犯罪人能采用其他的方法，就尽量不使用刑罚方法。

二是依法维护社会稳定。实践表明，凡是建立了政治或社会组织单位的地方，都力图防止出现不可控制的混乱现象，也曾试图确立某种适于生存的秩序形式，而且是秩序压倒了无序，有序生活方式要比杂乱生活方式占优势。社会稳定对于人来说是一种安全的需要，是一种价值追求。在混乱状态之下，人的生存都成为困难的时候，人是无法顾及发展的。每一个人和所有人的发展，都会对于社会稳定提出一定的要求。相对的稳定是发展的客观前提，发展是一种在生存基础上的进步，如果说生存需要稳定，发展更离不开稳定。刑事政策的目的是打击犯罪、预防犯罪，以维护稳定的社会秩序，这是刑事政策的基本价值。我国的刑事发案在 20 世纪 90 年代前呈波浪式上升的态势，90 年代以后呈台阶式上升的现象，而且发案高峰出现了间隔期缩短、平台期拉长的变化。进入新世纪，刑事犯罪也进入新的活跃期。2000 年全国刑事发案达到 363 万多起，再创新中国成立以来的新高。随着城市化进程的加快，犯罪也开始向城市集中，使城市犯罪比重迅速增加。上海刑事发案率占全国的比重就从 1991 年的 1.2% 上升到 2003 年的 2.37%。而且呈现继续高速增长的态势，上海刑事案件年增幅 2004 年为 21%、2005 年为 0.4%。在社会转型过程必然出现有序——相对无序——有序的过程，刑事政策的任务就是要控制和预防犯罪，减少社会改革的震荡，避免出现无序，并在法律确定的秩序中推动、促进社会改革。没有社会稳定的存在，社会的公平、正义就会受到威胁并缺乏保障，其他价值就无法得到实现。

三是依法维护和实现社会公平和正义。维护和实现社会公平和正义，涉及最广大人民的根本利益，是我们党坚持立党为公、执政为民的必然要求，也是我国社会主义制度的本质要求。只有切实维护和实现社会公平和正义，人们的心情才能舒畅，各方面的社会关系才能协调，人们的积极性、主动性、创造性才能充分发挥出来。刑事政策的首要的长期的使命是通过满足人身和财产的安全需要以保障社会整体的和谐和延续。为保障安全必须要对违法犯罪行为采取惩罚和预防的对策，而任何违法犯罪行为都是对社会正义的背离和损害，通过对违法犯罪的惩罚和预防就可以使社会正义得到修复和回归。具体表现为，通过惩罚和预防违法犯罪，使违法行为得以抑制，恢复社会正常的公平正义准则。又比如我国幅员辽阔，各地经济文化发展水平不一，而刑事法律中的有些规定比较原则、概括，在具体的地区需要进一步明确细分。如刑法第 264 条规定盗窃罪，但是对于数额较大的标准却没有明确规定。最高人民法院、最高人民检察院、公安部〔1998〕3 号文《关于盗窃罪数额认定的标准问题》规定，"个人盗窃公私财物数额较大，以五百元至二千元为起点"。在上海地区目前适用的就是以 2000 元为起点的标准。

四是依法处理好新形势下的人民内部矛盾。社会主义和谐社会并不是没有矛盾的社会。矛盾运动是社会发展的基本动力，这是马克思主义的一个基本道理。构建社会主义和谐社会的过程，就是在妥善处理各种矛盾中不断前进的过程，就是不断消除不和谐因素、不断增加和谐因素的过程。随着我国改革发展进入关键时期，我国社会存在的一些人民内部矛盾出现了多发多样的状况。这是我国社会深刻变革中难以完全避免的现象。关键是我们要正视矛盾，找到化解矛盾的正确途径和有效方法，形成妥善处理矛盾的体制机制，而不能让矛盾积累和发展起来，以致影响国家改革、发展、稳定的大局。注重运用恰当的刑事政策减少人民内部矛盾的发生。例如 2000 年 11 月 21 日最高人民法院《关于审理交通肇事案件具体应用法律若干问题的解释》第 1 条第 3 项规定：造成公共财产或者他人财产损失，负事故全部责任或者主要责任，无能力赔偿数额在 30 万元以上的，才构成交通肇事罪。该规定其实就是一个关于交通肇事罪的具体刑事政策，是刑事法律的政策化，该政策贯彻了关于过失犯罪的基本刑事政策的精神，同时体现了政策主体关于交通肇事罪的价值选择，如果交通肇事的被害人所受到的巨大物质损失（30 万元）可以获得补偿，就可以有效缓解社会和被害人对肇事者的痛恨，而肇事者也受到了一定的惩戒，已经达到预防犯罪的目的，同时也完全能够起到一般预防的作用，在这种情况下再对肇事者处以刑罚已没有多大实际意义。

五是加强生态环境建设和治理工作。大量事实表明，人与自然的关系不和谐，往往会影响人与人的关系、人与社会的关系。如果生态环境受到严重破坏、人们的生产生活环境恶化，如果资源能源供应高度紧张、经济发展与资源能源矛盾尖锐，人与人的和谐、人与社会的和谐是难以实现的。目前，我国的生态环境形势相当严峻，一些地方环境污染问题相当严重。随着人口增多和人们生活水平的提高，经济社会发展与资源环境的矛盾还会更加突出。如果不能有效保护生态环境，不仅无法实现经济社会可持续发展，人民群众也无法喝上干净的水，呼吸上清洁的空气，吃上放心的食物，由此必然引发严重的社会问题。要科学认识和正确运用自然规律，学会按照自然规律办事，更加科学地利用自然为人们的生活和社会发展服务。充分运用党的刑事政策，坚决禁止和打击各种掠夺自然、破坏自然的做法。

第二节 充分发挥刑事政策在构建社会主义和谐社会中的功能

提高构建社会主义和谐社会的能力，是增强党的执政能力的一个重要方面。同时，也为我们提出了亟待研究的重大课题：如何通过刑事政策的供给促进社会的和谐发展，提高党构建和谐社会的能力。总结我国的经验教训，我们发现当前刑事政策制定和实施中不利于和谐社会构建的主要问题在于：

一是刑事政策目标模糊，不利于民主法治局面的建设。主要表现为：1. 有的刑事政策制定过于原则。如中共中央、国务院《关于加强社会治安综合治理的决定》等主要是纲领性政策文件，操作性不够。2. 相关行政法规滞后，导致刑事政策无法充分发挥作用。如对于《刑法》第 225 条非法经营罪的适用，完全依赖于行政法规中对于"违反国家规定"的具体规定，目前对该罪的认定就是依靠一系列行政法规出台后又制定的《关于惩治骗购外汇、逃汇和非法买卖外汇犯罪的决定》、《关于办理赌博刑事案件具体应用法律若干问题的解释》、《关于办理假冒伪劣烟草制品等刑事案件适用法律问题座谈会纪要》、《关于办理妨害预防、控制突发传染病疫情等灾害的刑事案件具体应用法律若干问题的解释》、《办理非法经营国际电信业务犯罪案件联席会议纪要》等会议纪要和立法、司法解释。3. 存在为追求社会效应，将刑事政策置于刑事法律之上的情况。如我国1983 年、1996 年、2001 年相继开展三次"严打整治专项斗争"，在前两次"严打"中由于对政策存在着理解和认识上的偏差，个别地方在司法实践中确实出现问题。

　　二是在一定程度上违背犯罪与刑罚的自身规律，不利于人民内部矛盾和其他社会矛盾得到正确的处理，影响公平正义最大程度的实现。表现为：1. 没有坚持刑罚最后手段性的原则和刑法谦抑的原则。如近年来税收等经济犯罪存在犯罪的种类和犯罪主体的扩张，以及量刑上的从重趋势。2. 重打击轻预防现象突出，不利于刑事法律一般预防和特殊预防目的的实现，尤其是在几次"严打"过程中，存在擅自扩大严打范围将一些非暴力的常见多发犯罪列入严打的范围，以及在具体裁判活动中，有意无意地对严打范围以外的其他刑事犯罪也一律从重处罚的情况，形成"打不胜打"的局面。3. 对未成年人犯罪等社会关注的问题出台一系列刑事政策，但是独立、完整、科学、成体系的未成年人刑罚制度远没有真正建立起来，实践中对于未成年人犯罪标准的掌握也存在混乱。如 2006 年 2 月某地发生了一起一名 15 岁少年奸淫一名 9 岁幼女的案件。该案发生后由于公安机关办案部门对最高人民法院发布的新施行的《关于审理未成年人刑事案件具体应用法律若干问题的解释》理解不够全面，告知被害人家属根据该解释第 6 条规定，对犯罪嫌疑人的行为不认定为犯罪。为此，被害人家属反应强烈并准备通过上访的形式来维护自身的合法权益。后检察机关经及时介入，仔细分析案情，认为涉案人员已涉嫌构成强奸罪。后被告人以强奸罪被法院判处有期徒刑 2 年，维护了被害人的合法权益，避免了一起可能发生的上访事件。

　　三是司法实践中存在片面理解和执行刑事政策的情况，不利于保持安定有序的社会环境。表现为：1. 在传统刑事政策模式下，司法机关总是将查处犯罪案件的数量特别是大案含量作为工作目标和衡量政绩的标准，而普遍忽视预防犯罪工作。2. 打击经济犯罪中刑事政策存在"厉而不严"情况。如《刑法》第 165 条至第 169 条设立了非法经营同类营业罪等 6 个专门惩治国有企业经济管理者犯罪的罪名，但是对于经济犯罪中危害非国有经济的违法行为保护不够全面。以证券犯罪案件为例，2006 年 6 月公布实施的《刑法修正案（六）》中才进一步严格了对内幕交易、操纵股票等证券欺诈行为的责任。同时，对违反经济行政法规的犯罪行为存在适用监禁刑和财产刑较多，资格刑设置和适用缺乏的问题。3. 职务犯罪刑事政策中存在不够全面、平衡、协调问题。为适应新形势下查办职务犯罪工作的需要和依法治国的总体要求，高检院要求各级检察机关在职务犯罪侦查工作中必须认真贯彻八项刑事政策，不断加大惩治和预防职务犯罪工作力度。但是，当前我国刑事立法对职务犯罪刑事政策的贯彻还存在着不全面、不平衡、不协调等缺陷。如对贪污罪的构成标准与"从严治吏"的精神不符，法律规定贪污罪的构成标准是 5000 元，但是司法实践中对贪污 10 万元以上判处缓刑的仍然有一定比例。同时对职务犯罪的附加刑规定得不够，缺乏实用性。资格刑等在职务犯罪中几乎没有规定。此外，巨额财产来源不明罪法定刑设置偏低，易使罪犯规避法律，有违公平正义的观念，并可能引发人民群众的不满情绪，加剧社会矛盾。而渎职犯罪成立条件过高。这些缺陷的存在，极大地影响了对职务犯罪的惩治和预防。

在当前形势下，要充分发挥刑事政策在构建和谐社会中的功能作用，制定和实施合理的刑事政策，宏观上应重点在以下四个方面对刑事政策加以改进和完善。

（一）坚持犯罪预防和控制的统一，完善打击犯罪政策，实现社会的安定有序

犯罪本身也遵循着一定的规律，在现有社会经济历史条件下，犯罪态势是不可能通过单纯的刑法作用加以大幅度改变，这一点已经为犯罪实证主义与各国打击犯罪的实践不断证明。正如迪尔凯姆指出：犯罪不仅见于大多数社会，不管它是属于哪种社会，而且见于所有类型的所有社会。不存在没有犯罪行为的社会。在对我国犯罪态势进行科学判断的基础上，制定科学的刑事政策，可以帮助我们对犯罪进行理性思考与沉着应对，而不是只追求刑法对犯罪抑制所能带来的短期效应。在刑事政策制定中要立足于整体、立足于发展、立足于和谐社会的构建，进行全面的思维和统筹。只要国家的犯罪总量还未超出社会的容忍度，就应该以正常的防卫社会的手段加以对抗。只有当犯罪的发生率超过了社会的容忍度时，为了避免正常社会秩序的匮缺，为了保障民众的基本权利和自由，特别的防卫社会措施才有存在的必要性和合理性。刑事政策的目标应定位在防控犯罪态势上，才能维护社会的和谐稳定，包括：

1. 刑事政策规定某些行为为犯罪，并处以一定的刑罚，其原因在于现实社会需要遏制这些行为并能够对之加以控制。

社会主义和谐社会应当是一个治安秩序良好的社会。依法打击刑事犯罪，维护社会治安，是构建和谐社会的重要措施。但是，刑事政策的选择上应当对严重

威胁社会的利益，包括社会整体以及秩序，集体和个人的利益确定为犯罪，犯罪规定的依据是社会能够做到的，在一定程度和范围内可以控制的犯罪。要正确处理犯罪化与非犯罪化的关系，其实质是平衡和协调国家利益、社会利益、个人利益的关系，促进社会和个人的全面发展。

一方面，对社会危害性不大、能用其他法律手段可以调整且更为有利的违法行为尽量不用刑法手段调整，利用刑事政策严格收缩罪刑范围，以最佳手段化解社会矛盾，节省司法资源，提高司法实效。另一方面，要继续坚持依法从重从快方针，严厉打击黑恶势力犯罪、暴力犯罪、多发性犯罪等严重刑事犯罪活动；对社会危害性大有必要通过刑法调整而尚未列入刑法范畴的违法行为，通过刑事政策加设罪刑，对法定刑明显偏低的应予提高，做到罪刑相当。

2. 刑事犯罪总量、重特大刑事案件和多发性刑事犯罪案件的发案率抑制在可控制的范围内。

刑事犯罪数量是随着社会的发展而增长，但是不同程度发展的社会对犯罪总数都有可容忍的极限，因此必须将与人民群众安全息息相关的刑事犯罪总量、重特大刑事案件和多发性刑事犯罪案件的发案率抑制在可控范围内，即重特大刑事案件和多发性刑事犯罪案件的增长幅度控制在低于或等于全部刑事犯罪案件增长幅度的范围内，刑事犯罪总数增长要低于社会犯罪防控力量的增长。与此同时，从刑罚产生的心理威慑机制来分析，要做到惩罚犯罪的及时性和不可避免性。即尽量缩短发案率与破案率之间的人为差距，破除犯罪人的侥幸心理，尽量缩短犯罪实施与刑事司法运行之间的时间间隔，增强刑事司法的权威，提高司法效率，切实维护社会稳定。

总之，为了确保社会保持安定团结的局面，应当及时、准确评估社会治安形势，在上述刑事犯罪总量、重特大刑事案件和多发性刑事犯罪案件的发案率以及破案率等指标达到一定标准时，启动"严打"机制，避免"重重"的盲目性。同时，在专项活动结束后，应当由上级机关采取抽查或分派工作组的方式对本辖区内情况进行调查和总结，并因地制宜有效执行方案，使"严打"斗争沿着正确的航向健康发展，最终实现刑罚的目的。

3. 规范刑事政策的制定。

在我国刑事政策的制定多数不为人知，对刑事政策的法治性、民主性和科学性产生怀疑，进而影响依法治国方略的全面实现。如何规范刑事政策的制定，刑事政策制定的主体、刑事政策问题的确认、刑事政策问题的分析、建立刑事政策的议程、刑事政策的合法化和采纳，刑事政策执行与否以及后果如何是为后继的刑事政策提供重要的刑事政策和依据政策执行主体、执行客体、执行环境等，需要一套完整的刑事政策评估机制。尤其是要明确哪些问题是刑事立法解决的，哪些问题属于刑事政策可以解决的；需要用立法调节的，刑事政策不能越俎代庖。刑事政策应当限制在一定权限范围内，不能随意解释法律，更不能修改法律。

4. 实践中坚持最好的刑事政策就是最好的社会政策。

我们目前还处在社会主义的初级阶段，社会治安所表现出的各种问题、各种矛盾是复杂的，涉及社会政治、经济、文化、教育等各个方面。这些矛盾是导致治安事件、灾害事故和违法犯罪的成因所在。因此，刑事政策的制定中要坚持"打防并举"，也就是惩罚犯罪与防范犯罪同时进行。以预防犯罪为主，以打促防，打防结合，反映国家综合治理、标本兼治的举措，是刑事政策的基本措施，体现了刑法手段与刑法目的的和谐统一。

坚持预防为主的刑事政策，在实践中的要求就是对不符合归罪原则的犯罪、可以通过道德或者行政法调整的犯罪、缺乏应有的社会危害性的犯罪行为等进行非犯罪化处置，以最大限度地消除社会矛盾，理顺不和谐因素；在不危害公共利益的前提下，设立最大的犯罪自诉合理范围，让当事人双方有机会自行和解，避免公权力的强制性介入以保持安定的社会秩序；同时，正确运用宽严相济的刑事政策，对未成年人犯罪、过失犯罪、初犯、偶犯等轻罪和主观恶性较小的犯罪，立足于教育、感化、挽救，采取轻缓的刑事政策，要高度重视和正确处理人民内部矛盾，化消极因素为积极因素，取得更好的法律效果和社会效果。

对于犯罪不能仅仅看成是政法机关的事情，要将其放在社会全局的战略高度，强调社会综合治理，从法律、政治、经济、文化、社会等各方面及时消除各种不稳定因素，使社会各组织、各阶层和谐运行，努力营造良好的发展环境，实现社会和谐。

（二）定罪上的非犯罪化、量刑上的轻刑化与行刑上的非监禁化

刑法主要研究的是两个问题：犯罪与刑罚。犯罪是明确规定什么样的行为是具有社会危害性、刑事违法性和应受刑罚惩罚性的行为；刑罚则规定的是什么样的犯罪应给予什么样的处罚。而刑法应将哪些行为规定为犯罪，如何为不同的犯罪配置相应的刑罚，则成为刑事立法、司法和行刑上的一个永恒话题。其中，"非犯罪化"、"轻刑化"和"非监禁化"思想作为现代刑事政策的重要内容，自20世纪中叶以来成为各国刑法改革的动力，对传统刑法观念产生了巨大的冲击和深远的影响，同时对我国当前构建社会主义和谐社会也具有积极的借鉴和参考价值。

非犯罪化是指立法中将原本由法律规定为犯罪的行为从法律中剔除，使其正当化或者行政违法化。轻刑化是指通过立法或司法降低某些犯罪的法定刑幅度或

实际处刑，从而达到使整个刑罚体系趋于缓和。非监禁化则是指通过立法或司法对某些社会意义不大的轻微刑事犯罪适用监禁刑以外的制裁方法，或者附条件地不执行监禁刑，使刑事处罚手段缓和化。这三者从不同侧面反映了当今世界刑法趋缓的时代要求，它们的立足点是一致的。

1. 非犯罪化思想对构建社会主义和谐社会的借鉴意义

（1）非犯罪化思想渊源及其理论基础

非犯罪化的刑事政策的出现，是19世纪末资本主义社会经济危机频繁发生，犯罪现象剧增，传统刑事古典学派的刑事制度显示出无效性的现实背景下，在"二战"后兴起的民主化、自由化思想和人权运动的推动下，在对犯罪化的陪伴中逐渐发展起来的。"非犯罪化刑事政策的意义在于，纠正基于国家的强烈处罚要求的过剩犯罪化倾向，立足于刑法谦抑主义的立场，设定适当的犯罪。"

非犯罪化思想的提出及其实践，已触及刑法理论中的一些根本性问题如刑法调控范围的确定、刑罚正当性的理由、个人自由与社会法益关系的权衡等。非犯罪化思想的理论基础主要来源于以下几个方面：

一是犯罪的相对性。即由于社会环境变化，伦理道德观念变迁，人的价值观念包括法律观念的变革等，影响到刑事立法所保护的法益的变化，进而使一些过去被认为是犯罪的行为，会被修改后的法律除罪化。而一些过去不被认为是犯罪的行为，因新情况的出现而形成的新行为类型，因其具有严重危害性和当罚性而被入罪化。

二是刑法谦抑思想。是指由于刑罚所具有的严厉性和作用的有限性，刑法应基于谦让抑制的立场，在必要及合理的最小限度范围内予以适用，避免刑法对社会生活的过多干预。意大利刑法学家贝卡利亚指出："一种正确的刑罚，它的强度只要足以阻止人们犯罪就够了"。"只要刑罚的恶果大于犯罪所带来的好处，刑罚就可以收到它的效果"。

三是刑罚经济思想。是指要合理、有限度使用刑罚。首先要合理分配刑法力量。如意大利刑法学家们在总结其国内"非犯罪化"立法及实践的经验时指出：越是在集中力量打击某一类危害严重的犯罪活动的时候，越应当相应放宽对一些轻微犯罪的监控和处理。同时，当刑法成本中的制裁犯罪投入过量或刑罚调控过度时，都会引发寻租活动，引发新的犯罪，造成公众心目中对刑法正当性的怀疑，刑法的效益就会大打折扣。正如英国法学家边沁所指出的："刑法的严厉程度应该只为实现其目标而绝对必需，所有超过于此的刑罚不仅是过分的恶，而且会制造大量阻碍公正目标实现的坎坷。"

非犯罪化说到底就是一种刑事政策思想。刑事政策意味着一种选择，这种选择在很大程度上能够影响刑事法的制定与修改。现代的非犯罪化思想主张"将某些被认为社会危害不大的犯罪行为排除出犯罪范畴不予刑罚处理"。现在，一些国家对这一刑事政策思想在不同程度上予以采用，将某些轻罪从犯罪范畴中划出，适用制裁程度较轻的行政制裁或民事制裁等。许多国家将堕胎、同性恋等行为排除在法定犯罪圈之外，将某些原来刑法中既可以判刑又可罚金的行为，改由行政机关罚款处理，或由道德、舆论或其他社会管理方法来进行约束。

主张非犯罪化，并不意味着不可以进行犯罪化。事实上，犯罪化与非犯罪化是同一事物的两个方面，只是在犯罪化的进程中，必须保持一种审慎的立法态度，正确把握好两者的结合点。实践中，"犯罪化"与"非犯罪化"之间的标准把握是一个难点。随着时代的变迁，社会的发展，特别是现代科学技术对当代世界的影响，刑法所保护的法益处于日益变动之中，人们价值观念的不同，也容易带来对"犯罪化"与"非犯罪化"理解的偏差。但如果界限过于模糊，可能导致某个时期或某些国家标准过宽，另一时期或另一些国家标准过严。过宽易放纵犯罪，过严又可能使犯罪的范围扩大。加之人们理解不一，在具体司法适用中，可能造成处罚的不公正，这样便会伤害人们对法律的信赖情感。这是非犯罪化观念面临的一个十分棘手但又是必须解决的课题。我们认为，处理这一问题，可借鉴如下标准：一是刑罚无效果，是指即使把某种违法行为规定为犯罪、处以刑罚，也不能达到预防和抗制它的效果。二是刑罚可替代，是指对某种不法行为，即使不用刑罚而用其他社会的、法律的手段，也能预防和抗制它的情形。三是刑罚太昂贵，是指通过刑罚取得的效益要小于其所产生的消极后果。在上述三种情形下，动用刑罚是不必要的，因而应当避免通过刑事立法来发动国家刑罚权对此类不法行为予以制裁。

（2）"非犯罪化"思想对立法、司法的影响

"非犯罪化"不仅是一种现代刑法观念和刑事政策的变革，它的更深远意义体现在世界各国的刑法立法、司法实践中。自20世纪50年代开始，许多国家都进行了不同形式和特点的非犯罪化实践。

非犯罪化思想对现代刑事立法的影响体现在"罪"与"罚"两个方面。在"罪"方面，一是将一些原来规定的轻微犯罪行为（主要为无直接被害人的犯罪）除罪化；二是将轻微的犯罪列入"违警罪"（或称"秩序法"）中。在"罚"方面，一是采用一些行政性的处罚措施代替了刑事性制裁措施；二是受非犯罪化改革思潮影响，各国刑罚走向轻缓化。许多国家虽仍然将一些无直接受害人的犯罪保留在刑法中，但处刑已是相当轻；三是对轻微犯罪行为除罪化或轻缓化后，在处罚措施上也发生了一些变化。首先，行政性制裁方式替代了刑事性的制裁方式，主要是采用行政罚款的方法。行政诉讼代替了刑事诉讼，"罪责自负"的刑法原则不再适用于除罪化的违法行为，而引入了民法上的"连带责任"

制度。其次，对大量轻微犯罪行为，特别是侵害财产型犯罪，受害人往往通过民事程序以求取得赔偿，民事法庭则把它当做民事侵权行为去处理。最后，在缓予宣告制度基础上发展为缓刑制度，英、美法律首先采用缓刑制度，欧洲大陆国家随后接受了它，许多社会主义国家也相继采用了这一制度。

非犯罪化思想在司法运作中的影响也很大。首先，变通刑事诉讼程序方式，采取了起诉权宜主义（又称"有条件不起诉"）的诉讼解决方式，即由检察官根据犯罪事实，权衡刑事政策上的得失，决定起诉或不起诉。英国、德国、法国、日本、美国等许多国家都采用这一方式作为实施非犯罪化的途径。其次，采取了缓予宣告制，指法院对轻微罪行的被告判定有罪后，给予其一定的考验期，在考验期内没有再发生违法犯罪行为的，就不宣告对其判处的刑罚而结案；如在此期间又犯他罪或违反条件时，则予以并罚或宣告。采取缓予宣告制度的目的是给被告人一个机会，让他自己回到守法的轨道上来。德国、法国、英国、加拿大、瑞典等国家都实行了这一制度。

（3）非犯罪化思想对我国构建社会主义和谐社会的意义

非犯罪化思想在我国刑事领域已经有所体现。首先，我国刑事法律的相关规定精神与非犯罪化思想所依据的犯罪相对性观念和刑法辅助性思想相一致。我国《刑法》第13条规定："一切危害国家主权、领土完整和安全……的行为，都是犯罪，但是情节显著轻微危害不大的，不认为是犯罪。""情节显著轻微危害不大，不认为是犯罪"这一弹性规定，实际上包含了非犯罪化思想中两个非常重要的观念，即除罪化和轻微情节非罪化。在除罪化方面，1997年刑法修订时，对一些随着社会的发展已失去危害性的行为实行了非犯罪化处理。具体表现：一是完全的非犯罪化，即这种行为已在刑法典中删除。如伪造、倒卖计划供应票证罪。二是部分非犯罪化，即通过对原《刑法》某一罪名的分解，只对其中一部分行为作犯罪处理，其余部分行为被非犯罪化。较典型的有投机倒把罪。投机倒把罪分解后，过去的长途贩运行为不再作为犯罪处理。对无直接被害人的犯罪，刑法只规定了赌博、重婚等少数几种，其他都作一般违法行为处理。现行《刑法》第5条规定了罪刑相适应原则，这一原则实际上也包含了犯罪危害不大时不得处以刑罚的思想。在刑事诉讼法上，现行《刑事诉讼法》第15条规定："有下列情形之一的，不追究刑事责任，已经追究的，应当撤销案件，或者不起诉，或者终止审理，或者宣告无罪……"这规定了非犯罪化在程序上的实现方式，包含有撤案、不起诉、终止审理和直接宣告无罪四种，这与起诉便宜主义和缓予宣告制的精神实质是一致的。同时，大量的轻微违法行为，我国也是采取治安管理处罚这样的行政措施加以处理的，从而大大减轻了司法的压力，与西方非犯罪化观念带来的刑罚方式的转变形成相当的一致性。其次，我国刑事政策的基本思想体现了非犯罪化思想的内核。在刑事政策上，我国历来强调"德主刑辅"，对犯罪坚持"预防为主，惩罚为辅"的方针，"惩办与宽大相结合"，强调通过思想、文化、道德、政治、经济、行政和法律等多方面工作，采取多种措施，实现社会治安综合治理，尽可能消除产生犯罪的原因和条件，从根本上预防和减少犯罪的发生。再次，在对刑事违法行为的处罚上，非犯罪化思想影响下所形成的缓刑制度，在我国刑法典中同样作了明确规定，只是我国刑法对缓刑的适用规定了比较严格的条件。

当前，我国在采取犯罪化策略的同时，也应适当进行非犯罪化。决定一国或地区是否需要犯罪化，主要应看这个国家或地区的犯罪态势如何，尤其是看新型的具有犯罪特征的行为样态的多寡。我国正面临从计划型社会向市场经济社会转轨，各种社会新鲜事物不断涌现，随之而来的是犯罪态势严峻和新型行为样态不断出现。我国在构建对应的刑事政策时，在某些社会领域和特定时空条件下，需要制定有针对性的刑事政策，在行为样态的犯罪化上体现出罪的扩张性。但同时，也要注重发挥非犯罪化在构建社会主义和谐社会中的积极作用，在以下几个方面进行非犯罪化处理：

一是经济犯罪的界定。经济活动的合法与非法、罪与非罪的界限的确定具有很强的政策性。如果界限过严，可能造成在遏制经济犯罪的同时，也遏制了市场经济主体从事经济活动的积极性。同时，作为一种法定犯，经济犯罪在立法上较之具有明显道德恶性的自然犯需要更为宽容的定量因素。有观点提出以我国刑法确定的"定量因素"为依据，进一步放宽现有刑法已经采取的定量政策，以行政违法案件数与刑事违法案件数 4:1 或者以上的比例来设计经济犯罪的定量因素，从而保持市场主体的积极性和活跃程度，保护市场活力，实现社会的自我控制，并节约刑事司法资源，提高司法效率。具体犯罪类型上，如刑法典对非法经营罪的规定，在某种程度上是对市场经济公平竞争的限制，体现了对某些既得利益集团的保护，确有必要加以非犯罪化。另外如倒卖车船票罪，其之所以得以存在，主要原因在于交通供给总量的不足，是由我国当前经济发展的滞后所造成的，在某些方面与倒卖计划供应票证罪有相似之处，随着经济的不断发展和相关措施的完善，完全可以解决这一问题，而不必上升到刑法制裁的高度。其他如虚报注册资本、强迫交易等行为，主要与市场交易规则相关，应当强调发挥市场自身的调节作用，故可逐步对其纳入非犯罪化范围，以回应市场经济对刑法的谦抑要求。

二是"无直接被害人"的犯罪。如我国现行刑法中规定的赌博罪、容留他人吸毒罪等。此类犯罪往往带有一定的反伦理道德性质，但不存在被害人，不会对法益产生侵害和威胁，动用刑罚来调整道德行为，不利于划分刑法与道德的界限，实际效果不理想。而且这类犯罪数量大、侦破难，不得不采取一些特殊手段进行侦查和获取证据，耗费了司法大量的人力、物力和财力，造成了有限司法资源的浪费，同时也容易造成侵犯他人隐私等负面效应，因此，将此类行为犯罪化，往往得不偿失。

三是情节比较轻微的案件，如"民转刑"类案件。该类案件的特点是当事人主观恶性相对较小，一时冲动，事后悔恨，双方大都比较熟识，地缘性、血缘性较强，起因琐碎，情节轻微，但如处理不当，则会造成当事人家属生活困难，或与道德伦理相悖等后果，反而破坏社会关系的和谐和恢复，因此，对此类行为宜以"非犯罪化"为主。

2. 轻刑化及其对构建社会主义和谐社会的借鉴意义

轻刑化、非监禁化实际上与非犯罪化一脉相承，具有渊源上的同源性和倾向上的同向性。此外，轻刑化思想的理论依据还包括：

一是对犯罪及犯罪原因认识的深化。早期古典犯罪学派认为犯罪是纯粹个人意志自由选择的结果，19世纪以来随着社会学、生理学、环境学等的发展，人们认识到，犯罪作为一种社会现象，与一定社会的社会结构有紧密联系，是社会生产力水平、社会矛盾发展到一定程度的必然产物。社会对犯罪也往往具有不可推卸的责任。

二是符合历史发展潮流。从世界范围看，刑罚发展经历了一个从野蛮到文明，从以死刑、肉刑为主到以监禁刑为主，再到以非监禁刑为主的过程。这是人类刑罚观念理性发展的必然，也是轻刑化思想产生和发展的道义基础。

三是从一般预防与特殊预防的刑罚目的看，正如贝卡利亚所指出的，"对于犯罪最强有力的约束力量不是刑罚的严酷性，而是刑罚的必要性"。刑罚的强度足以阻止犯罪即足够，而做到有罪必罚更为重要。

四是刑罚教育观的兴起。这是刑罚现代化的象征。这种观点认为，刑罚目的既不是单纯的恶报，也不主要在于满足被害人及其家属感情，而是有深远的，使犯罪人改过从善的目的。从而促使犯罪人回归社会，促进和谐。只有对无矫正、教育可能者，才能转求刑罚的消极目的，发挥刑罚的隔离与剥夺功能。

五是我国刑罚适用对象性质发生了历史性的变化。当前我国刑事犯罪中相当一部分案件是由于人民内部矛盾激化所致，应体现出与敌我矛盾的行刑区别，以缓和社会矛盾，恢复被破坏的社会关系和秩序。

我国1997年刑法中的一系列规定体现了轻刑化的思想。如取消类推制度，增强对未成年人和限制责任能力人的权利保护，重新界定防卫过当外延，完善自首、立功等刑罚裁量制度，限制死刑，提高死刑适用条件，严格死刑案件审查。在分则削减生命刑，缩短自由刑，增加财产刑，完善资格刑等。这一切都体现了轻刑化思想的影响。当前，充分发挥轻刑化思想对构建社会主义和谐社会的作用，还要把握以下原则：

一是坚持惩办与宽大相结合，宽严相济的刑事政策，分清敌我矛盾和主要矛盾，打击少数，分化、瓦解和教育改造大多数。

二是在刑法上要体现"严而不厉"，在严密罪状，严密法网上下工夫，但在法定刑方面不应苛厉。在刑罚适用上弱化监禁刑，强化缓刑、假释的适用。扩大罚金刑法定适用范围。在自首和立功等规定上区分轻罪与重罪。慎重适用死刑。

三是将刑罚作为预防犯罪的最后手段，根本上还要借助于社会整合力量，加强社会综合管理。

3. 非监禁化及其对构建社会主义和谐社会的借鉴意义

非监禁刑与监禁刑相对，是指在监狱之外对犯罪人适用的刑事制裁方法的总称。其特点：一是具有非监禁性，不在监狱中执行，人身限制的严重性远远低于传统的监禁刑。二是刑罚与相关措施相结合。在我国刑法学理论中，刑罚包括主刑和附加刑，除此之外的其他相关措施包括驱逐出境、具结悔过、赔礼道歉、赔偿损失、缓刑、假释等，虽然这些相关措施都对符合条件的犯罪人适用，但却不属于刑罚的种类，而称之为"非刑罚处理方法"和"刑罚执行方法"。

长期以来，监禁刑在适用过程中出现的一些弊端逐渐为人们所认识。一是不利于犯罪人改造和重新回归社会。由于大部分监狱都处于与世隔绝的状态，且容易出现交叉感染，不利于犯罪人回归社会，甚至造成反社会性更高。二是监禁刑执行成本高。三是容易导致重刑主义。由此造成了不利于社会经济发展，易于侵犯人权，加重犯罪人亲友及社会公众不平衡心理等后果。而适用非监禁刑可以有效避免上述弊端，具有经济、惩罚性较轻，更有利于教育矫正犯罪分子等优点。因此，无论是从犯罪人的改造和回归社会方面看，还是从社会经济发展方面看、从构建和谐社会方面看，都应当控制监禁刑的适用，扩大非监禁刑的适用数量。同时，国际上及我国，都有长期适用非监禁刑的经验，取得了较好的社会效果，为扩大非监禁刑的适用创造了良好的条件。

扩大非监禁刑的适用也是符合人类社会发展根本趋势的。人类社会发展的根本趋势，应当是越来越重视人道主义，中国古代思想家倡导的"仁爱"、"和为贵"等思想，应当说代表了人类大同社会的终极理想。这种发展趋势在刑事法律和刑事政策领域中的体现，就是冲突性、惩罚性、情绪性的制裁方法会越来越少，体现理智、和解思想的制裁方法会越来越多。因此，可以说，惩罚性较轻的非监禁刑，比较符合人类社会发展的根本趋势。

当前我国非监禁刑的适用中还存在着一些问题：一是执行机构分散，分别由公、检、法、司等多头行刑，缺乏专门的非监禁刑执行队伍，严重影响了刑罚执行的权威性，浪费了资源，不利于在非监禁刑的执行中全面贯彻法治精神。二是适用数量很少。三是对非监禁刑适用存在求全责备心理。四是刑事审判权与行刑权分离，造成了审判机构仅仅根据行刑机构的书面材料机械裁判，缺乏科学性和合理性。

从构建社会主义和谐社会角度出发，为充分发挥现有的非监禁刑措施的积极作用，我们认为应从以下几个方面着手加以改进：

一是立法上完善非监禁刑的种类，使一些符合我国国情，实践效果好，具备实现条件的改造方式方法真正发挥作用。如规定劳务抵债，建立社区服务制度。针对那些自愿认罪但没有履行金钱义务能力的被告人，寻求更具操作性的灵活措施，能更加充分地发挥调解的真正价值，如引导当事人在调解协议中直接约定劳务抵债，由被告人到被害人指定的地点进行若干小时的劳动等。借鉴国外关于"社区服务"的做法，对那些由公诉机关提起附带民事诉讼的案件，如果被告人确有悔罪表现但没有财产可供执行，可以规定被告人到指定的地点进行社区服务。根据我国的国情，现阶段可以规定被告人到所在的居委会、村委会无偿劳动等。

二是整合非监禁刑行刑资源，确立以司法行政部门为主的原则。

三是解决非监禁刑执行中的裁判权与行刑权分离的问题，使真正了解情况的机构有权作出对行刑情况的评判与变更。

四是对非监禁刑的执行情况与效果进行实证研究，适当扩大非监禁刑的适用。如适当增加对管制和罚金的适用。

五是探索对外来人员适用非监禁刑的新思路，以体现法律面前人人平等，刑罚公平等法治原则。

（三）确立刑事和解的原则与制度

1. 刑事和解的含义

刑事和解，是指在刑事诉讼程序运行过程中，被害人和加害人（即被告人或犯罪嫌疑人）以认罪、赔偿、道歉等方式达成谅解以后，国家专门机关不再追究加害人刑事责任或对其从轻处罚的一种案件处理方式。

和解制度作为一项新型的刑事问题解决机制，与刑事调解、私了和辩诉交易有所不同。首先，刑事诉讼中调解范围只限于自诉案件，而且调解主要是专门机关依职权主动进行的，而和解范围则不仅限于自诉案件。其次，刑事和解与私了不同，私了是当事人自己私了，不进入诉讼程序，而刑事和解是指进入正式立案等诉讼程序后的和解。最后，刑事和解与美国辩诉交易的区别在于，辩诉交易是控方检察官代表政府与辩方（律师）讨价还价的一种协商，被害人并不参与，其诉讼主体性不受重视。刑事和解应当是司法机关在被害人与加害人达成和解的前提下，对加害人进行宽大处理的一种诉讼制度，对被害人在精神、物质上都有所满足和补偿。

在构建社会主义和谐社会过程中，司法要注重恢复被犯罪破坏的和谐的社会关系，注重人与人的和谐，人与社会的和谐，而不是只注重打击。刑事和解制度，作为一种新型的刑事问题解决机制，在刑事判决之前，为被告人提供一个更具有人性化的对话平台，让被告人与被害人有机会面对面协商，赔偿纠纷，一方面，可以使被告人再次亲身感受被害人的痛苦，促其从思想上真正认识犯罪的危害性；另一方面，可以使被害人看到被告人已受到报应，从而能更加理性地考虑被告人的实际履行能力，这种理解又会反过来促进被告人的转化，从而在法律幅度内量刑时，最大限度地做到了使社会满意，被害人情绪有较大平息，被告人亦无怨言，使遭到犯罪破坏的社会关系能够最大限度地恢复和谐，同时也体现了司法公正、效率价值的兼容，兼顾到了各方面利益的衡平。这对妥善化解社会矛盾，积极解决社会纠纷，创建社会主义和谐社会，具有积极而重大的意义。

2. 刑事和解的具体应用

陈光中教授撰文提出，应该把刑事和解的精神规定在刑事诉讼中，作为刑事诉讼的基本原则，提倡在刑事诉讼中尽量适用刑事和解，并形成制度，用中国特色的刑事诉讼制度体现刑事和解思想。具体表现为：一是在侦查阶段，对重罪即使达到和解也要移送审查起诉，但对于轻伤害、交通肇事案件等轻罪，如果被害人一方统一在侦查阶段就和解，则侦查机关可撤案，以对一些个人性纠纷的轻型犯罪，国家公权力在介入时，保留一定的纠纷和解空间。二是审查起诉阶段，可以考虑赋予检察机关以暂予起诉的权力，即犯罪嫌疑人认罪并做了对被害人的赔偿和道歉，可以暂缓起诉，然后再正式作出不起诉的决定，从而为刑事和解案件提供更加宽广的解决途径。三是审判阶段，人民法院应将刑事和解作为一个从轻处罚的条件，在各类案件，甚至包括死刑案件中予以考虑。

我们认为，建立刑事和解制度，在我们的刑事政策、刑事实体法和程序法方面作出相应的调整和改变，同时促进执法观念的转变，有利于促使诉讼和谐因素的增加，在刑事领域这一社会保障的最后一道防线促进社会的和谐。但在实践中，还需要注意把握好以下几个问题：

一是刑事和解要与相关措施相配套。对于当事人达成和解协议的，国家专门机关不再追究加害人刑事责任或对其从轻处罚，因此刑事和解制度从功能上说，具备了非犯罪化或轻刑化的功能。对此要坚持有原则、有条件的和解，以促使加害人真诚悔罪和被害人的谅解为适用目的。具体可借鉴一些国家相关规定，如在减刑或免刑同时，要求加害人求得社会与被害人谅解时必须遵守或履行的事项：

向被害人道歉；具结悔过，赔偿被害人损失，向指定的公益团体、地方自治团体或社区及被害人提供一定时间的义务劳动。接受保护被害人安全的命令，保证不再重新犯罪等。必要时可要求向国库缴纳一定数额保证金，戒除毒瘾或接受心理治疗等。以上述义务履行来促使犯罪人真诚悔罪。

二是将刑事和解制度立法化，从而促进规范化。当前一些地方从构建社会主义和谐社会出发，在实践中摸索总结了一些关于刑事和解的好的做法和经验。如上海市杨浦区院率先试点了该项工作，目前公、检、法、司四家也出台了关于轻伤害案件委托人民调解的若干意见。北京市政法机关建立了以基层人民调解委员会为主体，人民法庭、派出所、司法所重点指导的调解机制，探索人民调解与司法调解相衔接的工作制度。实践效果证明，刑事和解会促进诉讼和谐因素增加，会促进社会和谐、公正、效率等多种价值的衡平。但囿于立法上没有明确规定，因此这些探索试点在范围上目前还只限于法律有明确规定的属自诉案件范围的轻伤害案件，限制了刑事和解制度作用的进一步发挥。因此，宜从立法上将刑事和解制度作为刑事诉讼的基本原则并予以明确规定，在侦查阶段、审查起诉阶段和审判阶段适用刑事和解，形成中国特色的刑事和解制度。

三是具体操作上要注意把握好原则和标准。要坚持罪刑均衡原则，坚持全面审查，使罪行与刑罚相当。要杜绝片面的"以赔代刑"。即不能单纯以加害人赔偿被害人经济损失为唯一依据，赔偿即免刑，否则刑事和解将走入"以赔代刑"的误区，不利于犯罪人改造，同时对家境贫困的人也不公平。可以将赔偿作为酌定情节，作为悔罪表现之一从轻考虑，但仅仅是"可以"，而不是"应当"。要杜绝"规避轻刑"原则。即实践中被害人及其家属如果知道被告人赔偿、和解后可以免刑，则为了促使被告人继续羁押，故意不予和解。对此，也不是一律不能对被告人从轻、减轻处罚。能否对被告人酌情从轻，关键是看被告人有无真心悔罪表现。

（四）坚持以改造罪犯为目的，完善罪犯矫正政策，促进和提高社会凝聚力

我国刑法长期受报应主义和重刑思想的影响，将剥夺自由刑作为刑罚的主要手段，对罪犯矫正制度方面的探索不积极主动。加之，当前矫正工作还缺乏系统性法律规定，开展矫正工作的机构不够健全，尤其是社区矫正工作中缺乏专门的执行机构和执行人员，矫正工作的针对性不强，因此罪犯中重新犯罪率高，造成如下弊端：一方面，不利于逐步降低我国刑罚的厉度。以本市实践为例，管制刑的适用微乎其微，必然提高了刑罚适用的最低刑。另一方面，从长远看，也不利于犯罪控制和巩固执政基础。对罪犯进行监禁的特点在于将犯罪人隔离于社会，

同时通过监狱行刑促使犯罪人再社会化。然而现实中的监禁刑执行中存在忽视对罪犯思想矫正的问题，罪犯重新犯罪率高，且出狱后在"有色眼镜"的注视下，严重影响其再社会化，也不利于争取其关系密切人员的理解和支持，从而减少他们对国家政权的向心力和认同感。因此，探索罪犯矫正制度，做好对传统监禁制度的改革和对社会化行刑制度的完善，是刑事政策在构建和谐社会中的重要作用之一。

1. 明确矫正政策的刑事政策价值与目标，兼顾犯罪人、被害人和社会三方面的利益

罪犯矫正制度包括监禁矫正和社区矫正，是一种具有积极的法律意义和社会意义的制度，体现了对犯罪处罚宽严相济的刑罚精神，有利于促进人的自身的进步与发展。要构建和谐社会，在罪犯矫正政策中就要妥善协调各方利益，兼顾犯罪人、被害人和社会三方面的利益，使治罪方式更趋人道、宽容、文明。偏重使用"镇压"措施，强调对罪犯的监禁和劳动，忽视对其矫正的做法，实际上就没有兼顾三方的利益。矫正制度的刑事政策所要追求的目标是为人们的行为和判断提供切实可行的规范与标准。其主要目的在于改造罪犯。因此，需要以协调犯罪人、被害人和社会利益为核心，并根据犯罪各要素的具体情况实行刑罚个别化，合理使用刑罚替代措施，做好罪犯矫正工作。

2. 以犯罪学、刑法学、监狱学、心理学、社会学的观点方法，从有利于改造罪犯的角度改良现行监狱制度

以刑罚报应的思想和歧视对待罪犯，不利于对罪犯的改造。以本市某区检察院为例，近年罪犯的重新犯罪率有明显上升。因此，必须注重对监禁罪犯的心理矫正、道德观念和法律观念的强化、人格的重塑、自食其力能力的培养，实行多方位改造，让其尽快正常地回归社会。一是根据罪犯的年龄、所犯罪行的性质、情节的轻重、主观恶性的大小对罪犯实行分类管理。如根据盗窃犯、短刑犯、未成年犯各类服刑人员的犯罪原因、恶习程度等不同情况和规律，采取有针对性的教育改造措施。二是完善罪犯教育矫正模式。改变传统经验型改造方式，建立以保障改造质量为中心任务，管理、教育、劳动相结合，现代化、科学化的改造方法为手段的罪犯教育改造模式，切实提高改造的实效性。三是加强监狱服刑人员职业技术培训。本着立足改造思想，着眼于工作就业，学以致用、因人制宜的原则，选择实用性强、社会需要量大、简单易学、投资少的职业技术作为培训项目，使服刑人员学有一技之长，回归社会后能自谋职业，避免因无法就业而重新犯罪。尤其是对于刑期较长的罪犯，加强与社会生活、文化、经济方面的教育，避免其刑罚执行完毕后出现心理和社会交往障碍。四是开展刑释人员释前指导。为即将刑满释放的服刑人员开展就业咨询和择业指导服务，有条件的可以提前允

许罪犯走出监狱与社会接触，实行试学、试工，尝试释放前的休假制度，为服刑人员提供了解社会、适应社会的过渡期，提高其回归社会的适应能力。

3. 探索并积极推广社区矫正工作

构建和谐社会不仅要求执法机关在执法过程中强调法律刚性的一面，同时还要体现法律柔性的一面。2002 年 8 月，上海市委政法委专门召开了社区矫正试点工作动员会，率先在全国走出了社区矫正工作的第一步。目前上海的社区矫治工作处于试点总结逐步推广阶段。开展社区矫正能够较好地克服监禁刑的弊端，有利于犯罪人的社会化，实践中需要通过以下具体措施进一步完善。一是培育宽容的市民文化，积极依托多方力量开展矫正工作。由于传统的因果报应观念的影响，我国对犯罪人仅注重个体原因及其应承担的法律后果，忽视犯罪的社会原因及社会应负的责任，忽视社会对犯罪的适度宽容和帮助挽救，个别地方出现所谓犯罪人出狱后无法通过正常的途径谋生，加入"黑社会"成为维持生活的手段的情况。因此，需要按照和谐社会的要求，全体人民平等友爱、融洽相处，全社会互帮互助，如通过民间的中介组织来帮助社区矫正人员找工作，通过社会福利部门，给接受社区矫正的罪犯提供为社会进行服务的机会等。上海黄浦区检察院通过建立新成路街道社区矫正工作联系点，及时掌握缓刑、假释、保外就医等监外执行罪犯的动态情况，探索新形势下对监外执行罪犯监督管理的方法途径，防止重新违法犯罪。二是依靠刑事政策扩大社区矫正制度的适用范围。现行法律规定社区矫正的种类太少，主要局限为"五种人"，可以借鉴其他国家的规定，采用社区服务、中途释放、学习释放等多种形式，作为非监禁刑罚的执行方式。同时，注重实施刑事司法的轻罪轻刑化和行政上的轻罪非刑罚化。对初犯、偶犯、过失犯、中止犯扩大适用缓刑及单独罚金刑，对国家工作人员的轻罪适用资格刑，将其纳入社区矫正的范围；而在非刑罚化方面，主要是对适用劳动教养、强制戒毒等行政处罚的人员，符合条件的，也可以纳入社区矫正的范围。三是避免在社区矫正试点工作中出现严重忽视刑罚的惩罚性质。目前在社区矫正实践中很多人重视对罪犯进行教育改造和提供服务，而忽视通过严格的管理对其进行惩罚。在矫正工作中强调其人性化的一面较多，强调刑罚执行的严肃性的一面较少，容易造成被害人和其他公众的误解。因此，必须明确社区矫正只是刑罚执行场所的变更，在开展帮教的同时，加强对罪犯的教育监管，提高社区矫正的成功率。

4. 进一步完善对监外执行罪犯的矫正措施

监外执行罪犯的矫正工作无疑是社区矫正工作的重中之重。但是实践中仍然存在措施不完善导致监外执行罪犯脱管以及其他影响罪犯改造效果的现象。一是加强联系协作保证对罪犯的监管。四川省南充市某地就依靠公、检、法、司相互协调配合，建立监外执行监管长效机制，落实《最高人民检察院监所检察厅加强监外执行检察工作的意见》，要求公、检、法、司各自建立监外执行罪犯数据库，定期相互通报，每季度交换信息，相互查漏补缺，畅通了监外执行法律文书的交付和执行过程中的信息沟通渠道。二是完善对监外执行的"五种人"的社会保障政策和考察监督制度，有效地防止和减少重新犯罪。如成立专门的监外执行管理机构，对犯罪后缓刑、假释、暂予监外执行以及判处管制、拘役的罪犯进行管理，了解他们的情况，更好地与其进行沟通。在精神方面，对他们定期进行教育和引导，提供心理上的帮助；在物质方面，帮助其就业，消除社会对犯罪人的恐惧和排斥，增强监外执行人员悔过的信心，使其能尽快融入社会。三是提高对监外执行罪犯社区矫正的针对性，帮助其树立社会责任感。根据犯罪人的具体情况，要求特定的犯罪人在监外执行期间必须遵守某些特别规范，促进被矫正对象的行为规范多元化，强化矫正规范的针对性。例如，对于实施故意伤害、盗窃等犯罪的罪犯规定其在一定条件下禁止出入特定场所，在特定的时间段，如夜晚禁止其离开特定的场所，如居住地等，以及接受戒毒治疗或者其他医疗处遇，或者从事一定时间的公益劳动，或者接受一定时间的法制教育或职业培训等。从而减少犯罪诱发因素，提高改造效果。四是多途径落实监外罪犯改造汇报制度。通过定期的学习、劳动、公益活动、思想汇报等形式对罪犯进行改造教育，矫正其犯罪的心理，达到预防其再次犯罪的目的。同时监管、考察人员应健全被监管人员的考察档案，要定期记录暂予监外执行罪犯的学习、劳动、参与公益活动情况，遵守监管规定情况以及其他有关材料，做到一人一档，确保不重不漏，使执行机关及时了解其动向和思想状况。还应当培训社区矫正工作人员，对刑释解教人员和外来流动监外罪犯掌控监督等，加强对社区矫正工作的指导和检察，努力提高帮教成功率。

第二章　检察工作一体化机制研究

党的十七大报告指出："深化司法体制改革，优化司法职权配置，规范司法行为，建设公正高效权威的社会主义司法制度，保证审判机关、检察机关依法独立公正地行使审判权、检察权。"中共中央《关于进一步加强人民法院、人民检察院工作的决定》提出："积极稳妥地推进司法体制改革，不断健全完善司法工作机制"、"完善司法机关的机构设置、职权划分和管理制度，不断深化人民检察院工作机制改革"。这是我们党从开创中国特色社会主义事业新局面的高度，对深入贯彻依法治国基本方略作出的新部署，为推进检察工作机制创新指明了方向。

中国特色社会主义检察制度是中国特色社会主义政治制度和司法制度的重要组成部分。检察机关作为国家的法律监督机关，通过依法立案侦查职务犯罪、审查逮捕、审查起诉、提起公诉和对刑事、民事、行政诉讼活动进行法律监督等，维护社会主义法制的统一、尊严和权威，保障司法公正，维护社会公平正义，促进经济社会和谐发展。检察工作实践表明，当前影响和阻碍检察机关法律监督职能发挥的最突出问题是检察权的地方化倾向和检察系统内的领导力度、体制优势、整体合力还没有充分发挥。要有效解决这些问题，迫切需要在现有政治体制和法律制度下通过深化改革加以完善。由于经济基础、政治制度和法律文化等原因，不同法系国家甚至同一法系国家在检察制度方面存在很大差异，我们不能机械地照搬国外的做法和简单地"与国际接轨"。改革和完善中国的检察制度，必须以中国的社会传统和现实国情为基础，只有适合社会环境、符合社会发展需求的制度或模式才具有生命力。发展社会主义民主政治、加快建设社会主义法治国家的基本前提就是要维护国家法制的统一。因此，强化法律监督，是保障国家法律统一正确实施的重要途径，也是实现依法治国的关键环节，这是当前中国社会发展的需要。而要保障法律监督的效率，就必须推进检察工作一体化。

检察工作一体化强调的是检察工作的整体性和统一性。我们既不能机械地把"检察工作一体化"与"检察一体化"混同起来，也不能简单地把"整体一体化"分割为"部门一体化"。检察工作一体化是在现行政治体制和法律框架内的工作机制层面上的一体化，而不是与是否实行"检察独立"、"垂直领导"等领导体制问题相关联的"检察一体化"。检察工作一体化是对各项检察工作进行全方位、多角度的有机整合，不是一个部门、一个方面的一体化。如果一味地突出检察系统内一个业务条线的上下一体化就容易产生以部门意见代替本级检察机关的意见，导致下级检察机关脱离检察长和检察委员会的领导。因此，检察工作一体化不仅是一项工作原则，更重要的是落实宪政结构的制度安排①。这里重点研究的是在推行检察工作一体化过程中的机制建设问题。通过机制创新实现检察机关上下级之间、同级之间在工作上相互配合、协调一致，同一个检察院内部各个部门之间在工作上统筹安排、相互配合，同一个部门内部各个检察官之间协同作战、形成合力，落实"强化法律监督，维护公平正义"的检察工作主题。

近年来，最高人民检察院十分重视检察工作一体化机制建设，先后在《检察工作五年发展规划》、《关于加强上级人民检察院对下级人民检察院工作领导的意见》等文件和一系列工作部署中明确要求加强检察一体化的工作机制建设。湖北省人民检察院出台了《关于在全省检察机关实行检察工作一体化机制的指导意见》，提出"按照检察工作整体性、统一性的要求，实行上下统一、横向协作、内部整合、总体统筹的检察工作一体化机制"。因此，认真研究检察工作一体化机制建设，切实从工作机制上落实宪法和人民检察院组织法有关检察领导体制和检察权行使原则，对于发挥检察机关整体优势、增强法律监督整体合力，维护社会公平正义具有十分重大的理论和现实意义。

第一节　检察工作一体化的理论基础

推行检察工作一体化，是为了更好地落实宪法和人民检察院组织法有关检察领导体制和检察权行使原则，发挥检察机关整体优势、增强法律监督整体合力。由于经济基础、政治制度和法律文化等原因，不同法系国家甚至同一法系国家在检察制度方面存在很大差异，我们不能机械地照搬国外的做法和简单地"与国际接轨"。检察工作一体化是在现行政治体制和法律框架下，基于检察工作规律、法律监督职能的正确认识，为有效解决影响和制约当前检察工作的障碍而创建起来的一种新型工作机制。

一、检察工作一体化具备现实的法律依据

我国《宪法》第131条明确规定："人民检察院依照法律规定独立行使检察

---

① 刘佑生："依法推行检察工作一体化"，载《红旗文稿》2008年第4期。

权，不受行政机关、社会团体和个人的干涉。"第 132 条强调："最高人民检察院是最高检察机关。最高人民检察院领导地方各级人民检察院和专门人民检察院的工作，上级人民检察院领导下级人民检察院工作。"宪法确立了检察权的独立性原则和检察机关上下级领导和被领导、集中统一的关系，它有别于人民法院上下级之间监督与被监督的关系。《人民检察院组织法》、《刑事诉讼法》、《人民检察院刑事诉讼规则》等相关法律、司法解释中进一步明确了检察机关依法独立行使检察权、检察机关上命下从的领导关系、各级检察院在职能上的协助、配合关系。上述法律规定决定了检察机关的组织构架和检察权的运作带有明显的一体化特征。可见，实行检察工作一体化是落实检察机关国家法律监督机关宪法定位的基础保障。

二、检察工作一体化契合现行的政治体制

从根本上说，我国的政治体制不同于西方的"三权分立"。我国实行人民代表大会制度、共产党领导的多党合作和政治协商制度以及民族区域自治制度。党的领导是检察机关强化法律监督职能的政治保障。检察制度是政治制度和司法制度的重要组成部分，检察制度要体现政治性，从根本上讲就是要毫不动摇地坚持党的领导，确保党的路线方针政策在检察工作中得到不折不扣的贯彻执行。要坚持检察工作的人民民主专政性质和社会主义方向，就必须坚持中国共产党的领导。我国《宪法》第 133 条规定："最高人民检察院对全国人民代表大会和全国人民代表大会常务委员会负责。地方各级人民检察院对产生它的国家权力机关和上级人民检察院负责。"可见，我国检察机关由人民代表大会选举产生，对它负责、受它监督。检察机关是特殊的国家机关，检察权在国家权力架构中，无论是作为行政权的一部分，还是作为一项独立的国家权力，其本身都具有不同于其他国家权力的特殊性。这就要求各级检察机关作为一个整体统一行使检察权，维护检察工作的整体性和统一性、保障国家法律统一正确实施。检察机关自觉接受人民代表大会的监督，有利于保障检察权的行使。因此，推行检察工作一体化与现行政治体制的本意和要求是相一致的。

三、检察工作一体化符合法律监督的特性

我国宪法明确规定检察机关是国家的法律监督机关。检察机关行使法律监督权，具有主体唯一性、对象特定性、手段法定性和结果强制性等特征。这些特征决定了必须保持检察机关及其法律监督活动的独立性和一体化，以实现其超然性、公正性、效率性与有效性。同时，检察机关法律监督具有双重表现。其司法属性要求检察机关独立行使法律监督权，不受干扰，保证整体功能发挥。其行政

属性则要求各级检察机关基于领导关系，构成有机统一整体，保障各项检察活动统一协调和配合。特别是职务犯罪侦查过程中"侦查行为的侦查目的性特征以及严密的组织纪律，体现了明显的行政属性"。① 可以说，检察机关一体化反映了检察工作的基本规律，是检察机关充分、正确行使检察权的制度性保障。

四、检察工作一体化适合检察实践的需要

当前，检察工作行政化、检察权地方化倾向还不同程度地存在，在一些地方检察机关很难独立有效地行使法律监督权。改革和完善中国的检察制度，必须以中国的社会传统和现实国情为基础，只有适合社会环境、符合社会发展需求的制度或模式才具有生命力。发展社会主义民主政治、加快建设社会主义法治国家的基本前提就是要维护国家法制的统一。检察机关作为专门的法律监督机关，其职责是维护法律权威，保障宪法和法律统一正确实施。检察机关的性质和承担的职责，要求其必须作为一个整体对外依法独立行使检察权。实现依法治国，迫切需要强化法律监督来保障国家法律统一正确实施。推进检察工作一体化，还有利于理顺检察机关的内外部关系、明确各部门职能和人员配置，进一步优化和整合检察资源，保障法律监督的效率。因此，检察实践的客观需要为实行"检察工作一体化"提供了现实依据。

由此，推行检察工作一体化是强化法律监督职能的现实需求，也是检察机关依法独立公正地行使检察职权，实现科学监督的有力保障。

第二节　检察工作一体化机制的界定

"检察工作一体化"又称检察工作一体化机制，它是检察机关在坚持党的领导和人大监督的前提下，依据宪法和法律的规定，按照检察工作整体性、统一性、规范性的要求，在检察系统内部围绕检察权的合理运行，各级组织或各职能部门之间相互作用的过程和方式。具体来说，检察工作一体化机制重点需要回答三个问题：

一、检察工作一体化机制是机制创新还是体制创新

体制与机制，是任何一个实体机构开展工作不可或缺的基本构成。体制要通过机制的运行来体现，机制运行的良好效果更要以适当的体制为基础。体制是基

① 龙宗智："试论检察官的定位——兼评主诉检察官制度"，载《人民检察》1999 年第 7 期。

于管理主体的基本定位而确立的一种制度模式，一般不会轻易调整；机制是基于管理主体内部组织机构功能关系的设计和工作机理的研判而形成的一种机构运行方式，需要视情况作出必要的调整。据此，我们认为，检察工作一体化机制是在现行政治体制和法律制度框架下所进行的探索，属于微观的检察改革和工作机制层面的创新。在内容方面，"检察工作一体化机制"改革的仅仅是检察业务工作的方式与方法，它并不涉及检察机关在整个宪政体制中的地位，不是体制外的突破，而是在坚持党的领导，坚持人大监督的前提下，契合宪法对检察机关的定位。检察工作一体化机制强调的是检察工作的整体性和统一性。我们既不能机械地把"检察工作一体化机制"与"检察一体化"混同起来，也不能简单地把"整体一体化"分割为"部门一体化"。检察工作一体化机制与是否实行"检察独立"、"垂直领导"等领导体制问题相关联的"检察一体化"是不同概念①。检察工作一体化机制也不同于"部门一体化"。检察工作一体化机制是对各项检察工作进行全方位、多角度的有机整合，不是一个部门、一个方面的一体化。如果一味突出检察系统内一个业务条线的上下一体化就容易产生以部门意见代替本级检察机关的意见，导致下级检察机关脱离检察长和检察委员会的领导。

二、检察工作一体化机制是对原有工作机制的发展完善还是权宜之计

我国是单一制国家，国家法律具有统一性。建设社会主义市场经济，需要在全国范围内建立一个可以自由流通、标准统一的大市场。这在客观上需要统一的法制环境和法律保障。检察机关法律监督的使命就是维护国家法律的统一正确实施。这种内在的统一性是检察机关法律监督存在的使命和根基，客观上要求检察机关推行工作一体化机制，以保障法制的统一。与此同时，也要看到，由于历史原因，我国目前还存在着经济社会发展的区域性不平衡。全国统一的法律系统，在各区域的适用中，会出现不同的具体适用标准。这一地域不平衡的状况在一段时期内是长期存在并动态发展完善的。面对这一国情，检察机关推进一体化机制也不应是绝对不变的，而应有一个逐渐量变到最后质变的过程。为此，在过程中应表现为各地检察机关在宪法法律框架内的机制创新探索，到最后全国统一，上升为体制的过程。检察工作一体化机制是围绕检察工作统一性、整体性的要求，有针对性地解决当前检察权运行中的一些工作矛盾。因此，它是对检察工作运行机制的发展和完善。

① 敬大力："以机制创新推动检察制度的完善与发展"，载《人民检察》2006年第21期。

三、检察工作一体化机制是模式各型还是全国统一

作为一种制度创新，检察机关在探索"检察工作一体化机制"过程中，不宜采取全国统一模式，而应结合不同地域、不同情况探索各自合适的模式。主要原因在于：一是在检察工作机制建设方面，各级人民检察院都有与其职责相应的决策权力和创新空间。需要通过整合功能，优化检察机关内部的资源配置，使各部门之间、上下之间，形成分工明确、互相依存、互相配合的有机整体。二是我国各地情况不一，可在大原则统一的前提下，探索各自合适的模式。比如，为强调检察工作流程的高效、透明和一致，发挥内部管理调控的作用，可以采用统一执法理念、统一执法程序、统一执法行为、统一执法标准等规范化的检察工作一体化机制模式；为突出上级检察机关的领导指挥，消除下级检察机关的随意性，克服地方和部门保护主义，可以采用高度集中、总体统筹的检察工作一体化机制模式。三是最高人民检察院还没有对检察工作一体化机制的模式问题作出统一规定。因此，"检察工作一体化机制"的具体模式具有很大的探索研究空间。

目前，湖北省人民检察院对检察工作一体化的探索所采取的是一种"集中模式"，即采用"集权化管理"，达到对内整合、对外独立的目的。"集中模式"属于高度融通的一体化机制，旨在打破上下级检察院之间和相邻检察院之间的种种界限。"集中模式"比较符合我国中西部地区的检察机关，东部沿海地区更强调观念、标准的一体化①。因此，我们还可采用"同质模式"，即强调不同的检察院统一执法理念、统一执法行为、统一执法程序、统一执法标准，部门联动、一体指挥。就当前中国社会的现实来看，加强检察系统的集中领导是当前中国社会发展的需要②。无论是"集中模式"还是"同质模式"，都是检察工作一体化机制的不同选择。前者强调依靠上级的调控带动整体；后者强调依靠统一的理念、规定带动整体、促进整合。目前，全国东西部发展不均衡、经济文化水平差异较大、检察人员素质参差不齐等因素，决定了我们只有因时而生、因势利导、因地制宜地采用适合自身的模式开展一体化机制建设。当然，无论采用哪种模式，就上级检察机关来说，都应注意积极听取下级院的意见，鼓励和支持下级院发挥其合理限度内的自主性，保证各级检察院依法独立行使检察权。

同时，应当看到，随着检察工作一体化机制进程的不断深入，最高人民检察院将检察工作一体化的经验逐步形成规章，以规章促成标准，以科学的典章规范

---

①　龙宗智："创新和发展检察工作一体化机制应注意的几个问题"，载《人民检察》2008 年第 22 期。

②　何家弘主编：《检察制度比较研究》，中国检察出版社 2008 年版，第 510 页。

检察系统内纵向、横向的统一协作。无论东西部地区，条件成熟一步，规范化管理的进程就可迈进一步。因此，我国检察工作一体化机制的模式，应当从"集权化管理"向"规范化管理"逐步过渡。

第三节　检察工作一体化机制的总体要求

目前，有关检察工作一体化机制的总体要求表述主要有三种：

1. 1999 年最高人民检察院《检察工作五年发展规划》要求："健全上级检察院对下级检察院的领导体制，加大领导力度，形成上下一体、政令畅通、指挥有力的领导体制……逐步形成全国各级检察机关之间互相支持、互相配合、互相协调的检察一体化的工作机制"；在 2008 年全国人民代表大会上的检察工作报告中，最高人民检察院进一步强调"优化检察职权配置，健全上下一体、分工合理、权责明确、运行高效的检察体制"。最高人民检察院旨在加强集中管理，强调纵向关系的"工作领导"，用一体化机制来克服全国一些地区检察权分散化、地方化、难以形成法律监督合力的状况；用"优化检察职权配置"的方式在检察系统内部厘清职权、分清职责，从而发挥宪法赋予检察机关的体制优势和整体效力。

2. 2006 年湖北省人民检察院在《关于在全省检察机关实行检察工作一体化机制的指导意见》中提出："检察工作一体化强调检察工作的整体性、统一性，应按照'上下统一、横向协作、内部整合、总体统筹'的要求来进行构建。"① 其中"上下统一"要求充分发挥检察机关领导体制的优势，强化上级院对下级院的领导关系，下级服从上级，上级为下级做好服务，克服检察权地方化、部门化的倾向；"横向协作"要求加强各地检察机关之间的工作协作、互通情况，加强沟通，取得理解、支持和配合；"内部整合"要求充分发挥检察机关各内设机构的职能作用与优势，在日常工作中紧密配合，形成合力；"总体统筹"要求强调全省检察机关结成运转高效、关系协调、规范有序的统一整体，充分发挥法律监督整体效能。湖北省人民检察院突出检察工作一体化机制要依靠上级的统一调度，控制和指挥省内各级检察机关所有相关资源、权限，根据工作需要通过"合并同类项"等方式，集中组织、指挥、协调和管理，克服地方化和部门一体化倾向，实现"收拢手指、攥紧拳头"以提升法律监督合力的效果。这一理论成果和相关实践得到了检察系统和学界广泛的肯定。但是也有不少观点提出质疑，即

---

① 湖北省人民检察院发展研究中心编：《检察工作一体化机制创新——湖北检察机关的探索与实践》，中国检察出版社 2008 年版，第 10 页。

湖北省人民检察院对于一定区域检察系统内信息、物力、人力的高度集中，是否适用于检察人员自主性较高、检察工作更讲求灵活性与原则性相统一的地区。

3. 2008 年 11 月最高人民检察院曹建明检察长在致信湖北省人民检察院主办的"检察发展论坛"中，就如何扎实推进检察工作一体化机制时指出"检察机关要按照科学发展观的要求，坚持在党的领导和人大监督下，忠实履行宪法、法律赋予的法律监督职责，进一步完善和推进检察工作一体化，上下统一、横向配合、步调一致、检令统一，维护检察工作的整体性、同一性，增强法律监督的实效与合力"。曹建明检察长进一步强调了维护检察工作的整体性、统一性的要求，即在明确上级领导下级的基础上，进一步强调下级对上级检令的高度服从和坚决执行，务必使检令上令下行。同时，将"协作"修正为"配合"，体现出在不同检察机关合作办案的过程中，工作主体和职责必须有主有次，以减少实践中多头交办、多头管辖时互相推诿、相互掣肘的不利状况。

检察工作一体化机制是新形势下，为解决当前检察工作中的一些突出问题，切实提高法律监督合力，克服机制性障碍而提出的。通过强化上级院对下级院的领导，检察资源的相互协调、补充、衔接，确保检察组织体系形成上下统一、相互协调、关系密切的有机统一整体。我们认为，检察工作一体化机制的总体要求是：统一执法理念，强化上级领导，细化协作配合，优化职权配置，不断促进和规范各项检察资源的互补与衔接，逐步形成全国各级检察机关之间互相支持、互相配合、互相协调的检察工作一体化机制，保障检察机关依法独立行使检察权。

一、统一执法理念

执法理念的统一，是社会主义法治理念对检察工作的基本要求，也是检察工作一体化对干警思想认识上的总体要求。执法理念是检察工作的灵魂。有什么样的执法理念，就有什么样的执法行为和执法效果。"统一"既包括步调统一、检令统一，也包括执法标准和观念的统一，前者是后者的外化体现。统一执法理念，有利于各级检察机关认真思考和谋划处理好执行法律与党的刑事方针政策之间的关系，思考和谋划完善相关体制机制，处理好打击与保护、监督与服务的关系，把执法办案的法律效果、社会效果与政治效果有机统一起来；有利于上下级院在实施检察工作一体化机制过程中从思想上达成共识，提高法律监督的效能，保障检察机关规范执法行为，依法独立行使检察权。

二、强化上级领导

强化上级领导，是基于检察业务及检察机关领导体制所具有的行政性、整体性的特点。所谓整体性，既是各级检察院形成上下一体，也是在每个检察院内部检察官受命于检察长，使每个检察院形成一个整体①。这种整体性的特点，决定了"强化上级领导"要求上命下从，体现在强化上级院对下级院的领导，也包括同一院内检察长、检察委员会对部门领导、办案检察官，检察委员会对本院检察官的集体领导。检察机关通过加强上级对下级的领导，不仅有利于在工作方向上坚持党的领导、自觉接受人大监督等基本原则，也有利于在工作内容上强化检察机关贯彻执行最高人民检察院和上级院的工作部署、强化各级检察机关统一正确履行检察职能，以发挥整体工作合力的优势。

三、细化协作配合

我国检察机关在结构设置上呈多级套塔式结构，这种复杂的纵横经纬关系是否能相互协调统一、有序配合必然在一定程度上影响检察机关的整体作用。近年来，随着跨区、跨市、跨省甚至跨国境的犯罪现象愈发普遍，单一检察院查办背景复杂的职务犯罪案件、监督疑难复杂的其他刑事案件难度大大增加，这就需要不同地区不同级别的检察机关之间给予及时有力的支持和配合，发挥整体优势，提高整体合力，才能有力打击各类职务犯罪活动。因此，虽然各地检察院、各级检察院以及专门检察院都具有明确的管辖范围，但是在执行检察职能的过程中，如果确实需要其他检察机关的协助，如调查取证、扣押等侦查措施和强制措施的适用，相关检察机关有进行职能协助的义务。

四、优化职权配置

检察工作各个环节既相互独立又相互联系，既相互渗透又相互促进。因此，要发挥检察工作一体化机制的整体效能，必须对现有的各项职能进行分解、归并、整合共有或相近的职能，强化某些特殊或独有的职能。如建立侦、捕、诉、研联动工作机制，使业务部门形成网状的互相配合与制约的力量，动态地实现检察机关职务犯罪案件办理的规范化、科学化，提高法律监督的整体合力。职权配置的优化整合，促使每一环节的工作成果都为下一环节较好地利用，充分发挥合力效应。同时，还要构建标准具体、责任明确、考评科学、统一实用的检察业务工作考评机制。

上述四项重点要求中，"统一执法理念"是从思想层面统领各级检察机关和

---

① 即在推行检察工作一体化中，通过建立健全各项工作机制，将单个检察院的局部利益融入检察事业的整体发展格局中，使检察机关形成一个强有力的整体，以发挥强大的工作合力。参见刘佑生："依法正确履行'检察工作一体化'"，载《检察工作一体化机制创新——湖北检察机关的探索与实践》，中国检察出版社 2008 年版，第 33 页。

检察人员；"强化上级领导"强调上级院对下级院的科学领导关系，以及下级院对上级院能动服从的有机统一；"细化协作配合"关注检察机关之间责任主体有主次的合作，实现检察机关整体性、独立性；"优化职权配置"突出梳理检察资源、科学合理配置检察职权。上述四个内容是一个循环整体，有机统一、相辅相成。

第四节　检察工作一体化机制的特有原则

检察工作一体化机制的原则，是指在建立和施行一体化机制时所依据的法则或标准，直接反映了一体化机制的立项原意，决定了一体化机制的广度和深度。除了坚持党的领导、自觉接受人大监督；坚持依法独立公正行使检察权；坚持遵循检察工作规律等基本原则外，我们认为，还需要重点把握如下特有原则：

一、信息先导

检察工作一体化机制作为一个体系有目的地运行，取决于正确的组织与协调，而负责组织与协调功能的最小神经元就是信息，尤其在部门前后环节之间、部门或者子系统与全院之间、上下级院之间，信息的接收、传递和反馈作为系统的基本功能和特征是不可缺少的。检察信息资源，正是推进检察工作一体化机制的重要基础。集中处理检察信息，加强对相关信息的采集和处理，尽量满足各工作环节对信息的需求，提高检察信息资源的综合分析运用程度，通过信息实现对系统运营进行反映并有效控制与调节。该原则集中体现在三方面：一是加强情报信息的采集、管理和运用。如在检察机关内部，建立健全职务犯罪案件线索信息库、职务犯罪档案库、诉讼监督案件信息库、公诉案件信息库、业务骨干人才库等基础数据库群，并定人定策、专门受理、登记、分流和反馈，以加强跟踪分析和综合利用，促进情报信息的整合①；在检察机关对外方面，会同行政执法单位建立和完善刑事司法与行政执法相衔接机制的工作平台。二是扩大涉检信息的覆盖和共享面。加强与公安、工商、档案等有关部门的协商，会同建立社会公共管理信息共享机制，逐步实现覆盖较大行政区域（如省、直辖市范围）的人口基础信息库、空间基础地理信息库、法人单位基础信息库等电子政务数据库的链接。三是以信息先导推动专门工作体系的优化。如依托信息，进一步协调、完善各省（直辖市）检察院和分（州）、市检察院举报中心与侦查指挥中心的关系。

---

① 徐汉明："职务犯罪侦查指挥中心之功效分析"，载《检察工作一体化机制创新——湖北检察机关的探索与实践》，中国检察出版社 2008 年版，第 325 页。

二、指挥灵敏

在职务犯罪侦查领域，由于工作的特殊性（侦查机关更具有行政属性而非司法属性）、队伍侦查技能的不足（相比公安等侦查机关办案人员，检察人员相对缺乏侦查工作的经验）以及侦查手段的局限（相比公安、海关、国家安全等侦查部门，检察机关的反贪和反渎部门侦查手段明显落后），强调侦查业务工作的统一指挥更具合理性和必要性。建立和运行职务犯罪侦查指挥机制，加强对职务犯罪侦查工作的统一组织、指挥、管理和协调，应对"多头管理、多头分流"等诸多问题。一是强化横向、纵向、交叉协作，节约侦查指挥过程中额外形成的成本和"边际效用递减"现象，对侦查资源配置、侦查效率提高、侦查合力增强等方面产生规模效应；二是有效协调下级院、本院内设机构之间在侦查活动中产生的争议事项，解决"指挥失灵、效率不高"等问题；三是理顺侦查部门与控告申诉部门之间的案件线索管理机制、完善与后道环节刑事检察部门的配合协调。

三、上下联动

上下联动相较于传统的一体、统一概念，更强调当若干个检察职能部门、子系统在运作时，其他的相关职能部门或子系统也跟着运动和变化。检察工作一体化机制要实现真正意义上的"强化上级领导"，就要求在机制的各个子系统的连结点上促成上下联动，使上下级之间形成统一的机体，保证检察权行使的高度协调统一。主要体现在：一是切实保证上级指令的科学性、权威性和稳定性。如要进一步完善检察委员会运作方式，否则检察委员会只听汇报，不看案卷，作出的决定很危险。二是提高法律监督的合力与效率。如对有关机关拒不接受纠正监督意见的，下级院应当及时报告上级院，上级院认为意见正确的，应当协调同级有关机关督促其下级机关纠正。三是处理好与上下级检察院之间、检察长与承办检察官之间关系，注意调动两个积极性。上级检察机关不能随意取代下级检察机关办案，内部各业务部门要有配合、有合作，同时也要有监督、有制约。还要赋予承办检察官"有限抗命权"① 等。总之，作为领导关系主体的上级院，应当改进

---

① "有限抗命权"，即当上级院所下指令的依据与承办人所了解的案件客观事实有出入时，办案检察官有责任向上级院汇报案情及相关证据，提出自己对案件的处理意见。上级院必须依照法定方式行使指令权，对于违法指令，下级有权申请复议，但复议不中断执行，对于复议后维持的，下级在执行的同时，有权越级反映情况。如果上级院在了解案情后仍坚持原有指令，办案检察官应当执行上级指令，但要将上级指令记入案卷。

检察工作宏观指导，推动上下关系从带动到互动、最终联动的进程。

四、整合资源

管理的实质是对组织所拥有的各项资源的协调和整合，而组织拥有的资源包括人、财、物、信息、技术、时间、社会关系和组织的声誉等。为了利用有限的资源最大限度地满足组织目标，必须提高管理的有效性。"用正确的方法做正确的事"，使有限的检察资源发挥最大的效用：一是增强法律监督合力，进一步科学梳理和分配检务。突出"以办案为中心、以公诉为核心、以检察官为主体"的业务工作体系，同时，对司法行政和事务机构的设置应充分体现保障服务功能。二是向检察业务管理要效益。通过对业务工作的监督、协调、管理、指导，克服细化办案分工所带来的盲目性等弊端，以体现检察工作一体化机制的组织协调优势。三是尊重法律正当程序、遵循检察工作规律。做到分合并重，该整合的要整合，该区分的要区分。如不能因为检察官之间具有职务继承、移转关系和替换制度，而出现一人同时出席刑事案件一审和二审庭审的情况。又如对于具有司法属性的审查逮捕权、起诉权和具有行政属性的侦查权应作出区分。对职务犯罪侦查可更多地强调行政化和一体化。对具有司法和诉讼属性的部分要强调检察官依法独立办理，进一步完善主诉检察官办案责任制，尊重其独立性，适当放权给检察官，并防止检察官办案责任制虚化。

五、职责分明

改革和完善检察院机构设置，明确检察院内部职权划分，目的在于形成分工合理、权责明确、互相配合、互相制约、运行高效的工作机制。具体体现在：一是在上下级检察院之间，下级院应当在执行决定的同时尽可能做到检察权的相对独立。二是在检察院内部加强决策机构建设，确立检察长的权威。如承办检察官对检察长或检察委员会的指令应当立即执行，但可以提出改正或撤销指令的意见，检察长或检察委员会对执行后果负责。正确处理检察长和检察委员会的关系，原则上少数服从多数，但检察长在重大问题上不同意多数检察委员会委员的意见时，可报请本级人大常委会决定。三是在强调检察长负责制的同时保持检察官职务行为的独立性。如通过主诉、主办检察官责任制、首办责任制等具体机制，合理界定部门领导与具体办案人员之间的权力，充分发挥基层检察人员的主观能动性。四是加强案件质量管理。结合检察机关"三位一体"机制建设，将现代管理科学引入检察工作和案件办理中，明确各业务部门职责，建立科学的岗位衔接和协作体系，建立定岗、定责的岗责体系，明确具体工作流程和每一环节的责任主体。

六、配合有序

实践中，案件管辖不明、横向部门的沟通不力以及为完成指标或地方保护主义等干扰因素，严重阻碍了检察权的有效发挥。配合有序，既说明了要坚持分工制约与协作配合相结合，也是各职能部门在内外协作中主次分明、责任到位的具体反映：第一，重新审视和梳理与公安机关、法院的各项工作机制，健全和落实具体措施，真正体现"分工负责、互相配合、互相制约"的要求。第二，通过上级院的主持、规定，规范不同地域的检察机关之间在跨区域的检察业务活动中实现职务行为协助、代理、承继、转移的相互协作流程。如建立健全涉检信访工作协作与责任机制，加强司法警察统一管理与勤务，加强全国各地检察机关的检务协作等，加强国际司法协助和境外司法互助的统一管理等①。第三，检察机关内部，上下级检察机关之间、同级检察机关之间紧密合作，依法代为执行有关职能，或协助其他检察机关的检察官在本辖区执行有关职能，注重借助配合协助的检察院的侦查力量来突破案件。第四，检察机关内部的业务管理，既是保障检察机关各项工作协调有序、检察权统一行使的关键环节，也是保障检察机关各个内设机构密切合作、检察权高效运作的有效载体。

第五节　检察工作一体化机制的构架内容

检察工作一体化机制是在党委领导、人大监督下的工作机制。总体而言，就要形成一个以纵向组织领导为主线、以横向配合协调为保障、以专门机构统筹兼顾为补充的，各层面相互衔接、整体运作的检察工作运行机制，来强化法律监督，保障国家法律统一正确实施。

一、检察工作一体化机制的纵向构架内容

主要基于检察机关上下级领导与被领导的关系而形成。根据保障检察机关履行法律监督职责的需要，检察机关上下级领导关系包括组织上的领导关系和业务上的领导关系。这里着重围绕业务工作进行阐述，主要包括六项具体机制：

（一）上级检察机关业务工作决策机制

科学、民主、规范决策是强化检察机关上下级领导关系的前提和基础。目

---

① 周理松、王磊："试论和谐检察中的检察工作一体化机制建设"，载《中国检察》（第15卷），第347页。

前，重点要建立、健全和强化：

1. 意见征询制度

上级院根据党对政法工作以及检察工作的总体要求，通过规划工作发展思路、部署工作任务和调整工作重心、方向等方式，在检察工作的总体定位、发展方向、全局性的工作部署及要求等内容上对下级院作出指导。在制定规范性文件、作出重要工作部署以及其他重大决策出台前要充分发扬民主，主动征求和倾听下级院的意见；主动接受下级院的监督，虚心听取批评和意见，对重大紧急情况实时通报、对常规工作情况定期通报，增强工作决策部署的针对性和可操作性。

2. 重大决策通报、公示、听证制度

上级院对于改革措施、司法解释等涉及人民群众利益的重大事项和社会热点问题的决策，应当事先通过新闻发布会、报刊、电台、电视台、网络等渠道，及时向社会公众进行通报或公示；对于疑难复杂、社会影响较大的缠诉、闹访等案件，召开听证会，广泛征询意见，主动接受社会各方监督。

3. 专家咨询制度

上级院建立检察业务专家咨询委员会，对于专业性、技术性较强的重大事项，由专家进行论证、咨询和决策评估，确保决策的科学性。同时，还要整合资源，积极推进决策咨询的信息化和网络化。

4. 决策检查评估制度

上级院成立由院领导、纪检监察及相关职能部门、专家、人民监督员等参加的决策民主评议组织，定期或不定期地举行民主评议活动，将检查评估的结果与主管负责人及部门的决策能力、绩效挂钩。

5. 决策责任制度

规范决策的程序，合理界定责任界限。对不在法律规定的范围内、不依照法定的决策程序行使职权的，应承担相应的党纪责任、政纪责任和法律责任，以增强领导决策的责任意识和风险意识，防止和避免决策失误。

（二）上级检察机关决定和部署指导推进机制

主要从宏观上确保上级检察机关高起点规划、高标准执行、高强度推进各项工作决策部署，强化上级检察机关的权威性。目前，重点要建立、健全和强化：

1. 工作落实推进制度

上级院作出的指示、决定和命令，下级院必须执行，不得擅自改变、故意拖延或者拒不执行。如果认为上级院的指示、决定和命令有错误的，应当在执行的同时向上级院报告。拒不执行上级院指示、决定和命令的，应承担相应的法律责任。

2. 工作检查指导制度

上级院对制发的决议、决定、制度和重大工作部署等，每年组织执法检查或者工作检查，及时发现和解决执法和工作中的突出问题。加强对下级院的指导力度，及时研究解决工作中存在的突出问题，以书面答复、工作通报等方式解决下级院执法中的疑难问题。

3. 重大事项案件督办制度

上级院通过交办、催办、指导、通报等形式督促检查下级院执行上级决策、落实工作部署、办理上级领导和党委、人大督办案件等事项。下级院应当在上级院要求的时限或法定期限内办结上级院督办的重大事项和案件；逾期不能办结的，应当及时书面报告进展情况，并说明未办结的原因和下一步打算。

4. 定期报告工作和评议制度

每半年由下级院采取书面或当面报告的形式，向上级院报告工作并接受评议。内容包括：贯彻上级院工作部署情况；履行检察职能，服务大局、推进检察业务工作情况；队伍建设、基层院建设情况；本院工作特色、存在问题，需要解决的困难；对上级院评议意见的整改落实情况；阶段性专项重点工作等。同时，上级院的工作情况要及时向下级院通报，听取下级院意见。

5. 决定撤销变更制度

上级院认为下级院作出的决定违反法律或确有错误的，应当指令下级院纠正或依法直接予以撤销变更；发现下级院已办结的案件有错误，或者正在进行的执法活动违反法律、司法解释以及上级院有关规定的，应当指令下级院纠正；发现下级院制定的规范性文件存在超越法定权限，与法律、司法解释或上级院规定相抵触，或者有其他不适当情形的，应当及时向下级院提出纠正意见或指令撤销。

6. 指令统一规范制度

上级院有关撤销变更下级院决定等指令应当以上级院的名义发出，或者以上级院检察长的名义向下级院检察长发出，并且是书面形式。下级院认为上级院的指令有错误的，应当在执行的同时向上级院报告；上级院经复议认为确有错误的，应当及时纠正。

（三）上级检察机关业务工作领导机制

主要从微观上实现业务工作领导方式的规范化、科学化，确保上级院业务领导的效果。目前，重点要建立、健全和强化：

1. 检察委员会决策及其执行制度

下级院检察委员会议事情况应当及时上报，接受上级院的审查。上级院通过派遣检察委员会委员列席下级院检察委员会会议、审查会议记录等形式，加强对下级院检察委员会工作的指导和监督。如果下级院对上级院检察委员会的决定有不同意见，可以提出复议请求，由上级院检察委员会决定。

2. 重大事项案件请示报告制度

下级院对检察工作中的重大事项和办理的重大疑难复杂案件，需向上级院请示的，应严格按照公文和请示件的有关规定，以院的名义向上级院请示报告。上级院要认真研究，并在规定的时限内提出书面答复意见。对于不符合请示范围的请示事项，上级院应当退回下级院依法决定和处理。

3. 案件管辖调节制度

有管辖权的下级院认为案件不适合本院管辖的，应当向上级院提出移送管辖的意见，报上级院审查同意；上级院在必要的时候，可以处理下级院管辖的案件，也可以将本院管辖的案件交由下级院办理；上级院可以指定有管辖权的下级院将案件移送其他下级院办理。

4. 案件报请备案、审批制度

下级院对于受理、初查的县处级以上干部职务犯罪案件线索、直接受理侦查案件决定立案或者逮捕的，应当及时报上级院备案，上级院经审查有不同意见的，应当提出书面纠正意见或者直接作出相关决定。下级院对直接受理侦查的案件拟作撤销、不起诉决定，对申请赔偿的违法侵权事项拟作不予确认决定的，应当报请上级院批准。

5. 检察委员会通报制度

上级院检察委员会选择对检察工作具有指导意义的典型工作经验进行审议，归纳形成对普遍性、倾向性问题的指导意见，采取工作通报的方式予以发布，对下级院进行工作指导。

6. 检察委员会案例发布制度

上级院检察委员会对具有共性的法律适用疑难争议案件及新类型案件进行审议研究，提出具体法律政策适用意见，采取案例的方式予以发布。上级院发布的检察委员会案例，下级院对其中涉及的法律政策适用意见应当遵照执行。

（四）上级检察机关业务工作支持帮助机制

目前，重点要建立、健全和强化：

1. 监督意见督促制度

下级院对于诉讼活动中的违法情况、社会治安综合治理中的薄弱环节等提出监督纠正意见，应当及时报上级院备案，上级院经审查有不同意见的，应当提出书面纠正意见或者直接作出相关决定。接受监督纠正意见的有关机关不依法纠正的，下级院应当及时报告上级院，上级院认为提出意见正确的，应当协调同级有关机关督促其下级机关纠正。上级院认为提出意见不当的，应当通知下级院撤销原监督纠正意见，并通知有关机关。

2. 新情况、新问题研究反馈解决制度

下级院对在工作中遇到的新情况、新问题要及时向上级院报告，不得瞒报漏报。上级院对下级院的书面报告，应当及时进行研究，并在规定的期限内作出书面答复；对于暂时无法作出答复的，应当及时通知下级院。

3. 信息沟通、调研成果推广制度

上级院对下级院信息、调研中反映的一段时期内检察业务工作热点、重点、难点问题，及时进行编发、刊载，反映业务工作的特点、规律及其发展趋势，推广相关工作经验和做法，不断增强各级院工作的前瞻性和主动性。

（五）职务犯罪侦查工作机制

根据最高人民检察院《关于健全职务犯罪侦查工作一体化机制的若干规定》，进一步完善职务犯罪侦查一体化机制的建设，整合上下级检察机关的各项资源，扫清来自各方面的阻力，保证查案工作的顺利进行。目前，还要重点建立、健全和强化：

1. 一体化线索管理制度

加强对线索进行全面掌控、统一管理、实时跟踪、有效监督。要满足这些要求，首先要对现行的线索管理模式进行重构，建立一套以省级院侦查指挥中心为核心的线索管理机制，把住职务犯罪侦查的"入口关"。具体模式如下：

一是线索汇总。保留现有的各级检察机关的举报中心，将其职能限定于"受理窗口"，即专门受理各类形式的举报。各级院的举报中心受理举报后不进行实质性处理，而是于登记后在最短的时间内将线索直接汇总至省级院的侦查指挥中心。省级院的侦查指挥中心系直接隶属省级院的常设机构，直接向检察长负责。其不依附于贪污贿赂犯罪侦查部门，也不依附于渎职侵权犯罪侦查部门和控告申诉部门。省级院侦查指挥中心在收到各"受理窗口"转来的举报信后及时进行汇总、归类，并设立"档案表"，主要内容包括：举报人（含报案人、控告人）、被举报人（含被报案人、被控告人）的基本情况，如姓名、单位、担任的职务、职级、涉嫌的主要罪名、政治面貌、联系方式，线索来源，举报的主要内容等。

二是线索分类。省级院的侦查指挥中心在收到各级院举报中心汇总的线索后，及时确定主管和管辖单位，完成线索的首次分类。在此基础上，对符合条件的线索进行登记，做到一线索一档案，结合举报数据库等信息化平台将举报按照所属行业等进行归类。在完成上述步骤后，省级院侦查指挥中心按照地域管辖对线索进行二次分类，除将决定自行初查及指定异地管辖的线索留存外，其余线索转至地级院（直辖市的分院）侦查指挥中心。地级院侦查指挥中心按照上述方式对线索进行再次分类，除将决定自行初查及指定异地管辖的线索留下外，其余线索转至基层院，自此完成线索的分发工作。建立以上线索分类机制，能使上级院全面、及时掌控下级院的线索。不仅能有效避免下级院压案不查、瞒案不报的弊病，而且也为上级院迅速组织精干力量、周密部署突破重点线索提供了有利条件。

省级院及地市级院在对线索进行分类时要严格把握标准，即一般线索仍按照属地管辖进行下发，只有当本具有管辖权的下级院查办确有困难，例如出现涉案人员为行政机关负责人、司法工作人员、在当地初查容易暴露等情况才由上级院自行初查或指定异地管辖。

三是线索跟踪、督查。根据上述线索分类机制，线索初查的中坚力量仍是各基层院。为了提升基层院的办案效率，还应当结合一线索一档案，建立完善的线索跟踪、督查机制。其主体拟定位于地市级院的侦查指挥中心，这不仅基于我国幅员辽阔的地域特点，而且也考虑到人员配备、线索总体数量等客观因素。就方式而言，可以采用听取汇报、更换承办主体等。地市级院可以就重点线索要求基层院定期汇报初查进度，如发现基层院在查处线索的过程中遇到困难或查处不力，可以采取更换承办主体的方式重新确定初查主体。

四是线索信息化管理。信息化是加强线索管理的有效保障，也是提高案件初查、侦查效率，实现科技强侦的必经之路。面对职务犯罪日益呈现的智能化、专业化趋势，只有建立一套完善的线索信息化管理机制，才能科学指挥、正确决策，提升线索的"经营"能力。

作为一项辅助机制，信息化贯穿于线索管理的各个环节。在线索汇总环节，利用专门的线索流转通道，将各级院举报中心收到的举报件统一汇总至省级院的侦查指挥中心。这种通过检察机关内部局域网的传输方式，不仅能大幅提升线索汇总的效率，而且基于其封闭性的特点，信息的保密性也大大增强。同时，信息化管理的分析统计功能还能根据汇总的线索生成统计报表和数据走势分析图，为及时掌握职务犯罪发展动向提供有效的技术支持。职务犯罪高发行业、高发地区等信息都一目了然。在线索分类环节，通过设置不同的参数，达到对线索筛选、分类的目的。利用比对功能，还能起到"合并同类项"的功效，为串案、窝案的侦破提供科学的依据。在线索跟踪、督查环节，信息化管理更是起到了事前预警、事后考核的作用。线索信息被录入计算机设备后，相应的软件会计算出线索承办的法定期限，并且在期限届满前提示承办人，督促合理安排初查节奏。如果承办人由于疏忽或其他原因无法在法定的期限内办结线索，其超期天数等"不良记录"将自动生成并反馈至监督部门。

2. 一体化初查协同制度

初查是一项系统工程，需要各方面的协助、配合，某一单个的检察机关很难完全胜任。强调上下级检察机关间的协同配合，不仅是各级检察机关作为"命运共同体"、上下一盘棋的客观要求，而且能有效进行资源整合及重新配置，完善信息收集和共享机制，使初查工作有序、高效地开展。

一是初查主体整合、归并。《人民检察院刑事诉讼规则》第127条规定："举报线索的初查由侦查部门进行，但性质不明、难以归口处理的案件线索可以由举报中心进行初查。"最高人民检察院《关于调整人民检察院直接受理案件侦查分工的通知》规定："检察机关监所检察部门负责发生在监管场所的职务犯罪案件线索的初查；检察机关民事行政检察部门负责对在办理民事行政抗诉案件过程中发现审判人员职务犯罪案件线索的初查；检察机关其他业务部门，在法律监督工作中发现案件线索的，也有权可以初查。"可见，检察机关除综合部门外的所有业务部门都具有初查的权力。然而初查是一项专业性很强的工作，如果过于放宽初查的主体反而不利于初查工作的顺利开展，容易暴露多头初查、初查不到位等弊端。因此，比较妥帖的方法是将初查权限进行整合，统一归口到各级院的侦查指挥中心。由侦查指挥中心统一受理，派遣专业的人员进行。

二是基础信息集中收集、共享。职务犯罪初查的一项重要任务就是收集被举报人的各方面信息并通过综合分析进一步判断其是否涉嫌职务犯罪。有关被举报人本人及家庭成员身份、财产情况、公司开立等情况的信息是初查工作的基础环节，一般被称为基础信息。这些基础信息分别由公安、工商、房地产、银行等不同主管部门控制，要获取这些信息需分别赶赴其办公地，大量的时间浪费在来回的路途中。检察机关如能与各职能部门建立信息共享合作机制，则可明显地提高初查的效率、大幅度地加快初查的节奏。部分省、市在这方面已经有了尝试并收效显著，例如要排查被调查对象的存款情况，按照原先的做法，侦查员需分别赶赴各家银行。随着中国人民银行个人征信系统信息库的建立，被调查对象在哪几家银行开立过具有结算功能的银行账户就会一目了然，侦查员只需按图索骥，到指定的银行查询即可。信息渠道的畅通将使侦查员在足不出户的情况下及时掌握情况，从而提高队伍的战斗力。各省级院可以侦查指挥中心为平台，与各职能部门，如公安部门的户籍信息库、电信部门的固定电话信息库、出入境管理部门的出入境管理信息库等建立链接，并安排专人负责查询。各下级院侦查人员填妥格式化的查询表并经主管领导的审批后，借助检察专用信息通道，以电子邮件的形式发送至省级院侦查指挥中心请求协助查询。省级院在查询完毕后及时将信息反馈至各下级院。

三是初查辅助装备统一调配。为了应对职务犯罪日益智能化、隐蔽化的特点，各级检察机关购置了一系列初查辅助装备。辅助装备的使用有力地提升了初查的科技含量，为侦查员提供了重要的信息情报。然而在初查辅助装备的使用过程中也暴露出了一些问题，例如由于受经济发展水平及经费保障等因素的影响，初查辅助设备的分布情况呈现地区间的不平衡现象。经济较发达地区的检察机关往往装备比较精良，而经济欠发达地区甚至没有财力配备初查辅助设备。但在具体使用时，由于不是所有案件都需要使用初查辅助设备，而且每次使用时也不是每件设备都必须投入使用，所以很多时候设备处于闲置状态。因此，建立一套合理的设备调配机制就显得尤为重要。在设备的购置层面，应由省级院的侦查指挥中心根据职务犯罪作案手段、发展态势进行综合考量，适时选购、更新初查辅助设备，所需费用作为专项经费由省级院列支。其中常用设备、小型设备可发放至各下级院，下级院选派专人至省级院经短暂培训后学习操作手法、进行战术演练。大型设备或专业性由省级院统一保管和维护。省级院侦查指挥中心选派专人熟练掌握设备的使用方法，同时将该设备的主要功能、适用情形等下发至各下级院。下级院在办理线索的过程中如发现需要使用该初查辅助设备，则可以向省级院提交申请。经审核符合使用条件的，省级院派专人携设备至该下级院提供协助。每次设备的使用情况都以信息通报的形式在省级院的内部网页上发布，便于其他院在遇到相似情况时参考。

3. 一体化侦查协作制度

一是侦查专门人才库的建立、使用。鉴于职务犯罪侦查是一项专业性极强的工作，所以建立完善的专业人才管理体系非常必要。建立专业人才库首先要时刻树立"人才强检"的理念，明确其是为检察工作一体化提供人力资源保障的重要机制。其次，在构建专门人才库的过程中要做到科学、合理。例如在人才分类上做到多层次分类。第一层次的分类可分为讯问类人才、会计类人才、司法鉴定类人才等，在此基础上可进一步细分。以讯问类人才为例，可以根据其熟知的行业，分为医疗行业讯问专才、教育行业讯问专才。多层细分的好处在于可以充分发挥专业人才的专业特长，集中最精干的力量。在归类细分的基础上，同步建立"人才档案"，详细录入其专业特长、以往经办案件的情况等信息。下级院在办理案件的过程中，遇到急需上级院人力资源支持的时候可以向省级院的侦查指挥中心提交申请，将需要人员的类型、基本案情等信息及时汇总，省院侦查指挥中心根据不同情况及时选调最为合适的专业人才予以协助。

二是侦查指挥中心的指挥、协调。进一步发挥各级院侦查指挥中心在职务犯罪侦查工作中的指挥协调功能。在派遣专业人才赴一线协助办案的同时，可以组织其他具有丰富侦查经验的侦查员通过同步视频观看审讯的全过程，以类似"会诊"的方式，献计献策；针对下级院在侦查过程中遇到的来自地方的阻力时，上级院侦查指挥中心可以适时采用个案督办、变更办案单位等方式排除阻力，保证侦查工作的顺利进行。

三是司法鉴定资源的归并、整合。目前，各级检察机关都配备了一定的司法鉴定人员，从事专业的司法审计、笔记鉴定、伤情鉴定等职能。但是，受业务量的影响，不少鉴定人员每年承担的鉴定案件十分有限。为此，不宜采取"小而全"、"层层配置"的方式来配备专业司法鉴定人员。可以从各基层院抽调司法鉴定骨干人员，作为省级院司法鉴定中心的专职人员，接受统一调配。这样既保证了司法鉴定的效力，又避免了司法资源的虚置。

（六）检察工作一体化规范运行机制

建立检察工作一体化规范运行机制，就是规范检察办案业务流程，以标准化的科学办案流程取代传统的办案随意化、经验化的陋习。具体来说，就是建立一套标准化的、可操作性强的办案模式，做到执法理念统一化、组织运作标准化、办案质量标准化、执法行为标准化、监督管理标准化。

1. 执法理念统一化

统一的执法理念是各项检察工作顺利开展的基本保障，也是检察工作一体化机制从集权型管理向规范化管理，在不同地区不同时间体现持久生命力的必由之路。检察机关统一执法理念要从自身的角色定位出发，根据法律监督机关的属性要求，始终强化法治观念、公正与效率的观念、平等保护观念、程序至上观念、人权保障等观念。在注重上下一盘棋、讲究统一的基础上，还要牢固树立与时俱进、创新发展的观念。在具体做法上，最高人民检察院应当充分发挥其更了解党的路线方针政策、立法意图、检察工作全局等优势，自上而下地统一执法理念，使各级检察机关不断强化"命运共同体"意识，在统一执法理念的引导下做好各项工作。

2. 组织运作标准化

组织运作标准化是检察工作一体化机制的基础。只有正确处理好整个检察系统与作为子系统的各检察院之间的关系，进一步厘清上下级检察机关的关系，才能使整个组织高效、平稳地运行。组织运作标准化要求实现管理机构的精简化。检察机关在实行一体化工作机制之初，要明确组织结构及各机构的职责范围。整合各级院、各条线、各部门的管理权限，避免因分别设置相应的管理机构、管理标准而产生管理职责分配不清、相互交叉和重叠、接口不清、协调困难、多头指挥等问题。

3. 办案质量标准化

质量标准是指具体的对案件质量进行考核的标准，就是在检察机关办案活动的各个环节，按照一定的程序和一定的方法，运用统一的标准，对案件质量的好坏或者优劣进行评价和估量。确保办案质量是检察机关依法履行法律监督职责的内在要求，而要达到这一要求必须实现案件质量管理的标准化、规范化。现有的法律、法规和其他规范性法律文件虽有案件质量标准的相关规定，但仍缺乏明确的评价标准；加之我国幅员辽阔等原因，时常出现各地执法标准不统一，案件质量要求不一致的情况。我们认为，上级院应当统一办案质量标准，加强对下级院办案质量的控制。上级院在制订质量标准时应当围绕办案活动开展，以办案质量为核心统一业务工作质量标准。在具体办案质量标准中，可根据不同的情况进行分级管理。即根据办案所必须遵循和达到的符合法律事实要件、程序要件、行为要件和办案效果，将办理的案件根据不同类型划分为不同等级，作为奖惩的重要依据。

　　4. 执法行为标准化

　　所有工作都是通过过程来完成、实现的，现代管理科学告诉我们：要实现对组织的有效管理，不仅需要对每一个组成部分进行规范，更需要对每一个环节的运作进行过程监控。执法行为标准化就是通过对执法全过程的规范化监控，从而避免执法行为偏差导致案件质量受损。实现执法行为的标准化就是对检察办案工作实施全程、动态的监控。具体地说，就是根据案件在办理过程中的各个阶段，对初查、立案侦查、审查逮捕、审查起诉、控告申诉、监所检察、结案归档等环节的不同情况，依据诉讼法及有关司法解释，制定有关规则，对案件的办理实施全面管理的一种方法和制度，以实现对案件的动态监督、过程监督和质量监控。

　　目前，可以在全国范围内整合各项业务工作制度，形成统一的、规范化的业务操作流程。通过编制检察工作实务手册，将职务犯罪侦查、侦查监督、公诉等工作所涉及的各个环节都纳入该手册中，详细规定规范化操作细则，内容尽可能详尽、细致且具有可操作性，并适时对执法标准进行修改、补充。通过制定统一的执法标准，可以有效避免执法行为的随意性，杜绝"人情案、关系案"的发生。在执法行为标准编制的过程中，尽可能地引入细节管理的理念。因为细节管理与标准化管理是相辅相成的，只有从细节上设定执法的程序、步骤和方法，才能真正保障执法质量和效率的提高，使执法行为标准更具有操作性和可控性。

　　5. 监督管理标准化

　　监督管理标准化旨在建立一套标准化的考核评价体系。监督管理标准化是检察工作一体化规范运行机制有效运转的重要保障。案件质量标准化、执法行为标准化主要侧重于各级检察机关根据既定的标准进行自我规范。上级院更多的是提供一套标准给下级院，下级院再结合自身工作实际情况，自查自纠；而监督管理标准化更多的是一种上级院对下级院检察业务工作直接的、外部的监督检查。这种监督模式的优势在于外部化和标准化。外部化决定了运用这种形式的监督管理能发现下级院在利用案件质量标准化、执法行为标准化等内部监督模式自纠自查时留下的监督盲区；标准化的特性又提供了一个基准化的比较平台，使得条线之间、平行院之间、不同干警之间能够直观地发现自己的业务水平。监督管理标准化具有以下几方面的作用：一是能使上级院有效、直观地掌握下级院的办案情况，为其监督管理下级院提供了有效的手段；二是使上级院及时了解下级院工作中遇到的问题，为其提供支持和帮助提供了参考；三是使被评估者全面了解自己的不足，形成正确的自我认知，促进业务水平的提升。

二、检察工作一体化机制的横向构架内容

主要基于刑事诉讼过程和检察职权而形成。根据上下级检察机关之间的配合关系，主要包括无隶属关系的检察机关之间的横向配合和一级检察院内部各部门的横向配合两个方面。

（一）无隶属关系的检察机关之间的横向配合

无隶属关系的不同检察院之间，由于相互之间没有命令与服从的法律规制，因此，双方就检察工作所衍生的关系，除由共同上级指定的工作外，均属于横向的配合关系。这种横向配合，从性质上来看包括"抽象检察工作"与"具体检察工作"两种不同的横向配合。抽象检察工作的横向配合，是指在检察工作实践过程中涉及的各项地方性探索、实验、经验、办法、技术及制度等各项检察工作抽象化的阶段性成果，有时也包括这类成果的物化形式。主要表现形式为交流分享、考察介绍、学习传授等。具体检察工作的横向配合，泛指一切具体检察工作中具有跨地域、跨管辖的那一部分，包括取证协助、抓捕协助、追赃协助等。这里主要讨论具体检察工作的横向配合机制。

1. 无隶属关系检察机关之间的具体协作机制

一是办案信息资源交流、共享制度。在各省级院以及地市级院建立职务犯罪侦查信息系统、综合信息管理系统的基础上，要不断完善各类信息库的网络化运转程序和查询功能，并借助这一检察专用平台，为本省级院内各级检察院以及其他省市各级检察院办案提供便利条件。具体协作内容主要包括：职务犯罪案件信息的协作查询、反馈，各类综合信息的协作查询、互通、交流等。

二是办理案件协作制度。在履行检察职能过程中，各级人民检察院虽然都有明确的分工和管辖范围，但对外却是一个统一的整体，因此，在检察工作中，各地检察机关之间都具有相互协助的义务，如来函、来人协助调查取证、协助案件移送、协助对某种书证物证进行鉴别或鉴定、协助对单项证据资料进行核对等。

具体程序和要求包括：

第一，协作程序规范。主办方在请求对方协作时应具备下列条件：①法律手续完备，即主办方应该提供必要的法律文书，包括立案决定书的复印件、请求协作函、工作证明、相应的强制措施文书、扣押文书等；②有具体的协作要求，即主办方应向协助方提供基本案情介绍，并说明请求协助的具体事项，请求调查取证的，还应书写调查提纲，包括调查目的、调查对象、调查内容等。

第二，协作审批手续简化。应当减少协作办案中的审核环节：省域内的院际协助，可由各检察机关直接联系；跨省的院际协助，可由地级检察机关进行联系，而无须提交双方省级机关开具证明及协调；至于一般的书面协查，可由各级检察机关直接对应进行。

第三，协作事项的处理。协作方收到协作请求后，经依照法律和有关规定进行程序审查后分别作出以下处理：①符合协作条件，法律手续及有关材料完备的，协作方应当予以协作；②法律手续及有关材料不完备的，协作方应当告知请求方予以补充；③对不符合协作条件的，协作方应当说明理由，不予协作，并将有关材料退回请求方。

第四，法律责任分配明确。协作方按照主办方的要求，履行办案协作职责所产生的法律责任，应主要由主办方承担；协作方在协作事项中超越协作请求范围的行为，或在开展协作事项时存在过错的，应承担其所造成后果的法律责任。对于双方存在认识分歧的部分，协作方在采取必要的保障措施后，应该将分歧层报上级检察机关协调或纠正，以行监督制约职责；主办方亦可将双方分歧层报上级检察机关协调或督促，以防止地方保护主义。此外，协作方在对外开展协作时所花费的费用应由协作方承担，协作方不得以任何借口或名义向主办方收取办案费用。

三是考评、奖励制度。对外协作是检察工作的一个组成部分，应将检察机关对外协作的办案数量纳入考核范畴，对外协作的数量成为考核检察工作业绩的重要指标之一，并作为年终奖惩的依据。对那些积极配合外地检察机关办案，表现突出的部门和工作人员予以表彰；对那些在对外协作时故意拖延、不予协作、贻误战机的要给予批评，并追究其责任。

2. 检察机关与其他行政执法机关的协作配合机制

建立与行政执法机关信息联网、查询制度、定期召开联席会议制度、案件线索移送制度，各类信息交流通报制度等。强化与审计、工商、税务、海关、公安等行政执法部门的信息沟通，及时掌握执法的信息情报，了解执法个案的受理、查处情况，找出行业、系统中带有普遍性的共性问题，发现执法中的违法问题，从中发现法律监督线索。

（二）一级检察院内部的横向配合

目前，重点要建立、健全和强化各业务部门之间的衔接联动机制，搞好部门之间的协调配合，以真正形成互相支持、互相配合的态势，发挥法律监督的合力。

1. 侦、捕、诉衔接联动机制

一是侦、捕衔接制度。重点是：①案件线索移送督促。侦查监督部门既要监督行政执法部门依法移送职务犯罪线索，在移送同时送侦查监督部门备案；又要监督自侦部门依法受理初查，及时反馈。②逮捕案件快速办理。侦查监督部门对于决定逮捕案件证据稍有欠缺，但确实具备补充、完善证据条件和可能的，建议侦查部门及时补侦；对重大、疑难、复杂案件，提前介入，围绕逮捕标准，提出侦查取证意见，确保移送逮捕后及时作出决定。③捕后案件跟踪监督。侦查监督部门对于决定逮捕的案件，主动与侦查部门联系，监控案件质量；尤其是对需要补充侦查的案件，加强取证督促；还要根据案件起诉、不起诉、审判情况，定期会同侦查部门分析案件质量。

二是捕、诉经常性联系制度。在捕诉关系上，有观点认为可实行"捕诉合一"。我们认为，尽管"捕诉合一"能够提高办案人员的责任心，节省司法资源，提高工作效率。但根据目前现状以及二者的内在联系和责任分配，审查批准逮捕只是对犯罪嫌疑人确定强制措施，对案件的审理无实质性意义，如果合一就少了一道内部监督环节，故目前实行"捕诉合一"的条件尚不成熟。在现有的条件下，应通过建立经常性的联系制度，及时沟通情况信息。对于侦查监督部门办理的认为无逮捕必要可能直诉的案件、审查起诉发现存在不同意见的案件，以及逮捕后拟作不起诉处理的案件，及时进行沟通，保证案件的质量。

三是侦、捕、诉业务对口制度。为保证作为控方主体的证据主导优势，必须在其内部结构上保证相应的人员对应关系。公诉部门、侦查监督部门以相应的主诉、主办组与相对应的自侦部门，包括辖区公安机关侦查部门对口；主诉、主办检察官应与对口侦查部门负责人保持经常的工作沟通与协调。同时，在条件成熟的情况下，可以考虑主诉、主办组成员与侦查人员对口的制度，作为侦、捕、诉纵向结构的一个下位单元，整合和固定侦、捕、诉三方的资源与优势①。

四是侦、捕、诉动态信息交流、评议和反馈机制。通过三部门之间的动态信息交流、评议和反馈，确保诉讼目的的实现，提高办案的效率和质量。具体措

① 徐燕平：《侦捕诉联动工作机制研究——兼论如何构建我国新型的检警关系》，摘自上海市人民检察院内网。

施为：

①相互交流制度。要求三部门办案人员定期进行轮岗交流，熟悉其他办案部门的工作特点，便于办案人员在办案中能够从各个层面去把握证据体系。如侦查人员到侦查监督、公诉部门轮岗交流，促使侦查人员能够从批准逮捕和公诉的角度去理解和把握证据，并贯彻到侦查活动的全过程。

②案件评议制度。通过自评或互评的方式，对案件进行书面评议，及时总结经验。包括侦查监督、公诉部门对自侦案件进行书面评议；也包括自侦部门、侦查监督部门对庭审的公诉案件进行旁听，作出评议意见。通过旁听庭审，使侦查人员能够站在审查起诉的位置上，从符合庭审需要的角度审视侦查活动，对证据收集、固定、审核在整个刑事诉讼中的重要性有更为切身的体会，增强证据意识。

③法律文书交流反馈、监督制约制度。在退回补充侦查过程中，自侦部门制作表格或文书，对公诉部门退回补充侦查的案件表明自己的意见；或公诉部门制作表格或文书，向自侦部门征求意见，如要求补侦的事项是否恰当、有无公诉人未仔细阅卷或对案件未全面把握的情况、有无单纯借用时间的问题等；在公诉环节，公诉部门制作起诉书或收到判决书后，应及时将副本送达自侦部门，并主动征求意见，防止量刑畸轻畸重或漏罪发生。自侦部门收到起诉书、判决书及征求意见表后，应及时将反馈意见送达公诉部门。

④证据收集、固定、补强制度。案件侦查阶段，以自侦部门为主，在侦查监督部门、公诉部门的配合下联合行使控方证据的收集、固定职能；案件审查阶段，侦查监督、公诉部门联合行使证据审查职能，并对案件办理程序实行同步监控；出庭公诉工作阶段，公诉部门负责审查起诉和出庭公诉，自侦部门配合公诉部门做好证据补强工作。

⑤案件通报与提前介入制度。对于自侦案件，由于案件数量相对较少，每一起立案侦查的案件都有必要也有条件通报给侦查监督、公诉部门，包括一些有价值且相对复杂的线索也可以适当通报，以便让侦查监督、公诉部门根据案件具体性质和证据的烦琐程度作出是否提前介入的决定。而侦查监督、公诉部门的提前介入也要按照规定选择介入的时机及程度。疑难案件可以在立案甚至准备立案的时候就介入；普通案件在拟结案时介入则较为恰当；对于有条件逮捕、定案证据相对薄弱的案件，公诉部门的介入更要及时且全程跟进。

⑥案件争议解决制度。在侦查监督、公诉部门提前介入自侦案件侦查过程中，自侦部门按照侦查监督、公诉部门提出的意见和建议开展取证工作。但是，在实践中由于侦查监督、公诉人员和侦查人员对案件认识上的差异和侦查活动中客观情况的变化，有时侦查人员对意见和建议会产生不同认识甚至分歧，如果遇

到这种情况，自侦部门和侦查监督、公诉部门应当进行协商，经协商不能统一的，报请分管检察长或者检察委员会协调解决。

2. 侦、防工作联动机制

检察机关预防职务犯罪工作是整个检察工作的重要组成部分，是一项庞大的系统工程，需要集聚全院的力量和资源。进一步加强侦、防联动工作机制，有助于发挥预防工作的整体成效。

一是预防工作责任制度。在预防工作中，要强化检察机关各业务部门预防职务犯罪工作的责任，确立以预防部门为主，侦查部门为辅的职责分工机制，实现"打中防、防中打"的双赢效果。通过建立健全预防工作协调机制，预防工作任务责任分解机制，形成齐抓共管的预防职务犯罪工作态势。预防专门机构应集中精力抓预防对策研究和协调社会各部门共同行动，积极开展个案预防、系统预防和专项预防；各业务部门结合办案开展检察建议工作，形成多层次的预防工作格局。

二是查办案件和预防工作的联动制度。侦查部门要积极配合预防部门的工作，在办案中及时提供有关案件信息和相关材料；预防部门应充分利用检察资源，发挥预防职能优势，用预防成果巩固查办案件的成果，建立遏制和预防职务犯罪的长效机制；通过以打促防、防打结合、相互联动、相互渗透，产生打击和预防职务犯罪的立体效应。

三是信息共享制度。预防部门与侦查部门在预防工作中，要建立健全必要的信息共享机制，实现预防部门对职务犯罪信息进行适时量化分析和预警预测。对于典型的职务犯罪案件，预防部门可以适时介入案件的侦查、起诉活动，共同研究犯罪原因、手段和发案规律，将办案资源转化为预防资源；同时，预防部门在进行预防工作中通过个案预防、系统预防和社会预防，及时获取新的案件线索，在预防资源中挖掘新的办案资源，形成良性循环和双向联动效应。

四是预防工作考评制度。职务犯罪预防工作难以量化、难以考核是制约预防工作发展和水平提高的重要因素之一。因此要通过建立预防工作考核机制，把预防调研成果数、建立预防网络数、系统预防数、专项预防数、个案预防数以及为案发单位的建章立制数、发案数、预防工作档案、技术预防等作为预防工作的考核标准，并纳入部门、个人的工作实绩考核范围，使预防工作不断规范化。

3. 未成年人刑事案件捕、诉、防、行配合机制

在审理未成年人刑事案件的过程中，检察机关根据法律规定和未成年人的特点，在审查批捕、起诉和出庭公诉以及开展矫治与犯罪预防的工作中，采取特殊审理的模式，由未检部门全程办理。

一是在审查逮捕阶段，建立非羁押措施可行性评估制度。旨在贯彻少捕、慎捕原则，通过对未成年人犯罪行为、情节、社会危险性程度、本人身体状况及家

庭、社交、监护情况等背景的综合评估定级，规范操作，决定是否适用非羁押的取保候审等措施。二是建立未成年人案件合适成年人参与制度。确定合适成年人一起参与讯问，减少未成年犯罪嫌疑人的心理压力，保护其诉讼权益。三是建立分案分庭审理制度。在审查起诉中，对未成年人与成年人共同作案案件，在不影响诉讼的前提下，从有利于教育、感化、挽救出发，分案分庭起诉到法院，体现对未成年人审理的特殊性，确保庭审效果。四是在预防阶段，为明确检察机关在参与对不捕（诉）未成年人开展教育考察工作中的职责，做好与社会帮教力量的有机衔接，须完善不捕案件教育考察制度细则，完善对不捕（诉）未成年人开展帮教和移交社工帮教的衔接工作制度。五是在刑罚执行阶段，为加强对未成年人刑罚执行情况的监督，监所部门要参与对未成年人刑罚执行情况调查分析，及时了解和掌握对缓刑、监外执行的未成年人要落实监管和教育情况，并要研究不同于成年服刑人员的特殊的减刑、假释评价标准，相应提高减刑、假释幅度等，以保护未成年人的合法权益。

4. 监所部门与办案部门的协作配合机制

一是加强监所部门与办案部门的协作配合。最高人民检察院《关于加强和改进监所检察工作的决定》中明确规定："各级人民检察院要把查办刑罚执行和监管活动中发生的职务犯罪案件作为反贪污贿赂、反渎职侵权工作重要组成部分……加强监所检察部门与反贪污贿赂、反渎职侵权部门在查办职务犯罪案件工作中的协调与配合。刑罚执行和监管活动中发生的属于重大、复杂或者跨地区的职务犯罪案件，经检察长决定可以交由反贪污贿赂、反渎职侵权部门办理。"根据这一规定，监所部门要加强与办案部门的协作配合，在职务犯罪侦查与监所检察部门、刑事检察部门之间建立起联系制度，对于各自履行职能中发现的事项，及时协调、沟通，根据各部门的职责范围，在确定主办部门（职务犯罪案件由反贪局主办、一般刑事案件由公诉部门主办）的基础上，监所部门密切协助办案部门，以整体化的优势确保法律监督的实效。

二是加强监所部门对案件诉讼时限的监督。自侦部门决定拘留、逮捕犯罪嫌疑人的；检察机关内部的批准逮捕决定书（不批准逮捕决定书）、移送起诉案件书、案件的退补、重报、司法鉴定、各个阶段提请延长羁押期限的、起诉书（不起诉决定书）以及人民法院的刑事判决书、刑罚执行通知书和被告人的上诉书、中止审查的以及移送其他检察机关或者部门的相关文书，都应当及时交给监所检察部门。监所检察部门对于发现未按规定办理换押手续、超过法定羁押期限、体罚等情况的，应及时发出《纠正违法通知书》，并予以督促纠正。

5. 业务部门与综合部门相互配合机制

一是技术部门与办案部门的配合协作制度。主要由技术部门提供必要的技术手段协助业务部门收集证据、审查证据、鉴别证据，维护计算机及检察局域网络以满足检察业务信息化、无纸化的发展。包括：①具体技术工作的申请与执行。业务部门提出申请之后，除特殊情况外，一般情况下无须提交分管检察长审核而直接交与技术部门配合实施。②技术协助的反馈。建立定期交流、工作研讨机制，业务部门与技术部门要通过交流活动，通报具体配合运行情况，及时交流信息，解决协调配合中存在的问题，对技术升级或新技术的运用要及时通告和组织相关人员进行培训。

二是法律政策研究部门与办案部门的配合协作制度。主要由法律政策研究部门为具体办案部门提供理论支持：法律政策研究部门对业务部门在办案中产生的新问题要进行专门的调研，提出解决的方法；对新政策要及时进行归纳和解释，提供学习材料；对典型问题和典型案件要有系统的整理和深入的剖析；对疑难复杂的案件定性和法律适用要有及时的意见和准确的把握。研究部门通过深入办案部门，了解有关重大、复杂案件的特点和动向，及时进行分析和研讨，提出相应的对策，为办案部门提供法律政策依据和建设性意见。

三是司法警察与办案部门的配合协作制度。主要由司法警察协助参与办案。一般情况下，只需要业务部门负责人签发《执行警务令》交与司法警察部门执行即可；只有重大警务活动，才有必要提交分管检察长签发。另外，司法警察与办案部门在对犯罪嫌疑人的安全防范上要有具体防范措施，操作要规范，确保不发生安全上的问题。

四是政治部与业务部门的配合协作制度。主要由政治部对涉及业务部门的干部考核、任免、晋升，依据干部业务档案、充分考虑业务部门实际情况和实际需要予以统筹协调；对于检察教育、宣传工作，也要建立必要的信息获取及意见反馈机制。

五是行政装备部门与业务部门的配合协作制度。就行政装备部门而言，财、物保障要首先满足业务部门的需要，并要做到有备无患，建议设立如办公耗材登记备案制度等，对于用量大或较紧缺的物品提前准备充分，办案部门在发现一些办案必需品不足时及时通知行政装备部门。

三、检察工作一体化机制的业务管理构架内容

主要是基于对上述纵向、横向构架内容的互补而形成。一方面，与法院"并联式"工作方式不同，检察机关采用"串联式"的工作方式，这种"块块状"的管理模式，本身就容易造成各部门在诉讼进程的衔接、证据递进性的标准、证据关联性的把握、法律政策认识等方面出现"断档"，出现矛盾和冲突。另一方面，在检察长负责制的前提下，检察长只有相对超脱具体案件的侦查、起诉职

能，才能更好地在宏观上把握和行使法律监督职能。要解决这些问题，就需要加强和改进检察业务工作的科学管理。其基本思路是，建立专门的检察业务管理机构，借助现代网络科技资源优势及业务管理体系、运作机制，实现对检察业务的全程动态管理，以促进案件质量、办案效率的提高，实现各部门之间的协作和配合，保障检察工作一体化顺利实施。

（一）建立专门的检察业务管理机构

在检察机关"块块状"的管理模式下，为了适应检察业务流程"串联式"的特点，建立专门的检察业务管理机构的必要性显而易见，也是合理构造检察业务动态管理体系的首要条件。理由如下：

首先，有利于统筹安排管理力量。建立专门的检察业务管理机构有利于集中信息渠道，确保检察业务动态管理的信息快捷性、整体协调性、反映灵活性及决策正确性，增强了决策的正确性。

其次，更具针对性、有效性和可行性。检察业务管理机构负责全面收集、管理信息并及时分析、整理、反馈，根据收集或反馈的信息为领导决策提供依据，同时对各部门业务工作及时进行监督、协调、对决策事项进行督促。

再次，职能便利显著。专门的检察业务管理机构既超脱于具体办案部门，又不脱离检察业务，既有检委会的检察业务地位支撑，又有执行检委会决定的便利。是案件质量管理机制的枢纽，也是业务活动和业务管理的枢纽。同时也是检察长或检委会与具体业务部门之间联系的枢纽。

综上，建立专门的检察业务管理机构是十分必要的。总结司法工作经验，我们建议在研究室（检委会办公室）中设立专人作为专门的业务管理机构。其职能包括督导督查、预警、办案分析、法律政策研究、案件协调等具体案件质量管理职能。并会同监察部门落实奖励制度和责任追究，重点在于预防和减少每个办案环节的执法偏差，预防重复问题再次发生；既涉及多个部门有争议的个案的协调解决，也包括对总体办案情况和办案政策的宏观把握；既涉及对具体办案活动的答疑解析、法律政策适用，也包括对具体办案活动的监督管理。

（二）检察业务管理机制的运作

1. 事前控制：检委会研究、指导、监督重大问题和重大案件

随着检委会业务管理作用的日益凸显，检委会的职能也由偏重研究案件向研究、指导、监督并重的方向转变，应更注重加强实时监督，建立健全反馈机制，及时发现问题，确保疑难复杂案件、容易发生办案质量问题的案件、阶段性执法办案倾向性问题等进入检察委员会讨论程序。

2. 事中控制

（1）办案流程管理

检察业务管理机构充分运用动态流程管理程序，从以往的静态管理转变为动态管理，从分散单一管理转变为整体综合管理，这里分为三个层次：

第一个层次是细化程序要求。将散见于各种法律、司法解释中的程序要求细化分解，从工作目标、工作程序、质量标准等多方面识别出办案程序及工作流程，制订出操作实施细则。

第二个层次是强化流程监控。除明确规定同一业务部门干警应当相互监督外，还要在相互关联的科室之间建立起交叉的、互动的监督措施。

第三个层次是网上实时互动监控。这种方式可以实现对检察业务的规范化、标准化和全流程监控。通过检委会赋予的实体权力和在办案信息管理系统中享有的程序权限，检察业务管理机构利用办案信息管理系统实现纵向、横向、全程跟踪的业务管理①。遇有重大分歧或产生突发情况时，可以临时提请启动检委会程序。检察业务管理机构还可以通过网上业务管理，积极发挥其他辅助决策功能。

（2）案件督查

案件督查包括常规督查、重点案件实体督查和专项督查三种。一是常规督查。即从常规工作出发，对一般案件进行法律文书对照复核，找出文书之间的捕后不诉、诉后撤案、侦诉不一、诉判不一等差异，判断这种差异是否属于案件质量问题并加以确认，并对上述法律文书是否符合规范性要求等进行审查②。二是重点案件实体督查。检察长、分管检察长对重点案件、敏感案件和异常情况的案件，应当要求业务管理机构进行督查③。业务管理机构对重点案件进行全面审查，提出意见供承办人参考，并报告分管检察长。督查意见与承办人意见不一致的，检察长可提交检委会作出决定。三是专项督查。在常规督查的基础上，结合上级机关的工作部署或执法办案中反映的突出问题，专门立项进行检查。就督查出来的问题，研究其法律适用疑难争议问题，通过反复调研论证，提出具体对策和建议。

---

①　具体是指：运用办案信息软件系统的纵向监控功能，对案件进行全流程管理及同步监控、发报预警、通知纠违，督促各办案部门严格执行法定办案程序、办案期限；运用办案信息软件系统的横向统计功能，对办案信息软件系统中登录的情况随时督促、清理，定期做出定量定性分析；开展对重大、疑难个案的备案、审查、协调和督查，并运用办案信息软件系统对案件实行全流程跟踪，对所发现的问题，及时向各办案部门及分管检察长提出纠正意见和措施。

②　参见罗昌平：《检察业务管理的理论与实践》，见上海市人民检察院内网之检察撷英。

③　督查的范围包括：（1）判决无罪案件；（2）不起诉案件（作过批准逮捕决定）；（3）撤销案件；（4）撤回起诉案件（撤诉后作不起诉或退公安机关另处案件）；（5）批准逮捕后不能提起公诉，退回公安机关另处案件；（6）决定刑事赔偿案件；（7）复议、复核和刑事申诉复查后改变原决定案件；（8）改变定性、强制措施和删减犯罪事实的案件；（9）党委、人大及上级机关交办的案件。

3．事后控制

（1）备案跟踪

业务部门对于新类型（罪名）的、疑难复杂的、改变定性或增减犯罪事实的、审查过程中改变强制措施的、可能存在质量风险的、程序上逆向运行的、重复三次以上民事申诉案件、有重大影响的案件以及部门之间有重大争议的案件，及时向业务管理机构备案。业务管理机构应加强对上述备案案件的跟踪监督，研究其中疑难复杂争议问题，加强指导、积极协调并及时解决。解决不了的，提请分管检察长、检察长或检察委员会研究。

（2）业务规程监督整合

一方面，要形成各部门相互配合、互相制约、事务统管的运行机制。一是部门配合要顺畅。要注重以业务部门为主体，以业务管理机构为媒介，做到整体联动、配合融洽，形成整体战斗力。二是部门制约要有效。把程序控制作为监督的载体，把审查作为监督的保障，通过各部门间内在的实体或程序监督职能，确保监督质量，确保正确的监督意见得到认可、采纳、落实。三是综合管理要到位。检察业务管理机构应明确管理的对象是各业务部门，监管的重点是为业务部门提供正确的法律适用意见，管理的途径是事务统管，集中精力提高案件质量。

另一方面，检察业务监督的规程整合应源于职能机构和办案程序的内生性动力。第一，不盲目增加机构设置，应着眼于原有机构的整合；第二，监督制约措施应融入具体办案流程中，成为程序的一部分；第三，不宜过分增加检察人员的工作量，应尽量通过改良行政化审批程序减轻工作压力。

4．反馈解决

（1）督查意见

业务管理机构出具督查意见是指通过对各个诉讼环节质量的评估，在动态程序监控中实现检察机关不同决策层的监控权。督查的范围涵盖自侦案件的全过程、公诉案件立案、批捕、起诉、出庭支持公诉等各个诉讼阶段、诉讼环节。督查方式通常为常规督查和重点督查相结合。

在明确督查范围和督查方式的基础上，我们认为，可由业务管理机构采取以下具体措施：定期向院检委会报告督查情况，提交督查意见，及时为检委会开展业务管理提供有针对性的决策依据。其中，办案情况分析侧重于办案基本数据、案发规律的分析研判，办案机制的建立运作及疑难复杂法律问题的理解适用，便于领导掌握全院整体工作状况；案件督查情况分析侧重于法律文书的规范制作，证据、法律适用的法理分析，执法工作存在的突出、分歧问题，反映业务工作中的亟须解决的问题，以引起领导重视；专项督查报告主要选取具有普遍代表意义的业务工作进行调查研究，提出具体解决的可行方案，供领导业务决策参考。

（2）办案预警

办案预警，是指针对办案中出现的带有普遍性或专门性的质量问题，相关部门应及时向承办人发出警示，提醒其加以注意。业务管理机构发出质量风险预告。操作时可先由案件质量督查人员向业务管理机构上报情况，再由业务管理机构决定是否发出预警，以及采取何种方式预警。向业务部门通报督查情况，分析原因，实施整改，做到责任到人，切实解决存在的问题。

（3）办案效能研究

办案效能研究，是指针对监督检查中发现的问题，各业务部门及业务管理机构应定期研究，形成整改意见，提出进一步的完善措施。各业务部门将改进情况反馈业务管理机构，由督查员验证评价，确定改进效果，并进行过程调控，全面、准确、客观地掌握干警的工作情况，分析各项检察工作的实际运作状况。

（4）调查研究

调查研究，是指对案件质量进行定期综合性统计分析，重点应包括案件质量效率整体情况分析、法律适用问题研究、疑难分歧案例分析等。分别从个人、部门、院的层面对办案的质量效率进行横向、纵向、过程性的比较，分析一段时期内办案质量效率的发展变化情况，提出法律适用意见或建议，从中找出制约质量效率的原因。

（5）业务协调

为了避免相互制约的业务部门之间对个案处理产生意见分歧，应当将案件移送业务管理机构审查，提出审查意见后提请检察长或检委会决定。

对内建立部门之间协调机制，参与主诉（办）检察官联席会议和各类疑难案件研讨例会，提供对案件讨论的咨询性意见；对外完善公安机关、检察机关、法院办案工作联席会议等机制，协助各办案部门及分管检察长通过研讨办案质量、工作机制等协调解决办案工作中突出问题。

（6）辅助决策

为了保证检委会工作的正常开展，业务管理机构同时也担任检委会办事机构的角色，承担着检委会的日常事务性工作。然而，仅承担事务性职能已不能适应当前检察工作的需要，必须向全方位管理的职能转变，发挥辅助检委会决策的参谋职能，使其在检察业务管理、规范化建设、业务建设中发挥更为重要的作用。

5. 引导改进

第一步，执法办案自评。承办人先在个案的基础上，针对个人完成工作的情况进行对照自评。将自评结果报所在部门领导，并在业务管理机构备案。在自评的基础上，建立健全干警执法办案承诺制。

第二步，执法办案互评。业务管理机构根据干警自评的备案反馈提出督查意见，由各部门对其内部各岗位定期互评，并向业务管理机构反馈。梳理出办案的成功经验和存在的质量问题，总结经验并推广。

第三步，执法办案考评。业务管理机构可协同监察部门在审阅自评、互评材料的基础上，听取有关干警对办案人员及办案工作的评价和意见。有针对性地对相关案件、办案人员进行考核评估，并将考评的结果作为干警个人执法办案业务档案的重要内容。

第四步，执法办案奖惩。在上述考评机制的基础上，完善办案奖惩制度。奖惩制度的目的是为了激励干警更好地完成新的绩效目标。所有奖惩措施都应着眼于更好地推进绩效考评制度向深度发展，更好地起到激励作用。

第五步，执法办案引导。通过有效的自评、互评、考评及奖惩机制，激励检察干警提高办案水平，努力向案件质量目标看齐。对考评结果就典型事例进行讲评，结合办案情况定期分析及提供判例典范，营造自觉钻研业务、提高执法水平的良好氛围。

第六步，执法责任档案。业务管理机构应致力于建立执法责任档案，实行干警执法动态监督机制，确保办案干警一人一档，把干警的基本情况、执法状况、专项工作情况、考核情况、奖惩情况等记载在执法档案中，全面、真实、及时记载每个干警的执法状况、思想水平、业务能力和工作实绩，并将执法档案所反映的情况纳入个人年度岗位目标责任考核，并将其结果作为对执法主体进行资格认定、调整执法岗位、晋职晋级、评先评优的重要依据，对干警执法进行动态监督，从而强化办案主体的执法意识，质量意识，责任意识和管理意识。

第六节　检察工作一体化机制的配套保障措施

一、检察机关领导干部管理机制

（一）加强检察长对检察工作的全面领导

依据法律规定，我国人民检察院实行检察长统一领导与检察委员会集体领导相结合的领导体制。检察长是检察机关的首长，对检察机关的工作享有案件决定权、工作决策权、组织领导权、人事任免和提请任免权、代表权等权力。[①] 检察

长对检察工作负有全面的领导责任，副检察长、检察员、助理检察员以及检察机关的内设机构，都必须在检察长的统一领导下开展工作。由于检察长对检察工作的领导是由法律规定的，因而具有绝对的权威性，这种绝对领导有利于检察资源的优化配置和工作效率的提高，更有利于维护检察机关实施法律监督职能的统一性。因此，要保证检察长享有基本的职权：

一是组织领导权。检察长统一领导检察院的工作，作为第一责任人，对其所领导的检察院工作具有全面负责的职责；检察委员会在检察长的主持下讨论决定重大案件和其他重大问题，检察委员会的决定，通过检察长的命令贯彻执行。

二是各项检察工作决定权。检察长在履行职责时对各项检察工作依法享有决定权，包括案件的立案、侦查、采取强制措施、提起公诉、抗诉、决定参与诉讼的检察人员是否回避以及在管理检察事务中的决定权等权力；如检察长与检察委员会多数成员意见不一致时，检察长即可以自行决定并独立对该决定负责；同时，检察长也可以报请上一级检察机关决定。

三是人事任免权。检察长具有对本机关检察人员的提请、任免权；对下级院检察长、副检察长和检察委员会委员的建议撤换权。

四是代表权。检察长对外代表所在的人民检察院及包括其下级人民检察院在内的检察系统，各级人民检察院检察长向同级人民代表大会报告工作等。

（二）改革和完善检察机关领导干部的提名制度

对现行的干部管理体制作必要的调整，解决上级人民检察院党组对下级人民检察院检察长和副检察长的提名问题，加大上级人民检察院党组的干部协管力度①，是检察工作一体化机制建设的重要内容。检察机关领导干部提名制度的具体内容为：

一是省市级人民检察院正、副检察长由最高人民检察院党组提名，在征得省市地方党委同意后，按照现行法律规定的程序办理。

二是地市级、区县级人民检察院正、副检察长由省市级人民检察院党组提名，在征得地方党委同意后，按照现行法律规定的程序办理。当双方意见不一致时，由上一级检察院党组报同级地方党委决定。

三是党组书记的人选也应按此办法操作，党组副书记人选可由同级地方党委提名，但须征得上一级检察院党组的同意，双方意见不一致时，由同级党委报上

①　童建明、万春主编：《中国检察体制改革论纲》，中国检察出版社 2008 年版，第 352 页。

一级党委组织部门进行协调。

四是最高人民检察院和省、自治区、直辖市人民检察院可以建议本级人民代表大会常务委员会撤换下级人民检察院检察长、副检察长和检察委员会委员。

二、检察委员会工作机制

检察委员会是检察机关独立行使职权的重要工作平台，提高检察委员会对检察机关重大案件和重大问题的决策水平和效率，才能强化上下级检察机关的领导关系，确保检察工作一体化机制进程。

（一）委员专职化

落实中央有关文件精神，在各级院设立1～2名检察委员会专职委员，由具有深厚理论水准和丰富实践经验的资深检察官担任。专职委员不仅能充分保障工作时间，并且在工作方式上集中体现专业化。检察委员会专职委员应履行如下职责：

1. 全面负责检察委员会办事机构日常工作。制定科学、详细的检察委员会工作程序，处理检察委员会的日常事务，保持检察委员会工作的规范化和连续性。

2. 对提请本院检察委员会讨论的事项和案件材料事先进行程序性审查和实体性研究。不符合要求的，说明理由后退回有关部门；符合要求的，汇总概括后向检察长报告，并提出法律政策适用意见供检察长和检察委员会决策参考。

3. 对检察委员会研究决定事项或交办事项（含重大、疑难复杂案件）的执行情况进行检查督办，对执行不力的有权进行催办，对执行中发现的新问题，有权提出处理意见，并及时向检察长和检察委员会报告。

4. 对本院的业务规章进行审核和协调。对不符合检察工作实际需要、与上级或其他部门的规章之间有冲突的，专职委员可以形成议案，提交检察委员会讨论。

5. 对本院各业务部门之间及本院与其他政法机关有关法律政策、重大疑难案件等业务事项进行协调。专职委员因工作需要有权查阅本院有关的文件资料及案卷材料，列席各部门召开的业务性会议，保证其意见的合法性和准确性。

6. 对本院各业务部门的办案工作进行案件督查和质量预警。对办案总体情况进行分析研究，并对重大、有普遍性的问题，提请检察委员会讨论。

7. 及时学习新的业务知识和有关规定、条例和措施，结合检察实践及时总结先进经验，深入研究法律政策适用中的新情况、新问题，并及时向检察委员会委员进行传达。

8. 检察长和检察委员会交办的其他事项。

(二) 委员任期化

同为检察院领导机构的检察长是有任期的，但检察委员会委员没有规定明确任期，通常不受检察长换届的影响。检察委员会委员任期的终身制使某些委员缺乏危机感和进取心，不利于及时跟进国家的法律政策形势，也不利于优化检察委员会的约束激励机制。作为检察院内部的领导机构，检察委员会的运作对检察院的工作成效负有重大责任。检察长在任期内的工作好坏，检察委员会委员也应承担一定的责任。检察委员会随检察长的换届而换届，在任期届满时由检察委员会向上级检察院检察委员会作出述职报告，由上级院根据报告对其作出评价，以增强检察委员会委员的工作责任感。非常任委员任期化，有利于检察委员会人员专业化建设。专业的委员法律素质相对较高，其讨论的案件质量和工作效率也较高；同时也由于其职业要求较高，也促使其努力学习和钻研，提高自身职业素养。根据检察工作一体化机制要求让检察机关具有不同业务特长的检察官进入检察委员会。有计划、有步骤地选任政治素质高、法律政策水平好、业务经验丰富、议事能力强的资深及优秀检察官进入检察委员会。适当的时候应建立检察委员会委员选任制度，按照委员应具有的专业能力测评考核。

(三) 建立辅助机制

检察委员会的单个成员通常不是也不可能在刑事、民事、经济、行政等各个方面都是精英。专家型、通才型的委员较少，大部分委员只对某个检察领域的法律知识比较熟悉，对其他领域的法律知识或与法律邻接的学科知识了解甚少，学理型、专家型和综合型检察官较少，并且这一状况在短期内难以改变。目前的检察实践以刑事检察为主，即使在刑事检察中侦查与公诉的业务具有较大差别，遇到具有综合或复杂的案件情况，检察委员会作为领导机构，不可能在专业领域面面俱到。而多个领域的专业意见更利于作出全面、正确的判断。为优化检察委员会知识结构，从根本上提高检察委员会委员的法律分析研究、专业决策能力，可有以下三种途径：

1. 采用委员会专业名录。一定区域范围内的检察委员会委员以专家会诊的形式出席某一检察院检察委员会，但非本院委员的意见仅供参考。通过调整检察委员会的人员构成，推动专门检察委员会委员的培养，在适当的时候，平级或上下级检察委员会委员的流动使用，后台研讨相关事项，以实现检察委员会资源共享。

2. 设立咨询委员会。在地市级检察院的检察委员会设立咨询委员会，咨询委员会由专家组成刑事、民事（商事）、行政、侦查等咨询小组，尤其可以考虑与非法律专业的专家建立联系制度，为检察委员会提供专业意见。需要提交检察委员会讨论的案件可根据类型由相应的咨询小组先展开讨论，当然这种讨论只是为检察委员会定案提供参考。

3. 内部部门负责人联席会议。部门负责人联席会议充分论证检察委员会讨论方案，部门负责人亦可派本部门与案件相关的检察官出席，类似的内部检察官组成的疑难案件咨询小组为检察委员会决策提供参考意见。

4. 高校资源共享制。有条件的检察院采取邀请高校教师来院挂职锻炼的方式充实检察院决策机构的专业实力。

（四）检察委员会交流机制

1. 列席制度

在不同类型案件和疑难问题上，有针对性地要求和安排承办人及其他相关部门人员列席旁听。《人民检察院检察委员会组织条例》强化了检察委员会信息平台功能，加强上下级院检察人员的互动，建立相关人员列席制度。检察委员会在审议有关议题时，可以邀请本院或者下级人民检察院的相关人员列席会议；对下级院报请或复议的案件，要求和安排该院的分管检察长和办案人员列席旁听上级院检察委员会，协助提供具体信息解决问题。上级检察院检察委员会也可以参与到下级检察院的检察委员会。充分利用上级院检察委员会案例资源加强对办案工作统一领导和宏观指导，提高办案质量和效率、促进执法规范化的重要举措。另外，对社会关注的有影响的问题和案件，安排相关人员列席旁听，提升党政机关及社会各界对检察工作的关注程度。

2. 汇总制度

依法律规定，检察委员会的重要功能并不限于讨论决定案件，审议、决定重大、疑难、复杂案件只是检察委员会的微观职能。检察委员会还应强化相应的类案监督，实现指导性或典型性的工作领导。从众多的案件讨论中抽身，将注意力的重心转移到业务指导上，从个案拍板转向权威指导，从直接过问转向宏观管理，从具体把关转向组织监督，强化对检察工作具有普遍指导意义的检察职能，从而充分发挥检察委员会政策把握和业务指导作用。检察委员会还具有总结检察经验的功能。对于目前立法滞后的领域或缺少明确法律条文的部门法，检察委员会可以积累一些具体改革性的可操作性经验，一定程度上形成一些规则性做法。在时机成熟时可以建议立法，以填补我国检察工作的立法空白，统一法律监督标准。

三、检察机关人员保障机制

(一) 检察人员分类管理制度

实行检察工作一体化机制，必须按检察工作性质对检察人员进行分类。对检察人员实行分类管理，在逐步降低检察官比例的同时，按照检察官法的要求不断充实检察官队伍，既能使检察人员队伍保持稳定，满足检察业务工作的需要，又能在较短时间内改善检察官队伍整体职业素质。检察工作从性质角度可分为检察事务、检察辅助事务和检察行政事务。据此，进行人员分类管理。

1. 检察事务属于司法性事务，只有具有检察官身份的人员才能履行，而且也只有检察领导机构才能对检察事务进行干预和行使指挥监督权。[①] 检察官法确定的检察官任职条件将检察官定位于高层次人才范畴，从法律上严格区分出检察官主体，为配合身份的替代性及职务的移转性，检察官应形成特殊的职业群体，按照检察官法进行管理，共同行使检察机关的法律监督职能。制定检察官职务规范，对不同职务检察官赋予不同的职权，突出检察官检察业务主体地位，符合检察官队伍职业化的发展趋势。

2. 检察辅助事务具有不同于检察官职务的工作性质和岗位特点。在案件办理过程中直接协助检察官的人员，主要是指检察机关中现有的司法警察、书记员、专业技术人员等。在管理模式上，司法警察可参照警察等纪律部队实行编队统一管理，书记员由所在部门分散管理，考虑到需要发挥整体专业优势，主要负责办案应用技术及司法鉴定的专业技术人员一般安排在技术中心集中管理。其中部分具有专业职称的专业技术人员适用专业技术人员管理办法。检察辅助人员不能直接转岗为检察官。在检察实践中，检察辅助工作具有相应的特点、难度和责任，一律按检察官的标准录用辅助人员，极可能造成辅助人员的能力与工作需要不适应或者专业人员流失的现象。分类管理还可以确定检察官与检察辅助人员的合理比例，以及检察官与助理检察官的人数比例，保证检察事务与其辅助性事务分工明确。

3. 检察行政事务指检察机关内部的人事管理、经费包括预算的编制与分配及其他不直接对外发生检察效力的事项。司法行政人员与检察辅助人员不同，不是直接辅助检察官的工作人员，而是为检察机关实施法律监督职能提供内部服务保障的，为提高内部服务的外化效应，可以参照检察官法进行管理，但两者都可

[①]　于萍主编：《检察官管理制度教程》，中国检察出版社 2007 年版，第 65 页。

以参照公务员进行招录。随着工作机制改革，确定适当的检察官数量和员额比例，以检察官管理制度为核心，建立检察辅助人员管理制度，进一步推动检察人员分类管理。

（二）检察官职业化建设

1. 职业准入制度

根据《检察官法》规定，助理检察官亦是检察官。因此，通过检察官资格考试应作为担任助理检察官的条件。鉴于我国司法实践，若将此资格考试时机提前，可能影响检察官队伍的正常运转。随着检察工作一体化的进程，检察官资格考试应更加合理，如现有法律基础知识卷基本为司法考试的内容，未能如同检察实务卷体现检察机关各业务部门特有的业务内容等。但无论如何，检察官资格考试作为统一司法考试后的"二次司法考试"，在现有条件下极大地提高了检察官精英化程度，将缺乏检察工作经验和专业法律知识的人员挡在了检察官队伍之外。而检察人员分类管理也是检察官资格考试的稳定器，落选的检察人员亦可在检察机关内部妥善安排。

积极落实地方各级人民检察院通过考试录用检察官的制度，实行面向社会、从通过国家统一司法考试取得法律职业资格的人员中公开选拔初任检察官。目前，我国检察机关仅要求在担任书记员时，进行一段时间专门的检察实务培训。我国应实行严格的轮岗实习制度。在实习期间，已通过司法考试的助理检察官被要求从事多个领域的工作，在反贪、侦查监督、公诉等刑事检察及民事行政检察部门实习。助理检察官在每一个实习处所花 3 到 6 个月的时间。实习期满，助理检察官再参加由省级检察机关组织的包括笔试和面试的检察官资格考试。上述实习和二次考试机制下产生的检察官将更能胜任检察工作要求。

2. 教育培训制度

在检察人员分类管理和检察业务分工协作的基础上，省级检察机关统一领导本省的教育培训工作。同时，以强化法律监督、维护公平正义为根本目标，进一步培养具有专门业务和专项技能的检察人员。在检察教育人才培养模式上，目前的培训方式基本以教师授课、学员听课为主，没有体现交叉动态性。法律职业共同体的建立需要开放式的培养模式，检察机关应积极共享人大、法院、公安、司法等部门的教育培训资源。同时建立内部固定的业务学习机制，分享内设相邻部门的职业培训，尤其需要开展检察机关内部业务的交叉教育培训，拓宽检察人员的职业视野，强化法律监督过程中检察官的职业敏感性。另外，我国还应借鉴日本等国的检察官研修制度，加强检察人员的研究能力，通过主动地自我学习以及在特定环境中的交流性，如案例教学、现场模拟等，提高检察官侦查、审查、辩论以及监督的工作水平。检察教育培训不仅要强化检察职业道德和本职专业理论与能力培养，还应学习金融、财会、审计、计算机等与检察领域相关的综合知识课程。

3. 考核评价制度

探索建立以考核干警的能力、绩效为核心的能级管理机制。在明确内设机构和工作岗位职责的基础上，分类分级明确工作目标，以动态考核为主、定性与定量相结合，实现全员能力和绩效考核，奖优惩劣。[①] 为适应检察工作一体化机制建设，应重新设定检察人员绩效考核。专业化的绩效考核机制可以检验检察人员的工作成效，绩效考核越专业，对检察官的督促就越明显。检察官是国家司法官，通过绩效考核保障其独立地行使职权，以维护司法公正为工作目标。绩效考核的结果还是对检察官进行选拔、培训、奖惩以及调整等级和工资等管理与开发活动的基本依据。考核评价通常包含考核主体、考核对象、考核目标、评价指标、评价标准、考核方法等内容。我国检察官法规定检察机关设立检察官考评委员会，其职责是"指导对检察官的培训、考核、评议工作"。发挥委员会对检察官绩效考核工作的指导职能，借助业务管理中心，通过信息化手段及时记录各检察人员的工作表现及成果，实现动态考核。只需在适当的时候进行阶段性总结，即能使参与考核者对所有的检察工作及所有的检察官都有全面、准确的了解，有效避免了考核信息不对称。为了全面、准确地进行考核，考核对象一般包含检察辅助人员和行政人员在内的全体检察人员。

四、检察机关经费保障机制

目前我国实行的是中央和地方财政分灶吃饭的管理体制，中央与地方分开，地方各级之间分开。地方各级检察机关的办公经费、检察人员的工资及福利待遇等依赖于地方财政。在这种情况下，检察经费等能否得到保障，在某种程度上主要取决于地方党政主要领导对检察工作的重视程度，而由于经常性的预算不足所导致的检察经费短缺现象使检察机关对地方政府财政部门始终处于一种求助状态[②]。经费保障机制的不健全，不仅会导致个别检察人员受利益驱动违法犯罪，滋生司法腐败现象，同时也直接影响检察机关法律监督的公平、正义及效率。我们认为，在推进检察工作一体化机制建设进程中，应当重点完善和健全以下经费保障机制：

---

① 参见 2002 年最高人民检察院《人民检察院基层建设纲要》。
② 杜国强："关于我国检察机关领导体制若干问题的思考"，载《河北法学》2008 年第 3 期。

（一）独立预算机制

1. 独立预算主体

预算，是按一定法定程序编制和审批，并用法律形式表现出来的一定时期内的经费分配与使用计划。它是检察机关的基本财务计划，也是组织和实施检察经费保障的重要工具。实践中许多国家采取各种做法以保障检察预算的独立。目前，我国各级行政机关财政部门对检察机关统一实行"两上两下"[①]预算形成机制。由于经费预算的具体项目及总额须在本级财政能力范围内，由财政部门核定，检察机关在预算中不居于主体地位。因此，应首先建立独立的检察机关预算制度，由检察机关会同财政部门编制检察经费分类保障政策和标准。

2. 统一保障标准

独立的预算编制需要以科学的检察经费保障标准为前提，同类地区执行统一的保障标准。各省级人民检察院发挥引导、示范作用，先行开展有关检察经费保障机制的调研工作，抓紧制定本地区的保障标准。选择有代表性的地区检察机关进行典型调查，在调查、统计的基础上，最高人民检察院结合各地经济、社会情况和检察工作任务量等主要因素分析研究，测算出不同地区、不同类别检察机关保障标准的差异数据。需要指出的是，最高人民检察院为推进检察机关一体化机制建设，确定科学的基本经费保障标准，编制全国检察经费预算草案，不是在检察系统内部实行平均主义，而是确保各级检察机关在检察人员定编定岗、科学测算办案工作数量的基础上拥有最基本的办案经费、装备经费。同时，最高人民检察院根据科学的测算依据，对财政困难的地区给予必要的经费支持，缩小经济发展不平衡给检察经费保障带来的过大差距，以确保各级检察机关正常工作需要为基本要求。

（二）分类分级保障机制

目前，检察经费通常按照经费的用途进行分类，大致分为公用经费、人员经费、基础设施经费等，其中公用经费包括行政经费、办案经费和装备经费等。[②]在现有条件下，第一步，由最高人民检察院编制检察经费分类保障政策和标准。

[①] "两上两下"是指部门先编报预算，财政部门下达预算控制数，然后部门再上报预算草案，批复下达部门预算。

[②] 王鸿义：《关于建立检察机关经费保障机制的探讨》，载《检察论丛》，法律出版社 2001 年版，第73 页。

配合财政部门建立人员经费由同级财政负担，公用经费和业务装备经费由中央、省级和同级财政分区域按比例负担的检察经费分类保障政策和标准。第二步，进一步落实"收支两条线"规定，实现检察经费由财政全额负担，并根据经济社会发展、财力增长水平和检察工作的实际需要，适时调整省级、区县级人民检察院公用经费保障标准，建立公用经费正常增长机制。

1. 公用经费、业务经费

按照"探索建立人民检察院的业务经费由国家财政统一保障、分别列入中央和省级财政预算的制度"的总体要求，从各地区的经济发展实际情况出发，适应检察机关独立行使检察权要求，充分发挥上级检察机关在经费保障工作中的领导作用。具体措施是：公用、业务经费由省级统筹。由各省、自治区、直辖市人民检察院分别编制地方检察院的办案经费、装备经费预算，经国务院主管部门汇总，编入国家预算；在报全国人大批准后，政府主管部门按预算拨款，由省、自治区、直辖市人民检察院负责分配、管理。以省级检察机关作为办案经费、装备经费的管理主体，可以减少和消除地区、辖区经济发展不平衡给检察经费保障带来的影响，还可以充分调动下级检察机关的工作积极性和主动性，体现其灵活性，使资金得到最有效的利用。对业务经费据实预算，以不低于全省一般性财政支出增长的速度逐年增长；对办理大案、要案所需经费，可以追加专项预算。如预算经费不能及时如数核拨的，由人大监督执行，以确保办案经费、装备经费管理的宏观调控和微观拨付的协调一致。

2. 人员、行政经费

在目前"分级管理、分灶吃饭"的财政体制下，建立"分类保障，分级负责"的人员经费保障机制。改革目前单纯依赖同级财政的保障机制，由同级财政负责保障检察机关的基本人员经费、行政经费，这符合我国《公务员法》规定的大公务员概念。同时，在检察人员分类管理的基础上，由省级统筹实行从优待检，参照当地经济发展及普通公务员保障水平，将检察人员的职级与工资待遇挂钩，协调落实检察津贴。为实现人员经费与行政经费的最佳效益，各级检察机关必须重视预算编制工作，精细化预算，按照相关标准保障经费供给。规范检察机关财务管理，提高资金使用效益，保障人民检察院依法履行法律监督职能并顺利完成各项工作任务。

3. 基础设施经费

检察机关的业务、队伍建设依赖于信息化的办公条件。因此基础设施经费要纳入社会发展计划，实行统一规划和管理。检察机关所属区域将基础设施经费列入政府计划，由政府根据实际情况安排解决，并实行统一规划和管理。在一些重大项目中，省级检察院与最高人民检察院按轻重缓急可以考虑提供配套资金，完善检察机关目前办案用房和技术用房的两房问题。上级检察院对下级院的基础建设项目要统一规划，合理安排，对重点项目实行全程跟踪和高效监督，使各个招投标、施工、验收工作环节得到快速高效完成。

第三章　检察机关对刑罚执行的法律监督

　　检察机关是国家的法律监督机关，承担着监督法律实施的重要任务。检察机关对刑事诉讼的监督工作包括侦查监督、审判监督和执行监督三个部分。由于现行法律规定不够完善，监督机制还不健全，对刑事执行监督在整个刑事诉讼活动中的地位、作用认识不足，刑罚执行监督还存在着许多问题，可以说刑罚执行监督是我国刑事诉讼监督中比较薄弱的一个环节。

　　健全和完善检察机关对刑罚执行的法律监督，有利于国家刑事法律，尤其是监狱法的正确实施，保障刑事判决和裁定的正确执行，实现全社会的公平与正义；有利于深入开展反腐败斗争和严厉打击严重刑事犯罪活动，维护社会稳定；有利于促进保障人权，维护罪犯合法权益；有利于促进监管改造机关严格、依法、科学管理，推动整体执法水平的提高；还有利于减少重新犯罪的发生，促进社会治安综合治理。

　　刑罚执行作为国家刑事司法活动的最后阶段，肩负着最终实现刑罚目的的使命。刑罚执行，是指有行刑权的司法机关依法将有效刑事裁判确定的刑罚内容付诸实施的刑事司法活动。所谓刑罚执行的法律监督，是指检察机关对已经发生法律效力的刑事判决或裁定的执行情况以及刑事执行机关的活动是否合法，依照法律规定实行监督。刑罚执行法律监督，从检察权角度去考察，是属于法律监督的重要组成部分，是一种执行监督。检察机关对刑罚执行的法律监督包括“刑罚内容实施的法律监督——本体性刑罚执行监督”和“落实刑罚执行制度的法律监督——制度性刑罚执行监督”这两个部分。前一部分，主要表现为由检察机关驻监狱、驻看守所检察部门进行法律监督。包括对生命刑执行的法律监督、自由刑执行的法律监督、财产刑执行的法律监督和资格刑执行的法律监督。后一部分，主要表现为对刑罚执行环节始于收监终于释放和安置以及刑罚执行过程中与刑罚变更执行相关制度落实方面的法律监督。包括收监与释放环节的法律监督，对罪犯控告、申诉、检举处理的法律监督，对死刑、死刑缓期二年执行变更、暂予监外执行、减刑、假释等的法律监督。本章节主要从检察机关在刑罚执行监督中如何准确定位、明确职责范围、目前存在的主要问题进行把握，尤其是对行使法律监督职权的方式、有效途径进行研究，对在现行法律框架内、根据现有法律的精神，对检察机关采取什么切实可行的有效方式加强刑罚执行监督进行了思考。

加强检察机关对刑罚执行的监督，不仅需要法律、法规的健全与完善，更需要相关职能部门的密切联系与配合，保证刑罚执行机制的真正落实。因此，本专题立足加强检察机关对刑罚执行监督的宏观层面，结合上海检察工作实践和配套措施的完善，进行了初步的探讨，并提出检察机关加强刑罚执行监督的具体操作规程。

第一节　刑罚执行法律监督的内涵

一、刑罚执行法律监督的概念和意义

我国宪法规定，人民检察院是国家的法律监督机关，人民检察院通过行使法律赋予的监督职能，对国家机关的工作人员和一切公民是否遵守宪法和法律进行监督，以保证宪法和法律的统一正确实施。对刑罚执行活动的监督是人民检察院法律监督的一项重要职责，属于检察业务的一种，也是人民检察制度的一个重要组成部分。

刑罚执行作为国家刑事司法活动的最后阶段，肩负着最终实现刑罚目的的使命。刑罚执行，是指有行刑权的司法机关依法将有效刑事裁判确定的刑罚内容付诸实施的刑事司法活动。所谓刑罚执行的法律监督，是指检察机关对已经发生法律效力的刑事判决或裁定的执行情况以及刑事执行机关的活动是否合法，依照法律规定实行监督。

检察机关依法对刑罚执行活动进行法律监督有利于保障刑事判决和裁定的正确执行，有利于维护国家法制的统一和尊严，有利于减少重新犯罪的发生，推动整体执法水平的提高。

二、刑罚执行法律监督的范围

检察机关对刑罚执行进行法律监督是有一定范围的，它是以刑罚执行的内容为依据的。

刑罚执行也就是刑罚实施的过程，是执行机关行使行刑权实际执行刑罚的过程，主要包括刑罚执行机关行使行刑权、实施刑罚的内容和程序两个主要问题。其中，行刑的内容着重于监狱执行刑罚、实施刑罚内容的活动和制度，相对而言是实体性的；行刑的程序则是相对于监狱实施刑罚本体的内容而言的其他刑罚执行的活动和制度，主要指《监狱法》第三章中有关刑罚执行方面的规定和内容的实施，这些规定相对于前者而言着重的是程序性的，及关于刑罚的变更执行等方面的规范。

如上所述，刑罚执行活动主要包括两个基本组成部分，即实施刑罚内容的本体性行刑权活动和贯彻刑罚执行制度的制度性行刑权活动。[①] 所以检察机关对刑罚执行的法律监督也相应包括以下两个主要方面：

1. 刑罚内容实施的法律监督——本体性刑罚执行监督

刑罚执行的基本内容是将有效的刑事裁判所决定的刑罚内容予以实施、实现。根据刑法的规定，刑罚分为主刑和附加刑。刑罚内容的实施也就是根据有效的刑事裁判确定的刑种、刑期，通过法定方式使其得以实现。具体而言，主要包括对生命刑执行的法律监督、自由刑执行的法律监督、财产刑执行的法律监督、资格刑执行的法律监督。

2. 落实刑罚执行制度的法律监督——制度性刑罚执行监督

对监狱制度性行刑权活动的法律监督，主要表现为对刑罚执行的环节始于收监终于释放和安置，及刑罚执行过程中与刑罚变更执行相关制度落实方面的法律监督。具体而言，主要包括收监与释放环节的法律监督；对罪犯控告、申诉、检举处理的法律监督；对暂予监外执行和减刑、假释等的法律监督。

三、刑罚执行法律监督的比较研究

对刑罚执行法律监督的概念和范围的分析，明确地反映了其内涵，使之与监所监督、刑事执行监督区别开来。刑罚执行法律监督的着眼点在于刑罚执行，是对刑罚执行的内容及相关制度进行的监督，概括而言即为本体性刑罚执行监督和制度性刑罚执行监督。目前，监所监督在概念和范围上尚存在不同的观点。广义的解释认为，监所监督是指人民检察院对刑事案件判决、裁定的执行，对监狱、未成年犯管教所、看守所活动以及劳动教养机关的活动是否合法所实行的监督。它的外延包括两个方面：（1）凡是人民法院已经发生法律效力的刑事判决和裁定的执行，都属于监所监督的范围；（2）凡是监狱、看守所、未成年犯管教所、拘役所以及劳动教养机关的活动是否合法，均属监所监督的范围。狭义的解释认为，监所监督是指人民检察院依法对监狱、未成年犯管教所执行刑罚、改造罪犯的各项活动实行法律监督的一项行刑司法检察制度。[②] 在实践中，这种概念界定上的不明确，造成了在监督范围上的混乱，给检察机关的法律监督活动带来了许

---

① 张绍彦著：《行刑变革与刑罚实现》，法律出版社 1999 年版，前言。

② 孙谦、刘立宪主编：《检察理论研究综述（1989—1999）》，中国检察出版社 2000 年版，第 264—265 页。

多困难。

应当明确，刑罚执行监督不仅是对监所的监督，而且还包括对公安机关执行管制、剥夺政治权利、监外执行以及代为执行刑罚（留所服刑）的监督，另外还包括法院执行的监督。除此之外，对刑罚执行的变更以及执行机关监管活动的合法性的监督也包括在刑罚执行监督之中。科学地适用刑罚执行法律监督这一概念使执行监督的内涵、范围更加明确，有利于监督工作的顺利进行。

第二节　检察机关在刑罚执行法律监督中的定位

一、检察机关开展刑罚执行监督的法律依据

检察机关作为刑罚执行法律监督的主体地位是由法律明确规定的。根据《宪法》第129条和《人民检察院组织法》第1条的规定，"中华人民共和国人民检察院是国家的法律监督机关"。《刑事诉讼法》第224条规定："人民检察院对执行机关执行刑罚的活动是否合法实行监督。如果发现有违法的情况，应当通知执行机关纠正。"

《人民检察院组织法》第5条规定，人民检察院"对于刑事案件的判决、裁定的执行活动和监狱、看守所、劳动改造机关的活动是否合法、实行监督"。

《人民检察院组织法》第19条规定："人民检察院发现刑事判决、裁定的执行有违法情况时，应通知执行机关予以纠正。""人民检察院发现监狱、看守所、劳动改造机关的活动有违法情况时，应通知主管机关予以纠正。"

《监狱法》第6条又明确规定："人民检察院对监狱执行刑罚活动是否合法，依法实行监督。"

由此可见，检察机关对刑罚执行活动实行监督，是国家宪法和有关法律规定的必须履行的职责。

二、检察机关与刑罚执行机关的关系

目前，我国刑罚执行的任务由监狱、人民法院和公安机关三家分担。执行主体的多元化造成相互之间不协调，职责不明确。虽然法律明确规定了检察机关对刑罚执行进行监督，但究竟怎么监督，如何强化检察监督的作用，法律没有明确。深入研究检察机关与其他执行机关的相互关系，找准自身在刑罚执行中的定位，从而准确有效地进行监督，是检察机关在执行监督过程中的重要问题。

首先，检察机关与监狱之间的关系。监狱作为最主要的刑罚执行机关，是依法对被判处死刑缓期2年执行、无期徒刑、有期徒刑的罪犯执行刑罚的机关。根

据宪法、刑事诉讼法和监狱法的规定，监狱和检察机关的关系，实质上是监督与被监督的关系。但应当强调这种监督关系并非是完全单向和消极被动的，监狱机关在接受检察机关监督时，如果认为有些监督意见不符合实际情况，也可以提出事实、理由，商请检察机关修订或更改监督意见，不能统一意见时，可提请上级有关部门进行协商解决。[①] 其次，检察机关与人民法院的关系。人民法院是国家审判机关，在专门担负量刑权、行使国家审判权的同时，法律还赋予它负责某些刑罚执行的工作，具体是死刑立即执行、罚金刑的执行、没收财产刑的执行。根据刑事诉讼法规定，在刑事诉讼中两机关应当是一种分工负责、互相配合、相互制约的关系。然而在刑罚执行法律的法律关系中，检察机关与人民法院之间应当明确只存在监督与被监督的关系，这与前者有明显的区别。最后，检察机关与公安机关在刑罚执行监督中的关系。根据刑事诉讼法的规定，监外执行、徒刑缓期、假释考察以及管制、拘役和剥夺政治权利的判决和裁定，由公安机关执行。在侦查阶段，检察机关和公安机关就是一种监督和被监督的关系，同样在刑罚执行过程中，检察机关对公安机关的刑罚执行工作具有监督职责，两者之间也是监督与被监督的关系。

三、检察机关在刑罚执行法律监督中的定位分析

从我国现行法律规定和司法权力的配置来看，检察机关与刑罚执行机关之间归根结底是一种监督与被监督的法律关系，这是由国家法律所明确的监督主体与对象之间特定的关系，是具体法律规范在调整主体与对象之间的活动而形成的权利、义务关系。主要体现在以下两个方面：

1. 地位的不平等性。从国家权力分工的角度来看，检察机关与执行机关都是一部分、一方面的国家权力，是依法行使职权的国家机关，两者具有平等的法律地位。但是在法律监督关系中，检察机关是监督主体，处于评价、监督的地位；而执行机关则是被监督的对象，处于被评价、被监督的从属地位。对象必须依法接受主体的监督，检察机关所处的这种地位是由法律监督活动的任务和本质所决定的。[②]

目前，造成检察机关监督不力或监督失度主要有两个方面的原因：一是刑罚执行监督的立法不完善，缺乏具体的法律规范，以至于监督工作难以操作，这是制度原因，有待于立法的完善。二是对检察机关在监督工作中的地位认识不明

---

① 王顺安：《刑事执行法学》，群众出版社 2001 年版，第 217 页。
② 钟海让：《法律监督论》，法律出版社 1993 年版，第 152 页。

确，这是造成监督不力的司法平等理念心理①。通常表现为：其一，不理解监督者的地位和责任，不敢监督、不善监督。所谓"都是国家机关，你监督谁，你能监督了谁，谁接受你的监督"的观点即为代表。这种把监督主体与监督对象间的特定关系仅仅肤浅地理解为两个国家机关之间的绝对平等关系，甚至有自卑意识，其结果是形不成应有的制约作用，同时也丧失了监督主体应当负担的责任和义务。其二，过分的优越意识，不适当地抬高了监督者的地位。表现为把监督与被监督的关系上升为领导与被领导的关系，以命令和服从代替监督和抗辩，其结果是监督失度，侵犯了监督对象的合法权益，甚至助长了官僚腐败的风气。因此，正确认识检察机关在刑罚执行监督中的地位，是有效开展监督活动的前提。

2. 监督内容的确定性。检察机关对刑罚执行机关的法律监督是由法律明确规定的，不以双方是否同意为条件，具有义务性质。监督关系的法定性决定了监督内容的确定性，即检察机关是针对刑罚的执行情况，以及执行机关的执行活动是否合法而进行法律监督的。

监督内容的确定性是检察机关在刑罚执行监督中职责定位的要求。实践中，由于法律没有对具体的监督内容进行规定，特别是缺乏操作程序上的规定，导致了检察机关工作上存在一定的盲目性。一方面，对于许多不属于刑罚执行法律监督范围内的事项进行检察监督，这不仅阻碍了正常法律监督工作的开展，而且还越俎代疱，一定程度上干涉了其他执行机关的工作；另一方面，检察机关对于部分刑罚执行监督的本职工作缺乏有效的监督，以至于许多违法情形得不到及时纠正。造成这些现象的主要原因在于检察机关没有确定自身在监督职责上的定位，因而进一步明确检察机关在刑罚执行法律监督中的职责定位，对于提高刑罚执行法律监督的准确性和效率都有重要意义。

第三节　检察机关在刑罚执行法律
监督中的职权、内容和方式

一、检察机关在刑罚执行法律监督中的职权

职权是国家机关及其公职人员依法作出一定行为的资格和依法履行职务所行使的权力。刑罚执行监督的各项具体检察监督职责与权限的总和，也就是人民检察院对刑罚执行进行监督时所行使检察权的内容和范围。

---

① 对法律监督关系中的监督与被监督方而言，都存在各自地位的认识不明确，两者是互动的关系。并非简单的个体、群体或是行业的心理原因。

　　根据《监狱法》和最高人民检察院颁布的有关法律、法规和司法解释的规定，检察机关的刑罚执行监督具有两大职权：一是对刑事判决、裁定的执行是否合法实行监督（行刑监督权）；二是对监管改造机关的活动是否合法实行监督。除此之外，《监狱法》还补充规定了一系列的人民检察院对监狱行刑与改造的监督职权。主要有如下几项：（1）对罪犯及其家属提出的申诉、控告与检举的受理与处理权；（2）对暂予监外执行决定的监督权；（3）对人民法院减刑、假释裁定的抗诉权；（4）对罪犯在服刑期间死亡的医疗鉴定权。

二、刑罚执行法律监督的内容

　　刑罚执行法律监督的内容是检察机关履行刑罚执行监督职权的具体体现。明确刑罚执行法律监督的内容，使检察机关在行使职权过程中明确具体工作范围和目标，有利于实现法律监督的效果，防止任意扩大或缩小监督范围。根据刑罚的种类以及刑罚执行的特点，刑罚执行法律监督主要可以分为以下三个方面：

　　1. 对执行死刑判决的监督。死刑作为剥夺犯罪分子生命的最严厉的刑罚，法律对死刑立即执行的程序作了严密的规定，并且规定人民检察院派员临场监督。根据法律规定，结合司法实践，人民检察院对判处死刑宣布立即执行的监督工作包括以下内容：（1）监督死刑立即执行的活动是否合法；（2）监督死刑立即执行的停止执行是否合法；（3）依法建议人民法院停止执行死刑。

　　2. 对监禁刑执行活动的法律监督。监禁刑执行活动是在监狱内进行的，检察机关对监禁刑的法律监督相对来说比较集中，一般通过驻监狱、驻看守所检察部门进行监督，主要内容包括：（1）对收监活动的法律监督；（2）对狱政管理活动的法律监督；（3）对刑罚变更执行的法律监督；（4）对执行中追诉新罪、漏罪的监督；（5）对罪犯及其家属提出的申诉、控告、检举的处理。

　　3. 对非监禁刑执行活动的法律监督。非监禁刑主要是指除死刑、徒刑和拘役以外的刑罚，包括罚金刑、没收财产刑、剥夺政治权利、驱逐出境、管制、缓刑、假释及监外执行。主要内容包括：（1）对罚金刑、没收财产刑执行活动的法律监督；（2）对判处剥夺政治权利、驱逐出境刑罚执行活动的法律监督；（3）对管制刑执行活动的监督；（4）对缓刑、监外执行和假释罪犯考察与社会监督的法律监督。

三、刑罚执行法律监督的方式

　　实现法律赋予检察机关对刑罚执行监督的任务，工作方式至关重要。检察机关必须敢于监督，同时要讲究监督的方法和策略，及时进行分析研究，提出具体的整改建议和措施。

　　刑罚执行机关多是狱政机关和公安机关。检察机关对刑罚执行的监督有司法监督和行政监督的双重属性，监督的方式有一般性方式，如检查、调查、接受申诉、控告、讯问、建议等，也有特别的方式，如指令、抗议等。日本、法国、前苏联、朝鲜等许多国家都有这一方面的规定。前苏联各级检察长有权立即释放被非法拘留、羁押、强制医疗或强制教育的人，停止执行与法律相抵触的监管部门的命令和指示，并提出抗议。日本、法国的检察官可对刑事裁判的执行情况进行经常检察，视察狱政部门，查阅有关监管文件、材料，提出批评和建议。原保加利亚检察院组织法曾规定，检察机关可随时参观监所和了解剥夺自由以及其他强制性措施的执行情况，事先无须得到行政主管部门的批准，可以索要和检查有关罪犯的证据和材料，同关押的人犯谈话，就违法情况要求有关人员提供证据和作出解释，听取和处理有关刑罚执行的建议、反映、申诉和请求。①

　　我国法律对检察机关进行刑罚执行监督的方式没有明确规定，在实践中针对不同的刑罚种类分别采取不同的方式，主要有以下方式：

　　（一）对死刑执行的法律监督，根据法律规定，检察机关应当派员亲临执行现场进行监督。对死刑执行的监督，应当认真填写《死刑临场监督笔录》，并且按法律规定，对人民法院的执行活动是否合法进行监督。若发现有违法现象，应当及时提出纠正意见。

　　（二）对监禁刑执行的法律监督，一般是通过驻监狱、驻看守所的派出检察机构进行监督，主要采取以下方式：（1）建立驻监狱、看守所检察机构，实行同步检察。通过听取情况介绍，调阅有关文件和档案材料，召开座谈会、调查会，进行个别谈话，讯问罪犯，察看警械、监管设施和生产、生活场所等。（2）建立健全一定的档案制度，认真制作《改造人员情况登记表》，以全面掌握罪犯的改造情况。（3）与公安机关、人民法院、监狱以及武警部队的相关部门，建立工作联系制度，通报情况、交换意见，及时解决监管改造中存在的问题，重大问题可联合调查。（4）根据《人民检察院劳改检察工作细则》第32条的规定，发现违法行为时，应查明事实，弄清原因，分别情况，依法处理。对一般违法行为，口头提出纠正；对严重违法行为，应当书面提出纠正，并要求告知纠正结果；遇有多次提出纠正仍不改正的情况，应当向上级检察机关报告，对情节严重已构成犯罪的，应当依法追究刑事责任。（5）对监狱提出检察建议（工作需要改进的问题）②。

　　（三）对非监禁刑执行的法律监督方式。非监禁刑是除死刑与监禁刑以外的

---

①　钟海让：《法律监督论》，法律出版社1993年版，第129页。
②　具体操作内容参见《人民检察院劳改检察工作细则》第33条的相关规定。

刑罚，由于执行地点分散，执行方式复杂，执行中存在的问题较多。检察机关在进行该类刑罚执行监督时，采取的方式也比较多，主要有以下几种：（1）每年相对定期地进行检察监督活动；（2）深入基层，建立起监管对象的改造档案等材料；（3）及时与公安机关、人民法院、监狱部门联系，互相配合，监督考察刑罚执行落实的情况，做好检察记录；（4）发现执行中的违法问题，依法提出纠正或提出改进意见。

　　以上是对刑罚执行监督过程中，检察机关开展监督工作的一般工作方式。在司法实践中，针对不同的刑罚执行活动，必须根据情况灵活地运用。目前，检察机关在刑罚执行监督中效果不明显与采取的监督方式和手段也有重要的关系，因此，进一步完善监督的方式在执行监督工作中具有重要意义。本文将在分论中对具体的刑罚执行监督方式进行具体分析和论述。

四、检察机关在刑罚执行法律监督时应当正确处理的几种关系

（一）正确处理监督与被监督的关系

　　如何切实履行刑罚执行监督职能，首要问题是摆正监督与被监督的关系。从检察监督的工作性质来说，两者是对立统一的。一方面，双方根据各自的职责，一方依法实施法律监督，另一方要依法自觉地接受监督；另一方面，双方的根本利益、根本任务和目标都是统一的，都是正确执行法律，有效打击犯罪。因此，检察机关在执行监督过程中，要敢于监督和善于监督。对违法问题一定要坚持原则，敢于纠正；同时，对检察监督发现的工作漏洞，应当帮助其完善，实现监督之下的有效配合。

（二）正确处理监督与办案的关系

　　强化刑罚执行的检察监督，确保各项法律在监管改造场所正确实施，是刑罚执行监督工作的出发点和落脚点。强化办案，加大查办监管改造场所职务犯罪案件的工作力度，是促进各项法律监督工作深入开展的有效手段，所以说，做好各项法律监督工作与强化办案是统一的。

（三）正确处理依法监督与工作协调的关系

　　法律赋予检察机关法律监督职权，是一个机关对另一个机关、一个部门对另一个部门的工作行为，不是上级对下级的关系。监督不是发号施令，许多工作都是通过协调来完成的。监督与协调是开展刑罚执行监督工作的两个方面，缺一不可。在实践中，往往只强调一个方面，而忽视了另一个方面，导致了监督工作屡

屡碰壁，或者监督软弱无力。因此，只有处理好二者之间的关系，才能把监督职能落到实处。①

（四）正确处理惩罚犯罪与保障在押人员合法权益的关系

检察机关作为国家的法律监督机关，既是司法者，又是执法的监督者，肩负着维护社会主义法制的重任。检察机关在刑罚执行的法律监督过程中，一方面要切实纠正监管活动中的违法行为，另一方面要积极查办侵犯在押人员合法权益的犯罪案件，促进监管改造场所依法管理，文明管理，切实保护罪犯的合法权益，实现惩罚犯罪和保障人权的和谐统一。

第四节　检察机关刑罚执行法律监督的现状剖析

刑罚执行法律监督是检察机关法律监督的一个重要组成部分。相对于侦查监督、审判监督而言，执行监督处于整个刑事诉讼活动的终结部分，具有相当重要的地位。如果刑罚得不到完全有效的执行，那么整个刑事诉讼的目的也就无法最终实现。检察机关对刑罚执行进行法律监督，是对法院定罪量刑结果的巩固和保障，是对刑事审判执行的纠正和张扬，也是实现保障人权与惩罚犯罪刑事诉讼目的的最后一道保障。从实践来看，刑罚执行监督的重要地位和意义并没能完全体现，检察机关对刑罚执行监督相对于其他职能来说，地位不高，监督效果不明显，现状不容乐观。通过对检察机关刑罚执行监督职能的研究和对执行监督实践的考察，我们发现以下问题值得关注：

一、检察机关对刑罚执行监督在刑事诉讼中的地位认识不足，重视不够，对监所检察干部的配备不足，条件不健全，不适应当前刑罚执行监督工作的需要

我们习惯强调起诉是窗口，是检察机关的形象；反贪是党和人民关注的焦点，是社会的热点；而监所部门只要保证监所的安全就可以了。因此，检察机关对打击犯罪问题比较重视，而相对忽视刑罚执行问题，对刑罚执行监督中的问题不能及时研究解决，从某种程度上说是内部业务发展不平衡的反映。与其他检察业务部门相比，监所检察的基础建设相对薄弱，工作的规范化不强。在基础设施方面，相对滞后，一定程度上影响了刑罚执行监督工作的开展。此外，自1997

① 张林："监所检察中应把握的几种关系"，载《检察时空》2002年第4期。

年以来，由于实行办案归口，致使有的地方出现了监所监督部门只监督，不办案，办案与执法监督相脱节的不正常现象。更为严重的是由于不办案，致使大批骨干被调走，进而挫伤了广大监所检察干部的工作积极性，导致了干部队伍整体素质参差不齐，人员配备上存在"三低一高"（学历偏低、能力偏低、业务水平低、年龄偏高）现象，影响了监所检察部门执法监督工作的有效开展。

二、对刑罚执行监督混淆载体和处置违法的手段，导致不敢监督、不善监督，在一定程度上存在越权监督和忽视监督的现象

在刑罚执行监督过程中，法律规定检察机关与刑罚执行主体之间是一种监督与被监督的关系，地位上具有不平等性。但仅凭法律条文的规定，而无其他具体制度予以保障，检察机关在刑罚执行监督的地位难以显现，特别是由于检察机关与监督对象之间在业务上都存在着密切的关联，也影响了监督活动的顺利开展。因而对刑罚执行中存在的违法问题，形成怕得罪人不敢监督，怕影响关系不愿监督的局面。再加上被监督单位不积极配合开展工作，也相应增加了监督的难度。有时，在相互配合过程中，因为没有把握自身的监督定位，也导致了越权监督，代替了被监督单位的工作，而忘记了自己的职责。特别是对监外执行的监督上，从检察机关自身监督职能落实情况来看，对监外罪犯监督工作的重点找得不准，没有把监督检察的对象放到对执行机关的监督上来，而是侧重于对监外罪犯本人建立帮教组织、制定帮教措施，搞面对面的监管，结果使监督工作出现了不是不到位，就是越位越权问题。因此，检察机关必须明确自身职责和定位，必须实现检察任务和检察对象的转变，把监督工作的重点迅速转移到对监外罪犯负有监管职责的公安机关上来，把检察对象由监外罪犯本人转移到对公安机关的执法活动是否合法、监管措施是否落实上来。准确把握监督的对象和任务，才能有效地实现刑罚执行的监督工作。

三、刑罚执行监督的立法过于原则，导致执行监督工作无法可依

随着社会形势和国家法制建设的发展，刑罚执行监督的法制建设已越来越不适应实践工作的需要。如目前正在实行的《人民检察院劳改检察工作细则》、《人民检察院看守所检察工作细则》、《人民检察院劳教检察工作办法》等，与修订后的《刑事诉讼法》、《刑法》以及《监狱法》的规定相比，有关规定不完善，或过于原则，甚至有的地方存在冲突，使检察机关对刑罚执行活动的监督缺乏可操作性和力度。例如，法律没有明确规定对法院的刑罚执行活动如何进行监督，因而检察机关在实践中很难对法院进行有效监督，特别是在罚金刑的执行过程中，罚金刑的空判现象在司法实践中屡见不鲜。此外，法律对减刑、假释的标

准，设置的灵活性过大，加上刑罚的变更程序缺乏应有的公开性①，以至于对这些情形都无法有效监督。有关刑罚执行监督的立法对执行监督的手段和监督途径也没有进行规定，这也不利于执行监督的规范有效的进行。

原《刑事诉讼法》第164条规定的人民检察院对法院刑事判决、裁定执行和对监管机关实行监督的规定，包含了对罪犯暂予监外执行、减刑、假释、保外就医等方面的监督，但如何实行监督，缺乏明确的程序性规定，制约了人民检察院这项监督工作的开展。1980年12月后，"两高"的司法解释和《监狱法》，加强了这方面的程序规定，监所监督得以加强。1996年3月修改后的《刑事诉讼法》在"执行"编中专门增加了两个条款，即第215条和第222条，吸收了《监狱法》的有关规定，并进一步作了修改完善。一是将检察机关认为法院减刑、假释裁定不当，应当"提出抗诉"，修改为应当"提出书面纠正意见"；二是增加了提出书面纠正意见的期限为20日，人民法院应当在收到纠正意见书后的一个月内重新组成合议庭进行审理。程序的可操作性有了增强，但有些地方仍需规定具体。②

四、刑罚执行监督体制不健全，岗位设置不科学，结构不合理

首先，刑罚执行监督的体系不健全。检察机关监所监督部门是刑罚执行监督的主体，但法律规定其监督范围仅局限于监禁刑及其变更执行监督，对非监禁刑的监督法律尚未明确规定。目前的现状是，刑罚执行监督职责分散于检察机关内部多个部门之中。例如，对死刑（立即执行）的执行监督由公诉部门进行，而死缓对象在两年内重新犯罪执行死刑的监督是监所检察部门负责，这造成了刑罚执行监督得不到统一的管理，也无法设置具体的标准进行考核。刑罚执行监督的内容也还存在许多空档，监督机关和执行机关对部分违法问题在理解上存在偏差，也妨碍了刑罚执行监督的开展。其次，机构设置不科学。根据《人民检察院组织法》第2条第3款的规定，派出检察室不是一级独立的检察机关，它在派出它的人民检察院的领导下进行工作。但是目前不少驻监狱、看守所检察室挂出的牌子是派出院所属检察室，而实际的管理却是派出院中的监所部门来负责，导致工作开展与行政管理的严重不协调，不利于检察监督工作的开展。最后，岗位设置不合理。目前，检察院应设几个职能部门，刑罚执行监督部门应设几个岗位，

---

① 实践中，90%以上的减刑、假释案件，一般都不开庭审理。

② 例如，人民法院根据监管机关提出的减刑、假释的申请，经合议庭审理后，作出减刑假释的裁定后，人民检察院若发现裁定不当，在法定时间内提出书面纠正意见之前，监管机关能不能根据法院的裁定释放罪犯？法律对此没有明确的规定，有待于进一步的解释。对此，在分论部分将详细论述。

一直处于一种摸索状态。从现代化管理的角度讲，设岗应根据单位的性质、职能、业务范围等来确定，而不是靠人为的因素或政策来确定。因此，建议能否按照刑罚执行的刑种或按照监禁刑、非监禁刑执行监督等来设置岗位。

第五节　检察机关对本体性刑罚执行监督

我国刑罚包括生命刑、自由刑、财产刑和资格刑，对于不同的刑罚种类，检察机关进行执行监督的内容、方式不同。

一、检察机关对生命刑的执行监督

生命刑的执行，包括生命刑的立即执行和生命刑的缓期执行。

（一）对生命刑立即执行的监督

1. 对生命刑立即执行监督的内容

《刑事诉讼法》第212条第1款规定，人民法院在交付执行死刑前，应当通知同级人民检察院派员临场监督。根据有关规定，死刑的执行由一审人民法院进行。因此，本市对死刑执行的临场监督由第一分院、第二分院进行，具体由公诉部门的案件承办人进行死刑临场监督。

检察机关收到死刑临场监督通知后，首先，应当查明同级人民法院是否收到最高人民法院或按规定应当由高级人民法院核准死刑的判决（或裁定）和执行死刑的命令，并通知法医到执行场所，验明罪犯是否确已死亡。其次，执行死刑临场监督，由检察人员一人或数人担任，并由书记员担任记录。最后，对停止执行后重新执行死刑的，应当查明有无重新签发执行死刑命令，以保障死刑执行的准确性。

对死刑执行活动进行监督的内容主要包括：执行场所、执行方法是否符合《刑事诉讼法》第212条第2款、第212条第3款的规定；执行程序是否符合《刑事诉讼法》第212条第4款的规定；执行时主诉检察官或助手应对被执行死刑罪犯验明正身，听取死刑罪犯最后陈述，验看遗书，询问其有否遗言、信札，并做笔录；制作刑场监督笔录[1]，内容包括死刑罪犯姓名、案由、执行时间、地点、方式、指挥执行的法官姓名和职务，临场监督检察官姓名和职务，执行人员姓名、执行死刑的具体情况等，在确认罪犯确已死亡后，签字后入卷归档；根据《刑事诉讼法》第211条的规定依法建议人民法院停止执行死刑；执行死刑后对

---

[1]　2002年1月1日起开始实施的《人民检察院法律文书格式》（样本）中未规定此项法律文书。

于罪犯遗书、遗物应按照最高人民法院、最高人民检察院、公安部、司法部 1984年 1 月 11 日《关于正确处理死刑罪犯遗书、遗物等问题的通知》的规定进行。

2. 生命刑立即执行中应当关注的问题

（1）修改后的刑事诉讼法，规定死刑采用枪决或者注射等方式，这是死刑执行制度走向文明化、人道化的标志，是我国法制建设逐步健全和完善的具体体现。1997 年 3 月 28 日，自昆明市中级人民法院在全国率先采用药物注射的方法执行死刑后，该方式在全国逐渐普及。2001 年 11 月起，我市对死刑的执行也开始统一适用药物注射方式。这对检察机关履行监督职责提出新的要求。原因在于对罪犯枪决执行死刑易于监督，注射执行死刑则需要检察人员有相应的医学知识，需要对执行监督人员进行培训。同时，应尽快用法律形式明确如何用注射方式执行死刑，包括注射药品的种类、剂量，执行死刑时监控设施的采用等，并明确死刑犯在一定条件下应有选择执行方式的权利。

（2）关于死刑犯权利保护问题。死刑犯的权利范围尚存争议，对死刑犯是否享有生育权曾引发了一场大讨论。本市在死刑执行中，能充分尊重罪犯人权，保证家属最后会见权；对少数民族罪犯一般能尊重其民族风俗习惯，允许家属对其进行超度或者按照民族风俗埋葬。应当明确，我国对死刑犯权利保护主要集中在家属最后会见权、民族习俗的尊重权等方面。同时，建议对罪犯被执行死刑前提出的其他合理要求，只要不违反法律规定，一般都应当允许。如允许罪犯在行刑前与家人合影等。

（二）对生命刑缓期执行的监督

1. 对生命刑缓期执行监督的内容

根据《刑法》第 50 条的规定，检察机关对生命刑缓期执行的监督的内容包括：

（1）检察对死刑缓期执行的罪犯是否依法减刑和依法执行裁定。减刑由死缓犯所在监狱，在缓期二年刑罚期满后，及时提出书面减刑意见，上报省、市、自治区司法厅（局）审查同意后，报请当地高级人民法院裁定。检察机关如果发现未按照上述程序办理，应提出检察建议，发现减刑不当和不应该减刑而减刑的，应该依照诉讼程序提出抗诉。

（2）检察对死刑缓期执行裁定立即执行死刑是否合法。对死缓犯报请执行死刑的程序，应当由死缓犯所在监狱提出书面意见，报经省、市、自治区司法行政机关审查同意后，提请当地高级人民法院裁定或核准，或者由当地高级人民法院报请最高人民法院核准，下达执行死刑命令。负责交付执行的人民法院在接到执行死刑的命令和核准死刑的裁定后，应立即把副本送达当地同级人民检察院或者担负监所检察任务的人民检察院。

2. 对生命刑缓期执行监督中存在的问题

经调查，近年来本市没有生命刑缓期执行转为立即执行的案件。因而检察工作的重点是监督死缓罪犯减为无期徒刑、有期徒刑是否合法。应严格按照上海市高级人民法院、上海市司法局《上海减刑假释工作座谈会纪要》（沪高法〔1997〕359 号）中对死缓罪犯的减刑规定执行。

二、检察机关对自由刑的执行监督

人民法院将已生效的无期徒刑、有期徒刑、拘役、管制的判决，交由有关机关执行判决内容，就是自由刑的执行。

（一）对徒刑执行的监督

徒刑的执行包括有期徒刑和无期徒刑的执行。尽管这是两个不同的刑种，执行中也各有特点，但它们都是将罪犯羁押于一定场所，通过教育与生产劳动相结合进行改造的一种方法，除了刑期上存在区别，其他内容一致，因而检察机关进行监督的内容方式相同。这里不再分别赘述。

1. 徒刑执行监督的内容

（1）执行场所、执行时间

执行场所包括三种：一是监狱。根据《监狱法》第 15 条的规定，监狱关押被判处死刑缓期二年执行、无期徒刑、有期徒刑的罪犯。二是未成年犯管教所（即以前所称"少年犯管教所"）。未成年犯思想性格、行为模式均未定型，根据分类关押罪犯的原则，将他们集中关押于未成年犯管教所。《未成年犯管教所管理规定》第 2 条规定，未成年犯管教所是监狱的一种类型，是国家刑罚执行机关。由人民法院判处有期徒刑、无期徒刑未满 18 周岁的罪犯应当在未成年犯管教所执行刑罚，接受教育改造。第 64 条规定，对于年满 18 周岁、余刑不满 2 年继续留在未成年犯管教所服刑的罪犯，仍适用本规定。《监狱法》第 74 条、第 76 条也有相应规定。三是看守所。《监狱法》第 15 条第 2 款规定："罪犯在被交付执行刑罚前，剩余刑期在一年以下的，由看守所代为执行。"可见，公安机关管理的看守所也肩负有执行徒刑的职能。

根据《监狱法》第 15 条、第 16 条的规定，人民法院对被判无期徒刑、有期徒刑的罪犯，应将执行通知书、判决书送达羁押该罪犯的公安机关，并同时将起诉书副本、判决书、执行通知书、结案登记表送达监狱①。公安机关在自接到法

---

① 对于审判机关在判决生效后何时交付执行，法律没有统一规定，是交付执行迟延的主要原因。上海市司法机关会签的文件规定，判决生效后一个月内审判机关应交付执行。

院送达的执行通知书、判决书起一个月内将该罪犯送交监狱执行刑罚。监狱应在办理收监手续之日起 5 日内发文通知罪犯的亲属，告知罪犯被关押的地点、刑期以及亲属探监的有关规定。

（2）检察机关在实施法律监督中应注意的问题

一是检察监狱是否有法律规定应当收押而拒绝收押的情形，以及是否有其他违反收押规定的情形。具体包括收押的罪犯中，是否有依法不应当收押的正在怀孕及哺乳自己婴儿的女犯以及患有严重疾病、精神病的罪犯；收押的未满 18 周岁的未成年犯，是否转送未成年犯管教所；未成年犯管教所收押的未成年犯年满 18 周岁后，余刑 2 年以上的是否转送监狱。

二是检察是否根据罪犯的犯罪类型、刑罚种类、刑期长短、改造表现等情况，对罪犯实行分管分押，采用不同方式管理。检察戒具和武器的使用是否符合法律规定。

三是检察是否侵犯罪犯的申诉权和控告权。包括监狱对罪犯的申诉权是否依法给予保护，有无妨碍罪犯申诉权行使的情况；监狱对罪犯的控告、检举材料是否及时予以处理或者转送有关机关处理，有无扣押罪犯控告检举材料的情况；监狱认为判决可能有错误的，是否依照法律规定提请检察机关或者审判机关处理等。

四是对罪犯在服刑期间死亡的法律监督问题。对于罪犯因病死亡的，检察机关应对监狱的医疗鉴定进行检查；对罪犯非正常死亡的，由担负该罪犯所在监狱检察任务的检察机关负责，在接到监狱通知后 24 小时内对尸体进行检验，对死亡原因作出鉴定。如该级检察机关缺乏相应条件，可以由上级检察机关有关部门人员作出鉴定。

2. 徒刑执行监督中发现的主要问题

第一，对监管部门"重关押、轻改造"的情况难以有效监督。"收得下，管得住，不逃跑，改造好"，是对监狱工作的基本要求。正确执行刑罚，惩罚和改造罪犯，把罪犯改造成为守法公民是监狱工作的崇高使命，但是一些监狱工作目标仅停留在"收得下，管得住，不逃跑"上，属于看守型管理，罪犯刑满释放后重新犯罪率上升，"二进宫"、"三进宫"罪犯增多，给社会治安综合治理带来不利影响。由于信息渠道来源不畅，检察机关难以有效开展监督。

第二，对监管部门"重创收、轻执法"缺乏监督渠道。监狱的开支有相当部分依赖于监狱企业创收。在此情况下，一些监狱指导思想失准，导致依法治监、严格执法的工作难以落实，将人力和财力投向了生产经营。不少监狱强制罪犯严重超时超体力劳动，并引发罪犯对改造工作的不满和自伤自残的后果，亟须加强检察监督力度，维护在押人员合法权益。

第三，要加强对监管工作中麻痹松懈情形的监督。个别干警长期工作在监管场所，在"罪犯有期我无期"等观念的支配下，容易产生麻痹心理，在管理中、执法执纪中放松警惕，出现漏洞。突出表现在有极少数干警把本当亲自行使的权力轻易交与罪犯，"其中最典型的就是把钥匙交给犯人使用，因为怕开门上锁的麻烦而让监管对象代劳"。其他如利用罪犯保管、收发工具、材料，利用犯人管犯人等。[①]

第四，对监管场所贯彻分管分押情况缺乏有效监督。主要表现在部分监管场所将已决犯和未决犯混管混押；有的看守所未严格执行有关规定，留所服刑人员范围过宽，造成留所服刑人员过多；还有的看守所内有大量劳教人员滞留。同时，由于上述人员混管混押，造成已决犯不能享有《监狱法》规定的通信自由等权利，也使得劳动教养人员被按照罪犯对待，造成刑罚执行不平衡。

3. 加强和完善检察机关对徒刑执行监督的几点建议

检察机关要监督配合执行机关严格执行法律法规和刑事判决裁定，做到"监督到位不失职"，"配合适度不越位"，做好自由刑执行监督工作。

首先，检察机关要强化刑罚执行监督是反腐败斗争重要内容的意识，并配合监管场所做好罪犯改造和稳定工作。监狱是刑罚执行的主要机关，是对罪犯实行剥夺人身自由强制改造的场所，司法人员与罪犯地位悬殊。在法律法规和监督制度不够完善和健全的情况下，个别司法人员不能正确对待手中的权力，出现利用刑罚执行中出现一些漏洞和薄弱环节，以权谋私违法办理减刑、假释和保外就医，疏于职守使罪犯脱逃的现象。不仅严重损害了司法机关形象，也破坏了法院判决裁定的正确执行。检察机关加强徒刑执行监督对抵制和消除司法腐败的意义重大。同时，检察机关要配合监管部门，对影响监管安全稳定的苗子，一经发现及时遏制，把不安全因素消除在萌芽状态，促进监管安全稳定。如对少数罪犯利用担任"事务犯"的机会，敲诈新犯人财物的情况，要予以关注，杜绝利用犯人管理犯人的情形发生。

其次，建立健全监督网络。一是人大、政协和检察机关相互配合，强化执法监督。二是由监狱管理局、公安局监所工作管理处加强对各监狱、看守所进行检查督导。三是内部检查要动真格，严肃查处发现的违法违纪行为。通过检察长信箱、监狱长信箱等形式，接受、转递罪犯申诉控告和检举材料，还可设立律师信箱等。检察监督工作中要加强科技含量，利用电脑网络，将罪犯基本情况以及看守所、监狱内监控情况联网。

---

① 参见葛坚："论监管工作中的麻痹现象与治理对策"，载《中国监狱学刊》2002 年第 4 期。

再次，克服生产是衡量罪犯改造程度的唯一标准的片面思想，积极探索非监禁执行方式。目前，对罪犯的个别改造有一定成效，但是对于罪犯的系统改造尚未能有效进行。为此，要积极依靠管理、教育和劳动三大手段，推进罪犯认罪服法，重新做人。上海市监狱系统从 1998 年起实行了《劳动现场管理规范》等基层基础工作"十项规范"，并规定罪犯因季节性生产等特殊情况需要加班劳动的，加起来不能超过 10 小时，并且必须由监狱主要领导审批，还必须给予补偿和补休。[①] 检察机关应该加强对该规定落实情况的检察与监督。同时，针对当前案发特点和罪犯单一监禁方式给国家财力带来巨大负担的情况，可以借鉴国外经验，积极探索刑罚执行的社会化。但是此项工作涉及监狱体制和法律依据，还有社区管理的体制和法律依据，需要慎重进行。设想由监狱管理部门和公、检、法、司共同进行探讨，在 5 年以下轻刑犯中选择试点对象，通过放宽罪犯自由、拓宽罪犯与社会联系、允许罪犯参加监狱组织的社会承包或者其他社会劳动，促使其掌握生活技能与相关社会知识，尝试行刑社会化，提高行刑效率。[②]

最后，采取一些补救措施避免刑罚"过剩"和"欠缺"，保证执行效果。一方面，坚持对于刑期未满，就已经改造见效，消除人身危险性的罪犯，继续坚持假释、减刑制度；另一方面，为了保障刑罚特殊预防效果的实现，根据罪犯人身危险性和再犯可能性，对于刑期已满，但是恶习未改的罪犯，可以尝试采取加刑制度，加重其刑罚，促使其进一步改造（当然，这有待于从法理上进一步论证）。初步设想是由罪犯所在监狱向中级以上人民法院提出书面加刑建议书，由人民法院组成合议庭进行审理，结合犯罪情节和悔罪表现，对确属表现恶劣、改造不好的，裁定予以加刑。

（二）　对拘役执行的监督

1. 拘役刑执行监督的内容

根据我国《刑法》第 43 条、第 44 条的规定，拘役刑的执行机关是公安机关，执行场所主要是拘役所，在特殊情况下，也可在监狱、其他劳改机关或看守所执行。拘役执行方法主要是监管、劳动改造和教育。

2. 拘役刑执行监督中发现的主要问题及其完善

目前上海地区没有拘役所。被判处拘役的犯人在看守所服刑。但是看守所的主要任务并不是教育改造已决犯，因而容易对拘役犯放任自流。且看守所看管未

---

① 参见谷盛开："惩罚矫正 保障人权"，载《中国监狱学刊》2002 年第 2 期。
② 2000 年以来上海市女子监狱，积极探索对罪犯实施半监禁，对象范围为：主观恶习不深，认罪悔罪态度较好的经济罪犯；原判刑期 10 年左右，犯罪情节简单的罪犯；家庭确有困难的罪犯。

决犯的任务繁重，收审、待审人员多，导致拘役犯在看守所服刑的内容变成单纯的劳动，影响了拘役的改造质量。同时，拘役犯与未决犯混关一起，互相感染、互相传习的可能性较大。另外，拘役犯关押在看守所内，其应当享有的每个月回家一至两天和发给适量报酬的权利也难以得到保证。就目前情况，看守所应有义务及时将上述情况向检察机关报告，由检察机关对看守所的执行情况监督。视条件成熟，可专门成立以教育、改造拘役犯为主要任务的拘役所，尽量不要将罪犯放入看守所执行。

（三）对管制执行的监督

1. 对管制执行监督的主要内容

管制属于限制自由刑，其执行的内容与徒刑、拘役有较大差别。检察机关在对管制的执行进行监督时，要明确公安机关是管制刑的唯一执行机关，管制刑期自判决执行之日起计算，判决执行前先行羁押的，羁押 1 日折抵刑期 2 日。管制执行期间，犯罪分子必须遵守《刑法》第 39 条规定的义务。

2. 管制执行监督中发现的主要问题及其完善

由于《刑法》第 39 条仅规定了被判处管制的犯罪分子应当遵守的义务，没有规定罪犯在管制执行期间违反第 39 条的义务应当承担什么责任，因此，犯罪分子是否遵守管制期间法定义务，取决于罪犯的自觉性，难以达到教育、感化犯罪分子的效果，检察机关对管制的监督也显得无力。建议进一步完善《刑法》第 39 条的规定，对于违反管制期间义务的，可以将管制改为拘役或者有期徒刑，管制 2 日，折抵拘役或者有期徒刑 1 日（当然，这也有待于从法理上进一步论证）。1989 年 8 月 30 日最高人民法院、最高人民检察院、公安部、司法部《关于依法加强对管制、剥夺政治权利、缓刑、假释和暂予监外执行罪犯监督考察工作的通知》规定："被管制的罪犯，不允许离开所在地外出经商。"我们认为，该规定不利于保障他们的生活，会影响到他们的思想改造。根据当前社会实际，只要管制罪犯经过县级以上公安机关批准，就可以外出经商。应当加强对监外罪犯外出经商活动的管理，如由执行机关向罪犯外出到达地公安机关发出委托管理通知书，确保对罪犯的管理力度。

（四）对判处拘役、有期徒刑缓期执行的监督

1. 对拘役、有期徒刑缓期执行监督的主要内容

刑法设立缓刑的目的是通过对被缓刑人员的监督控制和附条件的不执行自由刑，来达到同执行剥夺自由刑的同等功效。对于缓刑犯，我国《刑法》第 72 条、第 73 条、第 74 条规定了缓刑的适用条件、考验期限，第 75 条规定了缓刑犯必

须遵守的有关规定，第76条、第77条规定了缓刑的执行机关、撤销条件。因此，检察机关在对缓刑犯实施监督时，要注意缓刑的考验期限是否符合规定，有关机关是否落实对缓刑犯的考察，保证缓刑犯遵守有关规定，以及缓刑的撤销是否符合法律规定。

2. 缓刑执行监督中发现的主要问题

（1）对缓刑犯的考察与监管，缺乏相应的规范标准。我国刑法对缓刑适用与撤销的规定只有6条，规定过于简单、原则，且对缓刑考察、监管的规定也不多，并散见于以前的司法解释、行政规章中。由于无可供执行的系统性规范文件，对考察组织的组成及其职责、考察的方式和措施等无章可循，只能根据各地实际情况自行制定一些原则性规定来约束。在调查中发现，有的地方将考察和监管责任主要落实到管段民警身上，有的落实给基层组织，有的规定责任人每月与监管对象进行一次当面考察和教育，有的则每季度一次或半年一次。对于缓刑犯是否能外出工作、外出汇报制度等问题也无明确规定。实践中，不少缓刑犯长达数年在外打工或者做生意无人过问。缓刑犯所在单位或者基层组织，由于缺乏明确的规范规定，也不知如何进行"配合"考察。主要原因在于《刑法》第75条规定的缓刑犯的四项义务，均不具有公开性与公示性，老百姓看不到，所在单位或者基层组织管不到，使得缓刑的考察义务无法做到社会化。同时，由于缺乏对缓刑执行监督方式、内容、程序的明确性规定，检察机关的监督也无法落到实处。

（2）法律规定不统一，导致缓刑执行主体不统一。《刑法》第76条规定，被宣告缓刑的犯罪分子，由公安机关考察，所在单位或者基层组织配合。《刑事诉讼法》第217条规定，对于被判处徒刑缓刑的罪犯，由公安机关交所在单位或者基层组织予以考察。法律规定的不一致，造成执行中出现相互推诿的现象。

（3）缓刑犯执行中明显违反法律规定的未及时收监。根据《刑法》第77条第2款的规定，缓刑犯罪在考验期内，违反法律、行政法规或国务院公安部门有关监督管理的规定，情节严重的，应当撤销缓刑，执行原判刑罚。但是在调查中发现，公安机关对缓刑犯重新违法有报劳动教养的情况。同时，在实践中还发现缓刑人员担任单位领导职务的违法情况，根据《公司法》第57条的规定，因犯有贪污、贿赂、侵占财产、挪用资产罪或者破坏经济秩序罪，被判处刑罚，执行期满未逾5年，不得担任公司董事、监事、经理。

3. 加强和完善检察机关对缓刑执行监督的几点建议

可参考国外保护观察制度，从实际出发，由公安部以《缓刑考察条例》的形式，对缓刑犯应遵守的事项作出细则性规定，完善缓刑考察规范，使监管工作有章可循。

首先，建立规范的缓刑考察机制和工作制度，保证缓刑的执行效果。一是明确缓刑考察中实行公安机关负责、人民法院配合、人民检察院配合并监督、社会力量特别是基层组织参与的一套健全有效的机制，明确各自责任，形成合力，共同承担社会责任。二是在缓刑考察的内容、方式、考察与监管的权限、审批程序、缓刑的撤销与考察的终结等问题上，制定切实可行的工作制度，使之规范化、制度化，真正将考察工作、措施落到实处，充分发挥缓刑考察的作用。建议缓刑犯所在单位或基层组织，应当就缓刑犯考察期间的义务执行情况与公安机关签订配合考察责任书。三是尝试对缓刑考察期间的犯罪分子，施加一定的单位公益性或者社区公益性义务。通过这种公开性、公示性履行考察义务，保证缓刑的有效执行。

其次，充分发挥检察机关的监督职能，保证缓刑适用社会效果和法律效果的有机统一。案件判决后，审判机关、公安机关应当将本辖区内缓刑犯情况通知检察机关，使检察机关的监督工作能够有效开展。同时，针对目前缓刑适用实际，检察机关要强化个案监督职能，纠正不正确的缓刑适用，保证刑罚一般预防与特殊预防有机统一的法律效果。

最后，建立和完善对缓刑犯奖惩制度。在现行刑法的规定中，只有对违反法律、行政法规或者国务院公安部门有关缓刑的监管管理规定，情节严重的，才予以撤销缓刑执行原判刑期的规定。因此，应建立多层次的对缓刑犯的奖惩措施。对缓刑考验期内表现不好的，予以延长缓刑考验期限，在延长的考验期内仍表现不好的应撤销缓刑予以收监执行；对缓刑考验期内改造较好或者有立功表现的，予以减刑并缩减缓刑考验期[①]，或者提前结束缓刑考验。做到奖惩分明，以充分发挥缓刑考验的约束、激励机制。

三、检察机关对财产刑的执行监督

我国财产刑包括罚金刑和没收财产刑。现行刑法条款中对罚金刑、没收财产刑的规定，分别占分则条文的 42% 和 17%。近年来，在司法实践中，审判机关适用财产刑案件的数量也大幅度上升。随着适用范围的扩大，财产刑在适用、执行、监督过程中也暴露出一些不容忽视的问题。

---

① 对缓刑罪犯的减刑问题，理论上有争议。因为根据刑法规定，减刑只对"被判处管制、拘役、有期徒刑、无期徒刑的犯罪分子在执行期间"适用，我们认为从充分发挥减刑制度在鼓励罪犯加速改造的积极性角度，对缓刑犯能够适用减刑。最高人民法院在 1997 年制定颁布的《关于办理减刑、假释案件具体应用法律若干问题的规定》中第 5 条明确："对判处拘役或者三年以下有期徒刑、宣告缓刑的犯罪分子，一般不适用减刑。如果在缓刑考验期有重大立功表现的，可以参照刑法第七十八条的规定，予以减刑，同时相应地缩减其缓刑考验期限。"

（一）对罚金刑执行的监督

1. 对罚金刑执行监督的主要内容

罚金刑执行受制于诸多因素，有时甚至需要被告人的配合，这一方面说明罚金刑的轻刑性质，另一方面揭示了罚金刑执行的困难。根据我国《刑法》第53条、《刑事诉讼法》第160条的规定，检察机关对罚金刑的执行监督包括：罚金数额是否恰当，是否存在以罚代刑，是否不应判处罚金而适用罚金；执行的程序是否合法，罚金是否及时上缴国库；减免罚金的依据是否充分、程序是否合法；对强制缴纳进行监督，对不应采用强制缴纳方式（如符合减免条件）或采用强制缴纳措施不合法（如扣押查封财产未按法律程序办理手续等）的行为可采用纠正违法通知书的形式纠正。

2. 罚金刑执行监督中发现的主要问题

第一，罚金刑执行体制亟须改革。现有法律仅规定罚金刑由人民法院执行，但没有明确由法院的哪个部门负责。司法实践中有的法院确定由执行庭执行，有的确定由刑庭执行。刑庭执行中，多是要求犯罪分子在判决前将应交付的罚金或财产交至法院；执行庭一般则是在判决生效后执行。1998年7月18日最高人民法院《关于人民法院执行工作若干问题的规定（试行）》实施后，由执行庭执行罚金刑就于法无据。根据该规定，人民法院执行机构的执行依据不包括人民法院关于财产刑的刑事判决、裁定。而刑庭执行罚金刑，通常是在受理案件后，审判人员通知被告人家属交罚金，然后根据所交罚金的数额，确定判决罚金的数额。但判决尚未生效，所以刑庭执行罚金刑也不合法。同时，也违背了审执分离的原则。

另外，对单位犯罪的罚金刑执行缺乏明确规定。对单位犯罪被判处的罚金刑是否应按照经济案件执行程序执行，对单位转移资产账户的，如何追究单位和个人的责任，以及单位原责任人员已经被刑事处分、新的法定代表人逃避、对抗缴纳罚金应当怎样处理等情况，在法律中没有明确规定，造成实践中对单位执行罚金刑的困难。

第二，存在以罚代刑以及任意减少或免除财产刑的情况。一般情况下，作为附加刑的财产刑并不影响主刑的独立适用，但是在实践中，有些案件中出现了以财产刑冲抵主刑、以罚代刑的现象。表现为：任意扩大减少或免除罚金刑的条件，突出的是将被告人悔罪表现和认罪态度作为减少或免除罚金刑的条件；减少或免除罚金不经调查、裁定等法定程序，执行机关擅自决定罚金刑的减免，或者没有及时追缴，最终导致罚金刑的执行不了了之。

第三，罚金判决执行时间的无限延长，罚金刑执行案件积案重重。现行刑法规定的罚金刑有两个特点：一是罚金数额高；二是大多数犯罪对罚金刑有强制性规定。尽管《刑法》第 53 条规定了"强制缴纳"的罚金刑执行方法，但在司法实践中，罚金刑执行难问题突出。主要原因在于：被判处罚金的罪犯经济条件差、有的经济条件好的家属鉴于被执行人关押在监狱或劳改场所，也不肯积极帮助罪犯缴纳罚金，有少数罪犯隐藏赃款、赃物，拒缴罚金。另外，由于罚金追缴后是上缴国库，和被害人、执行人的切身利益没有直接关系，因而执行过程中如果遇到障碍，执行人员容易轻率终结执行。

　　3. 加强和完善检察机关对罚金刑执行监督的几点建议

　　首先，检察机关要明确财产监督的重要性，提高对罚金刑执行监督的思想认识，增强监督的自觉性。罚金刑的执行监督有别于生命刑、自由刑的执行监督。生命刑、自由刑的判决一旦生效，被执行人即丧失人身自由，处于被控制状态，而被判处罚金刑的罪犯，有的没有丧失人身自由，因而对其进行监督的难度较大。在司法实践中，由于长期受我国传统的重自由刑、生命刑，轻财产刑的刑罚观念的影响，以及受刑法的立法限制，作为法律监督机关的检察机关并没有对生效判决确定的罚金刑的执行进行应有的监督，使之成为法律监督的盲区，在很大程度上影响了法律监督的完整性。

　　其次，完善罚金刑执行制度。一是为了避免犯罪嫌疑人转移隐匿财产，提前扣押冻结其财产。虽然《刑事诉讼法》第 77 条第 3 款规定，"人民法院在必要时，可以查封或扣押被告人的财产。"但是该规定仅局限于附带民事诉讼案件，并不能适用于可能判处罚金刑的案件。同样《刑事诉讼法》第 114 条、第 117 条有关物证、赃款赃物的扣押和冻结的规定，因罚金不属于上述情况，也无法对可能判处罚金刑的被告人适用。建议对《刑事诉讼法》第 77 条第 3 款做扩张解释，使其同样适用于所有的公诉案件。二是审执分离是司法工作的必然要求，因而建议罚金刑的执行由公安机关进行。因为公安机关作为我国的刑事侦查机关，《刑事诉讼法》规定在侦查阶段有权采取搜查、扣押、冻结等强制措施，这些措施的运用使其比较充分地掌握被告人的经济状况，为以后的罚金刑执行打下基础。三是实行罚收分离制度，确保廉洁执法。即执行人员不应接触罚金，罚金由有关银行代收。四是加强对减免缴纳的执行监督。司法实践中，不排除因一些人为因素产生的对不应该减免缴纳的被执行人给予减免缴纳的现象。根据《刑事诉讼法》第 220 条的规定，执行过程中减免缴纳罚金的裁定，法院应及时送交检察机关，检察机关发现不符合规定的应当及时提出书面纠正意见，对于因徇私舞弊而对不符合条件的人予以减免缴纳的，要建议有关部门及时查处。

　　再次，增设罚金刑的行刑时效，探索罚金刑易科制度。为了保证罚金刑的执行需要采取分期缴纳、延期缴纳等方式，但是刑罚的及时性原则又不允许刑罚在长时期内得不到执行，以致削弱刑罚的效果和影响刑罚的严肃性，严重削弱了罚金刑的惩罚与教育犯罪的刑罚功效。因此，需要增设罚金刑的行刑时效。可采取两种方式：①在判决中规定"于判决生效后十日至一个月内缴纳"；②明确被告人于刑满释放后 1～3 年内缴纳。同时积极探索罚金刑易科制度。我国《刑法》第 275 条规定，故意毁坏公私财物，数额较大或者情节严重的，处 3 年以下有期徒刑、拘役或者罚金。《刑法》第 312 条规定，明知是犯罪所得的赃物而予以窝藏、转移、收购或者代为销售的，处 3 年以下有期徒刑、拘役或者管制，并处或者单处罚金。上述规定表明，对于犯罪分子，既可以判处自由刑，又可以单处罚金。罚金刑与自由刑之间存在可以互相易科的关系。因此，应当充分认识罚金刑易科在我国刑法中的重要作用，增设罚金刑易科制度，建议对于恶意逃避罚金，拒绝缴纳的，可按罚金数额折抵拘役或有期徒刑，具体折算比例可按刑事赔偿每日金额计算。采取何时缴纳、何时释放、按日折抵的原则。

最后，检察机关要充分发挥审判监督的职能作用，不但审查自由刑的适用是否合法，还要审查财产刑适用的合法性。对罚金刑适用不当的，及时提出纠正意见或抗诉予以纠正，将对财产刑的监督提前，真正惩戒犯罪。针对实践中执行信息不畅通，检察机关难以介入审判机关的财产刑执行活动，建议建立执行台账，对每一个被执行人的执行情况根据判决书、裁定书确定的罚金缴纳方式、缴纳时间、缴纳数额进行跟踪监督。必要时可要求人民法院提供执行情况，如执行文件的副本、缴纳罚金的收据附件等。

（二）对没收财产刑执行的监督

1. 没收财产刑监督的主要内容

没收财产刑在一定程度上影响了犯罪分子的家庭生活和未来生活，适用不当，同样会侵犯当事人及利害关系人的合法权益，产生刑罚的负面效应。检察机关对没收财产刑监督的内容包括：是否存在不应判处没收财产而判处的；所没收的财产是否属犯罪分子个人所有的财产；没收全部财产的，是否为犯罪分子保留了必要的生活费用；是否没收了犯罪分子家属所有或应有的财产；没收财产的执行是否合法；没收财产以前犯罪分子所负的债务是否正当，是否偿还；没收的财产是否及时上缴国库。

2. 没收财产刑执行监督中发现的主要问题

（1）刑法规定，没收财产是没收犯罪分子个人所有财产的一部分或全部；没收全部财产的，应当对犯罪分子个人及其抚养的家属保留必需的生活费用；在判处没收财产的时候，不得没收属于犯罪分子家属所有或者应有的财产。但这在实践中很难把握，特别是对没有固定收入的犯罪分子而言，其个人财产很难划分，因而在适用没收财产的时候，有时会没收整个家庭所有的财产，甚至会超出整个家庭所有的财产，无疑侵犯了犯罪分子家庭成员的合法权益。

（2）没收财产刑执行困难来自两方面：一是调查难，不论是没收部分财产还是全部财产，都要通过调查取证，确定被告人财产；二是分割难，在我国，多数家庭财产是共居共有，分割被告人财产较为困难。在执行中，如何区分家庭财产、夫妻共同财产、犯罪分子个人财产，是否要先经过一定的程序进行分割后才能执行，怎样既处罚犯罪又不连累无辜，值得进一步思考。

（3）没收财产的范围。民法中个人财产权涵盖甚广，既包括所有权，又包括债权与知识产权等。这些财产权益能否成为没收财产的对象成为司法部门必须回答的问题。例如对犯罪分子的到期债权是否认定为其财产，如果不以现有财产计算，就给了犯罪分子可乘之机，犯罪分子可以通过将财产出借等方式逃避没收，显然不合情理。但要予以没收，则要为此寻找法律依据，又需要第三人的协助，甚至还有针对第三人财产强制执行的可能。此外，没收财产的数量由于法条的规定弹性较大，导致法官的自由裁量权急剧膨胀，检察机关也无从进行监督。

3. 加强和完善检察机关对没收财产刑执行监督的几点建议

（1）明确规定没收财产的范围。应当在刑法总则中明确规定犯罪分子的个人财产包括：犯罪分子的工资、奖金、储蓄、从事经营活动的收益，知识产权收益、房屋其他生活资料以及依法归个人所有的生产资料，但犯罪分子必需的生活资料以及为维持自己及其所抚养家属的必要的生活费用不在没收之列；依法归个人所有的股份、股票、债权和其他财产；债权，但该债权的标的必须是法律规定的可以没收的公民个人财产。

（2）建立没收替代制度和没收补偿制度。对于犯罪分子为了规避没收，将本应属于没收之列的物品无偿赠与他人或者通过买卖形式将财物转让给第三人的，可以借鉴民法的有关规定，建立没收替代制度和没收补偿制度。即对第三人善意取得的应予没收的财物，不再没收原物而转为没收犯罪分子的转让所得；对于第三人恶意取得的财物，应没收原物，如果支付了对价，可以视情况给予一定补偿，如果无偿获得，对于无偿取得者可以予以没收，并不给予补偿。

（3）对没收财产刑的执行机构、执行程序作出详细规定。《刑事诉讼法》规定，没收财产刑由人民法院执行，但考虑到由法院调查罪犯的财产并予以执行，将面临人手不够、时间紧迫的问题，因此，对可能判处没收财产的案件，一是应当规定由公安机关、检察机关在侦查过程中，附带调查被告人的财产状况，从而做到诉讼经济，并保证对被告人财产认定的公正性。二是执行期限，应当在判决生效后立即执行。三是执行的程序。应当规定，人民法院在执行过程中需要采取刑事强制措施的，应以刑事裁定书的形式进行。

（4）对没收财产刑中可能发生的侵犯他人合法财产权益的情况规定一定的预防和补救措施。如对没收财物所有权实行公开宣告制度，规定一定的期限，允许财物所有人提出异议，以便执行机关最后确认。可以借鉴民法的执行回转制度，将已经没收的财物返还给财物所有人，原物不能返还的，给予适当补偿。

四、检察机关对资格刑的执行监督

（一）对剥夺政治权利的执行监督

1. 对剥夺政治权利监督的主要内容

剥夺政治权利的内容、执行及其期限。《刑法》第 54 条详细规定了剥夺政治权利的具体内容。《刑法》第 55 条、第 57 条、第 58 条规定了剥夺政治权利的执行机关是公安机关，根据所判主刑的不同，剥夺政治权利的执行期限、起迄时间不同。

2. 剥夺政治权利执行监督中发现的主要问题

（1）少数执行机关未将剥夺政治权利罪犯列入管理考察范围。根据最高人民法院、最高人民检察院、公安部、司法部（89）高检会（监）字第 7 号文件规定的"关于依法加强对管制、剥夺政治权利、缓刑、假释和暂予监外执行罪犯监管考察工作"的通知规定，剥夺政治权利罪犯应由执行机关列入管理监督之中。而在检察中发现，少数执行机关将剥权罪犯的管理列入"两劳释放人员"中，由于缺乏监管，该罪犯在剥权期间重新犯罪。

（2）刑法对剥夺政治权利刑罚的减刑、延长、强制执行缺乏规范。现行刑法在对监外罪犯的执行监督过程中，对管制、缓刑、假释、保外就医的监外罪犯的减刑、撤销、收监执行，均有严格的规定，而对被判处剥夺政治权利的罪犯，却未规定减刑、延长或强制执行的条件。如对违反国家法律或行政法规尚不能以刑罚处罚的，以及对于严重脱管的剥权罪犯，应如何处罚没有规定。

（3）对于行使被剥夺的政治权利的行为如何进行处罚没有明确规定。如实践中发现有少数罪犯在国有公司担任领导职务，检察机关除发出检察建议或者纠正违法通知，要求撤销其职务外，没有其他处罚办法。调查中还发现被判处剥夺政治权利的监外罪犯，在被执行期限内，担任民营企业、外商独资企业、私营企业公司监事、董事、厂长、经理等领导职务，其间会行使部分政治权利，如何认定其行为是否违反刑法的规定，以及如何处罚，需要法律的规定。

3. 加强和完善检察机关对剥夺政治权利执行监督的几点建议

（1）完善法律、法规的规定，体现对剥夺政治权利罪犯监管的法律化、规范化。具体包括：对于长期严重脱管、违法违纪尚不能以刑法处罚的被剥夺政治权利的监外罪犯，除对其违反法规的行为处罚外，应建立相应的处罚措施。根据其违法情节、危害程度，通过司法程序规定对其可以作出延长剥夺政治权利的期限决定。对于罪犯故意行使被剥夺政治权利的行为，应明确是一种故意犯罪，罪犯在明知程度下，行使部分被剥夺的权利，是触犯刑法的行为，应当按照《刑法》第313条的规定，以拒不执行判决、裁定罪论处。

（2）对被剥夺政治权利刑罚的内容作出补充。随着经济体制的多元化，也引起政治生活的多元化，刑法对剥权罪犯规定"不得担任国有公司、企业、事业单位和人民团体领导职务的权利"，已不适应国情。如果被剥权的监外罪犯在执行期间担任民营企业、外商独资企业、私营企业公司的领导职务，也会行使部分政治权利，因而应当对他们权利行使中涉及政治权利或者他人政治权利部分作出更明确的限制。

（二）对驱逐出境的执行监督

根据我国《刑法》第35条的规定，对于犯罪的外国人，可以独立适用或者附加适用驱逐出境。驱逐出境实际上是对外国人在中国的居留权的一种剥夺。检察机关对驱逐出境的执行监督包括以下几个方面：

1. 驱逐出境的执行时间。独立适用驱逐出境的，判决生效后立即执行。附加适用驱逐出境的，自主刑执行完毕之日起执行。

2. 驱逐出境的执行机关。驱逐出境的执行机关是公安机关。在执行驱逐出境时，应当由公安机关将犯罪的外国人或者无国籍人以强制方法驱逐出中国国境，即以押解方法将其带出我国国境。

3. 驱逐出境执行完毕以后，执行机关应当将执行情况，包括执行对象、执行日期、执行过程、执行方式等制作成笔录，存卷备查。

1992年7月31日最高人民法院、最高人民检察院、公安部、外交部、司法部、财政部出台的《关于强制外国人出境的执行办法的规定》中明确驱逐出境的执行机关和程序：执行和监视强制外国人出境的工作，由公安机关依据有关法律文书或者公文进行。（1）对判处独立适用驱逐出境刑罚的外国人，人民法院应当自该判决生效之日起15日内，将对该犯的刑事判决书、执行通知书的副本交付所在地省级公安机关，由省级公安机关指定的公安机关执行。（2）被判处徒刑的外国人，其主刑执行期满后应执行驱逐出境附加刑的，应在主刑刑期届满的1个月前，由原羁押监狱的主管部门将该犯的原判决书、执行通知书副本或者复印本送交所在地省级公安机关，由省级公安机关指定的公安机关执行。

执行方式及有关事项：（1）被人民法院判决独立适用驱逐出境和被公安部处以驱逐出境的外国人，由公安机关看守所武警和外事民警共同押送；对主刑执行期满后再驱逐出境的外国人由原羁押监狱的管教干警、看守武警和公安机关外事民警共同押送。对上述两类人员押送途中确有必要时，可以使用手铐。对其他被责令出境的外国人，需要押送的，由执行机关派外事民警押送；不需要押送的，可以在离境时派出外事民警，临场监督。（2）执行人员的数量视具体情况而定，原则上应不少于2人。（3）押送人员应提高警惕，保障安全，防止发生逃逸、行凶、自杀、自伤等事故。（4）边防检查站凭对外国人强制出境的执行通知书、决定书或者裁决书以及被强制出境人的护照、证件安排放行。（5）执行人员要监督被强制出境的外国人登上交通工具并离境后方可离开。从边境通道出境的，要监督其离开我国国境后方可离开。（6）对被驱逐出境的外国人入出境交通工具等具体情况，应拍照，有条件的也可录像存查。

第六节　检察机关对制度性刑罚执行监督

一、检察机关对刑罚交付、释放环节的法律监督

（一）对刑罚交付执行的法律监督

交付执行是刑事诉讼对犯罪审判的终结和对罪犯执行刑罚开始之间的衔接。《刑事诉讼法》第208条规定："判决和裁定在发生法律效力后执行。"但是由于没有明确规定刑事判决、裁定发生法律效力后交付执行的具体期限、方式，由此带来了操作上的混乱。

1. 监外执行罪犯交付执行监督中发现的主要问题

根据有关规定，审判机关、监狱机关应及时将有关罪犯监外执行的法律文书送达执行地的公安机关和检察机关。但是在实践中并没有得到贯彻执行，造成执行交接环节上的脱节，从而使检察机关无从发挥该环节的监督作用。

（1）从监外罪犯名单的原始来源看，因公安机关、检察机关在职能管辖方面的不同，造成各自掌握的对象名单、人数上有一定差异。实践中，审判机关、监管场所在对罪犯交付监外执行时，操作程序不同，有的通知、转交公安机关、检察机关；有的既不通知、转交公安机关，也不通知检察机关；有的只通知、转交公安机关，不向检察机关通报情况。因而检察机关对监外罪犯底数不清，情况不明，最终导致执法力度和监督效果欠佳。加之监外罪犯有的是本市的，有的是外埠的，因而对他们的监督管理难以进行。

（2）由于法院判决后未及时交付执行，或者监狱机关未按照规定及时将有关罪犯保外就医、监外执行、假释以及刑满释放执行附加剥夺政治权利的文书送

达执行地公安机关，造成执行交付环节上的脱节。尤其是辖区外判决的监外执行罪犯的法律文书送达不及时，有的甚至让监外罪犯将材料带回原籍，最后交付执行无具体法律规定，容易导致审判机关、执行机关滥用"自由裁量权"，损害了法律的严肃性，也容易滋生腐败。

2. 收监罪犯交付执行监督中发现的主要问题

根据《监狱法》第 15 条的规定，人民法院对被判处死刑缓期 2 年执行、无期徒刑、有期徒刑的罪犯，应当将执行通知书、判决书送达羁押该罪犯的公安机关，公安机关应当自收到执行通知书、判决书之日起 1 个月内将该罪犯送交监狱执行刑罚。

由于法律对人民法院将判决书交付公安机关执行的时间未做规定，导致收监工作不及时，并引发了一系列不良后果。表现为：首先，造成留所服刑犯数量过多，不利于看守所的管理和稳定。因为实践中被判处 3 年以下有期徒刑的短刑犯占较高比率，在折抵判决前先行羁押时间后，如果法院拖延交付执行，往往造成看守所收到执行通知书时，罪犯的剩余刑期已不到 1 年。"有的地方也存在把 1 年以上的罪犯没有交付监狱执行的情况，特别是个别文化、技术条件或者身体健康条件较好的'特殊'罪犯……它以罪犯至关重要的合法权益为代价，去追求和换取的却是与罪犯切身利益几无相干的单位或部门'利益'和'实惠'"。① 其次，损害了在押人员的合法权益。主要表现为已决犯和未决犯所享受的权利和应尽义务的不同，法院未及时送达执行通知书，使犯罪分子无法享受已决犯权利；侵害其通信自由等合法权益；还有的在押犯刑满时，法院还未送达执行通知书，致使看守所无法执行（释放），严重侵犯了罪犯合法权益。最后，检察机关作为刑罚执行的法律监督机关，对于刑事判决、裁定生效后人民法院迟延送达执行通知时，一般以口头或书面形式催办，在催办未果的情况下，向法院发出《纠正违法通知书》。但是由于刑事诉讼法对于人民法院交付执行的规则没有细化，使检察机关的监督陷入困境。

对于将罪犯转押异地执行中存在的问题，检察机关缺少监督途径。发现罪犯转押至异地执行后，存在违法保外就医等情况。

3. 加强检察机关对刑罚交付执行的监督

（1）对于刑事裁判的交付执行的规定应当细化，立足于公、检、法、司在罪犯交付执行中的分工和协调，通过制定可操作性规范，弥补现行法律缺陷，以保障监外执行的顺利进行，维护在押人员的合法权益，增强法官的责任意识，保

---

① 参见张秀夫主编：《中国监狱法实施问题研究》，法律出版社 2000 年版，第 131 页。

证刑事执行程序的畅通。

（2）建立由政法委牵头，公安机关户政部门、辖区警署、检察机关监所部门、法院刑庭、司法局有关人员参加的联席会议制度，定期通报各条线工作情况。法院应将罪犯缓刑、假释、管制的考验和执行时间在"第一时间"通知公安机关和检察机关，公、检、法、司定期核对判决、交付执行人员名单，及时发现问题，纠正错误。看守所要建立健全留所条件审核制度，对留所服刑的罪犯要逐月进行动态考核，严格控制留所服刑罪犯的数量和余刑，对选择留所服刑的罪犯应征求检察机关的意见。

（3）对于罪犯异地关押、执行问题要做明确规定。为了保证罪犯的改造效果，杜绝、减少干警执法偏差，对于罪犯的异地关押、执行要有统一规定。明确除了罪犯的统一调动外，一般情况下，不允许监区间个别罪犯的互调，确有特殊情况的，要报检察机关和原判决人民法院备案。

（二）对释放环节的法律监督

释放是监狱对具备法律规定的条件的罪犯，依法解除监禁，恢复人身自由，使之回归社会的刑罚执行制度。根据《刑法》和《刑事诉讼法》的有关规定，释放的情况共有三种：一是刑满释放，即罪犯因人民法院对其已判处的刑罚全部执行完毕而获得释放。二是改判释放，即根据人民法院的重新裁判释放。三是特赦释放，即根据中华人民共和国国家主席的特赦令释放。对于具备上述规定的情形，监狱必须按期释放并发给释放证明书。罪犯释放后，由公安机关凭释放证明书办理户籍登记。

二、检察机关对罪犯控告、申诉、检举处理的法律监督

我国罪犯权利的法律保障体系，是以《宪法》为基础，以《监狱法》为核心，由《刑法》、《国家赔偿法》、《人民检察院组织法》、《人民法院组织法》、《行政诉讼法》等法律的相关内容所构成的法律规范的总和。根据罪犯的特殊地位和实际情况，在享有和行使所规定的权利时，其控告、申诉、检举权的行使和保障有重要的现实意义。实践中，有些干警对罪犯享有的权利缺乏理性认识，对有关的规定不够重视。例如扣押罪犯的申诉材料、打骂或体罚罪犯等违法违纪行为。[1]

检察机关对罪犯申诉、控告、检举处理情况的监督包括：监狱对罪犯的申诉

---

[1]　参见张秀夫主编：《中国监狱法实施问题研究》，法律出版社 2000 年版，第 78 页。

权是否依法予以保护，有无妨碍罪犯行使申诉权的情况；监狱对罪犯的控告、检举材料是否及时给予处理或者转送有关机关处理，有无扣押罪犯控告、检举材料的情况；监狱认为判决可能有错误的，是否依照法律监督规定提请检察机关或者审判机关处理。

为了维护罪犯的合法权利，应该牢固树立罪犯权利保障意识。目前上海在全市监所普遍实行在押人员告知制度，在监狱、看守所内尝试设置"检察信箱"，接受罪犯申诉、举报，便于及时了解监内情况和罪犯思想动态，减少恶性事件和干警违法违纪现象的发生。

根据法律规定和监狱工作的实践情况，我们认为应当进行大胆尝试。如通过一定的程序和条件，与有关部门协商，选择、确立专门的律师事务所和律师，会见要求直接会见律师的罪犯，向他们提供必要的法律服务，特别是申诉、控告和民事代理方面的权益。也可以尝试设立"法律援助中心"，为经济困难、体能、智能有欠缺的特殊人群提供法律服务。律师介入相对封闭的监狱工作，不仅有利于监狱对罪犯的矫正工作，维护其合法权益，稳定监狱的改造秩序，调动罪犯的改造积极性；同时有助于制约和揭露监狱干警的违法犯罪行为，规范监狱的行刑工作。

三、检察机关对刑罚变更执行的监督

刑罚变更执行是刑罚执行的一部分，它是指对于发生法律效力的刑事判决、裁定所确定的刑罚，在交付执行和实际执行的过程中，基于已经发生的法定情形，由有关国家司法机关依照法律的有关规定，通过法定程序，在确认原判决正确、有效的前提下，对原判刑罚的执行方式或内容加以更改、修正或者调整的一项刑罚执行制度。包括死刑执行的变更、死缓执行的变更、暂予监外执行、减刑制度、假释制度、缓刑的执行变更、赦免制度七项刑罚执行变更措施。实践中，由于许多主客观的复杂原因，在对罪犯暂予监外执行、减刑、假释的监督中发现较多问题，下面重点围绕检察机关如何加强对这部分罪犯的执行监督进行论述。同时，为保证本专题体系的完整性，对其他方面刑罚变更执行监督仅作概述。

（一）对死刑变更执行的法律监督

检察机关对死刑变更执行进行法律监督的主要内容：一是死刑变更执行的条件是否符合《刑事诉讼法》第211条规定的三种情形。二是死刑变更执行的方式是否符合《刑事诉讼法》第211条、第212条有关停止执行和暂停执行的规定。三是死刑变更执行的程序是否符合法律规定。尤其是对经过审查核实后，是否按照法律规定的程序重新将罪犯交付执行死刑或按照刑事审判监督程序进行改判。

（二）对死刑缓期二年执行变更的法律监督

检察机关对死刑缓期执行变更进行法律监督的主要内容：一是死缓执行变更依据是否符合《刑法》第 50 条的规定。二是死缓执行变更的期限是否符合法律规定。三是死缓执行变更的程序是否符合法律规定。

死缓执行变更的后果，无非是决定执行死刑和决定减刑两种。对决定执行死刑的，按照死刑执行规定进行。对决定减刑的情形，有学者认为，死缓的减刑不同于我国《刑法》第 78 条所规定的一般减刑制度。一般减刑和死缓减刑在刑法中分别规定，两者属于不同的刑罚制度。因此，不可把这两者相混淆。[①] 我们认为，这种观点值得商榷。因为，这直接关系到检察机关如何进行具体的监督。应分两种情况：对属于一般性的减刑不当情况，如减刑幅度过大、未满二年即进行减刑等，实质上与《刑法》第 78 条规定的一般减刑制度并无差别，人民检察院如果认为法院减刑裁定不当，应当根据《刑事诉讼法》第 222 条的规定，向人民法院提出书面纠正意见。对罪犯故意犯罪，如果人民法院没有认定罪犯新犯罪行，反而予以减刑的，人民检察院应当按照第二审程序提出抗诉；如果认定罪犯新的故意犯罪，有权法院没有核准或裁定执行死刑，人民检察院应按照审判监督程序提出抗诉。

（三）对暂予监外执行的监督

对暂予监外执行的监督，是《刑事诉讼法》第 215 条赋予人民检察院的一项职权，是指人民检察院对有权机关批准暂予监外执行的决定是否正确所进行的法律监督。决定暂予监外执行有以下三个环节：一是人民法院在判决时发现未被羁押的罪犯符合法律规定的暂予监外执行条件，在判处刑罚的同时，决定暂予监外执行。二是公安机关将罪犯送交监狱时，监狱在将罪犯收押前，对罪犯检查身体时发现符合暂予监外执行条件可以暂不收监，由交付执行的人民法院决定暂予监外执行。三是在刑罚执行期间，发现罪犯符合暂予监外执行条件的，由执行机关提出书面材料和意见，报请省、自治区、直辖市监狱管理机关或者看守所、拘役所的主管公安机关批准暂予监外执行。本部分主要侧重于在刑罚执行监督过程中存在较多问题的保外就医进行详细阐述。

1. 对罪犯暂予监外执行监督的主要内容

具体包括：一是暂予监外执行的条件是否具备、是否符合《刑事诉讼法》

---

① 参见陈兴良：《刑法适用总论》（下卷），法律出版社 1999 年版，第 602～603 页。

第 214 条、第 215 条的规定；二是罪犯暂予监外执行是否符合法定的程序，有无完备的手续；三是监督管理单位落实情况，是否成立了监督考察小组，是否建立了管理档案，管理措施是否落实；四是罪犯在暂予监外执行期间的合法利益是否得到维护；五是暂予监外执行条件消失后，是否及时收监或办理解除手续；六是对罪犯暂予监外执行期间的违法犯罪行为依法进行处理等。

2. 对罪犯暂予监外执行监督中发现的主要问题及原因分析

（1）公、检、法（含其他批准暂予监外执行机关）等执法机关职责把握不够准确、缺乏监管合力。

其一，对暂予监外执行罪犯的监督考察工作是公安机关的主要职责，检察机关对公安机关执行活动是否合法实行监督，因此对暂予监外执行罪犯的直接监督考察不是检察院的主要职责。司法实践中，部分基层检察院往往越俎代庖，甚至把监督考察人数作为完成工作的量化指标。其二，检察机关是法律监督机关，但根据《刑事诉讼法》第 215 条的规定，检察机关往往是仅对批准暂予监外执行机关作出的暂予监外执行决定书是否适当进行监督，而对罪犯在执行中的情况缺乏监督。因为法律明文规定公安机关负责对暂予监外执行的罪犯进行严格管理监督，对公安机关监督管理不力，检察机关如何行使监督权，法律没有明文规定；同时暂予监外执行情形消失或罪犯中途死亡、逃跑，公安机关不及时告知检察机关，检察机关很难予以监督。其三，作为批准暂予监外执行的决定机关，法律并没有赋予其对暂予监外执行的罪犯可以监督、管理的权力。因此，即使对公安机关的"管理监督"发现了问题，也无法依职权予以监督。作为执行机关的公安机关，在执行中往往认为暂予监外执行是有权机关作出的，及时收监也是他们的事，公安机关又何必认真。这样势必导致暂予监外执行的罪犯成了"漏网"之鱼。很多罪犯身体已康复，刑期又未满，却长期"流浪"在外，不能及时收监，严重损害了刑罚的严肃性和执法机关的形象。

（2）现行法律关于暂予监外执行罪犯由居住地公安机关"严格管理监督"流于形式，很难实现。

刑事诉讼法明确规定公安机关是对暂予监外执行罪犯的、实行监督管理的主要职能部门。由于当前公安机关治安任务繁重，不少警署的工作重心在抓"严打"、查破案件等方面，对罪犯暂予监外执行则无暇顾及，刑罚效果无从体现。按照公安机关规定一个民警管理 800 户人口，而现在有的派出机构一个民警管理的数量已达近 2000 户人口。监督管理工作不能真正形成对监外罪犯的制约和压力，造成对监外罪犯的监管不力。有关部门在决定罪犯监外执行时，未根据对象的具体情况确定监督考察机关或与执行机关经常保持联系。对罪犯的考察流于形式，缺乏他们的动态信息。认为罪犯一旦交付监外执行就"完成任务"，回访、了解、乃至办理保外就医续保手续等工作均省略了。加之与罪犯所在地的执行机关疏于联系，使有的本该收监执行的罪犯，仍逍遥在社会上。部分执行机关对辖区内的监外罪犯，有的未按规定成立监督考察小组，有的没有制定具体监管措施，没有定期考察材料，有的甚至没有建立罪犯名册和罪犯档案。社区民警平日工作繁杂，有时在无奈之下，只能事后补材料，执行监管责任难以落实。个别执行机关对暂予监外执行的罪犯死亡或迁移的情况都未能及时与有关部门联系，造成监狱机关、检察机关对暂予监外执行罪犯在辖区的情况及去向不能及时掌握。

（3）保外罪犯的保证人、协助监督单位监管职责不明确，监管措施不落实。

《罪犯保外就医执行办法》规定："取保人应当具备管束和教育保外就医罪犯的能力，并有一定的经济条件。"这仅仅是取保人应具备的资格条件，至于具备这种资格的取保人平时应如何管束和教育保外就医罪犯，则缺乏具体而明确的规定。因监管职责不明确，自然也谈不上监管措施的落实。取保人只要将被保人领回，就算完成了取保任务。至于被保人平时干些什么，则很少过问。基层组织或者罪犯原所在单位的职责是协助公安机关对暂予监外执行犯进行监督。但究竟如何协助，具体职责是什么，缺乏明确规定。有的保外就医犯到外地很长时间，基层组织明明知道，却不管不问，致使暂予监外执行犯名为罪犯，实如刑满释放。有的外出经商，长期不归；有的病情明显好转甚至痊愈，也不收监；有的赌博、嫖娼、吸毒，甚至重新犯罪。

（4）罪犯暂予监外执行程序还不够细化。

虽然刑事诉讼法对暂予监外执行的对象、条件、程序等问题进行了规定，但仍有许多问题值得研究。如监狱管理局关于批准暂予监外执行的决定究竟何时生效、执行？是从批准之日起立即生效、执行，还是等过了人民检察院提出书面意见的法定期限以后再生效、执行？审批机关作出罪犯暂予监外执行决定后，在人民检察院审查决定期间，能否办理罪犯出监手续？保外就医的罪犯，在保外期满前擅自外出不归，在发现其下落时，已临近甚至已超过释放日期，对于这种情况应如何处理，目前尚无明确规定。对超过法定期限，检察机关发现暂予监外执行决定不当的，是否可向原决定机关提出纠正意见，法律没有明确规定。

3. 加强和完善检察机关对罪犯暂予监外执行监督的几点建议

（1）明确职能部门职责分工，切实发挥整体效能。暂予监外执行工作，涉及人民法院、监狱管理部门和公安机关，各单位的配合、制约非常重要，各自的职责、任务应当明确，各个环节的衔接应当顺畅、简便，同时应当强化检察机关对暂予监外执行的监督。应规定每三个月或半年内公安机关应派员带暂予监外执行的罪犯到省级人民政府指定的医疗机关定期检查，并将检查情况及时抄送检察院和法院，以便相互制约。

（2）借鉴刑事诉讼法有关取保候审的规定，增设对暂予监外执行罪犯的担保制度。即人民法院、监狱管理局对决定暂予监外执行的罪犯责令其缴纳保证金或提供保证人并出具保证书，保证金在执行时移交所在地公安机关，在暂予监外执行情形消失前，保证人负责定期陪同罪犯到当地警署汇报思想、工作情况，若罪犯中途逃跑、死亡要及时报告公安机关，违反规定追究保证人相关责任。若是财产保的，罪犯要定期及时到公安机关汇报工作思想，若逃跑则没收保证金，及时抓捕收押。这样公安机关在具体执行过程中就能有效控制暂予监外执行的罪犯。保证金数额要按照罪犯的经济状况和余刑的长短具体来定，在执行中以保证金担保为主，担保人为辅。

参考刑事诉讼法对取保候审的保证人的条件，罪犯暂予监外执行的具保人应当具备四个条件：第一，应当是罪犯的亲属或是监护人；第二，担保人必须同意接收罪犯；第三，担保人必须是享有政治权利，人身自由未受到限制的公民；第四，有稳定的收入和固定的住所，能与罪犯经常见面。同时，具保人应当履行以下义务：第一，管束和教育暂予监外执行的罪犯；第二，发现罪犯有违法行为，应当及时向监管、考察的公安机关报告；第三，暂予监外执行的罪犯，出现死亡、住址搬迁、下落不明等情况，应主动及时向监管机关和监狱报告；第四，罪犯下落不明或者因重新犯罪畏罪潜逃的，应当积极配合公安机关查找或抓捕；第五，罪犯被保外就医的，担保人应当督促罪犯到指定医院就医；第六，保证金由保证人交纳，以担保其履行义务，否则予以没收。

（3）强化监管措施，完善管理制度。

第一，暂予监外执行是一种刑罚社会化的制度，因此，除加强公安机关对暂予监外执行罪犯的监管外，还可以考虑建立对暂予监外执行罪犯（也可以包括假释、缓刑、管制等非监禁刑的罪犯）的社会监管体系。建议在执行机关内设立专门的监管机构，由专业人员对这些罪犯进行监管。一方面，督促保外就医的罪犯进行治疗、调养；另一方面，对他们进行教育、改造，使狱内、狱外教育不致脱节，促使他们继续转化，成为守法公民。同时，也可随时与原决定暂予监外执行的人民法院、监狱管理部门或者公安机关进行联系，有利于对罪犯的监管改造，也有利于保证社会安全。

第二，重视发挥暂予监外执行罪犯所在单位、社区等基层组织的监管作用，以法规的形式明确监管小组的地位和权限，并将暂予监外执行罪犯是否服从监管帮教列入考察记分范围。在每个监管对象周围物色3—5名政治可靠、作风正派的居民组成监管考察小组，发放《聘请书》，社区民警任组长，向监管对象公开宣布小组成员名单，使其自觉接受监管。同时有关部门要想方设法为监外罪犯，寻找或提供就业培训的机会，解决他们的就业问题，以利于罪犯在劳动中改造自己。

第三，监狱管理局作出批准暂予监外执行的决定后，立即生效，但不立即执行（病情严重需立即保外就医的罪犯除外）。在法定期限内人民检察院没有提出"认为暂予监外执行不当"书面意见的，法定期限过后立即执行。如果提出上述书面意见，监狱管理局"应当立即对该决定进行重新核查"。经核查如果认为原决定确有错误，应立即收回原已作出的关于批准暂予监外执行的规定；如果认为原决定正确，应将"重新核查"结果书面通知人民检察院，并立即执行。

第四，对保外就医期满前，病情尚未好转需要继续保外就医的，经被保人和取保人共同书面申请，由罪犯居住地的省级人民政府指定的医院对病情进行鉴定，或者由原出具病情鉴定证明的医院重新对病情作出鉴定，出具证明，报经监狱管理局审查批准。同时应将延长保外就医的决定，及时通知公安机关和人民检察院。

（4）加强检察机关对适用暂予监外执行全过程实时监督。

第一，严格执行1990年最高人民检察院与司法部、公安部联合会签的《罪犯保外就医执行办法》。该办法中明确了检察机关介入评审议定环节和提请报批环节的监督途径，加上早就认可的检察机关对于审查批准环节的监督途径，已在事实上初步形成了对适用保外就医实行全过程监督的格局。因此按照事前严格审查、事中积极参与、事后跟踪监督的工作思路，通过巡视监区、列席监管工作会议、审查医疗诊断证明等形式，实现对罪犯暂予监外执行的全过程监督。

第二，建议设定暂予监外执行具体审批程序。人民检察院要确认暂予监外执行是否得当，仅有书面材料往往不足以全面审查。立法虽未规定对暂予监外执行的决定如何审查，但这种将审查限于书面并不利于发挥人民检察院法律监督职能。可参照审查批捕案件的办理程序规定：由执行机关提出书面意见，报检察机关审查（审查方式为阅卷、到监管场所调查、提审等，还可根据需要向罪犯所在单位和有关人员进行调查，向有关机关、单位调阅资料等；审查内容主要是被暂予监外执行罪犯是否符合法定的条件及执行机关办理暂予监外执行案件的活动是否合法等）；检察机关应在收到暂予监外执行的书面意见后五日内，作出同意与否的决定；执行机关根据检察机关的决定将书面意见呈报给省、自治区、直辖市监狱管理机关批准，批准书的生效时限应与检察机关对批准通知书的审查时间相一致。还应规定批准机关和法院受案后的办理时限及复议、复核程序等。

第三，对超过法定期限，检察机关发现决定不当的，仍可以向作出决定的机关提出纠正意见。但这种纠正意见只属于一般的执法监督提出的纠正意见，不同于法定期限内提出的纠正意见。有关机关对确有错误的决定，应当及时予以纠正。

（四） 对减刑、假释的执行监督

1. 对减刑、假释的执行监督的主要内容

既有程序方面的内容，也有实体方面的内容。具体包括：一是被减刑、假释的罪犯是否符合刑法规定的减刑、假释的条件；二是监狱等刑罚执行机关提请、呈报减刑、假释的活动是否合法，即被提请、呈报减刑、假释的罪犯是否经过全面考核并符合法定的条件，证明材料是否真实；三是刑罚执行机关和人民法院办理减刑、假释的活动是否符合刑法和监狱法规定的程序；四是人民法院审理、裁定执行机关提请、呈报的罪犯的减刑、假释活动是否合法。

2. 减刑、假释执行监督中发现的主要问题及原因分析

（1） 减刑和假释的适用范围缺乏明确的界限。根据刑法规定，减刑和假释都是对罪犯的一种奖励措施。从立法本意看，假释所产生的功效要比减刑的功效大，因此，法律规定了比减刑更为严格的假释适用条件。实际工作中，除了法律明确规定不得适用假释的罪犯外，经过一定期限的服刑改造后，相当一部分罪犯既可以适用假释，也可能适用减刑。但是，由于缺乏明确的适用范围规定，加之认识上存在偏差，将减刑和假释同等对待，导致假释率过低。这种现象不但给罪犯的改造工作造成了许多被动局面，而且损害了法律赋予监狱机关的减刑、假释建议权。

（2） 现行法律对减刑、假释的法定条件较为原则，不易把握。对于如何认定"确有悔改表现" 和 "不致再危害社会"，根据最高人民法院《关于办理减刑、假释案件具体应用法律若干问题的规定》（法发 ［1997］ 25 号），"确有悔改表现" 是指罪犯认罪服法，认真遵守监规，接受教育改造，积极参加政治、文化、技术学习，积极参加劳动，完成生产任务。"不致再危害社会" 是指确已具备上述四个方面条件，不致违法重新犯罪的。从上述规定中可以看出，认定这两个条件的标准基本相同。按此理解，只要是 "确有悔改表现"，也就可以认定"不致再危害社会"。在实际中，相当数量的罪犯尽管改造表现较好，但其表现主要是通过监狱机关的强制力来保证的，难免潜在着一定的伪装性。具体到每个罪犯减刑、假释后是否还会危害社会，还有许多外部因素及内部因素在起作用。监狱按上述规定适用减刑、假释，很难做到准确无误。

（3） 对被减刑、假释罪犯的监督管理和制约工作脱节。人民法院作出减刑、假释裁定后，在人民检察院审查裁定期间，能否办理罪犯出监手续，这在法律上没有明确规定。如对被减刑的犯罪分子，减刑之后尚有余刑者，如果出现不符合减刑条件的，无法撤销先前的减刑裁定；减刑之后没有余刑的，出狱后，如果出

现不符合减刑条件的情况，亦无法撤销先前的减刑裁定，收监执行。假释是一种附条件的提前释放，对被假释的罪犯在考验期内必须由公安机关进行严格、经常的监督管理。但实践中，个别被假释罪犯的监督管理工作存在着监督管理不力、被假释罪犯脱管失控的问题。有些被假释罪犯在考验期内实际上处于没有监督的状态，一些被假释的罪犯，没有按规定回原居住地，尤其是异地假释回原籍罪犯，由于监狱与执行机关之间缺乏必要的联系沟通，交付工作脱节，往往出现执行机关"见档不见人"的情况。公安机关也不知道这些人已被假释出来，无法对他们实施监督。由于种种原因，有的公安机关对假释回来的罪犯缺少必要的监督管理制度，对假释罪犯的活动和表现情况了解较少，监督管理不力。

（4）减刑、假释的审批权和适用程序受到质疑。我国减刑、假释由法院书面裁定，这在客观上造成了申报过程中存在的问题难以发现，既不能充分体现法院依法自由裁量权，又有悖于司法统一的法制精神。"了解情况的无权做决定，不了解情况的有决定权"，这是实际工作者对减刑工作由监狱负责监管改造，却只有申报权，而法院基本上不掌握实际情况，却规定细则、比例、有减刑审批权的一句总结语。①

（5）减刑、假释适用百分考核办法产生一定的负面效果。1990年司法部制定实施了《关于计分考核奖惩罪犯的规定》，把罪犯思想改造与劳动改造作为计分考核的两大内容，以尽量排除法律运作中的随意性，客观公正地反映罪犯的服刑表现。但由于思想改造不易量化，考核不得不趋于容易量化的方面，如劳动定额的完成、日常行为评定等，未能对罪犯主观方面作出准确评估；同时失衡的分数助长了其他罪犯投机作假的行为，偏离了考核设置的初衷。② 并且，监狱中关押的老病残犯，因身体条件的限制，考核分往往比较低，减刑、假释机会就比较少，势必影响他们改造的积极性。

（6）罪犯的申诉与减刑、假释的矛盾仍相当突出。刑法规定，罪犯减刑、假释的条件为悔改表现，而申诉是法律赋予罪犯对有罪判决不服时请求重新审判的权利。在处理罪犯申诉过程中，较长时期以来存在的一个实际问题是，有的监狱虽然按照法律规定处理罪犯的申诉，但同时以罪犯申诉为由而使申诉的罪犯不得获得减刑、假释及表扬、记功等与罪犯服刑有关"政治性"奖励。认为，罪犯获得上述奖励的根本条件是认罪服法，而罪犯申诉说明其没有认罪服法，或者

---

① 参见陈光中主编：《刑诉法理论与实践——刑事诉讼卷》，人民法院出版社2001年版，第781页。

② 参见陈光中主编：《刑诉法理论与实践——刑事诉讼卷》，人民法院出版社2001年版，第784～785页。

只认罪而不服法，所以不能获得这些奖励。①

3. 加强和完善检察机关对罪犯减刑、假释监督的几点建议

（1）改革现有减刑、假释的审批机制。

现行的审批程序是由监狱机关提出减刑、假释建议，报请人民法院审核裁定。在司法实践中，法院所作的裁定主要依据监狱提请报送的书面材料，这种"书面审"和审批程序的弊端是显而易见的。就目前上海地区实际而言，应进一步细化检察机关对减刑、假释案件的审批程序。具体可参照审查起诉案件的办案程序：由执行机关提出建议书，报检察机关审查；检察机关在收到减刑、假释建议书和材料后5日内作出决定（具体审查方式，可参照前文暂予监外执行的审查方法）；同意的，由检察机关制作法律文书移送法院，不同意或需补充相关证明材料的，应写明理由退回执行机关；裁定书的生效时限应与检察机关对裁定书的审查时间相一致。对减刑、假释确定后，裁定书应当即时送达。送达前，发现减刑、假释的事实有出入或者罪犯有违纪、犯罪行为，可能影响减刑、假释的，应当暂停宣告，进行复议。即监狱机关、检察机关如果认为人民法院的减刑、假释裁定不符合罪犯实际改造情况时，有权提请原裁定法院复议；对复议结果仍然有异议的，可向上一级法院申请再议。同时，应逐步扩大对减刑、假释案件的公开审理或公开听证制度。

（2）建议建立"减刑"合同制、取保假释制度。

对罪犯达到法律所规定的减刑条件的，监狱按规定给予呈报，人民法院在宣判裁定的同时，附带合同，倘若罪犯违反合同的规定，则监狱有权建议取消其所减刑期，从取消之日起合并执行原来未执行完毕刑期的一种制度。对监狱而言，实质上是为监狱增加撤销罪犯减刑的建议权。根据受益与风险相适应的原则，应当建立取保假释制度。即符合假释条件的罪犯，须由其亲属、监护人申请担保，承担监护责任。如果被担保人不受担保人的监督，担保人可向有关部门申请撤销担保；如果无人担保，可撤销担保，收监改造。建立担保制度，无疑会使监督工作进一步细化，把帮教工作落到实处。

（3）正确处理罪犯申诉与减刑的关系。

最高人民法院在1997年10月28日《关于办理减刑、假释案件具体应用法律若干问题的规定》第1条专门对此作了规定：对罪犯在刑罚执行期间提出申诉的，要依法保护其申诉权利。对罪犯申诉应当具体情况具体分析，不应当一概认为是不认罪服法。监狱法和刑法对徒刑期间的义务都有明确的规定，即严格遵守

---

① 参见张绍彦：《刑罚实现与行刑变更》，法律出版社1999年版，第172页。

法律、法规和监规纪律，服从管理。接受教育，参加劳动。罪犯是否履行了法律规定的各项义务，是衡量其是否认罪服法，以及是否应当获得奖励的客观标准。当罪犯依法行使申诉权没有违背其服刑的任何法定义务，应当保护其申诉权利。① 只有当罪犯在申诉的同时，有公开抗拒改造、严重违规或在申诉中诬陷、诽谤他人的，情况经查证属实的，才能认为是不认罪服法。

（4）明确对罪犯减刑、假释裁定不当的，既可提出抗诉又可提出纠正意见。

实践中，对罪犯减刑、假释裁定不当的情况，检察机关究竟应该如何行使监督权，存在争议。② 我们认为，从诉讼理论上讲，人民检察院对减刑、假释的裁定应当可以提出抗诉。刑事诉讼法回避了"抗诉"一词，而用"书面纠正意见"但仍赋予这种纠正意见以引起再审的法律后果，实质上它并未抵消原有的抗诉权，而是赋予检察机关一项新的监督权（刑事诉讼法出台后，并未对《监狱法》进行修改，故仍应视为有效）。在对适用减刑、假释实行监督中，运用法律赋予检察机关的新监督权和抗诉权，能使审查批准监督环节的监督更为有效。

根据法律规定，检察机关认为减刑、假释裁定不当的应在接到裁定书副本后20日内提出纠正意见。但对法律规定期限过后，检察机关发现裁定不当的，能否提出纠正意见，法律没明确规定。我们认为，根据我国一贯坚持有错必纠的原则，对超过规定期限，检察机关发现裁定不当的，仍可以提出纠正意见。但这种意见属于一般执法监督提出的纠正意见，不具有引起法院在规定期限内另行组成合议庭进行审理的效力。

（5）改进现有百分考核的计分方式，改变单纯用数据反映绝对公正或者作为评定罪犯悔罪表现的唯一标准。通过对数据的合理理解和运用，反映相对的公正，作为对罪犯悔罪的主要评定体系，可采取多种考核方式，在一定量化的基础上，由行刑机关保留综合评定的权利。③

---

① 参见张绍彦：《刑罚实现与行刑变更》，法律出版社1999年版，第173页。

② 参见孙谦、刘立宪主编：《检察理论研究综述（1989～1999）》，中国检察出版社2000年版，第270页。大多数意见认为，修改后刑诉法将《监狱法》关于检察机关可以对不当裁定提出"抗诉"改为"提出纠正意见"。

③ 参见陈光中主编：《刑诉法理论与实践——刑事诉讼卷》，人民法院出版社2001年版，第792页。

附：

检察机关关于加强对刑罚执行法律监督的规定①

第一条　为了保障刑事判决、裁定的正确执行，充分发挥检察机关法律监督职责，维护国家法制的统一和尊严，根据《中华人民共和国刑法》、《中华人民共和国刑事诉讼法》、《中华人民共和国监狱法》、《人民检察院组织法》等有关法律、法规及有关司法解释和规章的规定，结合上海市实际情况，制定本规定。

第二条　刑罚执行的法律监督，是指检察机关对已经发生法律效力的刑事判决或裁定的执行情况以及刑事执行机关的活动是否合法，依照法律规定进行监督。

对刑罚内容实施的法律监督主要包括：对死刑执行的法律监督、无期徒刑、有期徒刑、拘役执行的法律监督、财产刑执行的法律监督、资格刑执行的法律监督等。

对落实刑罚执行制度的法律监督主要包括：收监与释放环节的法律监督；对罪犯控告、申诉、检举处理的法律监督；对死刑执行变更、死刑缓期二年执行变更、暂予监外执行、减刑和假释等法律监督。

第三条　监狱及监狱管理机关、公安机关、人民法院等有关刑罚执行机关，必须主动接受检察机关对刑罚执行活动的监督。

在刑罚执行监督中，检察机关要求刑罚执行机关提供有关材料的，刑罚执行机关有义务提供相应的材料。

对拒不提供或者提供虚假材料的，要承担相应的法律责任。检察机关可以通过上一级检察机关建议拒不提供或者提供虚假材料的刑罚执行机关的上级机关，给予必要的纪律处分；构成犯罪的，要承担刑事责任。

第四条　检察机关对刑罚执行法律监督中发现的问题，分不同情况处理：

（一）对一般违法行为，可以口头提出纠正意见；

（二）发现暂予监外执行、减刑、假释决定或裁定不当的，可提出纠正不当暂予监外执行、减刑、假释意见书予以纠正；发现减刑、假释裁定不当的，也可以提出抗诉；

---

① 主要围绕本专题中重点论述的内容，同时兼顾上海地区实际，提出检察机关加强刑罚执行监督的具体操作规程，因此用"规定"的提法。对实际执法监督中，监狱、公安机关、法院等执法机关应遵循的职责，在本规定中不再重复。

（三）对严重违法行为，应当发出纠正违法通知书；

（四）根据工作需要可以向有关机关（部门）提出检察建议；

（五）对构成犯罪的，应依法追究刑事责任。

第五条　检察机关对不当暂予监外执行、减刑、假释提出书面纠正意见或抗诉的，监狱管理机关和人民法院等刑事执行机关，应按照法律的规定，对暂予监外执行、减刑、假释案件重新进行审理。

第六条　检察机关发出纠正违法通知书的，被纠正违法的刑罚执行机关必须在规定的时间内纠正违法，并将纠正情况在纠正后三天内以书面形式向检察机关通报。

对于纠正违法通知书提出的纠正意见有异议的，刑罚执行机关应当在收到纠正违法通知书后三日内要求复议，检察机关应当重新审查是否撤回纠正违法通知书。

检察机关坚持纠正违法通知书中纠正意见的，刑罚执行机关可以要求提出纠正意见的检察机关的上一级检察机关复核。上一级检察机关应当在七日内作出决定，通知下级检察机关和刑罚执行机关执行。

第七条　遇多次提出纠正意见，刑罚执行机关仍不改正的，检察机关应向其上一级检察机关报告，由上一级检察机关与同级刑罚执行机关进行协调。

第八条　对死刑立即执行的监督

（一）检察机关收到死刑临场监督通知后，首先应当查明同级人民法院是否收到最高人民法院或按规定应当由高级人民法院核准死刑的判决（或裁定）和执行死刑的命令。对停止执行后重新执行死刑的案件，应当查明有无重新签发的执行死刑命令。

（二）通知法医到执行场所，验明罪犯是否确已死亡。执行时主诉检察官或助手应对被执行死刑罪犯验明正身，听取死刑罪犯最后陈述，验看遗书，询问其有否遗言、信札，并做笔录。发现有下列情形应当立即报告检察长，建议法院停止执行，并制作《停止执行死刑意见书》：

1. 被执行人并非应当执行死刑的罪犯；

2. 罪犯犯罪时不满十八周岁的；

3. 判决可能有错误的；

4. 在执行前罪犯检举揭发重要犯罪事实或者有其他重大立功表现，可能需要改判的；

5. 罪犯正在怀孕的。

（三）依法监督执行死刑的场所、方法和执行死刑的活动是否合法；是否尊重罪犯人权，尊重其民族风俗习惯；对罪犯遗书、遗物是否已按规定处理；在确认罪犯确已死亡后，应制作刑场监督笔录①，内容包括死刑罪犯姓名、案由、执行时间、地点、方式、指挥执行的法官姓名和职务，临场监督检察官姓名和职务，执行人员姓名、执行死刑的具体情况等，签字后入卷归档。若发现有违法现象，应当及时提出纠正意见。

第九条 对死刑缓期二年执行的监督

（一）监督的主要内容

1. 死刑缓期执行的罪犯是否依法减刑和依法执行裁定；

2. 死刑缓期执行变更的期限是否符合法律规定；

3. 死刑缓期执行变更的程序是否符合法律规定。

（二）发现未按照规定程序办理的，检察机关应提出检察建议予以纠正。

（三）对属于一般性的减刑不当情况，检察机关应向人民法院提出书面纠正意见。

（四）对罪犯在死刑缓期执行期间故意犯罪，如果人民法院没有认定而予以减刑的，检察机关应当按照第二审程序提出抗诉；如果认定罪犯新的故意犯罪，有权法院没有核准或裁定执行死刑，检察机关应按照审判监督程序提出抗诉。

第十条 对徒刑、拘役、管制及对有期徒刑、拘役缓期执行的监督

（一）对有期徒刑执行监督的主要内容

1. 徒刑执行的场所、时间、有关手续是否符合法律规定；

2. 监狱是否有法律规定应当收押而拒绝收押的情形，以及是否有其他违反收押规定的情形；

3. 执行机关是否对罪犯实行分管分押，采用不同方式管理；

4. 戒具和武器的使用是否符合法律规定；

5. 是否侵犯罪犯的申诉权和控告权；

6. 对于罪犯因病死亡的，检察机关应对监狱的医疗鉴定进行检查；对罪犯非正常死亡的，由担负该罪犯所在监狱或看守所检察任务的检察机关负责，在接到监狱通知后 24 小时内对尸体进行检验，对死亡原因作出鉴定。

（二）对拘役执行监督的主要内容

1. 拘役的执行机关、场所、方法是否符合法律规定；

2. 是否存在与未决犯混关的现象；

3. 拘役犯的合法权益是否得当维护。

（三）对管制执行监督的主要内容

---

① 2002 年 1 月 1 日起开始实施的《人民检察院法律文书格式》（样本）中未规定此项法律文书。

1. 管制刑的执行机关是否符合法律规定；

2. 对罪犯在管制期间违反法定义务的，公安机关是否采取措施；

3. 对监外罪犯外出经商的，执行机关是否向罪犯外出到达地公安机关发出委托管理通知书。

（四）对有期徒刑、拘役缓期执行缓期监督的主要内容

1. 缓刑的考验期是否符合规定。

2. 有关机关是否落实对缓刑罪犯的监督考察，是否保证缓刑罪犯遵守有关规定。

3. 缓刑的撤销是否符合法律规定。

4. 案件判决后，人民法院、公安机关应当将本辖区内有期徒刑、拘役缓刑犯情况及时向检察机关通报。

（五）对检察中发现的问题，可采取口头或书面纠正违法等形式提出纠正意见。

第十一条　对财产刑的执行监督

（一）对罚金刑执行监督的主要内容

1. 罚金数额是否恰当，是否存在以罚代刑，是否不应判处罚金而适用罚金；

2. 执行的程序是否合法，罚金是否及时上缴国库；

3. 减免罚金的依据是否充分、程序是否合法；

4. 强制缴纳方式是否符合法律规定。

（二）对没收财产刑执行监督的主要内容

1. 是否存在不应判处没收财产而判处的；

2. 所没收的财产是否犯罪分子个人所有的财产；

3. 没收全部财产的，是否为犯罪分子保留了必要的生活费用；

4. 是否没收了犯罪分子家属所有或应有的财产；

5. 没收财产的执行是否合法；

6. 没收财产以前犯罪分子所负的债务是否正当，是否偿还；

7. 没收的财产是否及时上缴国库。

（三）检察机关应及时介入审判机关对财产刑的执行活动

建立执行台账，对每一个被执行人的执行情况根据判决书、裁定书确定的罚金缴纳方式、缴纳时间、缴纳数额进行跟踪监督。必要时检察机关可要求人民法院提供执行情况，如执行文件的副本、缴纳罚金的收据附件等。

（四）人民法院执行过程中作出减免缴纳罚金裁定的，应及时将裁定送达检察机关。

检察机关发现不符合规定的应当及时提出书面纠正意见，对于因徇私舞弊而

对不符合条件的人予以减免缴纳的，要建议有关部门及时查处。

（五）对没收财产的，人民法院应当在判决生效后立即执行，并将执行情况及时向检察机关通报。

人民法院在执行过程中需要采取刑事强制措施的，应以刑事裁定书的形式进行，同时将裁定书的副本及时送达检察机关。

第十二条　对资格刑的执行监督

（一）对剥夺政治权利执行监督的主要内容

剥夺政治权利的内容、执行及其期限是否符合法律规定。

（二）对驱逐出境执行监督的主要内容

1. 驱逐出境的执行时间是否符合法律规定；

2. 驱逐出境的执行机关是否符合法律规定；

3. 驱逐出境执行完毕以后，执行机关是否将执行情况，包括执行对象、执行日期、执行过程、执行方式等制作成笔录，存卷备查。

第十三条　对刑罚交付、释放的法律监督

（一）检察机关对刑罚交付、释放执行法律监督的主要内容

1. 交付执行的是否属被判处死刑缓期二年执行、无期徒刑和有期徒刑的罪犯；

2. 罪犯交付执行的法律文书是否齐全，手续是否完备；

3. 对刑满人员及依法应予释放的罪犯，监狱是否按期予以释放，并开具释放证明书。

（二）公检法司定期核对判决、交付执行人员名单，及时发现问题，纠正错误。实现检察机关与刑罚执行机关的微机联网，信息共享，各负其责。

（三）一般情况下，不允许监区间个别罪犯的互调，确有特殊情况的，要报检察机关和原判决人民法院备案。

（四）看守所对留所服刑的罪犯要逐月进行动态考核，严格控制留所服刑罪犯的数量和余刑期，对选择留所服刑的罪犯应征求检察机关的意见。

第十四条　对罪犯控告、申诉、检举处理的法律监督

（一）监督的主要内容

1. 监狱对罪犯的申诉权是否依法予以保护，有无妨碍罪犯申诉行使的情况；

2. 监狱对罪犯的控告、检举材料是否及时给予处理或者转送有关机关处理，有无扣押罪犯控告、检举材料的情况；

3. 监狱认为判决可能有错误的，是否依照法律监督规定提请检察机关或者审判机关处理。

（二）对监狱提请处理的申诉案件，检察机关应当在收到监狱提请处理意见

书之日起六个月内将结果通知监狱。

第十五条 对暂予监外执行的监督

（一）监督的主要内容

1. 监督暂予监外执行的条件是否具备、是否符合刑事诉讼法第214条、第215条规定；

2. 罪犯暂予监外执行是否符合法定的程序，有无完备的手续；

3. 监督管理单位落实情况，是否成立了监督考察小组，是否建立了管理档案，管理措施是否落实；

4. 罪犯在暂予监外执行期间的合法利益是否得当维护；

5. 暂予监外执行条件消失后，是否及时收监或办理解除手续；

6. 对罪犯暂予监外执行期间的违法犯罪行为依法进行处理等。

（二）检察公安机关是否每三个月派员带暂予监外执行的罪犯到市政府指定的医疗机关定期检查，是否将检查情况及时抄送检察院和法院。

（三）监狱管理局作出批准暂予监外执行的决定后，立即生效，除病情严重需立即保外就医的罪犯外不立即执行。

如果在法定期限内检察机关没有提出"认为暂予监外执行不当"书面意见的，法定期限过后立即执行。

如果检察机关提出书面意见，监狱管理局"应当立即对该决定进行重新核查"。经核查如果认为原决定确有错误，应立即收回原已作出的关于批准暂予监外执行的规定；如果认为原决定正确，应将"重新核查"结果书面通知检察机关，并立即执行。

（四）对需延长保外就医期限的，监狱管理局应在作出决定之日起三日内，将延长保外就医的决定及时通知公安机关和检察机关。

（五）检察机关对暂予监外执行的审批程序

1. 由执行机关提出书面意见，报检察机关审查。

检察机关审查方式为阅卷、到监管场所调查、提审，还可根据需要向罪犯所在单位和有关人员进行调查，向有关机关、单位调阅资料等。

审查内容主要是被暂予监外执行罪犯是否符合法定的条件及执行机关办理暂予监外执行案件的活动是否合法等。

2. 检察机关应在收到暂予监外执行的书面意见后五日内，作出同意与否的书面决定。

3. 执行机关根据检察机关的决定将书面意见呈报给省、自治区、直辖市监狱管理机关批准，批准书的生效时限应与检察机关对批准通知书的审查时间相一致。

4. 检察机关认为监狱管理局批准暂予监外执行的决定不符合罪犯实际改造情况时（如暂予监外执行事实有出入或者罪犯有违纪、犯罪行为，可能影响暂予监外执行的，应当暂停宣告），有权提请原决定机关进行复议；对复议结果仍然有异议的，可向上一级法院申请复核。

（六）检察机关认为对罪犯暂予监外执行存在如下问题，应当提出书面意见：

1. 认为罪犯不符合刑事诉讼法第 214 条关于暂予监外执行的规定的；

2. 认为被暂予监外执行的罪犯具有社会危害性的；

3. 发现罪犯骗取暂予监外执行的；

4. 发现办理暂予监外执行人民法院、监狱管理机关、公安机关有徇私舞弊行为的。

（七）对超过法定期限，检察机关发现暂予监外执行决定不当的，可以向作出决定的机关提出纠正意见。有关机关对确有错误的决定，应当及时予以纠正。

第十六条　对减刑、假释的执行监督

（一）监督的主要内容

1. 被减刑、假释的罪犯是否符合刑法规定的减刑、假释的条件；

2. 监狱等刑罚执行机关提请、呈报减刑、假释的活动是否合法，即被提请、呈报减刑、假释的罪犯是否经过全面考核并符合法定的条件，证明材料是否真实；

3. 刑罚执行机关和人民法院办理减刑、假释的活动是否符合刑法和监狱法规定程序；

4. 人民法院审理、裁定执行机关提请、呈报的罪犯的减刑、假释活动是否合法。

（二）检察机关对减刑、假释的审批程序

1. 由执行机关提出建议书，报检察机关审查；

2. 检察机关在收到减刑、假释建议书和材料后五日内作出决定（具体审查方式，可参照本规定中暂予监外执行的审查方法）；

作出同意决定的，由检察机关制作法律文书移送法院，不同意或需补充相关证明材料的，应写明理由退回执行机关；

3. 裁定书的生效时限应与检察机关对裁定书的审查时间相一致。

4. 监狱机关、检察机关如果认为人民法院的减刑、假释裁定不符合罪犯实际改造情况时（发现减刑、假释的事实有出入或者罪犯有违纪、犯罪行为，可能影响减刑、假释的，应当暂停宣告），有权提请原裁定法院复议；对复议结果仍然有异议的，可向上一级法院申请复核。

（三）法院对减刑、假释案件的公开审理或公开听证的，检察机关应派员参加。

（四）检察机关认为对罪犯减刑、假释裁定不当的，在接到裁定书副本后 20 日内，既可提出抗诉又可提出纠正意见。

（五）对超过规定期限，检察机关发现罪犯减刑、假释裁定不当的，可以提出纠正意见。法院对确有错误的裁定，应当及时予以纠正。

（六）发现刑罚执行机关和人民法院有关人员在办理减刑、假释案件有徇私舞弊行为，对不符合减刑、假释条件的罪犯予以减刑、假释的，应当立案侦查，按照刑法规定提起公诉。

第二部分

工作创新研究

第四章　刑事被害人司法救助工作机制研究

　　实行刑事被害人司法救助制度，以切实加强刑事被害人权利的特殊保护，使被害人得到充分救济，这一刑事诉讼中的被害人权益保护问题，党中央和全国人大倍加重视，全国人大内务司法委员会把刑事被害人司法救助立法调研列为了2007年的工作重点。[①] 2008年12月，在第十一届全国人大常委会第六次会议上，刑事被害人救助制度已纳入司法体制改革总体方案，全国人大法律委积极督促有关部门采纳吸收，并正在推动具体实施办法出台。[②] 同月，《中央政法委员会关于深化司法体制和工作机制改革若干问题的意见》也明确指出，"建立刑事被害人救助制度，对因受犯罪侵害而陷入生活困境的受害群众，实行国家救助。"近年来，检察机关亦对刑事被害人司法救助工作进行了有益的探索。最高人民检察院检察长曹建明强调，检察工作必须做到"五个始终"，其中之一就是"始终注重保障和改善民生，切实解决好人民群众最关心、最直接、最现实的利益问题"。刑事被害人司法救助将履行检察职能和关注民生问题很好地结合起来，是做好检察工作的一个重要结合点和切入点。基于现实需要，2007年1月，《最高人民检察院2007年刑事申诉检察工作要点》中提出，"有条件的地方可以试点建立刑事被害人补偿机制"。2007年"两会"期间，部分全国人大代表和政协委员向大会提交了"关于制定《中华人民共和国刑事被害人国家补偿法》的议案"，最高人民检察院已把刑事案件被害人权益保护列入重要工作日程，呼吁就此进行立法。目前，江苏、浙江、河南、广东、上海等地的检察机关已先行开展了刑事被害人司法救助的探索与实践。

　　近年来，静安区人民检察院在依法履行法律监督职能中，始终坚持将保障民生列为检察工作的重中之重。院党组要求全体干警自觉践行"立检为公、执法为民"的宗旨，积极开展服务保障民生工作的新尝试。静安区院历时两个多月从理

---

　　① 2008年5月9日"刑事被害人救助制度立法（无锡）研讨会"，载 http：//live.jcrb.com/html/2008/227.htm。

　　② 参见"刑事被害人救助制度已纳入司改总体方案"，载《检察日报》2008年12月26日第1版。

论和实践两方面对刑事被害人司法救助工作进行可行性分析和论证。2008 年 4 月，静安区人大和静安区院联合召开"刑事被害人司法救助制度"专题研讨会，市检察院、静安区人大相关领导、华东政法大学专家等应邀出席。研讨会上，静安区院展示了前期调研的成果，静安区人大领导进一步强调了建立刑事被害人司法救助制度是构建社会主义和谐社会、服务和保障民生的应有之义，体现了对弱势群体合法权益的关心和保护。与会专家还用"关注民生、强调公平、修复伤痕、追求和谐"十六个字对研讨的重要意义进行了充分肯定。2008 年 5 月，静安区院检委会讨论通过了《对确有困难的刑事案件被害人实施救助的规定（试行）》。该规定共六章二十三条，从确有困难刑事被害人救助的概念界定、原则，救助的对象和条件，救助的方式、标准和操作程序以及救助资金的来源、管理和回收等多个方面进行规范。2008 年 9 月，市检察官协会与静安区院联合举办"刑事被害人司法救助的实践尝试、理论探讨与立法研究"研讨会，就"司法实践与探索"、"理论定位、价值评判"、"立法及配套机制研究"三个专题开展了深入研讨。经过深入研究和探索，静安区院已逐步形成了一套比较完善的刑事被害人司法救助做法，既得到了各级领导的支持和地方财力的保证，也有了一定的理论研究基础和实践积累，静安区院已具备了进一步深入开展此项工作的条件。截至 2009 年 8 月，静安区院已先后对八起案件的十名被害人进行司法救助，发放救助款人民币 46700 元，开展心理救助六次，弥补被害人因犯罪造成的经济损失和精神创伤，并帮助解决入学等事宜，在社会上引起广泛好评。检察机关开展刑事被害人司法救助，是检察机关权力内涵的进一步拓展，有利于增强执法公信力、凸显执法效果。

现阶段，全国不少地方的司法机关已就刑事被害人司法救助进行了先行试点，但是尚未形成成熟、系统的理论和实践体系，本专题拟在研究、反思刑事被害人司法救助基础理论的同时，以检察机关为立足点，重点研究检察实践中刑事被害人司法救助机制，并从宏观层面出发，探索相关的协调衔接机制，提出完善的建议。

第一节　刑事被害人司法救助的理论基础

一、基本概念的界定

刑事被害人司法救助涉及一系列基本概念。为避免在实践中发生理解歧义，有必要对相关概念加以界定。

（一）刑事被害人

对刑事被害人的概念加以界定是研究刑事被害人司法救助机制的前提。根据犯罪学的观点，被害人有广义与狭义之分。广义的被害人是指合法权益遭受犯罪行为侵害的人，具体包括：1. 直接或间接受到犯罪行为侵害的人（个体被害人）；2. 直接或间接受到犯罪行为侵害的法人或非法人团体（团体被害人）；3. 直接或间接受到犯罪行为损害或被直接威胁的自然或社会公益（社会被害人）。狭义的被害人是指犯罪行为所侵害的自然人，即仅仅局限于个体被害人。①由此可见，在犯罪学中，被害人的范围是相当广泛的。我们认为，刑法学视野中的被害人含义，应当比犯罪学学科视野中的被害人含义窄。具体来说，刑法学科中的被害人，不能笼统地包括所有由于犯罪行为的影响而间接地遭受物质或精神损害的人，也不能包括由于犯罪行为而抽象地遭受侵害的国家或社会。其范围仅限于由于犯罪行为直接侵害具体权利并由此而直接承受物质损失或精神损害的人和单位。

在被害人范围上，被害人不仅包括被害人本人，还可包括符合条件的一定范围内的亲属。当被害人为限制民事行为能力人、无民事行为能力人或者当事人死亡时，其法定代理人、亲属或其他家属成员可以代为行使直接被害人的权利。

（二）刑事被害人司法救助及相关概念辨析

为了更为准确地理解刑事被害人司法救助的概念，有必要考察相关概念，并在此基础上加以辨析：

1. 国家赔偿

指国家机关及其工作人员违法行使职权，侵犯公民、法人和其他组织的合法权益并造成损害，由国家承担责任对受害人予以赔偿的制度。②

2. 刑事被害人国家补偿

指国家对于一定范围内因犯罪受到侵害而又无法通过其他途径获得赔偿的被害人及其家属，通过法律程序给予一定物质帮助的方式。它是被害人获得赔偿的心理得到实现的重要弥补途径。③

---

① 参见高铭暄、张杰："刑法学视野中被害人问题探讨"，载《中国刑事法杂志》2006 年第 1 期，第 11 页、第 12 页。
② 参见张树义：《行政法与行政诉讼法学》，高等教育出版社 2007 年版，第 317 页。
③ 参见房保国：《被害人的刑事程序保护》，法律出版社 2007 年版，第 10～11 页。

3. 刑事被害人损害赔偿

指被害人对于因犯罪造成的损失而得到弥补的诉讼方式，它包括刑事附带民事诉讼、单独提起民事诉讼、犯罪人退赔、保险赔偿和国家补偿等形式。①

4. 刑事被害人司法救助

在刑事诉讼中，对因他人犯罪行为遭受重大损害，且无法及时得到赔偿和其他社会救助，导致生活、医疗救治等陷入严重困境的被害人，在经济、心理等方面给予临时性、救急性帮助的工作机制。② 它是一种抚慰性、救济性的以体现司法人文关怀的资助。

5. 相关概念辨析

刑事被害人司法救助与上述概念既有相似之处，但在内容及含义上又有显著的区别。以下逐一加以区分：

刑事被害人司法救助与刑事被害人赔偿均是对被害状态进行弥补的方式，其区别主要有以下几方面：（1）主体不同。前者是由国家对一定范围内的刑事被害人所给予救助。后者赔偿的主体不仅仅包括国家，还包括犯罪人、社会等其他主体。（2）前提不同。前者是在刑事被害人无法从犯罪人处得到相应的弥补后而产生的一种社会救助机制，而后者是基于犯罪人的犯罪行为或社会公共福利而产生的。（3）性质不同。前者是一种国家责任，而后者从实质上来说是一种民事责任或是从人道主义、社会福利的角度并且基于一定的刑事政策考虑而设置的一项法律制度。（4）实现途径不同。前者是通过特定的刑事被害人司法救助程序来实现的，后者是通过附带民事诉讼、民事诉讼等法律程序或福利机制来实现的，在国外也有的是通过赔偿令的方式来实现的。

刑事被害人司法救助与国家赔偿都属于国家责任形式，但两者之间也存在较大区别，主要区别为：（1）国家责任产生的前提不同。前者是在刑事被害人无法从犯罪人处得到赔偿时，国家基于一定刑事政策及人道主义的考虑，为安抚被害人，缓和被害人与犯罪人之间的矛盾而设置的。而后者是指行使职权的国家机关及其工作人员在执行职务时违法实施侵权行为并造成损害而导致的国家责任。（2）国家责任的性质不同。前者的国家责任具有人道主义和社会福利的性质，并不是国家本身对刑事被害人所遭受的损害事实应承担的直接法律责任，也不是国家代替犯罪人承担法律责任。而国家赔偿责任的性质是国家对代表其行使职权的国家机关及其工作人员的违法行为所承担的直接法律后果，国家赔偿是对国家

---

① 房保国：《被害人的刑事程序保护》，法律出版社 2007 年版，第 10 ~ 11 页。

② 参见罗昌平："论被害人救助检察职能化的合理性及制度设计"，载《法学》2008 年第 10 期，第 127 页。

违法行为的一种法律制裁。（3）实现的途径不同。前者是通过特定的刑事被害人司法救助程序实现的。而后者是通过司法赔偿程序来实现，其法律依据是国家赔偿法。（4）归责原则不同。国家赔偿的归责原则是违法责任原则，是以国家机关及其工作人员行使职权的违法性来确定赔偿责任的。而刑事被害人司法救助并不是以国家机关及其工作人员的违法性为归责原则，国家之所以要承担救助责任是从刑事政策、社会福利、人道主义的角度来考虑的。

　　刑事被害人司法救助与刑事被害人国家补偿虽都具有恢复性司法功能，但也存在根本区别，主要是目的不同：前者的制度设计更多是基于国家对弱势群体、贫困者所负有的救济义务，① 体现的是公共福利需要或刑事政策考虑；而后者则更注重对被害人复仇或赔偿心理的平复。具体而言，国家赔偿是受侵害者对其在公权力行使过程中受到的不法侵害的救济途径；国家补偿的功能设计体现了一种司法安排，匡正因犯罪行为加剧的非正义与不平等，使被害人恢复受犯罪侵犯前的正义状态。而刑事被害人司法救助是指在被害人无法从其他途径获得赔偿的情况下，由国家给予适当的援助保证其基本生活水平的一种制度。②

　　综上所述，可以这么说，国家赔偿是正义救济，国家补偿是正义矫正③，损害赔偿是正义回归，而刑事被害人司法救助是正义补偿④。通过以上比较可知，刑事被害人司法救助是对被害人最基本生存权的保障，关注的是被害人最关心、最直接、最现实的利益，使因犯罪行为而变得贫弱的被害人更容易得到司法保护。

二、刑事被害人司法救助理论体系的建立

（一）刑事被害人司法救助制度的历史沿革

　　综观历史，刑事被害人司法救助的理念及制度由来已久，大致经历了三个不同的历史发展时期⑤：

---

　　① 　参见孙谦："法治与构建和谐社会"，载《社会科学战线》2006 年第 3 期，第 218 页。

　　② 　另有一种观点认为，"救助"问题的规范通常表现为政策性文件，然而，"补偿"责任的根据源于责任主体对法定义务的不履行或者不完全履行。因此，刑事被害人救助制度是国家补偿制度的雏形，它更多地体现出国家对特困被害人进行救助的特征，而不是刑事被害人的一项法定权利。参见陈彬、李昌林"论建立刑事被害人救助制度"，载《政法论坛》2008 年第 4 期，第 54、55 页。

　　③ 　邓晓霞："犯罪被害人补偿制度之价值评价"，载《杭州商学院学报》2003 年第 1 期，第 5 页。

　　④ 　参见李先敏："和谐社会与制度正义"，载《党政论坛》2007 年第 12 期，第 20 页。

　　⑤ 　这是美国学者 Stephen Schalfer 在其所著 The Victim and His Criminal 一书中所做的划分。参见许启义：《犯罪被害人保护法之实用权益》，台湾永燃文化出版股份有限公司 1990 年版，第 15～21 页。

　　1. 被害人之黄金阶段：这个阶段从公元前 1750 年左右《汉谟拉比法典》的颁布开始至罗马帝国的灭亡，当时的救助制度表现为用赎罪金来满足被害人及其家属的报复心理，[①] 这种制度涵盖了整个古代文明时期的法律。

　　2. 被害人之衰退时期：自中世纪到近世纪，公法与私法的划分逐渐走向成熟，这个时期犯罪行为责任的追究主要在刑事审判中实现，而对于犯罪行为所造成的经济损失的确定及补偿则通过民事审判来进行。由于犯罪人常常是缺乏赔偿能力的个体，因此被害人的损失往往无法得到弥补，他们的合法权益就这样被严重忽视。

　　3. 被害人之复活时期：这一阶段又被第二次世界大战所划分为前后两个时期。复活前期从 18 世纪末持续至二战结束，这一阶段刑事实证学派主张应由国家对因种种原因不能得到赔偿的被害人进行经济救助，[②] 但由于各国经济实力不济而未付诸实施，只停留于理论层次；[③] 复活后期从二战结束至今，二战以后，世界上出现了一场声援被害人的运动，唤起了公众对处于困苦境地的被害人的广泛同情，从而推动各国纷纷建立起刑事被害人国家救助制度，运用公共资金对被害人给予国家救助。新西兰、日本、德国、韩国、英国、美国、加拿大和澳大利

---

　　① 如规定："如果未能捕获罪犯，地区政府应当补偿抢劫刑事被害人的财产损失。在谋杀案件中，政府从国库中付给被害人的继承人一定数额的银子。"

　　② 18 世纪，在欧洲的监狱改革运动风起云涌时，人们又恢复了对国家补偿的兴趣。那一时期的监狱改革家们为囚犯的痛苦而呐喊，并间接地呼吁人们重视刑事被害人的窘境。著名监狱改革家杰里·边沁主张，社会不应抛弃那些人身或财产受到刑事侵害的被害人，被害人曾经对社会作出过贡献，社会应补偿他们的损失。三位意大利籍的现代刑事学奠基人加罗法诺、菲利、龙勃罗梭在 20 世纪初也极力主张和呼吁政府对刑事被害人进行补偿，1885 年加罗法诺就在其随后墨西哥在 1929 年，古巴在 1936 年曾尝试过这种制度，但后来均以失败告终，此后，直到 20 世纪中叶，法律史学家发现历史除了几个为刑事被害人设置专项补偿资金的例子，托斯卡纳于 1786 年左右设置了该专项资金，墨西哥于 1871 年开始设置了此种专项资金，法国于 1934 年设置了这类专项资金，瑞士和古巴也实施过此类方案。参见郭建安主编：《犯罪被害人学》，北京大学出版社 1997 年版，第 300 页。

　　③ 随着 20 世纪 40 年代被害人学研究的兴起，对刑事被害人人权的保障引起了各国的重视，作为刑事被害人人权保障重要组成部分的赔偿及补偿权也成为被害人学研究的重要课题之一，1947 年以色列的犹太法学家杰明·门德尔松（Mendelsohn）在其《被害者学》一文中建议制定有关刑事被害人的保险制度，他认为被害者已尽了自己的努力但因为社会机构的责任或低效率而使其遭受侵害，加害者又未能赔偿被害者的损害，在这种场合该损害应当由国家负责弥补，为此国家应建立一种保险制度补偿这类被害者的损失。该文成为后来各国建立刑事被害人补偿制度的重要理论基础。参见赵可主编：《被害者学》，中国矿业大学出版社 1989 年版，第 216 页。

亚以及我国台湾省等国家和地区均通过立法，建立了刑事被害人司法救助制度。① 除此之外，一些以援助被害人为宗旨的非政府组织也纷纷成立，这些组织给被害人以抚慰和帮助，所产生的良好效果完全符合政府维系社会安定的愿望，因而也逐渐获得本国政府的支持和资助。

---

① 著名的英国女监狱改革家、英国法官马泽里·弗瑞（Margery Fry）女士于 20 世纪 50 年代使国家补偿刑事被害人制度在盎格鲁—撒克逊法系中又复活了，由于她的努力，英国政府于 1963 年成立了一个专门委员会研究各种不同的赔偿方案，作为英联邦成员国之一的新西兰动作最快，于 1963 年建立了一个刑事损害补偿法庭，并在 1964 年 1 月最早制定了《犯罪受害补偿法》（Criminal Injuries Compensation），接着在 1964 年 8 月英国在白皮书（White Paper, Cmd, 2323）中加上了暴力犯罪被害者之补偿的规定。在美国的加利福尼亚法首先于 1966 年 1 月加上了有关暴力犯罪被害者之补偿的规定。纽约州于 1966 年草拟了同样内容的补偿法案，其他各州也相继草拟了类似的法案，并迅而波及英语圈的其他国家。1984 年 10 月美国颁布了《联邦犯罪被害人法》，规定在财政部内设立一项刑事被害人的特别基金，由司法部长统一领导。基金来源于联邦刑事案件中所判处的罚金收入。到 1985 年美国 34 个州和哥伦比亚特区均建立了被害人补偿制度，澳大利亚、加拿大也分别于 1967 年、1969 年通过立法建立了刑事被害人补偿制度。到了 70 年代，德语国家的学者开始重视研究刑事被害人的保护问题，学者们研究导致了这样的结果，除了在全社会都进一步强调保障被告人的合法权益外，在国家刑事政策和立法中也应重视对刑事被害人权利的保障，学者们认为为了加强刑事被害人在刑事司法中的法律地位，对严重的犯罪行为的受害人应给予更多的资助和帮助，有必要制定刑事被害人保护法或被害人赔偿法。（笔者注：国外有关刑事被害人赔偿的法律中大多包含国家对被害人救助的内容。）70 年代后期欧洲议会将刑事被害人的保护问题提到了议事日程上来，80 年代初，通过了一系列有关刑事被害人的条约和立法建议，主要有《暴力犯罪被害人赔偿法》（Die Europäische Konvention über die Entschädigung für Opfer von Gewaltttern 1983）、《被害人在刑法和刑事诉讼法中的法律地位和建议》（Empfehlungen des Ministerrates zur Rechtsverstellung des Opfers im Strafrecht und Trafverfahren 1985）及《关于被害人帮助和治疗计划及防止成为被害人的建议》等，在德语国家中，在刑事被害人保护方面走在最前沿的要数奥地利，1972 年奥地利率先制定了《刑事被害人援助法》，其中涉及了对刑事被害人的赔偿及补偿问题。该法后被 1977 年的《刑事被害人赔偿法》及 1989 年的《刑事被害人法》所修改并替代。1973 年芬兰通过了《被害人补偿法》（1973 年/935 号）（Victim Compensation Act），按照该法的规定，被害人有从国家获得补偿的权利。1976 年 5 月德意志联邦共和国以其邻国奥地利为榜样，制定了旨在保护、帮助刑事被害人的法律《暴力犯罪被害人赔偿法》（简称 OEG），根据 OEG 的规定在该法效力范围内或在德国船只、飞机上由针对本人或他人的蓄意的暴力侵害，或者因为他人对这一暴力侵害行为进行正当防卫而使自己健康受到损害的均可以得到赔偿，这里的赔偿即是指国家补偿的内容。在瑞士，立法机关对被害人保护问题的重视程度似乎不如其邻国德国和奥地利，在后两者关于刑事被害人保护的法律颁布实施约 10 年后，瑞士立法机关才于 1991 年 10 月 4 日制定了《被害人帮助法》（Opferhilfegesetz, 简称 OHG），但该法律制定后却迟迟未获批准，直到 1993 年 1 月 1 日才经批准生效，该法共分五章十九条，其中第四章是关于刑事被害人的赔偿与补偿问题。瑞典于 1978 年第 4 号法律通过了《刑事损害补偿法》，并于 1994 年设立了支持被害人基金。在日本，昭和 49 年（1974 年）发生了过激派爆炸三菱重工大楼（即所谓“街头魔鬼”）事件，造成市民 8 人死亡，380 人负伤的重大结果，它使对刑事被害人的补偿一下子便成了人们所关心的事情。后经政府、国会审议，昭和 55 年（1980 年）便制定了刑事被害人等补偿金给付法，并于昭和 56 年（1981 年）1 月 1 日起实施至今。我国台湾地区也于 1999 年制定了《刑事被害人保护法》，这部法律对刑事被害人补偿的内容作了详细规定。1985 年 12 月 11 日联合国大会通过了第 40/34 号决议《关于公正对待因刑事和滥用权力而受害的被害人的基本原则宣言》，该公约明确规定了国家补偿制度的对象、方式，对资金来源和补偿程序也作了原则性规定，使被害人补偿制度迈上了一个新的阶梯。

综上所述，刑事被害人司法救助制度具有较为久远的历史，世界各国刑事被害人司法救助制度的发展，对我国刑事被害人司法制度的建立及发展具有很大的促进和借鉴作用。

（二）被害人参与刑事诉讼的理论基础：参与公诉与获得赔偿

国家公诉制度的产生意味着国家代替被害人成为刑事司法的主导者，犯罪不再被视为是对个人的侵犯，而是对整个国家安全和社会秩序的破坏，是对国家利益的侵犯；追诉犯罪不再是被害人的责任，而成为了国家的义务。

但是，如果从被害人角度出发，对传统犯罪观念进行反思，不难发现犯罪的本质是行为人对被害人权利的严重侵犯。犯罪会产生两种后果：一是对被害人的侵害；二是对国家和社会利益的侵害。对于前者要求对被害人进行修复、赔偿；对于后者则要求国家刑罚的适用。鉴于被害人是犯罪行为的直接受害者，刑罚适用不能仅仅从国家或社会的角度出发，而且应考虑被害人的需要。随着20世纪中后期西方被害人保护运动的兴起，被害人的权利越来越受到社会各界的重视。对被害人来说，遭受犯罪行为侵犯后，主要产生两种被害心理：一是复仇愿望；二是获得赔偿的愿望。如何最大限度地同时满足这两种心理需求是刑事司法的重要任务。具体来说，被害人参与刑事诉讼是与上述两种心理状态密不可分的。

1. 被害人复仇心理与国家公诉制度

最早被害人是通过私力救济惩治犯罪人的，但私力救济具有浓重的破坏性和原始性，于是国家介入，为犯罪人规定了正式的刑罚，对被害人加以救助，即现代刑事司法模式下的报应性司法。这也就是国家公诉制度产生的渊源，在诉讼程序上主要体现为检察机关代表国家代替被害人行使公诉权；在刑罚层面上最主要的体现是报应刑的确立，即通过国家刑罚对犯罪人进行惩处。从犯罪人视角看，国家行使制裁权较之私力救济更具震慑力，预防犯罪的作用也更强；从国家视角看，国家对犯罪人行使制裁权更有利于维护法制，也有利于恢复被犯罪破坏的社会法益和国家法益。但是从被害人视角出发，报应性司法虽然最早是基于被害人的复仇心理产生的，其复仇心理因公诉制度和刑罚的存在而得以一定程度的满足，但是并不充分，原因有二：一是被害人的复仇心理需要依赖国家公诉权的行使，因而受到了一定程度的约束；二是立法者在考虑刑罚目的时主要从国家或社会的角度出发，而对被害人方面的需要关注较少。综上，刑事司法中国家权力的介入带来了诸多益处，但是较为重视国家、被告人的关系，却忽略了被害人的自身权利。1996年刑事诉讼法修改之后，被害人取得了"当事人"地位，但其在刑事诉讼中的处境并没有得到实质改善，实体权利较少，在大多数情况下其在诉讼中的作用相当于证人，难以获得充分参与、平等对话的机会。被害人在我国刑事诉讼中处于边缘地位，难以得到有效保护。

2. 被害人赔偿心理与被害人在刑事诉讼中的作用

国家公诉制度的产生从某种意义上影响了被害人从犯罪人处获得赔偿的几率和程度。正是由于这种弊端的存在，以被害人宽恕心理和要求赔偿心理为基础的恢复性司法产生了。重视被害人因遭受犯罪侵害而产生的强烈的弥补损失和获得赔偿的愿望，是对传统报应性司法的补充与矫正。具体到刑事诉讼中，被害人可通过退赔、刑事和解、刑事附带民事诉讼、单独提起民事诉讼、国家补偿、司法救助等方式参与到刑事诉讼中，满足其赔偿心理。

需要指出的是，被害人遭受犯罪侵害后，获得赔偿的情况直接影响到其从被害状态恢复的程度，因而赔偿愿望往往比复仇愿望更为迫切。当今世界上越来越多的国家对刑事司法的赔偿作用愈发重视，某些国家对于被害人获得赔偿权利的重视程度甚至超过了对于被害人参与公诉机会的重视。

（三）对刑事被害人进行司法救助的必要性

鉴于以上论述，现代刑事司法中，较之复仇愿望，被害人获得赔偿的愿望更为迫切。但是由于种种原因，很大一部分被害人无法从犯罪人或其他途径获得赔偿，使得被害人通过一定法律程序取得一定物质、精神帮助成为严峻的现实问题。而在这种刑事司法实践的窘境中，刑事被害人司法救助恰好彰显出了其独特的功能，不仅有利于保障被害人的诉讼权利，而且有利于满足被害人获得赔偿的心理，实现社会的公平和正义。分析如下：

1. 基于被害人诉讼权利的分析：以公诉制度为视角

从诉讼权利上来说：一方面，被害人与国家公诉权存在一致性。国家公诉制度意味着控诉机关替代被害人成为刑事诉讼中的公诉人，承担起主要的追究和控诉职责。公诉中被害人与控诉机关在执行控诉职能上的关系是相互配合的，[1] 被害人通过对控诉机关的配合来行使自己的控诉职能。另一方面，两者存在差异。控诉机关代表的是国家利益和社会利益，被害人代表的是个人利益。控诉机关诉讼行为的目的和动机主要是实现对犯罪人的追诉与惩罚，除了考虑被害人的需求和愿望外，更多会考虑社会危害性因素。对犯罪人的追诉并不等于对被害人的保护。正是这种差异性的存在，使被害人权利常被忽略。因此，对被害人进行司法救助，对被害人参与刑事诉讼提供物质和心理支持，有助于弥补国家公诉制度带来的被害人诉讼权利的不足。具体而言，刑事被害人司法救助首先强化了审查起

---

[1]　石英："论被害人的控诉"，载《现代法学》2001 年第 10 期，第 133 页。

诉环节刑事被害人作为刑事主体的地位；其次，在诉讼证据权利方面，被害人是一个很重要的证据来源。救助确有困难的被害人，提高其参与诉讼的能力，与控方形成高效的互动，有利于了解其遭受犯罪行为侵害的切身感受，在审判阶段向法庭提供重要证据。

2. 基于被害人获得赔偿愿望的分析

刑事被害人司法救助的核心价值在于落实被害人在刑事司法中的基本人权，被害人受到犯罪行为侵害后，财产、人身权利都可能受到极大影响，弥补经济和精神创伤成为被害人的强烈愿望，被害人获得赔偿或救助的情况直接影响到其从被害状态中恢复的程度。刑事被害人司法救助是对以被告人为中心的刑事司法制度的反思，也使被害人的生存状况逐步进入公众的视野，不仅有利于解决具体被害人的实际困难，也是对潜在被害人权益的有力保障。

3. 基于检察权社会价值的思考

被害人因遭受犯罪行为侵害而导致的生活困难，可能使被害人对犯罪嫌疑人及其亲属和社会产生敌对和不满情绪，导致被害人向犯罪人转化[1]，还会使被害人及公众对包括司法在内的法治秩序产生不信任。相当数量的案件中，被害人报案却不被受理，很多案件沦为"犯罪黑数"，被害人在诉讼阶段主要被作为证人看待，其应有的诉讼权利常常被忽视或者剥夺，而且被害人的人身无保障，隐私权也受到严重侵犯。法院做出的刑事附带民事诉讼案件的判决执行率不高。现在上访队伍中有相当一部分就是刑事案件的被害人。尤其是一些被害人因为自身权益得不到保障，迁怒于社会，开始向犯罪人转化，成为社会安定的一大隐患。因此，被害人司法救助具有解决上访、控制犯罪总量等的现实价值。司法机关的介入有利于缓解和避免自救极端行为的发生。而实现公平和正义是检察权行使的内在要求，因而检察机关开展刑事被害人司法救助是具有正当性的，且是必要的。

（四）刑事被害人司法救助的理论定位：有限国家责任

以上从被害人的角度出发，对现有的刑事诉讼模式进行了理论反思，指出对被害人进行救助与刑事诉讼的产生和发展是息息相关的，因而构建刑事被害人司法救助在理论上和价值上具有正当性和必要性。以下从国家公权力视角出发，探索刑事被害人司法救助的定位，以明确在该项机制中国家所应承担的责任的性质、程度。

目前，为了对建立刑事被害人司法救助工作提供合理、可行的理论指导和依

---

① 王琰："对我国建立被害人国家补偿制度的立法思考"，载《河南公安高等专科学校学报》2007年第1期。

据，我国学者已从其理论定位进行了诸多论证。现有的理论根据主要包括国家责任说①、刑事政策说②、社会福利说③、社会保险说④和社会正义说⑤。在上述学说中，国家责任说得到了我国大部分学者的认同。国家责任说以社会契约理论为渊源。该学说认为，公诉权是国家替代被害人惩罚犯罪的权力，法律不允许公民个人使用暴力报复犯罪，因此国家应当负责保护公民的人身和财产安全，被害人遭受犯罪行为侵害，国家又不允许实施私力救济，那么被害人无法从犯罪人处获得赔偿时，国家应当对其损失给予赔偿。

　　国家责任说是一种与社会现实紧密联系且高度抽象的理论学说，鉴于我们针对刑事被害人司法救助问题考察其理论基础，有必要在刑事领域探索国家责任学说的合理性：公民在未遭受犯罪之前，仅凭个人能力便能正常生活，此时可以抽象地认为公民与行使国家权力处于隔绝状态；当公民遭受犯罪侵害后，一般情况下其个人能力是不足以对抗加害人的，公民为了维护自身利益而让渡了部分自然权利。国家集结所有公民让渡的部分自然权利组成公权力，亦相应承担了公民让渡出的部分自然义务。因此，在国家不能控制犯罪时，国家便须承担部分责任，对公民履行救助义务。在国家既不能控制犯罪，又不履行对公民的救助义务时，公民可收回私力救济等自然权利，从而促使国家回复到自然状态。而刑事被害人

---

　　① 卢梭在《社会契约论》一书中认为，每个人的力量和自由是他生存的主要手段，但为了使社会由一种自然状态过渡到另一种文明状态，人们就必须"寻找一种结合形式以全部共同的力量来护卫和保障每个结合者的人身和财富"，这种结合的形式即为国家。既然各国宪法均规定要保障人民财产、生命不受侵犯，那么国家就应该对其国民负有防止犯罪发生的责任。国家未能尽到此责任，则理应承担对被害人予以适当救助之责。

　　② 将国家救助作为一项刑事政策，一方面，有利于争取被害人的支持，因为通过国家的救助被害人更容易消灭其对犯罪人的仇恨情绪，与此同时他们也将更加愿意配合司法机关的工作，使对于犯罪的追诉更为有效，有利于犯罪人更快地回归社会，防止其被边缘化。另一方面，设立国家救助制度也有利于得到广大民众的支持，因为每个人都有受到犯罪侵害的潜在可能性，这一制度的建立有利于增强民众的安全感，减少他们对政府的不满心理，从而有利于社会的稳定与和谐。

　　③ 国家对被害人的救助是基于人道主义的一种福利。即被害人本来已经因犯罪侵害而遭受身心创伤及财物损失，在诉讼程序中又往往是控辩双方论证中的"牺牲品"，为社会中亟待援助的弱势群体。社会有责任予以适当的救济援助。值得注意的是，这一理论认为救助是国家在行善而非承担责任，因此救助之数额与实际损失不一定相一致。

　　④ 这一理论认为有社会即有犯罪，犯罪是任何社会无法避免的一种灾祸，因此犯罪侵害应视为社会保险帮助解决的意外事故之一。人们平时以缴纳税金的方式获得国家对于其将来可能遭遇不测的保险，究其实质是一种以整体力量弥补个人不测之补偿，符合保险制度的一般原理。

　　⑤ 作为犯罪人的被告人往往是经济实力不理想的社会群体，且国家在对其科处罚金和自由刑后更加影响了他们对于被害人的赔偿能力。并且传统刑事司法制度注重强调保护被害人利益，赋予其较多诉讼权利，相较之下被害人的权利却往往被忽视。如此的情况不符合道义，有失公正。因此，国家应承担起对于被害人的救助责任，唯有这样才能使被害人受损的利益得到救助，被扭曲的社会正义得到矫正。

司法救助即可被视作"自然权利"回复的一种表现形式。

我们认为，国家责任说能够比较正确地反映刑事被害人司法救助的理论渊源和性质，但是对国家责任的程度等仍存在观点争议。主要观点有三：一是国家对于犯罪的发生负有全部责任，进而认为国家对于被害人须承担全部救助责任；二是仅说明国家应承担相应的责任，而未予以具体阐述；三是认为国家对刑事被害人进行救助，根据社会契约论和国家责任说，原则上国家对被害人在不能从加害人处获取赔偿时负有全部救助责任，鉴于现实国情，实践中国家对被害人仅承担有限救助责任。刑事被害人国家救助制度的理论基础根据以上探讨的刑事领域的国家责任说，并加以理性分析，我们赞同第三种观点，认为国家在刑事被害人司法救助工作上承担的责任是有限的。

有限国家责任说依然以社会契约理论为其渊源，但是在责任程度上进一步明确指出，国家对犯罪的发生仅负有限责任，对于不能从加害人手中取得赔偿的公民，国家仅须履行部分救助义务。从刑法理论出发，为犯罪承担责任的主体有三，即加害人、国家和被害人本人。加害人承担主要责任，对犯罪行为发生有过错的被害人应承担相应责任。国家所须承担的责任是有限的，我们认为，此处的"有限"包括两方面：一是根本国家责任，二是直接国家责任。根本国家责任是指，国家负有化解社会矛盾、实现社会和谐的义务，因而国家有责任对贫弱群体进行救助。其在性质上类似于社会福利，国家在道义上负有对生活困难的被害人进行关爱和垂怜。直接国家责任是指，因法制不健全，司法、执法不力，而导致犯罪行为发生的责任。有限国家责任说认识到了国家对于不同类型的犯罪所应承担的具体责任是不同的，因而有利于解决实践中较为突出的问题，这些问题包括：第一，救助主体的先后顺序，如刑事附带民事中的被告人赔偿与刑事被害人司法救助的先后顺序；第二，确定具体救助形式和数额；第三，救助对象的划定等。救助基金是有限的，因而应将有限的国家财力优先救助最需要救助的被害人。

第二节　刑事被害人司法救助的价值评价

一、刑事被害人司法救助促进刑事诉讼构造的平衡

刑事被害人司法救助工作强调通过检察机关对被害人进行救助，矫正因犯罪行为导致的非正义和不平等，使破坏的社会关系得以修复，因而体现了恢复性司法的理念。恢复性司法强调的是犯罪人自己对被害人加以补偿，把犯罪所造成的损害恢复到原状。开展刑事被害人司法救助工作不仅旨在使被害人免受生存威

胁，更是一种来自国家的心灵抚慰。通过以上比较可知，刑事被害人司法救助体现了恢复性司法理念跨越到补偿性司法理念，将被边缘化的被害人重新拉回到其在刑事司法中应有的地位，给予其实质意义上的权利实现。从诉讼结构层面来看，在诉讼权利之外，刑事被害人司法救助更添加了对被害人加以实体保护的因素，该项工作的深入开展能够有效提升被害人的诉讼地位，进一步触动我国诉讼结构的演变。

从司法实践来看，现有的刑事诉讼结构是线型结构加上三角结构。线型结构是指侦查阶段和审查起诉阶段，该阶段诉讼流程呈线形。三角结构主要是指审判阶段的控、辩、审形成了诉讼三角型关系，被害人未被列入该三角关系中。近年来社会各界对被害人诉讼权利和地位日益关注，被害人当事人的地位和作用更加凸显出来。刑事被害人司法救助能够切实解决被害人的生活困难，有力保障被害人依法作证、指控犯罪的权利，在实践中逐步将其视为实实在在的当事人。从另一个意义上说，这是诉讼活动顺利进行的关键，推动了刑事诉讼三角结构向四方三角模式的演变，进而体现了法治发展的趋势。

二、刑事被害人司法救助关注当事人权利的均衡发展

现代刑事司法的诸多进步均是以对犯罪嫌疑人、被告人人权保护的强化为标志。为了适应世界范围内对于犯罪嫌疑人、被告人人权的高度重视，我国刑事司法改革也突出强调保障他们的权利。而作为犯罪行为直接受害者的被害人的各项权利却被严重忽略和边缘化，与犯罪嫌疑人、被告人相去甚远。如果当事人权利平衡不能保持，甚至失衡，社会公正将会缺失。随着我国社会经济的发展和公民权利保护意识的加强，人们普遍认识到刑事被害人司法救助是我国法治进步的体现，不仅有利于解决被害人家庭的实际困难，也是解决犯罪被害结果严重化带来的社会处境不平衡问题的现实需要。

三、刑事被害人司法救助关注人权的和谐发展

刑事被害人司法救助的核心价值在于落实被害人在刑事司法中的基本人权，被害人受到犯罪行为侵害后，财产、人身权利都可能受到极大影响，弥补经济和精神创伤成为被害人的强烈愿望，被害人获得赔偿或救助的情况直接影响到其从被害状态中恢复的程度。这里包含两层意思：一是矫正被害人可能产生的复仇心理。此种心理往往会推动被害人采取私力救济的方式，以报复行为来实现自我与他人的再一次"平等"。被害人可能转为加害人，产生新的犯罪。二是保障被害人的生存条件。刑事被害人司法救助有利于被害人最根本需要的满足并防止二次被害。综上，刑事被害人司法救助将达到经济救助、心理安抚等的多重作用，让

被害人同样享受法律阳光的普照，增强他们对司法的信赖感和认同感，促进社会和谐稳定发展。

第三节　检察机关开展刑事被害人司法救助工作的正当性基础

刑事被害人司法救助本质上应是国家责任，并且就现阶段而言，司法机关（包括公、检、法）和行政机关（主要指民政部门）均是开展这项工作的主体。我们立足检察机关职能，对检察机关"为什么"要实施刑事被害人司法救助机制进行研究。以下从可行性和正当性两方面进行探讨。

一、检察机关开展刑事被害人司法救助工作的可行性

由国家替代被害人行使公诉权带来的被害人与检察机关关系问题、被害人权利保障问题及救助主体问题日益凸显。综观世界各国，实践不尽相同。有的将救助机构设在法院，有的设在社会福利机构，有的设在司法行政部门，有的设在财政部门，美国的某些州和瑞士等国家和地区则由检察机关行使该项权力，且是法律明确规定的。我们认为，检察机关作为救助主体是具有一定的理论基础——作为因职能原因而未充分关注被害人权益的补充，确保两者关系的融洽，检察机关承担起为被害人提供包括经济、心理等方面在内的一系列帮助和保护的责任是合理可行的，且由检察机关开展此项工作在一定程度上是有优势的：

一是职能优势。被害人的生活困境在整个刑事诉讼过程中都可能发生，有些还是持续存在的，且随着诉讼的推进不断变化。检察工作涉案周期长，贯穿了从侦查、批捕、起诉、审判、执行等各个刑事诉讼环节，而公安机关、法院等其他司法机关只涉及诉前或诉后某一环节，不能涵盖诉讼全过程。由检察机关开展救助能最大限度地保障被害人的最低生活需要，且检察环节的救助更具针对性和及时性，在审判阶段进行救助可能于事无补。

二是角色优势。检察机关在社会公平正义层面上替被害人伸张正义，为其挽回因犯罪行为所遭受的损失，可被视为被害人的利益代言人，在刑事诉讼中同属控方。与法院相比，从法院的职能看，法院具有刑事审判及解决刑事附带民事诉讼问题的职责，如果承担起救助的职责，被害人与犯罪人的关系就可能成为法院行使职权时权衡利弊的障碍，难以有效保障中立性。具体来说，法院既对犯罪人判处刑罚又通过附带民事诉讼或救助让犯罪人再承担一部分的责任，从本质上讲是否合理，打和罚的关系如何协调都有待商榷。从这个角度讲，检察机关进行救助较为合理。

三是实践支撑。近年来，检察机关开展了刑事和解等大量恢复性司法工作，这些成功的实践经验告诉我们，检察机关充分听取被害人的心声，满足他们最低的生活需要，有利于修复被害人赔偿和复仇的双重心理，使被害人内心失衡的天平重新平衡，帮助被害人也能像犯罪嫌疑人、被告人那样更好地回归社会。

二、检察机关开展刑事被害人司法救助工作的正当性

（一）检察机关开展刑事被害人司法救助来源于检察权

检察机关开展刑事被害人司法救助必须由检察权实际控制并支配，具体表现为：一方面就现阶段而言，救助发生在刑事诉讼过程中，因而具有司法性，区别于一般意义上的国家或社会救助；另一方面具有阶段性，将检察机关特定为实施救助的主体，有别于公安机关侦查和法院审判阶段的同类救助。在现有的工作实践中，刑事被害人司法救助因承载着检察权的内在要求而呈现出如下特点：

一是关联性。其中包含三层意思：一是刑事被害人司法救助贯穿侦查、批捕、起诉等各个刑事诉讼环节，但无论是哪个环节，都必须与刑事诉讼有关；二是对刑事被害人施以救助必须与受理的刑事案件有关；三是救助的对象必须面临生活困境，且造成生活困境的原因是遭受犯罪行为侵害。

二是应急性。我们认为，这是检察机关开展刑事被害人司法救助的本意。被害人的生活困境在整个刑事诉讼过程中都可能发生，有些还是持续存在的，且随着诉讼的推进不断变化。检察工作涉案周期长，贯穿了从侦查、批捕、起诉、审判、执行等各个刑事诉讼环节，较之公安机关、法院等其他司法机关，更具即时发现潜在救助对象并及时对其加以救助的职能优势。由检察机关对被害人进行司法救助较之公安机关与法院更利于确保被害人顺利参与诉讼，直至诉讼终结得到法院公正判决或其他补偿。

三是有限性。与法院开展的困难当事人司法救助不同，检察机关无审判权，无法确定被害人能否从犯罪人处得到赔偿及可能获得的赔偿数额。加之基于有限国家责任理论，我们认为，检察机关对被害人的救助仅是有限救助，在经济救助上仅限补助紧急的医药费、丧葬费及审查起诉阶段的最低生活保障费，法院判决后可获得犯罪人的赔偿或从法院开展的相关救助工作中得到补偿。需要指出的是，这也是救助制度与补偿制度的重大区别。国家补偿制度指的是被害人在无法得到刑事附带民事赔偿或者赔偿不足时，有权要求国家对其经济损失进行补偿的权利，具有事后性、补偿性。国家补偿适合由法院判决之后开展实施。

（二）　检察机关开展刑事被害人司法救助实践着检察权

以上考量的逻辑起点在于对检察权的理解和把握。传统意义上的检察权一般是指公诉权以及由此引申的职务犯罪侦查权、逮捕权等权力。基于此，有观点认为，刑事被害人司法救助是检察机关的政策职能或综合治理职能的体现，并非检察权运行的结果。持该观点者将检察权进行了狭义理解，将检察权归入司法权的范畴，认为刑事被害人司法救助不是司法制度，因而将刑事被害人司法救助定位为司法的衍生功能。并进而将"司法救助"中的"司法"界定为在司法环节进行救助，而非司法属性的体现。

我国宪法将检察机关定位为法律监督机关，检察权即法律监督权，而法律监督权的内含与外延均不仅仅限于司法权范畴。现代刑事司法中的检察权运行应以公共利益为导向，实现社会效能的最大化。检察机关开展刑事被害人司法救助视野未局限于司法意义上的人权保障，而是上升到宪法意义上的弱势群体保护。这正是法律监督权内在品性的体现，决定了维护公共法律利益是行使检察权的出发点和归宿。因此，对被害人的权益加以关注与对被追诉人权利的保障相同，均是检察权行使的应有之义。进一步分析，正是作为检察权最基本实现形式的公诉权替代了被害人的私力救济，才使对边缘化的被害人权益的重新注目更折射出检察权独有的价值。

综上所述，检察机关开展刑事被害人司法救助也是检察权实现形式，检察机关对被害人不仅承担着司法层面上的程序性救助义务，同时也负有实质性救助的职责。我们进一步认为，刑事被害人司法救助体现了检察权的必要张力，在被害人诉讼地位日益提升的今天，该项工作应被视为对传统检察权实现形式的充实。

第四节　我国刑事被害人司法救助制度的现状分析

国际上对刑事被害人司法救助制度的探索已比较成熟、完备，在法律上确立刑事被害人司法救助制度是现代法治国家立法的一个共同趋势。现阶段在我国，理论界对刑事被害人司法救助制度的研究尚不够深入，加之实践中对刑事被害人司法救助的试点也处于起步阶段，以上因素决定了我国目前尚不具备全面推行刑事被害人司法救助制度的主客观条件。但是，现有的试点情况表明，对部分确有困难的刑事被害人给予救助，不仅是必要的，而且是可行的。因此，我们建议加快机制的完善，实现由自发的、零星的救助向规范的、统一的刑事被害人司法救助的转变。

一、我国构建刑事被害人司法救助机制的必要性

(一) 履行国际法律义务的迫切需要

我国已加入联合国《经济社会文化权利国际公约》，公约第 9 条、第 11 条规定了"社会保障权利"和"相当生活水准权利"，这是现代社会的国家义务。我国《宪法》第 14 条第 4 款亦规定，"国家建立健全同经济发展水平相适应的社会保障制度"。对因犯罪行为而遭遇生存威胁的刑事被害人理应得到生存保障。1985 年，联合国颁发了《为罪行和滥用权利行为受害者取得公理的基本原则宣言》，表明维护被害人权利已经不是某一个地区、某一个国家的实践，而已经上升为国际社会通行的制度规则。

(二) 保障司法和谐及被害人人权的体现

随着世界范围内对于被告人人权的不断重视，我国刑事司法改革也更多强调对于他们人身权利、诉讼权利的保障。而作为刑事诉讼当事人一方的被害人，他们的利益却被严重地忽略和边缘化，他们的诉讼权利远不及犯罪嫌疑人、被告人的诉讼权利来得完整。随着国家社会经济状况的发展和公民权利保护的加强，社会越来越认识到刑事被害人司法救助和被害人权利保护是我国法治进步的体现。建立刑事被害人司法救助制度不仅有利于解决被害人家庭的实际生活困难，也是解决犯罪被害结果严重化带来的社会问题的现实需要。

(三) 有利于弥补刑事附带民事诉讼的不足

在我国，刑事被害人获得赔偿的主要途径是通过刑事附带民事诉讼，且被害人只有在被告人明确，且被告人拥有可供执行的财产时，其物质损失才能得以真正弥补，而现实中被害人的赔偿权利往往因为被告人无法确定或被告人无力赔偿而无法实现。据统计，大约有 80% 以上的被害人及其近亲属是无法从被告人那里得到赔偿的，[①] 由此导致被害人的被害状态呈无限延续之势，使有些被害人成为"永久的被害人"。对此我国部分地区已就刑事被害人司法救助制度进行试点，但是由于没有相关立法调整，实施中存在随意性和差异性，缺乏常态性、规范性和公平性。因此，有必要将刑事被害人司法救助法律化、制度化。由国家对因犯罪行为而面临生活困境的被害人给予救助，这样可以使刑事被害人司法救助

---

① 参见孙谦："建立刑事被害人国家补偿制度的实践意义及理论基础"，载《人民检察》2006 年第 17 期，第 7 页。

不留下死角，给被害人以必要的抚恤和安慰，从而恢复失去的正义，维护社会秩序的稳定。

二、我国构建刑事被害人司法救助机制面临的困难

（一）现有立法的缺失

我国目前尚未出台刑事被害人司法救助的单独立法。现有的刑事被害人权利保障方面的制度、规定发挥的作用也不够充分，主要的法律依据是《宪法》第33条"国家尊重和保障人权"和第45条"中华人民共和国在年老、丧失劳动力的情况下有受到社会保险、社会救济和医疗卫生，国家帮助安排盲聋哑等居民的生活"。上述依据较为原则，无力支持完整的刑事被害人司法救助机制与相关实践。

具体到刑事被害人司法救助方面，我国目前最主要的法律依据有二：一是《刑法》第36条第1款"由于犯罪行为而使被害人遭受经济损失的，对犯罪分子除依法给予刑事处罚外，并应根据情况判处赔偿经济损失"；二是《刑事诉讼法》第77条第1款"被害人由于被告人的犯罪行为而遭受物质损失的，在刑事诉讼过程中，有权提起附带民事诉讼"。这是我国刑事被害人行使损害赔偿请求权的主要法律依据。然而通过退赔方式或刑事附带民事诉讼，当犯罪人无力赔偿时，被害人的合法权益就会落空。

（二）司法实践的困境

1. 被害人救济途径缺乏。司法实践中，存在大量刑事案件因种种原因无法破案、不能确定犯罪嫌疑人或者因证据问题无法追诉。这些案件中的被害人无法落实加害人，更无从行使其请求权，赔偿问题便无法解决。

2. "法律白条"现象严重。目前，大量犯罪人以无经济补偿能力，很多被害人无法从犯罪人处得到实际的损害补偿，司法判决往往成为"一纸空文"，判决往往得不到切实执行，使被害人陷于生活困境。

3. 刑事被害人保护不力。刑事被害人在遭受犯罪行为侵害后未能得到应有关怀，很多情况下，刑事被害人只有独自承受犯罪带来的侵害后果。现行《刑事诉讼法》虽将被害人视为当事人，但被害人在刑事诉讼中的权利与犯罪嫌疑人、被告人的权利依然相去甚远。遭受犯罪侵害的被害人因得不到救助往往处境悲凉，这使得他们中有的人长期上访，有的人则行凶报复。被害人问题往往是法律问题、诉求及情理交织的，如果通过司法途径不能解决他们的生存问题，那么矛盾就有可能激化。

（三）执法观念的更新

刑事被害人司法救助制度有效填补了法律空白，解决了实践中遇到的难题，顺应当前以人为本的刑事司法理念，其核心的价值理念就是保护被害人的权利。因此，检察机关的办案人员应当在社会主义法治理念的正确引导下，及时转变观念，纠正就案办案、只管案内不顾案外的做法，立足检察职能，充分发挥检察机关在服务社会大局、维护社会稳定方面的作用，正确处理公正与效率、实体与程序、法律效果和社会效果的关系，全面彰显检察机关打击犯罪和保障人权的职能。

第五节 我国建立刑事被害人司法救助机制的构想

一、立法选择

综观各国相关立法实践，刑事被害人司法救助制度一般采两种立法模式：一是采取单独立法方式，另一种是将相关内容规定于其他部门法之中。事实上，我国目前关于刑事被害人司法救助制度的规定采用了第二种立法模式，散见于各个效力层次的立法文件中，由全国人大立法成为法律的文件中涉及救助的有 30 多份，国务院涉及救助的文件有 760 份，在现行的司法解释当中，涉及救助的文件有 35 份，这些立法文件涉及范围较广且对民事、行政、刑事诉讼中司法救助的规定划分不明。[①] 关于第二种立法模式，有观点认为，应抓住我国当今《刑事诉讼法》正在修订这一契机，将刑事被害人司法救助制度规定于其中，以体现刑事司法平等保护被告人和被害人权利的法治理念。[②] 然而上述第二种模式的弊端显而易见。因为从国外的相关立法来看，刑事被害人司法救助制度是一个相对比较复杂的制度，其涉及的社会面较广，不能仅仅由几个法条来解决，有必要出台相关的立法解释、司法解释，这样将破坏立法的初衷；如果加以大篇幅的规定，又将破坏《刑事诉讼法》的整体结构的合理性。因此，在我国采取单独立法的方式更加合理、可行，并且国家对刑事被害人的救助带有行政救助性质，不宜具体规定在《刑事诉讼法》中，但可在《刑事诉讼法》的总则中加以原则性规定。

---

① 2008 年 5 月 9 日 "刑事被害人救助制度立法（无锡）研讨会"，载 http：//live.jcrb.com/html/2008/227.htm。

② 王琳："被害人国家补偿制度的路径选择"，载《法治论坛》第 6 辑，第 25 页。

二、检察机关刑事被害人司法救助制度的具体内容及制度设计

(一) 基本原则

原则决定着一项法律制度的基本走向，根据我国现阶段的国情以及国际刑事法发展的趋势，我国刑事被害人司法救助制度应当确立以下基本原则：第一，公正性原则。实施救助时要考虑被害人在其被害前与被害时所处的状态，针对不同的被害人予以不同的救助。第二，公开性原则。救助的条件、程序及产生的后果等应予以公开，确保被害人的合法权益。第三，应急性原则。救助表现应为救急不救穷，旨在保障被害人在诉讼期间的最低生活、医疗救治等需要。第四，及时性原则。针对正处于严重困境的被害人，救助必须迅速、便捷，以使其尽快摆脱困境。第五，有限性原则。与上文对有限国家责任论述中的"根本国家责任"和"直接国家责任"相对应，此处"有限性"包括两个方面：一是补充性，二是补足性。补充性与补足性虽一字之差，但两者是不同的。补充性强调刑事被害人司法救助的性质，补足性侧重于刑事被害人司法救助中国家责任的程度。具体来说，前者是指在刑事被害人司法救助中，国家承担次要的救助义务，相对于被害人责任、加害人责任、扶养人义务和社会保险而言，处于补充地位。后者是指，刑事被害人司法救助并非国家对刑事被害人的损失所承担的直接法律责任。在加害人赔偿以后还需要救助，救助条件就是加害人没有履行赔偿责任或者虽然已经部分履行，但不足以支付经济救助费用，同时被害人没有办法得到及时相关赔偿和救助。

(二) 刑事被害人司法救助的主体确定

本专题上文指出刑事被害人司法救助是国家责任，并从理论层面对检察机关开展刑事被害人司法救助工作提出了依据，以下从实践层面对由哪个机关代表国家开展救助更为合适进行探讨。综观世界各国，实践不尽相同。事实上，从我国目前试点的情况来看，区域差异也很大，有的地方是法院在牵头试点，有的地方是检察院在牵头试点，有的地方是法院和检察院都在试点，因此存在着是由法院还是在检察院决定救助的认识分歧。还有观点主张在政府（主要是指民政部门、司法行政部门）设立救助机构的。我们认为，就目前的实践需要而言，由法院、检察院等司法机关负责救助为妥。理由如下：一是案情需要。全面了解案件情况是刑事被害人司法救助的前提，必要时还应当展开调查，并对相关条件加以审查。二是急救需要。被害人救助的应急性质要求及时对被害人给予救助。民政救助的对象范围十分广泛，人力有限，难以开展必要调查，加之民政部门不参与办

理刑事案件，不了解案件情况。上述因素决定了民政部门难以为被害人提供及时的救助，而司法机关在这方面具有天然的职能优势。具体来说，由法院、检察院负责救助，发挥了司法机关一定的调查权和调查能力优势。我们进一步认为，检察机关对具体案件承担着国家追诉职责，比法院更为了解被害人被害状况，因此由检察机关负责刑事被害人司法救助的审核更具合理性和必要性。加之检察机关作为司法机关也属于国家机关，因此由检察机关负责救助被害人是符合该项工作国家责任性质的。

（三）检察机关刑事被害人司法救助的范围

刑事被害人司法救助的范围，直接取决于救助的宗旨，同时受制于国家的财力状况。刑事被害人司法救助具有有限性，加之该制度的宗旨在于保障遭受犯罪行为侵害的被害人基本生活要求，而非对所有社会成员的一般保障机制，有必要将有限的资金用于救助受害程度相对较高的被害人，以达到最佳救助效果。

1. 救助对象

（1）救助对象应是具体刑事案件的被害人

本文第一部分已就刑事被害人的概念进行了界定，这是刑事被害人司法救助的前提和基础。但是在实践中，实务界主要问题有：一是救助对象是否包括"无被害人犯罪"中的受害人；二是在有间接被害人案件中，享有救助请求权的主体范围；三是救助对象的合理扩大问题，即虽未遭遇生存困境，但是确因犯罪行为遭受重大经济和精神损失的被害人是否也可获得适当救助；四是单位被害人是否也可给予救助。

第一，救助对象是否包括无被害人犯罪中的受害人？

在司法实践中，部分案件没有被害人，在欧美国家被称为"无被害人犯罪"案件。虽没有直接的或明显的被害人，但仍存在间接的或潜在的受害人。如出售未上市股权的非法经营案，此类案件在司法实践中是不列被害人的，由于涉案人员往往对股票未上市的事实已有所认识，并出于投机心理而自愿承担可能由此带来的风险，因此理论上来说，他们不属于被害人范畴。但是由于出售未上市股权者非法经营的犯罪行为使投机者的利益受损，有些甚至因犯罪行为而倾家荡产。这些人虽不是法律意义上的被害人，但是从办案的社会效果出发，是否也应得到检察机关的司法救助是需要探讨的。在这个问题上，我们认为，鉴于现阶段理论研究尚不成熟，加之救助经费有限，对于这些被害人不宜进行救助，待主客观条件成熟后，可就此类受害人的救助问题加以研究，讨论合理救助的可能性。

第二，在有间接被害人案件中，享有救助请求权的主体范围。

此处的间接被害人主要是指，虽未受犯罪行为直接侵害，但是却系因犯罪行为遭受生活困境的人。间接受害人的范围应如何确定，相关的国际条约及外国立法中已有所涉及。根据联合国《为犯罪和滥用权利行为受害者取得公理的基本原则宣言》的规定，当无法从罪犯或其他来源得到充分的补偿时，会员国应设法向下列人员提供金钱上的补偿：一是遭受严重罪行造成的重大身体伤害或身心健康损害的受害者；二是家庭成员，特别是由于这种伤害而死亡或身心残疾的受害人的受养人。日本《犯罪被害者等给付金支给法》规定，被害人死亡国家向遗属支付遗族给付金。第一顺序的亲属即配偶；在无配偶时，支付给"靠被害人的收入而维持生计的被害人的子女、父母及兄弟姐妹"；在无靠被害人扶养的上述人时，便支付给"被害人的子女、父母、孙子、祖父母及兄弟姐妹"。加拿大《刑事伤害补偿法》第 5 条规定的范围是，在被害人未死亡的情况下，向被害人或被害人的扶养人进行补偿。在被害人死亡的情况下，向被害人扶养的人或被害人的扶养人进行补偿。我国台湾地区《犯罪被害人保护法》第 6 条规定："得申请遗属补偿金之遗属，依下列顺序定之：1. 父母、配偶及子女。2. 祖父母。3. 孙子女。4. 兄弟姊妹。前项第二、三、四款所列遗属，申请第九条第一项第三款所定补偿金者，以依赖被害人扶养维持生活者为限。"①

从以上世界各国的立法看，我国刑事被害人司法救助的范围不应只局限于被害人本人，加之本已有相关理论加以支持，因此，我们认为，应将被害人的概念扩展到具体被害人的家属，但家属的范围仍应有所限制。可以考虑将刑事被害人司法救助的范围参照民事关系中人身损害赔偿的相应规定，分为两种情况：一种是因侵权行为或者其他致害原因直接遭受人身损害的被害人；另一种是依法由被害人承担扶养义务的被扶养人以及死亡受害人的近亲属，如其父母、子女、配偶等。② 对于具体的救助范围和顺序可借鉴我国《继承法》的第 10 条的规定排列：配偶、子女、父母、兄弟姐妹、祖父母、外祖父母及其他需要予以救助的亲属。

第三，救助对象的合理扩大问题。

根据《为罪行和滥用权利行为受害者取得公理的基本原则宣言》的规定，当无法从罪犯或其他来源得到充分的补偿时这些被害人的家属精神创伤比较大，如果犯罪人不能补偿的，可由国家或慈善团体加以补偿或救助。犯罪行为对人的生命和健康的损害对每个人都是一样的，都会造成精神上的痛苦，不论贫贱富贵与否。未因犯罪行为陷入经济困境的被害人及其家属同样需要抚慰。从长远来说，不能因为生活不困难就不救助，因犯罪行为造成的精神损害仍然存在，国家

① 赵可："建立我国犯罪被害人国家补偿制度的构想"，载《河南公安高等专科学校学报》2007 年第 6 期，第 24 页。

② 参见最高人民法院《关于审理人身损害赔偿案件适用法律若干问题的解释》第 1 条。

仍应负责救助给予安慰。但是就目前来说，刑事被害人司法救助刚刚进行试点，财政拨款较少，我们认为较为可行的做法仍是先救助经济困难的人群，以后可逐步推广到其他人员。救助条件也可逐步放宽，特别是对于被害人死亡的案件更应逐步放宽，抚平被害人家属的精神创伤。

第四，救助对象是否包括单位？

值得注意的是，目前刑事被害人司法救助的对象一般限于自然人，而不涉及单位。我们认为，单位也可享有被救助权。虽然单位一般具备自有财产，不需要救助。但在某些特殊情况下，如企业亏损严重，无法承担诉讼费用，或企业遭遇自然灾害或金融危机而面临停产歇业的，对这些单位进行救助就具有了必要性与可行性。因此，刑事被害人范围的划定对救助对象的确定具有重要意义，在开展救助时，可尝试将单位纳入救助对象之列。但是基于目前该项机制尚处于起步阶段，理论和实践尚未成熟，因此，现阶段的救助对象仍以自然人为原则，对单位进行救助应谨慎探索。

（2）对刑事被害人加以救助不以加害人是否被定罪为前提

刑事被害人司法救助是为解决被害人及其家庭因犯罪遭受的现实困难而存在的，如要等到案结事了，可能导致被害人生活情况继续恶化，发生更为严重的后果。因此，我们认为对刑事被害人加以救助不以加害人是否被定罪为前提。这在检察环节主要表现为不捕、不诉案件中的救助。这也是检察机关刑事被害人司法救助区别于法院的重要环节。

在诉前程序中，大量工作是围绕提起公诉进行的，但是在不少案件中，犯罪嫌疑人未归案或者归案后无法进行赔偿，或者由于事实不清、证据不足等原因作了不捕、不诉等处理。此时，由于犯罪嫌疑人未受刑罚处罚，国家对受到犯罪行为侵害而面临生活困境的被害人施行救助就更显示出人文关怀的温暖。换言之，刑事被害人司法救助并不局限于结案后，不论犯罪人归案与否或是案件进展到何种诉讼阶段，被害人都可申请救助。我们认为，在作出不捕、不诉等决定时，检察机关应将救助启动权告知被害人：①被害人或符合法定条件的主体有权提起相应的刑事附带民事诉讼或民事诉讼；②在符合法定条件的前提下，被害人或符合法定条件的主体可提起自诉。作为对当事人权利的适当约束，也应将以下事项作为救助因素：①被害人配合诉讼的程度；②犯罪嫌疑人或其他责任人履行赔偿责任的情况。

2. 救助条件

并非每个有资格申请司法救助的刑事被害人或其家属均能得到救助，救助条件是国家进行救助的重要依据，对此各国因法律性质不同纷纷制定了不同的救助条件，大致可以分为前提条件、排除条件和积极条件三种。根据我国国情，并借鉴各国的立法经验，为了严格监督并准确使用救助经费，我们认为，检察机关应根据以下一系列重要的条件对救助申请进行审查，确定在检察阶段能否实际获得救助。

（1）前提条件

第一，关联性要求。即案件已进入检察机关各部门受理阶段，被害人遭受了犯罪侵害。第二，紧迫性要求。即被害人或依靠其生活的人的生活陷入巨大困境，而又无法从犯罪嫌疑人、被告人（无力赔偿或不愿赔偿）或者其他途径（如保险、社会救济）获得救助，因此无力摆脱困境。第三，基础条件审查。此处的基础条件是指刑事被害人获得救助的必要条件。具体可包括：①犯罪人或者其他负有赔偿责任的人没有赔偿能力；②被害人没有从其他社会救济途径获得救济；③被害人及其家庭无力承担被害人医疗费用；④因被害人丧失劳动能力或者死亡导致被害人的家庭生活水平低于当地最低生活保障标准等。

（2）排除条件

已经实施刑事被害人司法救助制度的多数国家或地区都规定，对于符合条件的申请，在一定情形下也可以减少或拒绝补偿。① 这些条件包括：被害人具有获得赔偿或补偿的其他途径、被害人自身是否存在过错、被害人与加害人存在近亲属关系等等。如《欧洲补偿暴力犯罪被害人公约》第8条规定："被害人对自己的被害负有责任；被害人参与有组织犯罪或者参加了从事暴力犯罪的犯罪组织；对被害人进行补偿有悖于正义理念或公共政策。"我国台湾地区"犯罪被害人保护法"第8条规定："有下列各款情形之一者，不得申请遗属补偿金：1. 故意或过失使被害人死亡者；2. 被害人死亡前，故意使因被害人死亡而得申请遗属补偿金之先顺序或同顺序之遗属死亡者；3. 被害人死亡后，故意使得申请遗属补偿金之先顺序或同顺序之遗属死亡者。"②

我国在建立刑事被害人司法救助制度时，也应当确立类似的排除规则。我们认为，有下列情形之一的，应不予救助：

第一，因被害人挑衅或者其他重大过错引发犯罪侵害的。如果被害人因自身原因而引发他人犯罪的，由于其对犯罪的发生存在过错，在这种情况下，如果被害人仍能获得救助在一定程度上是有悖公平正义理念的。

第二，被害人或其遗属已从犯罪嫌疑人处或通过民事诉讼、保险理赔等途径

---

① 笔者注：国外有关刑事被害人国家补偿的法律中大多包含国家对被害人救助的内容，因而在构建刑事被害人司法救助机制时，可参考具有相似理念的刑事被害人国家补偿制度。

② 郭建安："论刑事被害人国家补偿制度"，载《河南省政法管理干部学院学报》2007年第1期，第68页。

获得损害赔偿的。如果通过上述途径被害人已摆脱了生活困境，并能维持基本生活水平，被害人已无必要申请救助。

第三，被害人在陈述中或在申请救助时提供虚假事实或证据，主观上被害人具有骗取救助的目的，客观上被害人不符合救助条件，不得予以救助。构成犯罪的，应当追究刑事责任。

第四，被害人与加害人具有亲属关系或事实婚姻，救助可能使加害人受益的。这条规定有利于防止普通民众对于刑事被害人司法救助的关注被害人利益的初衷。

（3）积极条件

境外向刑事被害人提供司法救助的积极条件主要是指协助司法要求。[①] 协助司法要求主要是为了避免被害人从国家获得救助后可能产生的不主动报案、不为追诉犯罪提供必要协助的情况产生。我们认为，我国在建立相关制度时，也应将被害人及时、尽力配合司法机关办理案件作为提供司法救助的必要条件。可参考以下基本内容：①被害人应在案发后一定时间（如 3 天）内向司法机关报案，但未成年被害人、无行为能力被害人以及其他特殊情况或正当理由除外；②在刑事诉讼过程中，配合公安机关、检察机关的刑事司法需要，尽力协助追诉犯罪的司法活动。但涉及家庭暴力、强奸、猥亵儿童等涉及个人隐私或经济案件中涉及商业秘密的案件除外。

（四）救助方式

对于刑事被害人司法救助的形式，联合国《为犯罪和滥用权力行为受害者取得公理的基本原则宣言》规定的方式为金钱救助，国外一般亦采取经济救助的形式，并且多是一次性支付。从目前我国的救助情况来看，大多数仍采用经济救助的方式。但我们认为，刑事犯罪是一种非常严重的侵权行为，给被害人及其家属所造成的损害远不止经济损失一种，犯罪行为所导致的精神损害或生活困境，如失业、就学、就医问题等在某种程度上较之经济损失更加困扰被害人。在许多情况下，被害人的物质损失可能并不十分重要，其他损害却上升为被害人的首要需求。此时，如果对被害人的切实痛苦视而不见，将有悖刑事司法公平正义的基本宗旨。鉴于以上理由，我们认为，刑事被害人司法救助应以经济救助为主，适当考虑其他方式，并可以兼用。因为，仅提供经济支持的救助方式，对被害人的关注程度尚显片面。从我们现有的实践经验来看，多层面的救助方式更注重被害人

① 参见陈彬、李昌林："论建立刑事被害人救助制度"，载《政法论坛》2008 年第 4 期，第 58 页。

心理、情感方面的抚慰，对保护被害人不再受伤是颇有裨益的。我们应当针对案件中被害人自身情况，实施个性化救助，解决具体问题。目前，救助的方式主要包括：

第一，经济救助。即对符合救助条件的被害人或其遗属，根据其生活、医疗救治严重困境的实际状况，可以采用发放救助金的形式实施救助。

案例一：左某系一招工诈骗案中的被害人。静安区院在办案中发现，左的家人因四川汶川大地震生活陷入困境。为了生计，其父到上海打工，母亲和其他家属住在简易帐篷内。区院及时启动紧急救助程序，给予左 2000 元救助款，以解燃眉之急。为此，左专程来院送上"勤政为民、排忧解难"的锦旗表达谢意。

第二，心理救助。即对于因犯罪行为侵害导致被害人精神损害的，可以由精神卫生、心理咨询机构的专业人员为其提供治疗和辅导。我们认为，单纯的经济救助虽然可以改善被害人的物质生活，使他们得以摆脱穷困潦倒的悲惨境地，某种程度上也可以帮助改善他们的心理状态，得到一定的心理抚慰。但是，对于没有太多金钱概念的未成年被害人以及心理创伤大于生理创伤的被害人（如故意毁容伤害、性侵犯等），物质救助并不能解除心理的创伤，无法真正达到救助目的，他们的人身权益亦无法得到有效维护。因此，对这部分被害人亟须注重心理层面的支持，给予其必要的心理抚慰，以利于减轻被害人的心理伤害，改善不健康的心理状况，并保护被害人的心理不受再次伤害。

值得一提的是，静安区院已在四起案件中开展了心理救助，效果良好。除了在必要时聘请专家或专业咨询机构提供心理咨询服务外，为了提高工作有效性和及时性，我们特地配备了三名拥有国家心理咨询师资质的检察干警，使因遭到犯罪行为侵害出现自卑、孤独、挫折感、恐慌等心理问题的被害人能随时得到化解和疏导。

案例二：在一起强奸、猥亵儿童案中，被害人是一名年仅 13 岁的少女，长期受到其继父和继姑父的性侵犯，使被害少女遭受了严重的生理和心理上的摧残。为此，静安区院一方面组织有国家心理咨询师资质的干警为被害人进行心理辅导和治疗，帮助其走出心理阴影；另一方面号召全院团员以特殊团费的形式为被害人母女捐款，使其感受到社会的温暖，更有自信地踏上成长的道路。

第三，安康救助。即对于因犯罪行为侵害导致被害人或其遗属生活无着、丧失住所等的，可联系社区、劳动和社会保障、民政、福利、养老等部门，帮助解决基本就业、临时居住、康复治疗等问题。

案例三：在一起诈骗案中，轻度智障的被害人胡某因轻信被告人编织的谎言，将其住房以大换小，从小到无，被骗走房款 80 余万元，连户口也被空挂，最终落得无家可归、以乞讨为生。在办案过程中，静安区院承办人员找到流落在人民广场的胡某，不仅关心其生活，还与户籍管理部门联系，多方努力为其解决户口问题并申请低保；又与公安局、民政局、社区居委会等多家部门取得联系，帮助他寻找居所。最终，胡某的户口问题落实了，本人也住进了福利养老院。

第四，监护救助。即对无民事行为能力或限制民事行为能力人（包括精神病病人、智障人员、未成年人），无生活来源和保障，且无监护人或近亲属，由于受犯罪行为侵害导致无法正常生活、学习的，可联系街道、居委会等积极为其指定监护人，同时协调相关部门为其解决基本生活、失学辍学等问题。

案例四：在一起交通肇事案件中，犯罪嫌疑人王某酒后驾车致一死一伤。其中死亡被害人的儿子正面临中考，因突如其来的事故发生，心情郁郁寡欢，无心钻研学业。王某到案后，悔罪态度较差，消极履行赔偿义务，对被害人影响极大。静安区院为因丧亲之痛考试不利的死者儿子联系继续就学的学校，教育部门积极配合帮助其完成学业。

多种救助方式的综合运用是静安区院开展司法救助工作的亮点，具有创新性，为该项工作的推进提供了有益的探索经验，均取得了社会效果与法律效果的统一。

（五）程序设置

联合国《为犯罪和滥用权利行为受害者取得公理的基本原则宣言》第4条对刑事被害人司法救助程序作了原则性的规定。我们认为，为防止被害人在救助程序中再次被害，更好地保护刑事被害人的合法权益，检察机关应建立方便、快捷的国家救助程序，参考设计如下：

1. 初审阶段。从立案、受理审查批准逮捕或移送审查起诉之日起，由各相关部门案件承办人根据相关规定，审查被害人是否符合救助的范围和情形；对符合刑事被害人司法救助范围和情形的，应立即以书面或口头方式告知被害人向检察机关申请启动刑事被害人司法救助程序。

2. 申请阶段。向检察机关办案部门提交《刑事被害人司法救助申请书》，同时提供基本证明材料。申请期限应当限于被告知有救助申请权利后一定期限内提出；若在刑事诉讼过程中，可与附带民事诉讼一并提出；为避免久拖不决，可规定应在犯罪行为发生之日起一定期限内提出，逾期未提出的视为自动放弃请求权。

申请材料一般包括：申请人应当向本院提交下列材料：①《刑事案件刑事被害人司法救助申请书》；②居民身份证、户籍证明等有效身份证明；③因犯罪遭受损害的证明材料；④户籍地街道办事处（乡镇人民政府）、居委会（村委会）等出具的申请人及其遗属的经济状况或享受最低生活保障救济的证明；⑤医疗诊断结论及费用证明；⑥申请人不是被害人本人的，应提供与被害人的关系证明材料；⑦本院认为需要提供的其他与申请救助事项有关的证明材料。

3. 调查阶段。检察机关调查救助申请是否属实并拟订初步方案，并将调查内容和结果形成调查报告。经过调查，对于符合刑事被害人司法救助条件的，符合条件的刑事被害人司法救助申请，经审核作出救助或不予救助的决定。

检察机关作出决定后，申请人有异议的，检察机关应重新审查，必要时提请检察委员会讨论决定。

4. 执行阶段。检察机关决定给予救助的，应当制作《刑事被害人司法救助通知书》，并送达申请人。对申请人予以经济救助的，由案件承办部门会同财务部门予以发放。申请人应亲自到场签字领取，确因特殊情况不能到场的，可由代理人提交申请人的授权委托书领取。对申请人予以其他方式救助的，由案件承办部门会同街道、居委会、劳动和社会保障、民政等相关部门及时予以救助。

在这一阶段中，检察机关在救助审查后，认为符合救助条件的被害人也有权获得法律援助，减免相关诉讼费用。当然此种情况下，被害人应属于《法律援助条例》规定的范围，即两种情况：一是公诉案件中的被害人及其法定代理人或者近亲属，自案件移送审查起诉之日起，因经济困难没有委托诉讼代理人的；二是自诉案件的自诉人及其法定代理人，自案件被人民法院受理之日起，因经济困难没有委托诉讼代理人的被害人都可以向法律援助机构申请法律援助。

5. 回访阶段。刑事被害人司法救助实施以后，检察机关应做好以下工作：①在案件向法院起诉的同时，将实施救助的情况通报法院；②在案件判决以后，应及时向被害人了解赃款返还、损失弥补或者刑事附带民事诉讼判决的执行情况；③在案件判决以后向罪犯刑罚执行机关及监所检察部门函告本院刑事被害人司法救助情况，建议执行机关和监所检察部门加强对有关罪犯的判决执行力度，切实维护被害人权利。

6. 回收程序。通过跟踪回访，如果发现被害人或其近亲属的经济状况明显好转，应该在合理范围内收回部分或全部救助资金，重新充入刑事被害人司法救助基金。如果在救助资金发放以后，发现被害人或其法定代理人、近亲属虚构或隐瞒事实，不属于刑事被害人司法救助范围和情形的，应当收回救助资金，并给予有关人员训诫、警告。

（六）资金来源

从其他国家的实践看，庞大的救助金开支一直都是被害人救助的核心问题。

对此各国做法不一。① 目前我国主流观点认为救助金主要应来源于政府拨款，并
建立专门的被害人救助基金，广泛接受社会捐助。目前全国先行试点被害人救助
的地区主要有以下几种做法：一是地方财政拨款②，值得一提的是，有些地区已
将救助资金列入政府财政预算，确保救助的可行性与长效性③；二是地方财政拨
款结合捐助④；三是中央或省级财政统一拨款；四是地方财政拨款和法院罚金⑤；
五是地方财政拨款、罚没款、捐款相结合⑥；六是会同其他职能部门筹措资金⑦。

　　我们认为，检察机关可借鉴国家刑事赔偿的做法，选择地方财政拨款的方式
比较妥当。即规定，国家救助费用列入各级财政预算，由各级财政按照财政管理
体制分级负担，各级财政根据本地区的实际情况，确定一定数额的救助费用，列
入本级财政预算。具体到检察机关，由检察机关负责对刑事被害人决定救助并发

---

① 美国被害人救助基金主要来源于两条渠道：一是对罪犯收缴罚金；二是国家税收。日本则设立了
刑事被害人救援基金。我国台湾地区规定补偿金的来源为法务部编列预算、监所作业之劳作金总额提拨
部分金额、犯罪行为人因犯罪所得或其财产经依法没收变卖者。联合国《为罪行和滥用权力行为受害者取
得公理的基本原则宣言》第 13 条提出："应鼓励设立、加强和扩大向受害者提供补偿的国家基金的做法。
在适当的情况下，还应当为此目的设立其他基金，包括受害者本国无法为受害者所遭伤害提供补偿的情
况。"参见许志："建立我国刑事被害人国家补偿制度的立法构想"，载《西北大学学报》（哲学社会科学
版）2007 年第 7 期，第 150 页。

② 广东省珠海市人民检察院《对部分刑事案件被害人实施经济救助的若干规定》规定向市财政申请
救助金（见《羊城晚报》2008 年 4 月 17 日第 A20 版）；山东省菏泽市牡丹区人民检察院《刑事案件犯罪
嫌疑人家属、被害人救助制度》规定救助资金由牡丹区人民检察院向政府专项申请（见 http：//
www. news315. com. cn/2008/0512/170397_ 2. html）。

③ 2004 年，四川省德阳市绵竹法院由当地财政划拨 20 万元专款，创立了全国第一个"司法救助基
金"，帮助生活确有困难的当事人渡难关（见 http：//www. dyxhw. com/content/2007—5/24/
2007524184257. htm）；福州市中级人民法院《关于对刑事案件被害人实施司法救助的若干规定（试行）》
规定司法救助基金由市财政拨款，收入和支出实行专项管理，专项核算（见 http：//news3. xinhuanet. com/
legal/2007—01/17/content_ 5617974. htm）；温州市市委、市政府出台了《关于进一步加强司法救助工作的
意见》，明确规定司法救助基金由该市财政拨款，由该法委审核管理、财政部门列支，实行专项管理、专
项核算（见《温州晚报》2006 年 12 月 27 日社会版）。

④ 常州市人民检察院《特困刑事被害人救助专项基金实施办法》规定检察院设立专门账户且列入财
政预算，并接受社会捐助和本院干警自愿救助（见 http：//www. cz. chinanews. com. cn/news/2008/2008/—
02—28/44677. htm）。

⑤ 在青岛中院，由市财政每年拨款 70 万元；而淄博中院每年由市财政拨款 30 万元，同时从法院每
年的罚没款中拨出 20 万元，专款专用（见 http：//news3. xinhua. com/legal/2007—05/23/content_
6139010. htm）。

⑥ 甘肃省白银市中级人民法院救助基金的主要来源是政府财政拨款、罚没款返还和有关单位、个人
的捐款及通过其他形式积累的资金（见 http：//www. lzbs. com. cn/rb/2008—06/24/htm）。

⑦ 四川省成都市蒲江县检察院会同县总工会、团委、妇联、民政局、教育局、残联等部门，签订了
《建立刑事受害人救助机制的意见（试行）》，会同上述职能部门筹措资金（见 http：//news. sohu. com/
20070714/n251052881. shtml）。

放救助款，并与负责行政救济的其他行政部门保障工作联系，落实工作。检察机关作为救助机关，如有本单位预算经费和留归本单位使用的资金中支付，支付后再向同级财政机关申请核拨。具体来说，采取这种做法的原因如下：一是资金有保障。相对于依靠社会捐款、干警捐款等方式来说更具有稳定性、长效性。二是短期内可实现。相比向中央财政申请立项给予资金支持或是向其他职能部门筹措资金来说向地方财政申请拨款的审批、协调程序相对简单，可控制性较强。三是实现收支分离。被害人救助基金由财政拨付，严格与罚没款、罚金、捐款收支分离，加强该基金的管理及财政监督。另外，对于有观点认为，救助刑事被害人是国家承担的对弱势群体予以帮助的宪法上和道义上的责任，因此，最终应由民政部门等国家行政机关来进行救助，但是鉴于该项工作目前尚不成熟，就现阶段而言，可由司法机关决定救助，而由民政部门发放救助款。我们认为，目前上述做法存在诸多弊端：一是民政部门与司法机关并无隶属关系，对于司法机关的决定民政部门并无义务执行，若经由其他途径衔接协调，亦将花费大量人力、物力，造成资源浪费。二是易造成责任与权限划分不明的现象。如果决定救助和发放救助金的权力分别由司法机关和民政部门享有，目前的衔接机制又尚未健全，易产生滥用职权或怠于履行职权的现象。

实际上，由区级财政予以支持也是静安区院开展刑事被害人司法救助的具体做法。在开展刑事被害人司法救助过程中，静安区院结合检察职能，在多方努力下，对被害人开展司法救助的专项资金得到了区委、区政法委的充分肯定和大力支持，目前区政法委从区维稳基金中已拨出 30 万元作为静安区院开展救助工作的专项基金，并将根据实际使用的情况作不定期的划拨，从根本上解决了救助资金的保障问题。静安区院在探索刑事案件被害人司法救助的过程中，主动与区法院、公安、司法、民政、教育、卫生、社保等相关部门加强沟通协调，落实具体操作办法，形成工作合力，确保被害人司法救助工作顺利开展。

（七）具体救助数额

对于救助金的数额，多数国家规定有最高限额，如英国规定救助金原则上不超过被害发生时被害人工资收入的二倍；有些国家对最高限额只做原则性的规定，没有规定具体数额，如荷兰规定"补偿不得超过犯罪所导致的伤害或死亡的损失程度"。目前在我国，刑事被害人司法救助国家救助性质，并且考虑到我国的社会经济实力和各地经济水平的差异，不宜将救助数额严格限定在由于犯罪造成损失的范围内，应当在法律规定的框架内设定一个比较积极灵活的标准。我们认为，检察机关应根据地区的经济水平和案件的实际情况，对被害性质、状况、程度、损害大小、被害人的过错程度以及犯罪人的实际赔偿能力和被害人目前的生活状况等综合考虑，设定以下参考标准：

第一，基本医疗费用。被害人因遭受犯罪行为侵害致伤、致残需要花费巨额医疗费用且本人及其家庭无力支付亦无保险公司赔付等其他救助方法的，救助金额为基本的医疗救治费用，根据医疗机构出具的医药费、住院费等收款凭证，结合病历和诊断证明等相关证据确定，由此设定救助总额的上限，如5万元。对于超出部分救助受理部门根据各被害人的家庭状况、所需救助费用的迫切程度等因素可酌情增加，但总额仍应有一个上限，如10万元。被害人基本医疗费用之外的整容、营养及被害人亲属的抚养费等其他费用，原则上不属于救助的范围，但上述费用的发生系被害人生存所必需时，救助受理部门可酌情在某一最高额度内给予救助。

第二，基本生活费用。被害人及依靠其生活的人因犯罪侵害致生活困难，家庭人均月收入低于最低生活保障金的，救助金额为3个月的最低生活保障金，对于符合领取低保金条件的可告知其申请或代其申请。

第三，被害人因刑事侵害死亡其有扶养关系的亲属的基本生活费用。被害人因遭受暴力犯罪行为侵害而死亡，导致应由其抚养的近亲属生存危机或者生活特别困难的，对其近亲属进行必要救助。救助金额为3个月的最低生活保障金，同时对于因被害人死亡而无人抚养的亲属应当联系民政相关部门解决其安置问题。

第四，因开展经济救助以外的其他救助形式而产生的费用。除了经济救助外，我们在司法实践中还经常采取心理救助、安康救助和监护救助等多种形式的救助，在这些救助中也会发生各种各样的费用，如心理救助中的咨询服务费用、安康救助中可能发生的安置费用、监护救助中的教育费用等等。这部分费用根据性质不同应有所区分：第一，如果这些费用是用于犯罪行为发生后，在较长一段时间内帮助被害人维持正常生活，一般应由被害人自行负担或者纳入社会救济体系。第二，如果这部分费用是在刑事诉讼检察环节发生的，且系用于缓解被害人生活处境急剧恶化的状况，并使其尽快恢复被害人的正常生活状态的，加之检察机关开展司法救助本身就具有"救急"特点，我们认为，检察机关作为救助机关应支付这笔应急费用。这笔救助费用旨在解决被害人的燃眉之急，此时的救助数额确定应以保证其他形式的救助质量和效果为限，必要时检察机关应落实衔接协调工作，保障被害人获得其他部门的后续救助，维持基本生活水平。

第六节　检察机关刑事被害人司法救助
实践中遇到的问题及对策

一、检察环节刑事被害人司法救助有限性的审查和判断

总结我们现有的刑事被害人司法救助实践经验，可以得出的结论是，对救助有限性的审查和判断是保证救助有效性和公正性的关键。原因有二：一方面，有限国家责任是刑事被害人司法救助的理论基础；另一方面，实践证明我们在开展此项工作时遇到的最为突出的问题大多与有限性审查有关。在构建我国刑事被害人司法救助制度时，救助的适用范围、数额等是这项制度的主要内容。实践中，这些内容的主要问题往往与救助的有限性存在千丝万缕的联系。加之有限救助的审查措施在现阶段的司法实践中未得到相应重视。因此，十分有必要加以探索并付诸实践。目前我们在有限性审查和判断中面临的问题主要有：

（一）救助条件难以把握

国内外相关实践中，对刑事被害人司法救助的申请资格及申请条件都无一例外地作了较为详细的规定，以保证严格控制并准确使用救助经费，使真正需要司法救助的刑事被害人及家属均能得到救助，诸如案件必须已经进入检察机关受理阶段，被害人及其家属有救助的紧迫性和必要性，且被害人配合办案、无严重过错等要求，但遇到实际案件时对条件往往就难以把握。比如被害人是否具有救助的必要性，即是否面临生活困境，就需要从多个方面进行考查评估，如果其无法提供低保救助资料，则其目前的生活状况是否符合生活严重困难的条件，这样的标准在具体把握时很难统一。即使被害人能够提供充分的救助资料，但其是否已经从保险理赔或其他救济途径获得钱款需要检察机关核实，如果已经获得救济则应当全部减免还是部分减免救助金额，部分减免的金额如何确定都难以确定标准。这样就使得各地检察机关因具体救助条件不一导致落实救助的标准不一，即使在同一检察机关也可能由于把握的标准不同导致因人而异，难免出现实施了救助反而引起被害人之间相互攀比产生不满情绪的情况。

（二）救助金额不易掌控

对于救助金的具体数额，不同国家和地区也作出了不同的规定，有的规定了具体的最高限额，有的国家只做原则性规定，我国目前一般是在法定框架内设定积极灵活的标准，根据被害性质、状况、程度、损害大小、被害人的过错程度以

及犯罪人的实际赔偿能力和被害人目前的生活状况等综合考虑，主要包括基本医疗费用、基本生活费用、被害人因刑事侵害死亡其有扶养关系的亲属基本生活费用等。考虑到具体案件中被害人的实际困难各不相同，对于金额的规定应当也只能做此类概括规定，由此确定实际救助金额以确保公平公正肯定有相当难度。比如静安区院受理的一死一伤交通肇事案中，被撞伤的被害人庞某家境贫困，且急需钱款垫付伤势鉴定费用以确定伤势情况，死者被害人朱某全家系低保救助对象，朱某去世后妻子和儿子生活无靠。为保证案件顺利审查起诉，检察机关对两名被害人均实施了司法救助，其中庞某救助金人民币 12000 元，朱某救助金人民币 10000 元。该金额的确定是严格按照规定程序申请、核实再批准的，但最初研究讨论究竟救助多少金额却并无先例可循，一方面要按照救助规定确定金额，一方面又要考虑被害人自身经济情况的特殊性，还要充分比较两名被害人之间的横向差异。要确定救助金额必须多方面考察，并多次磋商报批，必然投入大量的精力和时间，加大了办案干警的工作量。部分被害人如果因为数额问题产生不公心理，就增加了上访缠诉的风险。

在检察阶段的刑事诉讼过程中，被害人损失及被害状态均处于不确定状态，流动性较强。在救助限度上较之判决后对刑事被害人的补偿具有更高的审查要求。因此，制定和完善相关机制，以此确保刑事被害人司法救助工作的有限性是至关重要的。除了在诉前对救助对象是否符合救助条件进行基础性审查外，我们建议在诉中和诉后分别设立相关操作规程如下：

1. 诉中：救助申请的同步确认

具体到被害人权利救济方面，目前我国最具相关性的法律依据有二：一是退赔方式。《刑法》第 36 条第 1 款规定："由于犯罪行为而使被害人遭受经济损失的，对犯罪分子除依法给予刑事处罚外，并应根据情况判处赔偿经济损失"；二是刑事附带民事方式。《刑事诉讼法》第 77 条第 1 款规定："被害人由于被告人的犯罪行为而遭受物质损失的，在刑事诉讼过程中，有权提起附带民事诉讼。"以上两条规定是我国刑事被害人行使损害赔偿请求权的主要法律依据。

我们建议，被害人可在刑事诉讼中提出退赔请求，如果符合法定条件可在刑事附带民事诉讼中一并提起救助请求，以便承办人员根据损害赔偿的结果对被害人的救助请求同时进行审查并开展可能的救助。如果被害人的生活状况因以上救济途径获得了改善，根据有限性原则，视情减少救助或不予救助。

2. 诉后：救助申请权的事后延续

我们建议，诉讼结束后的刑事被害人司法救助主要可包括衔接协调及追偿程序：

第一，衔接协调

①在案件向法院起诉的同时，将实施救助的情况通报法院；②在案件判决以后，应及时向被害人了解赃款返还、损失弥补或者刑事附带民事诉讼判决的执行情况；③在案件判决以后向罪犯刑罚执行机关及监所检察部门函告本院被害人救助情况，建议执行机关和监所检察部门加强对有关罪犯的判决执行力度，切实维护被害人权利。

第二，追偿程序

追偿程序也是我们开展工作的创新之一。我们建议设立追偿程序的初衷在于实践刑事被害人司法救助工作有限国家责任的理论基础，具体而言，实践的是刑事被害人司法救助有限性中的补充性，即在刑事被害人司法救助中，国家承担次要的救助义务，相对于被害人责任、加害人责任、扶养人义务和社会保险而言，处于补充地位。补充性的内在要求是，确保被害人遭受的损失首先由加害人或者其他负有赔偿、救助责任的主体进行赔偿或救济。只有在被害人没有其他补救途径的情况下，为了尽可能减少被害人遭受的损失，才有必要对被害人进行救助。

此处又可分为两个方面：第一，作为犯罪行为直接实施者的加害人负有第一位的责任。刑事被害人司法救助虽为国家责任，但这种责任是第二位的给付义务。所以，对刑事被害人进行救助，必须是在被害人无法通过刑事附带民事诉讼等司法程序获得赔偿时方能启动。第二，在实施刑事被害人司法救助时应考虑被害人自身的情况。对被害人进行救助，不仅要参考被害人遭受损失的大小，而且要考虑被害人的经济基础、在被害过程中是否存在过错及责任大小及其他途径，如保险等，获得救济的程度，并在此基础上决定是否救助及救助的具体内容。在一起交通肇事案件的办理过程中，被害人受伤亟待住院，而此时保险公司尚未来得及向其发放其投保的第三者责任险，于是为了使被害人得到及时救助，承办人员经审查决定对被害人发放救助金。但是问题随之产生。最突出的问题是，如果事后第三者责任险发放到位，鉴于司法救助仅具"救急"性质而非"救穷"，当紧急情况消失后，先前支付的被害人救助金是否需要返还，如需要返还又如何返还等。

我们认为，就这起案件而言，该笔救助金是需要返还的，就长远来说，应建立相应的追偿机制，明确国家责任的补充地位，避免救助金的浪费与滥用。因此，我们有必要对具体的追偿机制进行讨论，增强客观性和公正性，追偿机制分为以下两个部分：

一是对被害人进行追偿：①救助金发放后，发现申请人采用虚构、隐瞒、伪造等手段骗取救助金的，给予批评教育；已骗领的救助金，应予追偿。拒不返还，情节严重构成犯罪的，依法追究刑事责任。②申请人已从犯罪嫌疑人、被告人处获得赔偿或已通过民事诉讼、保险公司等途径获得赔偿的，已获得的救助金应当予以扣减。③通过跟踪回访，如果发现被害人或其近亲属的经济状况明显好转，应该在合理范围内收回部分或全部救助资金。

二是对犯罪人进行追偿。鉴于刑事被害人司法救助具有应急性、及时性的特点，在无法判断犯罪人的赔偿能力或犯罪人无法完全赔偿时，为了保障被害人的合法权益，应当由国家先行救助，若事后发现犯罪人具有赔偿能力而已启动救助程序，国家可以向犯罪人追偿。此处需要特别指出的是：①对于有犯罪人被处以罚金和没收财产的案件，应将罚金和财产首先赔偿给被害人，没有具体被害人的，将该项罚没款收入作为被害人救助基金的来源之一；②刑事被害人救助金由国家支付，国家在支付救助金后应取得已获救助的被害人对第三人所有的民事上的权利，以避免被害人获得双重给付，若国家通过民事诉讼或其他途径获得的损害赔偿金大于救助金额的，其超过部分仍归被害人所有。

上述追偿取得的资金应重新充入刑事被害人司法救助专项基金。

二、后续配套机制的延伸

由于刑事被害人司法救助在我国尚处于探索尝试阶段，因此，很多制度都需要尽快完善，表现在：

一是对被害人实施救助后检察机关对被害人救助与其他部门的衔接尚不成熟，比如被害人是否已经接受民政部门等的救助没有相关的通报制度，涉及就业、户口等安置救助措施时需要公安、民政、教育等相关部门大力支持和配合，如果没有高位阶的法律法规，则需要花费很大的精力来沟通协调相关救助工作，导致并非检察机关自有职能范围内的救助工作往往缺乏保障。

二是目前被害人司法救助均设置了相应的监督机构和监督程序，或设立专门机构监督，或附设于检察机关内部对救助制度运行、实施进行有效监督，但目前司法救助监督的实质效果有待检验，监督的力度有待加强，监督程序有待完善，避免因程序不公引起公众质疑，杜绝滥用救助资金的事情发生。

对于以上两种问题我们可以分别构建以下机制加以完善：

1. 完善配套衔接机制

一是加强多方联动。检察机关应加强与公安机关、法院、司法行政、劳动和社会保障、民政等部门的协调配合，定期通报对确有困难的刑事案件被害人实施救助的情况，征询意见和建议，以期建立除了经济救助外，包括法律、教育、心理、免费就业援助等一系列的方式在内的救助制度，与其他相关部门联合，共同推进被害人救助工作。

二是保障救助的内在一致性。我们建议设立救助信息共享机制，可以规定，救助建议或决定以及救助金发放情况，应当随卷移送，并将救助情况通知同级人民政府的救助主管部门，如果被害人系外省市籍的，应一并告知被害人户籍所在地县级人民政府救助主管部门，避免对被害人给予重复救助。

2. 设立相关监督机构

（1）完善基金管理体制

我们认为，刑事被害人司法救助经费宜由地方财政拨付，对此，检察机关可就该款项设立对刑事被害人进行救助的专项基金，对此项基金进行管理，确保专款专用。救助基金由检察机关财务部门实施管理，纪检监察部门监督执行。检察机关应主动接受区人大、财政、审计等部门的监督。

（2）建立专门监管机构

有观点建议建立专门监督机构来承担刑事被害人司法救助工作的运行、实施的有效监督，或者成立专门机关或附设于检察机关并赋予监督职能。具体操作者可为司法行政部门成立的专门协调机构和协调员。对于不当的救助由专门的机构核查后取消，以更好地保护弱势群体的合法权益，体现社会的公平与正义。也可由非政府组织对救助的金额和程度应由社会评估机构予以确认或监管，以保证检察机关实施救助的合理性与适度性。

第五章　知识产权检察工作研究

近年来，随着外向型经济的发展，越来越多的知名企业的优质品牌开始涌入市场。优质品牌的身份为权利人带来声誉和利润的同时，也使他们遭受了维权护优的不可承受之重①。优质品牌代表了权利人最核心的经济利益，是消费者对产品质量、良好的产品形象、深厚的文化价值、优秀的管理成果等所形成的一种积极评价和认知；是企业经营管理者投入巨大的人力物力，甚至几代人长期辛勤耕耘建立起来的与消费者之间的一种信任。制假售假等侵犯知识产权的行为不仅极大地损害了权利人多年精心培育优质品牌的成果，也给国家和广大消费者造成了重大损害，使市场经济秩序混乱、投资环境恶化、国家信誉受损。我国政府一直致力于从严打击知识产权犯罪，保护知识产权。在加大对侵权行为行政处罚力度的同时，人们纷纷将视野转向了作为"最后一道屏障"，也是"最有力的屏障"的刑事保护方式——如何将行政保护与刑法保护有机结合从而更为有效地确保知识产权不被侵犯，已成为了权利人及司法机关迫切需要解决的问题。

作为国家法律监督机关，检察机关在办理知识产权案件中的作用不仅仅局限于运用公诉权打击知识产权犯罪，还应发挥检察权的各项功能，扩大知识产权检察工作的领域，形成一套诉讼内外知识产权保护的配套机制，尝试拓展检察职能，为知识产权创新、发展及优化知识产权文化氛围服务。

第一节　检察机关在知识产权保护中的定位

一、重新审视知识产权刑法保护的必要性和重要性

在我国，知识产权保护实行"双轨制"，即同时存在行政处理和刑事惩罚两

---

① 为响应各方对企业和政府联手共同应对日益严重的国际造假及其他知识产权侵权问题的呼声，2000 年 3 月中国外商投资企业协会优质品牌保护委员会（"品保委"）宣布成立。优质品牌的权利人开始联合起来，致力于与中国各级政府、企业及其他机构开展合作，推动中国的知识产权保护工作，并多次向中国立法机构提出修订意见和建议。

种方式。在绝大多数情况下，检察机关是在刑事程序中践行检察职能、保护优质品牌的知识产权。因此，更新对知识产权刑法保护的认识就成为充分履行检察职能、维权护优的前提和关键。然而从目前的执法实践来看，由于刑事制裁门槛较高，加之行政处理具有周期较短、牵涉面相对较窄、权利人自治性强、维权成本较低等诸多天然优势，很多权利人往往放弃刑事救济，选择行政处理。于是，由工商、技监等部门实施的行政保护就成了目前维权护优的主要途径。用行政途径来解决现有的优质品牌保护问题确实存在着合理性、及时性，然而，我国目前整体执法水平还不足以威慑制假活动，于是刑事保护方式凭借其不可替代的惩治作用正受到社会各界的普遍关注：

（一）新形势的需要

随着打击侵犯知识产权犯罪的力度和深度的不断增加，制假售假活动也更加隐蔽多变，流程日趋复杂，许多涉案侵权产品技术含量高，造假手段越来越高明：一是呈现产业化趋势。现阶段的优质品牌侵权行为已不再局限于小作坊式的生产与销售，而是趋于组织化、网络化、智能化，逐步形成了专业化分工及制造、运输、储藏、销售各个环节的一条龙服务。二是呈现隐蔽化趋势。制假售假活动由公开、半公开转入地下、半地下状态，给行政执法人员的取证带来极大困难。三是呈现全球化趋势。制假售假活动已形成跨地区、跨国界的有组织的犯罪行为，行政执法部门行使职能只限于本辖区，难以找到真正侵权的幕后指使者①。加之，不法分子还采用了反侦查手段，使证据的收集工作难度越来越大。基于上述原因，检察机关应确立"精确监督"和"全程监督"兼顾的立案监督模式，进一步完善案件移送制度，不断拓宽情报信息渠道，增强积极性，及时主动地纠正违法，研究刑事保护的可能性与可操作性。

（二）有效打击侵权行为的需要

现有的行政处理手段主要包括罚款、没收违法所得和赔偿等经济惩罚。然而，实践中，大部分制假售假者（包括生产商、批发商、运输商、印刷商和零售商等）没有营业记录（无标价、无发票、无合同），执法机关作出行政处罚时缺乏有效依据；另外对制假售假者来说，经济惩罚的代价远低于他们通过仿冒品牌所获取的利润。因而现行的行政处理手段并不能从根本上遏制制假售假者。在打击制假售假活动当中，检察机关适当地介入知识产权保护领域，利用刑法的威慑

---

① 杨军："企业保护知识产权的若干思考"，载《上海法治报》2007年1月5日。

力打击侵犯知识产权行为就显得日益重要。借用形象的比喻，行政处理只能起到"救火"的作用，相比较而言，刑事处罚由于其严厉性，能够更为有效地震慑"放火"的"黑手"，实际上起到"防火"的作用。因此，检察机关应致力于防止和惩治制假售假侵犯知识产权的违法犯罪行为①，明确任务重点、转变思想，确立"打防结合，以防为主"的工作思路，准确、有效地运用具有"防火"功能的刑法保护方式，从根本上减少、消除优质品牌侵权犯罪行为。

（三）培养优质品牌的需要

优质品牌具有相当高的社会知名度，品牌的价值开始异化为一定消费者团体的身份及消费能力的象征与标准，制假售假行为除了对优质品牌权利人潜在的经济利益造成威胁之外，也对广大消费者、市场秩序及投资环境的国际形象造成相当大的损害。为培育优质品牌作出长年累月不懈努力的优质品牌权利人、生命安全和身体健康受到威胁的消费者和市场经济秩序遭到破坏的国家都希望检察机关正确适用法律，用严厉的刑法手段维权护优，惩罚和预防侵犯知识产权的犯罪行为，给予"放火者"更为严厉的打击与制裁，以维护消费者利益，稳固知识产权投资成果，优化品牌成长的环境。

二、在检察实践中注意掌握保护知识产权的"力"与"度"

二十多年来，我国先后颁布了一系列保护知识产权的法律、法规及司法解释，尤其是加入 WTO 以来，中国认真履行承诺，建立健全了符合国际通行规则、门类比较齐全的知识产权法律法规体系。应当说，我国目前的知识产权刑事立法已相对比较完备，与《与贸易有关的知识产权协议》（"TRIPs 协议"）第 61 条强调的"提供刑事程序和刑事惩罚以适用于至少是故意以商业规模假冒商标或者盗版的场合"的规定基本上是一致的。与许多国家相比较，我国在有关罪名设定

---

① 参见《与贸易有关的知识产权协议》（"TRIPs 协议"）第 61 条："全体成员均应提供刑事程序及刑事惩罚，至少对有意以商业规模假冒商标和对版权盗版的情况是如此。可以采用的救济应包括处以足够起威慑作用的监禁，可处以罚金，可二者并处，以适合于相应严重罪行的惩罚标准为限，在适当场合，可采用的救济还应包括扣留、没收或销毁侵权商品以及主要用于从事上述犯罪活动的原料及工具。成员国可规定将刑事程序及刑事惩罚适用于侵犯知识产权的其他情况，尤其是有意侵权并且以商业规模侵权的情况。"

上是比较广泛的；刑罚的幅度是相当严厉的；诉讼程序也是比较完备的①。

　　检察机关作为法律监督机关，对于国家法律的统一实施具有举足轻重的作用，近年来，检察机关将知识产权犯罪作为打击重点，坚决、及时依法从严惩处，取得了良好社会效果。然而，我们仍要坚持严格掌握法律界限，确实构成犯罪的才能追究刑事责任。我们认为，打击此类犯罪要讲求"力度"，此处的"力度"应当理解为"力"与"度"的有机结合。具体来说，既要有力打击侵犯优质品牌的知识产权犯罪行为又不能不加甄别地滥用刑罚手段。

　　（一）注意个人利益与社会利益的平衡

　　一方面，侵犯知识产权的违法犯罪行为显然损害了各个消费者群体的利益及社会经济秩序，甚至可能威胁到区域投资环境的国际形象，加之知识产权有着与生俱来的公权力属性②，使刑法恰如其分地介入到知识产权保护之中变得十分必要。于是检察机关对超出其他法律调整范围的知识产权犯罪行为，发动及时有效的刑事保护手段就成为了必然。就目前的检察实践而言，检察机关应当重点办好以下几类有损社会利益的知识产权案件：首先是事关国家利益、形象的案件；其次是直接危害群众身体健康甚至生命安全、严重损害消费者利益的案件；最后是严重扰乱市场经济秩序，致使国家经济利益遭受重大损失的各类犯罪③。

　　另一方面，知识产权是一种私权利，在发生侵权行为的时候，检察机关亦不能过度介入到办案过程中，民事诉讼和刑事犯罪是有界限的，如果检察机关过分降低门槛，就可能混淆民事侵权和刑事犯罪的界限。从这个意义上说，过低的刑事责任标准将会使知识产权的民事救济制度形同虚设，或者说它只能是作为刑事附带民事的责任承担方式存在。在司法实践中，有部分权利人对刑事程序的介入有所顾虑，主要原因在于民事救济较之更能使权利人达到补救经济损失的目的。

----

　　①　在1997年修订的新刑法规定的七个侵犯知识产权罪罪名中，既包含了侵犯商标权、专利权、著作权、商业秘密等方面的内容，也规定了比较严厉的法定刑。除侵犯专利罪和销售侵权复制品罪的刑罚幅度是三年以下有期徒刑或者拘役以外，其他五种犯罪最高均可处七年有期徒刑。同时，对所有这些犯罪，均可单处或者并处罚金。（见最高人民法院副院长、大法官熊选国于2006年3月21日在"在中欧知识产权刑事保护高层论坛暨研讨会"上的讲话：《加大知识产权刑事司法保护力度为建设创新型国家营造良好法治环境》。）

　　②　知识产权从其诞生之日起就是私权与公权相互妥协的产物。知识产权作为人类智慧的结晶，是无形的私有财产，由于对知识产权的过于无限制的保护会抑制人类科学的进步，权利人将其中的部分权利让渡给社会，使之成为社会财富的一部分（如合理使用、强制许可使用、法定许可使用等）。让渡的部分怎样划定，就需要法律对其加以规范。这就是知识产权法产生的渊源，知识产权这个概念也随之应运而生了。与传统实体权利不同，知识产权的时间性、地域性及权利完整性都因此打了折扣。

　　③　徐文艾："知识产权刑事保护：有力度还要有分寸"，载《检察日报》2007年4月23日第3版。

因此，检察机关在对知识产权刑事保护的过程中，要准确适用法律来平衡私权利与公共利益，即既要充分发挥刑罚制度的功能，不轻纵犯罪，又要充分考虑到权利人及消费者对其个人权益处分权，积极探索知识产权犯罪的恢复性司法机制，正确贯彻我国宽严相济的刑事政策。

（二）注意国际化与本土化界限

一方面，知识产权中的很大一部分来自海外，在践行入世承诺的同时，检察机关所采取的刑事执法活动也必然要跟进国际化趋势，以减少国际贸易摩擦，将区域经济进一步融入经济全球化的潮流，推动经济持续高速发展。

另一方面，我国已根据 TRIPs 协议规定的要求[①]修改了相关的知识产权立法。对此，我们应当加以正确认识，即在执法过程中对我们已经承诺的事项要严格遵守，同时又不能把国际条约的一切，甚至发达国家的要求当成国际标准，不能过于追求国际一致性。现代知识产权制度是在发达国家产生的，特别是对于优质品牌来说，多数都来自这些国家，我们要正确面对来自西方国家的压力，充分考虑到我国的意识观念和制度体系，不能脱离国情在打击中盲目拔高，动辄就使用刑罚的手段，这样会造成不应有的负面社会效应，对国内企业造成不应有的过度伤害，给广大百姓生活新增过重的负担。因此，在刑事执法中要循序渐进地维护我国的合法权益，鼓励创新，增强民族品牌的实力。

第二节 完善、规范：优化知识产权刑事司法活动

一、实体上探索

司法实践问题层出不穷的原因在于知识产权犯罪案件形式多样，而现有法律、司法解释具有滞后性，造成罪名、罪状、刑事责任与实际发生的案件事实之间的不相适应现象。按照罪刑法定和法无明文规定不为罪的原则，难免遗漏大量可能入罪的案件，一定程度上既造成了打击不力又滋长了犯罪嚣张气焰。对于法律适用的实体问题，最佳的解决途径是由立法或司法解释予以明确、细化。以下拟将办案中应注意的实体适用方面的问题作原则性阐述：（1）正确理解立法的精神实质，忌就案办案、机械办案。由于知识产权案件的特殊性，我们在定罪量刑时，既要考虑情节和数量，又要注重社会危害性。如本专题前文所述，我国

---

① 见该协议第 61 条。

《刑法》中知识产权类犯罪有三个罪名为情节犯，四个罪名是数额犯。其实这两者也是相互联系的，情节严重在实践中也是以一定数额作为主要衡量依据的。如专利、商标、商业秘密等都是"无形资产"，其价值具有一定盖然性，量化确定价值比较困难。再如商业秘密的核心就在于秘密性，一旦被他人所掌握，对权利人而言价值就会缩减，如果被披露甚至公开或生产就可能造成巨大损失。对此，仅以行为人未使用或者未生产销售获利而不认定侵犯商业秘密，显然是不妥的。（2）统一和规范侵犯知识产权犯罪案件适用刑罚的条件和标准，准确把握宽严相济的刑事政策。召开公、检、法三家联席会议，从知识产权战略发展需要，针对侵犯知识产权案件，制定试点性、操作性的知识产权案件刑事诉讼规则。（3）侵犯知识产权犯罪的领域从物理空间发展到了虚拟空间。犯罪分子利用网络侵犯知识产权的案件，主要集中在利用"私服"、"外挂"侵犯网络游戏知识产权方面。在办理以上两类案件时，应切实加大对侵犯著作权犯罪行为的打击力度，在依法适用主刑的同时，加大罚金刑的适用与执行力度，并注意通过采取追缴违法所得、收缴犯罪工具、销毁侵权产品等措施，从经济上剥夺侵权人的再犯罪能力和条件。

二、程序上探索

（1）针对行政执法、刑事司法衔接机制尚不完善的问题，配合有关部门，针对反复侵权、群体性侵权以及大规模假冒、盗版等行为，有计划、有重点地开展知识产权保护专项行动，遏制假冒盗版现象，并从中发现刑事案件的线索。（2）针对知识产权案件取证难问题，建议各级各政法职能部门建立由资深专家组成的知识产权保护证据论证评估机构，处理疑难案件的定性。鉴定及对鉴定的争议问题。论证评估机构的结论意见可作为法庭裁量的主要参考依据，有助于人民法院作出判决，以防案件久拖不决或变相降格处理。（3）对于知识产权保护中可能存在的以罚代刑现象，建议省级法院拟设一个知识产权保护监督审查机构，严把案件审查关，避免刑转民降格处理，以体现打击的锋芒。

三、进一步强化公、检、法职能部门资源整合作用

强化对知识产权案件的打击力度。知识产权案件中，由于知识产权专业性较强，认定中存在一定分歧，究其原因主要有三：一是公安机关经济侦查案件案多人少矛盾突出，缺乏办理知识产权案件的经验，影响办案质量。二是新罪名和疑难案件多，且缺乏相关的专业性知识。职能部门投入大量的精力与实际成案数目不成比例。三是办理知识产权案件取证难、定性难，且缺乏权威性鉴定机构，往往使案件一推再推，办案周期较长，由此引起的上访案件也时有发生。随着新

《律师法》的实施，办理知识产权案件会面临更严峻的形势。政法职能部门应进一步集合力量，注重案件的办案成功率，全力维护企业的形象，拟建立案件证据初审协作机制，在公安经侦支队对知识产权案件初查后立案侦查前，公安机关应主动会商检察机关及法院承办人提前介入，积极引导取证和固证。

四、健全工作衔接机制，兼顾民事、行政法律与刑事法律的多重保护

针对当前对侵犯知识产权案件的民事、行政处理力度不够，行政执法机关向司法机关移送案件又较少的情况，我们建议在试点和探索的基础上，建立较为完善的行政执法与司法以及司法机关内部沟通协调和相互衔接的工作机制：（1）加强与公安、工商、知识产权、文化市场行政执法、烟草专卖等相关执法机关的联系，构筑案件情况交流、案件线索移送、案件处理研究的长效联动工作机制，发挥好检察机关立案监督、侦查监督等职能作用，防止有案不立、有罪不究、以罚代刑等现象的发生，加大对严重侵犯知识产权犯罪行为的刑法打击力度。（2）加强公、检、法三机关之间的联系与配合，形成工作机制，完善侵犯知识产权案件公诉与自诉之间的衔接与依法处理，协调好知识产权民事案件与刑事案件的关系，切实发挥民事、行政法律与刑事法律对知识产权多层次、多角度的保护。（3）针对侵犯知识产权犯罪跨区域作案的特点，应切实加强地区之间的信息交流。在区域间建立良好的打击侵犯知识产权犯罪的办案协作机制，不给违法犯罪分子有可乘之机。

五、加强自诉的运用

根据 1998 年最高人民法院、最高人民检察院、公安部、国家安全部、司法部、全国人大常委会法制工作委员会《关于刑事诉讼法实施中若干问题的规定》第 4 条的规定[①]立法者对知识产权案件的自诉程序采取鼓励的态度。但在实践中，如果没有执法机关有效介入，权利人很难找到相应的证据，尤其是一些侵权人采取化整为零的方式，即便发现了证据，也无法保全或者获取证据。由于举证难和诉讼成本过高的问题，权利人往往放弃采用刑事自诉追究侵权人的刑事责任。但是，执法机关有效介入后，如果没有发现严重危害社会秩序和国家利益的情况，执法机关也可把收集到的证据转给权利人，鼓励权利人行使刑事自诉权。实践中著作权行政执法部门在处理一些案件过程中会通报权利人，由权利人向公安机关投诉，著作权行政执法部门则会同公安机关共同调查，查实后由权利人再向法院

---

① 对于侵犯知识产权案件，除严重危害社会秩序和国家利益的以外，均为刑事自诉案件。

提起自诉。但这样的自诉案件非常少。

对侵犯知识产权犯罪行为充分运用刑事自诉制度，有利于鼓励知识产权权利人积极利用刑事手段维护自己的权益。对权利人举报的案件，权利人会积极协助执法机关进行查处，在获得了相应的证据后，让权利人通过刑事自诉制度追究侵权人的刑事责任，可以使权利人自主处分自己的权利。执法机关主动查处的案件，达到刑事追诉标准的，也可以主动通知权利人，并把收集的证据转交给权利人用于刑事自诉。即使执法机关不认为构成犯罪的，权利人为维护自己的合法权益诉而要求获得执法机关掌握的证据的，执法机关也应提供。这样做，有利于鼓励权利人积极行使刑事自诉权，保护自己的合法权益；也符合"知识产权是私权"的本质，同时还有利于减轻执法机关的工作压力和防止"以罚代刑"的现象。

第三节　拓展、整合：加强知识产权业务流程体系建设

为了建立动态、规范的知识产权检察办案模式，需要各部门在发挥自身职能优势的同时，加强相互之间的协调沟通，整合资源，拓展职能领域，形成知识产权保护的合力。为了与检察工作"串联式"①的流程体系相协调，本文以检察业务流程为序将相关工作要点列明，便于检察机关各部门参照适用。

一、平衡理念的树立

侵犯知识产权行为的存在一定程度上是由国情决定的。我们应在检察工作中树立平衡理念。知识产权法律规制对创新和经济增长的作用很大程度上是以国家经济发展水平和科技、文化、艺术创新能力为基础的。综观世界各国，知识产权保护都经历了一个从无到有、由弱到强的演进过程。现阶段，相对于发达国家而言，我国的知识产权保护水平，无论在意识观念上，还是在制度措施上，都有不足和缺憾。但也需要指出的是，知识产权保护一定要与国情相结合，进程过快可能会脱离国情。如果必要过渡阶段缺失，可能会对国内企业造成不应有的过度伤害，给广大百姓生活新增过重负担。因此，在刑事司法中，我们要在遵守国际条约基本准则的前提下，充分考虑社会公共利益，从现阶段的国情出发，确定适应不同社会经济发展阶段的工作方针。在具体工作中，平衡理念可细化为以下原则：

---

①　"串联式"的提法，是借用物理学、电子学的术语，用以比喻检察机关内部各部门在工作流程方面的相互关系。主要指检察机关在办理刑事案件时，内部各业务部门所承担的审查批捕、审查起诉、二审及监所检察等任务，客观上依据刑事诉讼流程，具有前后承接，逐步递进的关系。

1. 坚持打击不枉法。检察机关依法打击知识产权犯罪是履行检察职能的重要内容，在打击的过程中应严格以事实为依据、以法律为准绳，坚持贯彻罪刑法定、刑罚谦抑等刑法基本原则，准确把握罪与非罪界限，切实保障人权。对具体案件的处理认真贯彻宽严相济的刑事政策，对具有法定从轻、减轻或免除处罚情节的犯罪嫌疑人，依法予以从轻或减轻处罚。

2. 积极保护不越权。检察机关在打击知识产权犯罪的同时，在参与保护权利人知识产权的过程中，慎重选择执法方式和手段，不任意扩大打击范围，不超越检察权限，不使矛盾激化，并积极探索恢复性司法新途径，在有效保护知识产权的同时，尽量消除或减轻负面效应。

3. 主动服务不代替。在服务知识经济建设的过程中，检察机关应设法体现一定程度的主动性，但更重要的是依法开展工作。不能超越检察权去包办代替处理本应由行政机关和企业处理的事务，不违反程序法或超越职权过度保护权利人的知识产权。

二、完善知识产权检察业务工作机制

面对入世新形势，针对当前知识产权刑事司法现状，检察工作任重道远。因此，有必要在价值平衡理念指导下，确立打击（犯罪）、保护（权利）、服务（经济）有机统一的执法模式，采取一系列措施，进一步发挥检察机关在维权护利中的作用：

（一）控告申诉工作

检察机关的控告申诉工作主要包括信访接待，统一受理举报、报案、控告、申诉、赔偿申请及自首等来信来访。在探索知识产权相关工作的新领域时，控告申诉检察部门应在规范线索管理的基础上，盘活现有资源，充分挖掘控告申诉工作的内在价值：（1）根据《刑事诉讼法》第84条①之规定，接受知识产权权利人及其他相关人员的报案、控告、举报，必要时启动刑事诉讼程序。（2）在控

---

① 根据《中华人民共和国刑事诉讼法》第86条之规定，任何单位和个人发现有犯罪事实或者犯罪嫌疑人，有权利也有义务向公安机关、人民检察院或者人民法院报案或者举报。

被害人对侵犯其人身、财产权利的犯罪事实或者犯罪嫌疑人，有权向公安机关、人民检察院或者人民法院报案或者控告。

公安机关、人民检察院或者人民法院对于报案、控告、举报，都应当接受。对于不属于自己管辖的，应当移送主管机关处理，并且通知报案人、控告人、举报人；对于不属于自己管辖而又必须采取紧急措施的，应当先采取紧急措施，然后移送主管机关。

犯罪人向公安机关、人民检察院或者人民法院自首的，适用第三款规定。

告申诉部门设立工作联系点，在其他各部门设立工作联络员，畅通信息渠道：一是鉴于知识产权的易逝性，通过网络举报平台，确保企业网上举报投诉的及时性和直接性；二是在知识产权侵权犯罪高发地段建立检察举报箱，便于举报；三是建立"企业—检察"举报或投诉电话热线，竭诚为企业提供法律咨询服务。(3) 控告申诉工作应注意将执法办案同解决矛盾纠纷紧密结合，健全知识产权多元纠纷解决机制。鉴于知识产权具有私益性，应探索知识产权纠纷的诉前合意解决机制，遵行调解优先原则和定分止争要求，满足权利人的合理诉求，协调其与侵权人的利益冲突，解决实际问题。

(二) 侦查监督工作

侦查监督工作的业务范围主要包括对侦查机关（部门）的立案活动、侦查活动进行监督；对侦查机关（部门）提请批准逮捕、移送审查批准逮捕的案件，审查决定是否逮捕；对侦查机关（部门）执行强制措施情况进行监督；结合办案参与社会治安综合治理。在知识产权保护中，应注重侦查监督工作形式的多样化：

1. 建立对公安机关不予立案或作行政处罚案件的备案审查制度，检察机关发现公安机关有案不立，以罚代刑时，应及时根据《刑事诉讼法》第 86 条、[①]第 87 条[②]之规定启动立案监督程序，确保案件得到依法查处。[③] 检察机关应设法改善并落实行政执法与刑事司法的衔接制度，进而提高立案监督能力。衔接机制的完善不仅有利于提高办案效率，也有助于防止知识产权犯罪背后的渎职和贪污受贿行为。[④]

2. 充分发挥综合治理职能，深入企业，提供优质服务：一是规范行为，督

---

①　根据《中华人民共和国刑事诉讼法》第 86 条的规定，人民法院、人民检察院或者公安机关对于报案、控告、举报和自首的材料，应当按照管辖范围，迅速进行审查，认为有犯罪事实需要追究刑事责任的时候，应当立案；认为没有犯罪事实，或者犯罪事实显著轻微，不需要追究刑事责任的时候，不予立案，并且将不立案的原因通知控告人。控告人如果不服，可以申请复议。

②　根据《中华人民共和国刑事诉讼法》第 87 条的规定，人民检察院认为公安机关对应当立案侦查的案件而不立案侦查的，或者被害人认为公安机关对应当立案侦查的案件而不立案侦查，向人民检察院提出的，人民检察院应当要求公安机关说明不立案的理由。人民检察院认为公安机关不立案理由不能成立的，应当通知公安机关立案，公安机关接到通知后应当立案。

③　行政执法部门往往将大量应当移送公安机关作为刑事案件处理的案件，只作一般行政违法案件结案。原因是行政执法部门在查处过程中花费了许多资源，一旦案件移送公安机关之后，罚款要随案移送，执法成本无法弥补，行政执法部门更倾向于只作出行政处罚。见何贝贝："知识产权刑事司法保护的问题与对策"，载《检察日报》2006 年 9 月 22 日。

④　参见田享华："行政执法与刑事司法共建信息平台 上海'一条龙'式严打知识产权犯罪"，载《第一财经日报》2007 年 4 月 20 日第 A04 版。

促纠错，合法经营。在办理案件中牵涉企业在知识产权管理和运用中采取非法或犯罪行为的，加大法制宣传力度，提醒诫勉，督促纠正，促使企业以诚为本，运用法律规范企业和个人的行为，应对激烈的市场竞争。二是帮助企业建章立制，加强管理，堵塞漏洞。针对由于企业内部的规章制度不健全、不科学、不求真务实，给企业带来巨大损失等情形，在加大知识产权保护力度的同时，帮助企业健全内部监察、保卫等规章制度，促进企业改进产品、工序、技术、市场等保密方法，提高保密程度。同时，协助企业健全财务、营销、人事等管理制度，强化监督制约机制，推动企业提高知识产权管理和运用水平。

3. 整合执法、司法资源。一是参与联合执法，及时发现案件中追究刑事责任的可能性，指导侦查，并充分调动有关职能部门力量。听取各部门整治汇报，分析违法新动向，互换整治信息，研究整治对策，部署整治工作。二是与工商、质监、文化市场行政执法大队、知识产权局、公安局、法院推行联合办案制、常设专门联络员制、二十四小时联系制、信息共享制、案件移交制五项制度，实现职能对接。

（三）审查起诉工作

检察机关通常是在刑事案件中履行保护知识产权职责的，而审查起诉工作又是检察机关刑事司法的关键。审查起诉工作的核心是对公安机关、国家安全机关和人民检察院侦查部门侦查终结移送的案件开展审查起诉活动，并决定是否提起公诉、不起诉或者建议撤销案件。我院在正确适用法律打击犯罪活动的同时，重视知识产权的多维保护，在拓展执法途径的同时积累了不少有益经验：

1. 建立健全与公安机关、法院的沟通协调机制。一是在刑法规定的范围内，力求对案件的定性、证据的效力、证据的证明力、证明标准等问题达成统一的认识，提高知识产权案件的诉讼效率；二是在提起公诉前，召开由公、检、法承办人和分管领导参加的案件讨论分析会，做到一案一析，确保办案质量，着力提高对知识产权案件的打击力度。

2. 增加权利人的诉讼参与率。一是保障权利人的诉讼权利，建议其通过使用声明、保证及公证等方式对其被害状况加以说明，加强证据的可采性和公信力。二是对发生在区内的重大知识产权案件挂牌督办，拟确定相对固定专业的办案人员，逐步形成专业化的办案队伍。目前，浦东区院已建立了专门的金融知识产权办案处，我院亦拟借鉴该形式，组建专门的知识产权检察机构，提高办案专业化程度，切实保护权利人的知识产权。三是加强与权利人的沟通交流，了解权利人的法律需要，提供及时、高效的法律服务，适时宣传法制，帮助企业维护自身的知识产权。

3. 积极探索以恢复性司法理念办理知识产权案件的可行性，设法弥补知识产权权利人的经济损失。传统刑事司法包含的报复性因素一定程度上忽略了被害人的利益，而恢复性司法作为一种新兴的司法潮流更为关注被害人的参与程度，对恢复被犯罪侵害的社会关系起到了更为积极的作用。目前，刑事和解、刑事被害人司法救助（补偿）等以恢复性司法为基础理念的制度已在我国检察机关的司法实践中萌芽。我院近年来也在这方面开展积极尝试，在探索中不断完善办案经验，开展的刑事和解和刑事被害人司法救助工作已得到了社会各界的认可。总结我们现有的经验，我们认为，检察机关在办理知识产权案件的过程中也可尝试引入恢复性司法。理由有二：一是为了减轻司法负担。随着知识产权犯罪入罪标准的降低，案件数量增多，涉案金额也越来越大，加之此类犯罪查证困难，定性判断专业性强，司法力量耗费较大。二是为了有效保护权利人的知识产权。过低的刑事责任标准将会使知识产权的民事救济制度形同虚设，或者说只能是作为刑事附带民事的责任承担方式存在。在司法实践中，有部分权利人对刑事程序的介入有所顾虑，主要原因在于民事救济较之更能使权利人达到补救经济损失的目的。因此，检察机关在办理知识产权案件的过程中，注重价值平衡，即既要充分发挥刑罚制度的功能，又要充分考虑权利人对其个人权益处分权，积极探索知识产权犯罪的恢复性司法机制。契约性因素较强的恢复性司法有利于实现由赔偿代替惩罚、和解代替冲突的办案方式转变，不仅能够提高犯罪人赔偿的积极性，也有助于提高办案效率，并促进了司法正义的实现，是兼顾效率和公平正义的新司法理念。

4. 针对小商品市场存在的集中售假现象，抓紧完善联络工作机制，加强联合执法和综合整治，保证知识产权行政执法的严肃性和执法人员的人身安全，积极预防、严厉打击个别商主暴力抗法的行为，维护地区投资形象。

（四）职务犯罪侦查及预防工作

以罚代刑现象及地方保护主义虽并不突出，但一定范围内仍然存在，职务犯罪侦查部门时刻保持高度敏感性，积极整合办案资源和力量，深挖隐藏在侵犯知识产权犯罪背后的国家工作人员职务犯罪案件，严厉打击、坚决取缔幕后的"保护伞"，维护知识产权投资环境的一片纯净天空：

1. 加强对知识产权侵权犯罪背后的职务犯罪活动的侦查：一是对国家工作人员支持、包庇甚至参与制假售假、侵犯知识产权的职务犯罪活动，致使现有假冒商标、侵权盗版局面严重恶化的，应按照有关规定严肃处理；二是针对职务犯罪隐蔽性强、政策界限把握要求高、查处难度大等特点完善内部协调机制，加强与侦查监督、公诉、民事行政检察、监所、控告申诉部门的密切配合，主动邀请侦查监督、公诉等部门提前介入，增加办案规范性和高效性；三是加强法律政策研究。知识产权犯罪和职务犯罪案件均具有很强的专业性，法律政策适用疑难问题较多。职务犯罪侦查部门应加强对疑难复杂案件、检、法争议较大案件的研究。对涉及主体身份、因果关系、损失计算等长期困扰司法实践的争议问题，应开展理论研讨，争取与法院取得共识。

2. 疏堵防漏，完善知识产权领域的职务犯罪预防工作：一是通过法制宣传、警示教育、同步预防等方式，配合纪检监察部门加强对重点、涉外行政机关尤其是热点部门和岗位人员的职务犯罪预防工作。二是通过上门走访、召开座谈会、发送检察宣传资料、公布检察举报电话等方式，建立与企业的联系制度，及时发现和查处危害企业合法权益的职务犯罪线索。三是从通过严厉惩处以权谋私、滥用职权、徇私枉法等严重危害企业合法权益、严重损害党和政策形象的犯罪活动，迫使这些腐败分子付出高额腐败成本，有效遏制危害知识产权投资环境的职务犯罪。

（五）监所检察工作

根据《刑法》第78条第3项的规定，犯罪在服刑期间"有发明创造或者重大技术革新的"，属重大立功表现，应当减刑。建议监狱按照国家有关法律法规，创造各种有利条件，组织和引导各类学有所长的罪犯，充分发挥其专长作用，调动其改造积极性，进而促进监狱工作发展的一项系统工程。监所检察部门应协助监狱管理机关、公安机关形成对服刑犯知识产权创造的激励机制。

（六）民事行政检察工作

民事行政检察的基础工作是，当事人或者其他利害关系人不服同级法院已生效的民事、行政裁判和不服上一级法院维持同级法院已生效裁判的申诉。在民事行政检察工作中，应依托社会各方力量共同参与矛盾纠纷处理，促进知识产权争议各方和谐关系，为企业营造良好的发展环境，保障当事人的合法权益：（1）确保知识产权审判监督力度，保障当事人申诉权，维护知识产权司法公正。（2）运用息诉和解的方式，释法说理、调节疏导，积极促成和解，努力实现案结事了。（3）积极发现民事诉讼中的涉刑因素，启动刑事诉讼程序，依法予以严惩。对被执行人拒不履行停止侵权的生效裁判内容继续其原侵权行为的，除支持权利人依法追究其民事责任以外，积极协调公安机关以拒不执行判决、裁定罪追究其刑事责任。（4）在知识产权案件申诉审查过程中，发现犯罪嫌疑线索，符合刑事自诉条件的，告知当事人可提起刑事自诉，符合刑事公诉条件的，及时将涉嫌犯罪内容移送公安机关处理。

（七）检察技术工作

检察技术工作主要围绕业务部门的办案工作提供其他专门技术协助，运用科学技术手段，依法收集证据、审查证据、鉴别证据，查明案件有关事实的一项专门性业务工作，是检察机关法律监督职能的重要组成部分。知识产权本身的技术性特征决定了知识产权案件查办过程中专业支持的重要性。（1）提供技术咨询。根据我院办案经验，对知识产权类案件的审查不是单纯的法律运用，在一定程度上是技术判断，如对商业秘密的数额损失及数据库源代码的认定、商标标识的认定（商标标识鉴定主体不明）、企业的"私服"、"外挂"的确认等，这些问题直接关系到案件是属于民事纠纷还是刑事案件。鉴于鉴定主体应具有中立性，检察技术部门不宜对技术问题予以鉴定，但可在办理案件过程中提供技术咨询服务。咨询意见虽不具有法律效力，但在一定程度上仍能指导办案工作方向。（2）提供平台服务。依托检察技术部门，对知识产权犯罪案件进行分类，与相关行政机关、公安机关、法院合作，筹建"打击和预防侵犯知识产权犯罪信息系统"，内容包括：一是涉案知识产权种类的收集、检索和查询，知识产权有关的法律、法规、规章、政策等方面的收集、检索和查询，国内外典型案例、判例等方面的收集、检索和查询；二是与公安机关的经侦部门合作，与相关行业协会或"二新"组织合作筹建"重点联系企业"备案制度，建立区内重点企业权利人信息平台；三是设立分组管理平台。根据企业的知识产权申报情况、履行情况、是否有侵权行为或者权利滥用行为等，从优至劣设置管理类别，对不同类别的企业实施不同的优惠政策和管理方法。（3）增加技术设备和技术人员的投入。随着经济全球化的趋势和互联网的发展，技术层面的人才支持和技术保障对知识产权犯罪的惩处显得尤为重要。特别是在对技术保护措施、权利管理信息的保护中，应配备资深的专业技术人员，加强专业化和规范化程度。

（八）法律政策研究工作

检察机关法律政策研究工作的主要功能是服务办案，对办案部门提出的法律政策适用问题，及时进行研究，提出正确适用的意见、建议，加强检察业务建设。知识产权案件的专业性特征决定了法律研究工作的必要性，重视办案经验交流并加强案件分析研究工作，为疑难案件提供咨询意见。（1）密切关注知识产权案件的新情况、新变化，深入开展前瞻性调查研究，提高对各类敏感问题发展趋势的预判能力和疑难复杂问题的处置能力。（2）定期举办业务培训，邀请专家学者、其他职能部门的专业人员讲授知识产权法律及相关业务知识和实践经验。（3）在现有基础上更加重视提高法律文书的质量，通过起诉书充分、透彻的说理，发挥对同类型案件的办案指导作用。（4）在办案的同时加强对新类型案件的同步研究工作，认真分析其历史演变、现状和发展趋势，及时总结办案规律，挖掘办理知识产权案件的首创经验。（5）积极发挥业务管理中心的作用，通过分析此类犯罪的重点领域、主要形式等，向办案部门等发出办案意见，并建议采取相关对策，改进办案中存在的问题，进一步提高检察人员知识产权刑事保护意识和服务意识。（6）切实加强对知识产权犯罪法律政策适用的研究和指导工作，充分利用"检委会案例发布"等有效载体，及时发布经检委会讨论的相关案例，为具体适用法律提供指导。

（九）队伍业务能力建设

在完善立法和司法解释的同时，不断提高办案人员的执法能力是有效保护知识产权至关重要的环节：（1）挂职锻炼培训。选派一名至二名干警到相关行政部门挂职，一方面了解宏观的知识产权保护情况，另一方面选定重点行业了解企业知识产权保护的流程操作与行规制度。（2）司法机关内部交叉办案培训。各自强化侦查、取证、定罪和判决的角色换位思考理念，了解政法内部的办案机制，防止扯皮推诿，提高办案的成功率。（3）参加交流活动。政府部门和企业每年均会举办不少知识产权保护方面的论坛式讲座，通过交流沟通，让干警从中了解企业在知识产权方面潜在的新情况新问题。（4）邀请大专院校、学术机构的知识产权专家学者向干警讲授知识产权法律知识，并在教育基础上培养知识产权专门人才，优化检察干警的知识结构。

第四节　务实、多元：提升知识产权服务水平

知识产权工作包括创造、运用、管理和保护四个方面，但囿于传统观念，知识产权保护更受关注，而对其他三个环节有所轻视。近年来，从科技、经济、社会发展对知识产权的需求现状和发展趋势来看，应更加重视激励知识产权创造、运用、管理，以上三个环节工作的有序开展是保护的前提，保护的目的则是为了更好地促进知识产权创造、运用和管理。检察机关传统的职能作用主要也体现为对知识产权的保护，但近年来，社会经济发展带动了检察理念的更新，检察机关应开始积极探索服务地区经济的切入点和着力点，为其平稳健康发展发挥积极作用。

一、加强专利权刑事保护，保障经济安全，促进自主创新

工作要点：目前，假冒专利刑事案件发案率极低，但是随着新《专利法》

的颁布（2008 年 12 月 27 日由全国人大常委会审议通过，于 2009 年 10 月 1 日起施行）及专利转化能力的增强，专利权的保护要求将随之提高，权利受侵犯的可能性也较高，因此预计侵犯专利权的刑事案件将逐步产生，民事行政案件也将继续增加。专利权较之其他知识产权更具专业性，加之与科技发展水平具有天然联系，在"科技强国"、"建设创新型国家"的大背景下，既要推进内资企业的科技成果创新，又要兼顾国际条约的规定与对外贸易的平稳发展，专利权刑事保护的强度是关键性因素。我们认为，检察机关在办案中应注意：一是把握政策。从我国国情出发，以国家战略需求为导向，根据我国科技发展阶段和产业知识产权政策，把握刑法介入专利权调整的程度和范围，维护区域经济健康发展。二是慎用法律。严格专利权利要求的解释，厘清刑法及相关司法解释规定的"假冒他人专利"的行为，防止不适当地扩张专利权保护范围、压缩创新空间、损害创新能力和公共利益。三是力求专业。注重发挥专家证人和专家咨询、技术鉴定的作用，通过多种途径和渠道有效解决专业技术事实认定问题。四是平衡利益。准确识别专利标准化、滥用专利权、专利垄断、不正当竞争等专利异化利用行为，适度适用刑罚，平衡权利人、使用者和社会公众之间的利益格局。五是推动经济。切实关注经济发展特点，鼓励创新，加大对经济增长有重大突破性带动作用、具有自主知识产权的关键核心技术的保护力度，促进高技术产业与新兴产业发展，提升核心竞争力。

探索方向：（1）基于综合治理职能，深入企业提供法律服务，以期有效避免国外专利霸权和专利恶意诉讼的不利影响。一是针对国有企业专利申请量低的现象，加强其权利保护意识，合法合理地防止跨国企业妨碍技术创新、压制商业竞争、阻碍技术利用、限制国际贸易、耗费各方资源、侵占公有领域、滥用垄断地位及减损消费者权益的行为。二是针对专利侵权或犯罪行为，对企业职工开展法制宣讲，在尊重专利权推广应用内在需求的同时，明确法律救济途径。（2）对各类市场主体参与市场竞争的平等性提供司法保障，维护有利于吸引投资者、吸引人才和技术的投资创业良好市场环境。依法保护科技创新活动，保护科技研发人员的合法报酬和收益，促进科技成果转化为现实生产力。（3）对专利中介托管服务及相关咨询、代理、评估等专业化服务的公正性、公开性予以法律监督。

二、加强商标权司法保护，维护商标信誉，推动形成自主品牌

工作要点：保护以驰名商标权为主的相关品牌权利是推动外向型经济诚信建设的重要环节。在检察机关查办的各类知识产权案件中，侵犯商标权刑事案件是最多的，因此，有必要探索商标维权的新途径，以适应新的侵权形式的产生。

一是强化法制。正确把握商标权的法律属性，合理界定商标权的权利范围，强化证据的可采性，对涉及跨国公司、知名品牌的敏感案件，强化有关案件的诉讼监督和业务指导。二是结合工作。通过检察工作各个环节，支持和引导区内企业实施商标战略，扶持高品质国际品牌，规范自主商标，重振老字号，促进自主品牌的形成和品牌经济的发展。三是适度保护。廓清商标侵权与犯罪的界限，严格遵循民事救济、行政处罚到刑事责任的程序进阶，切实保障商标权人和消费者的利益，维护公平竞争的市场秩序。四是厘清权利。依法受理并及时处理好涉及地理标志和世界博览会标志、特殊标志等案件。

探索方向：（1）针对商标侵权行为隐蔽化、流动化的趋势，做好以下三点工作：一是政府相关部门及司法机关对于当前侵权行为内外勾结、侵权外贸订单增多的形势，不断总结经验，将打击重点锁定在卸货、托运、货代、仓储、外贸公司、外贸仓库、国际物流场站等关键环节，监管链从市场向物流的上下游延伸，及时截断侵权商品的流通链。二是借鉴义乌模式，与工商联合，积极培育职业线人，对有功人员实行重奖，视案件罚没款、经营额、追究刑事责任等情况实行分级奖励，奖金由财政支付，积极构筑群防群治的知识产权保护网络组织，在市场深处布下预警"雷达"。三是建议将品牌保护纳入各街道年度工作目标责任制考核内容，签订责任书，实行行政领导负责制和责任追究制。各个街道成立工作领导小组，编制本辖区年度品牌保护工作计划，与社区、居委会层层签订品牌保护责任书，力争有效查处隐藏在民居内的制假售假窝点。（2）针对小商品市场售、假严重的现象，建议如下：一是实行知名品牌明示制度。对国内外的知名品牌实行公示，对市场上经销的中国驰名商标、国际品牌以及与上述品牌相近似又有合法注册手续但有可能引起误认一些"傍名牌"进行明示，将注册商标证、生产企业营业执照等有关情况通过明示卡进行公示，方便客商与消费者了解实情。二是实行总经销、总代理、特约经销挂牌制。对从事总经销、总代理、特约经销的，须持有效委托证件与商标注册证、营业执照等证件，进行登记造册、核准，统一悬挂"工商监制"的总经销、总代理、特约经销标识。

三、加强著作权司法保护，促进著作权利用，提升文化软实力

工作要点：版权已成为经济发展的一大增长极，特别是网络版权开发和利用的高回报率使市场竞争越发激烈，因此，受利益需要趋使，侵犯版权的违法犯罪活动激增。有必要结合版权特点，树立检察工作的版权意识：一是关注权利。继续严厉制裁盗版、抄袭等侵犯著作权的犯罪行为，提高全社会的著作权保护意识，加大赔偿和财产刑的适用力度，最大限度地维护著作权人的经济利益。二是在线版权。加强对互联网著作权犯罪的法律研判，准确把握网络环境下著作权司

法保护的尺度，妥善处理保护著作权与保障信息传播的关系，既要有利于网络新技术和新商业模式的开发和运用，促进信息传播，又要充分考虑网络特点和维权困难，完善网络环境下的证据规则，有效保障著作权。三是网游运营。注重对私服、外挂等网络犯罪形式的技术机理研究，加强法律适用的准确性，帮助企业开拓市场，促进相关服务外包产业成长。

探索方向：（1）针对互联网快速发展和信息通信技术重大变革带来的网络侵权难题，通过法律监督职能，规范著作权行政管理部门的行政执法活动，激发企业创新热情，促进软件产业的健康发展。（2）规范和扶持创意产业持续健康发展，制定《创意产业知识产权法律指导》，扶持创意产业做大做强，成为版权发展的亮点和发展基地。（3）规范发展动漫产业。通过互联网等形式，开展网络游戏及相关动漫版权保护，优化投资环境，加强网络游戏企业的投资安全感。

四、加强商业秘密司法保护，保护企业权益和职工择业自由，保障商业信息安全与人才合理流动

工作要点：在国际金融危机大背景下，公司裁员、人员流动、同业竞争的情况增加，极易造成侵犯商业秘密犯罪案件数量的增加，且侵犯商业秘密罪的认定，涉及相关范围专业知识，有必要加强研究，加以防范：一是准用刑罚。依法打击窃取和非法披露、使用他人商业秘密的犯罪行为，保护企业商业秘密权益。二是维护权益。妥善处理保护商业秘密与自由择业、涉密者竞业限制与人才合理流动的关系，维护职工合理权益。三是补强证据。在刑事诉讼中，针对商业秘密难于界定的特点，加强公安机关、法院的沟通协调，引导取证，补强证据，避免因证据不足而导致的以他罪定案的情形，有力保护商业秘密。

探索方向：（1）建议企业在保密方面建章立制，结合本企业商业秘密的特点分别制定专门的对外保密规章和内部保密制度。（2）当发现商业秘密遭到侵害时，建议企业可结合实际情况，考虑转用专利申请等其他方式进行权利保护，并通过法院诉讼、公安和工商部门查处等多种方式追究侵权人的责任。（3）商业秘密案件通常需要实地取证，为避免和消除负面影响，在查案过程中应注意方式方法，不轻易到企业内部开展调查，不轻易传唤企业法定代表人，不轻易查封企业无形资产，不轻易对企业主要负责人采取拘传、拘留等强制措施。

五、探索新型的知识产权工作机构

（一）在知识产权联席会议基础上，探索建立常设的知识产权协调办公室

现阶段，知识产权管理职能分属不同部门，权利人如遇知识产权困扰可能导

致咨询、投诉错位的现象，而知识产权联席会议并非常设性机构，有必要在区政府内试点建立常设机构，协调知识产权的各项工作，其职能可包括：（1）针对知识产权行政执法、司法保护衔接不畅的现象，加快建立知识产权行政执法、司法保护综合信息库和知识产权诚信档案。（2）在信息平台构建的基础上，配置相应人员监管相关信息，并视情研判作出相应的知识产权保护和管理举措。（3）建议公、检、法派员列席知识产权协调办公室例会，相关文件、决定应同时报送公、检、法，以便通畅司法保护渠道。（4）开展特定行业知识产权预警应急机制建设。支持企业开展各行业知识产权预警分析，为特定行业的知识产权侵权、犯罪活动提供前置性分析。

（二）　参考行业协会模式，进一步推广知识产权集体管理制度的应用

当前已经建立的知识产权集体管理制度仅限于著作权领域，存在着进一步扩展的空间。[①] 集体管理的功能主要有二：一是集体行使权利；二是集体寻求救济。不仅在著作权领域，而且在其他类型的知识产权领域中，集体管理机构在政府和企业之间发挥着不可替代的纽带作用，是各项政策、措施得以落实的重要条件。集体管理机构的存在将提高国内企业自我保护的整体实力。针对"专利霸权"现象，集体管理组织将显现出其特有的职能作用。其作用包括：（1）帮助国内企业制定品牌发展和保护战略。（2）代表国内企业要求外国政府对相关的知识产权进行保护。（3）就知识产权问题开展对外民间交流，及时向国内企业反馈知识产权保护的各种信息、意见和建议，更好地维护国内企业的正当权益。（4）在国内企业遭遇知识产权诉讼时，利用集体优势，帮助涉诉企业获得公正、平等的司法裁判。

（三）　规范专业性知识产权支持行业的服务

针对知识产权支持性产业的发展力度不够的现象，我们建议，规范发展知识产权专业性支持行业：（1）培养一批具有市场竞争力和国际影响力的知识产权中介机构，支持知识产权评估、知识产权交易、知识产权援助等服务机构的多元化经营。（2）推动符合资质条件的知识产权咨询机构、金融机构的业务拓展，支持其开展知识产权融资、知识产权质押、知识产权贷款担保、知识产权信托等各类知识产权金融业务。（3）鼓励和支持律师事务所开拓知识产权法律服务领

---

① 集体管理制度起源于分散的权利人无法正常行使其权利或说行使权利成本过高，实际上指的是一种制度上的设置，将个别权利人的力量集合起来统一交给一个机构（集体管理组织），以集中处理分散的权利人自身无法解决的问题。

域，培养和引进具有知识产权背景（如专利代理、商标代理资格）的国际化、复合型律师人才。（4）支持知识产权资讯服务拓展业务，培育具有国际竞争力的知识产权资讯信息服务机构，提供知识产权创造、运用、保护、管理在内的全方位、多层次的优质服务。

（四）成立专门的金融知识产权检察部门

当前，新类型金融、知识产权案件不断增加。金融、知识产权类刑事案件往往涉及刑事、民事、行政等法律以及国际惯例、行业标准、规范等的适用问题。由于相关法律规定还不够完善，有的规范性法律文件存在冲突，加之此类案件专业性较强等因素，案件审理的难度普遍较大。预计在未来一段时期内，金融、知识产权刑事检察将面临更大的压力。因此，有必要组建专门办理金融、知识产权案件部门。将刑事检察、民事行政检察职能有机融合，在刑事检察部门采取快速审查机制，以畅通案件办理渠道。通过统一办案思路，明确法律适用标准，更加充分地发挥金融知识产权检察职能作用，且有利于实现金融、知识产权犯罪检察的专业化。有效发挥打击和惩处金融、知识产权犯罪职能的同时，金融、知识产权犯罪检察部门加强对金融危机应对中可能涉及法律问题的调查研究，对金融监管、知识产权创新中可能出现的法律风险等进行预测性研究，向党委、政府以及相关机构提出防范和化解风险的建议和对策。还可以搭建信息交流平台，定期向区有关部门和监管部门通报金融、知识产权检察情况，及时反映案件中的典型、普遍问题，主动了解金融行业、知识产权权利人的司法需求，进一步加大检察建议、法制宣传和协调沟通力度。

第五节　活力、稳固：培育知识产权文化发展环境

世界知识产权组织于 2003 年 9 月，在《2004—2005 年计划和预算草案修订案》中首次提出了创建知识产权文化的思路，并把创建知识产权文化作为世界知识产权组织的一项重点工作。充满活力的知识产权文化可以让所有的利益相关者在一个相互联系的战略整体中发挥各自的作用，并能实现知识产权作为促进经济、社会和文化发展有力手段的功能。2008 年 6 月 5 日实施的国务院《国家知识产权战略纲要》第 15 条提出："加强知识产权宣传，提高全社会知识产权意识。广泛开展知识产权普及型教育。在精神文明创建活动和国家普法教育中增加有关知识产权的内容。在全社会弘扬以创新为荣、剽窃为耻，以诚实守信为荣、假冒欺骗为耻的道德观念，形成尊重知识、崇尚创新、诚信守法的知识产权文化。"由此，知识产权文化的基础性作用开始逐步受到社会关注，作为知识产

发展的内生性动力，知识产权文化将成为区域经济持续发展不可或缺的指导性价值观念。

各级政府十分重视政府服务、宣传教育等知识产权文化建设。在消除体制性障碍的基础上，加速推动知识产权发展环境的改善。充分利用知识产权制度的作用，调动全社会的积极性和创造性，全面激活各种创新要素和资源，建设充分激发创新活力的知识产权文化，稳固知识产权意识和深层价值观，增强自主创新的内在动力，推动区域经济健康发展。作为法律监督机关，检察机关对完善知识产权发展环境，打造充满活力、稳定安全的经济环境负有义不容辞的责任。通过检察工作各个环节，传播知识产权意识，使百姓形成认同知识产权的价值观。将公平正义的检察理念外化为现实推动力，形成崇尚创新精神、尊重知识产权的良好氛围。

事实上，某些地区的检察官们已经意识到单单依靠办案是无法保护企业知识产权的，应向诉讼外进行职能拓展，通过多年的司法实践积累，已经探索出了一套诉讼内外知识产权工作配套机制，不但使区内企业或个人成功维护了自己的权利，更培育了他们积极维权的意识。

一、明确检察工作服务知识产权文化建设的原则

1. 坚持综合服务。立足检察职能，充分发挥检察机关打击、保护、服务等职能作用，为知识产权发展营造稳定的治安环境、廉洁的政务环境、诚信的市场环境。

2. 坚持平等服务。既重视对国有企业，又重视对民营企业、外资企业和个人的知识产权保护，维护并不断优化有利于知识产权创造、运用、管理的法治环境。依法保护各类市场主体和中介组织的发展，支持和引导经营者诚实守信、合法经营，维护诚信守法、规范有序的市场经济环境。

3. 坚持文明服务。进一步深化检务公开，充分保护辖区企业的合法权益，依法保障当事人及时正确地行使法定的诉讼权利。尊重外籍人员风俗习惯，在沟通联系、执法办案以及法律文书中注意司法礼仪、文明用语。办理涉及辖区企业的案件，及时向相关单位通报有关情况，有针对性地做好案外延伸工作，把案件本身的消极影响降到最低限度。

二、提高知识产权文化建设的成效

（一）积极参与整顿和规范市场经济秩序

知识产权具有公益性，侵犯知识产权的同时，也对国家知识产权管理制度产

生了一定的危害，因此，构建知识产权文化必须立足检察职能，对于严重破坏社会主义市场经济秩序的知识产权犯罪从严打击，[①] 参与整顿和规范市场经济秩序。检察机关从严打击的知识产权案件范围主要包括：一是事关国家利益、形象的案件；二是直接危害群众身体健康，甚至生命安全、严重损害消费者利益的案件；三是严重扰乱市场经济秩序，致使国家经济利益遭受重大损失的各类犯罪。[②] 上述案件对于社会经济秩序的危害均已达到十分严重的程度，应依法打击此类案件，切实维护经济活动当事人的合法权益，保障市场秩序和交易安全。

（二）坚决打击侵害企业经营者和企业合法权益的行为

对发生在企业内部的侵犯知识产权犯罪案件，坚持依法从快处理，维护企业内部稳定的工作秩序。通过民事行政抗诉程序，纠正确有错误的判决和裁定，维护企业的知识产权，为知识产权发展创造诚信守法、公平竞争的市场环境。加强对有案不立、有罪不究、以罚代刑等执法不公的监督，防止和纠正利用职权非法插手知识产权纠纷、侵害企业和投资者合法权益。

（三）依法查办影响知识产权健康发展的职务犯罪

依法查办知识产权犯罪背后的职务犯罪，着力促进国家工作人员廉洁、高效从政。积极查办行政执法人员在市场监管、社会管理、行政审批等活动中徇私枉法、以权谋私、索贿受贿、滥用职权严重危害经济发展和投资者权益的职务犯罪案件。加强追逃、追赃工作，震慑犯罪，积极为国家、企业挽回经济损失。

（四）改进执法方式，争取最佳的法律效果和社会效果

坚持正确处理办案与服务的关系：（1）办案前要考虑到运用何种方式不影响经济运营环境。（2）办案中考虑到使用何种手段保证企业正常运行。（3）办案后要考虑到如何为发案单位以及知识产权受到侵害的公民和法人挽回损失。（4）依法办理涉外、涉港澳台案件，平等保护中外各方当事人权益，构建开放型的知识产权文化。

---

① 参见 2006 年 12 月 28 日颁布并实施的《最高人民检察院关于在检察工作中贯彻宽严相济刑事司法政策的若干意见》第 5 条："依法严厉惩治严重破坏金融秩序、侵犯知识产权、制售严重危害人身安全和人体健康的伪劣商品等严重破坏社会主义市场经济秩序的犯罪"。

② 参见徐文艾："知识产权刑事保护：有力度还要有分寸"，载《检察日报》2007 年 4 月 23 日第 3 版。

（五）深入重点商务楼宇提供法治服务

一是采用制作专栏、印发资料、图片展览等形式宣传法制，引导、促进其依法经营，帮助其维护自身知识产权。二是围绕知识产权办案中发现的问题，加强调查研究，提出检察建议，促进各项监督和管理制度的建立健全，努力从源头上遏制和减少犯罪。三是在检察工作范围内，提供法律咨询意见，协商、解决涉法问题。四是对媒体关注的涉及知名公司、知名品牌、知名人士的敏感案件，要稳妥开展案件宣传和信息发布工作，杜绝不良影响的发生。

（六）健全工作机制，畅通权益保障渠道

一是坚持周四检察长接待日和检察长预约接待制度，妥善处理知识产权案件线索。二是落实保障律师在刑事案件侦查、审查起诉阶段和民事案件审查中开展工作的规定，依法做好律师会见以及听取律师意见等工作。三是加大对专家型人才知识产权司法保护力度，不仅为专门人才的智力成果提供法律保护，也为构建和谐社会的人才公平竞争平台提供法律保障。对受到不实举报、诬告陷害的专家型人才，要配合有关部门认真查处，消除影响。四是完善知识产权犯罪预测预警机制。通过全面收集和科学分析知识产权犯罪信息，及时推断与评估知识产权犯罪发展的新趋势、新领域、新类型、新动向。并在科学预测的基础上，对有知识产权侵权犯罪风险的有关行业、单位、部门发布警示，督促整改落实，以控制和减少犯罪行为的发生。

（七）加强法制宣传，提高服务水平

一是邀请、组织企业的高管人员旁听庭审，增加维权意识的真实性和针对性从中吸取教训。二是通过调研分析，编写《知识产权刑事诉讼指南》，力求内容精要，并向辖区内重点企业发放，提高其对知识产权刑事保护的重视程度，从而更为有效地保护其知识产权。三是充分利用各种新闻媒体，广泛宣传打击犯罪活动，保护知识产权的成果，动员和教育广大人民群众牢固树立保护知识产权的法律意识和维权意识，努力构建尊重与保护知识产权、维护公平竞争与诚信的和谐社会。同时对侵犯知识产权的违法犯罪分子起到警示作用。四是试点开展滚动式菜单式法律服务，专门设立知识产权法律讲课内容，基于知识产权权利人的需要及时提供法律服务，高效运用法律资源。五是在"检察官进驻司法所"活动中添加知识产权宣传内容，针对民居内出现隐蔽涉假仓库的现象，加强百姓的知识产权意识，提高百姓同此类犯罪作斗争的主动性和自觉性，同时遏制对侵权商品的消费需要，营造良好知识产权文化氛围。

第六章 《律师法》实施后检察工作面临的新情况、新问题与对策研究

新修订的《中华人民共和国律师法》（以下简称"新《律师法》"）已于2008年6月1日正式实施，新《律师法》顺应了《中华人民共和国刑事诉讼法》（以下简称"《刑事诉讼法》"）保障犯罪嫌疑人、被告人的理念，维护了辩护律师的合法权利。《律师法》不仅是规范律师执业行为的法律，还是刑事诉讼法体系的重要组成部分。目前，新《律师法》中一些规定与《刑事诉讼法》的规定存在一些不协调的地方，在检察工作中如何进一步加强两者间的衔接、如何进一步增强可操作等问题亟待认真研究解决。

第一节 从刑事诉讼角度看《律师法》的主要变化

一、律师职能在刑事诉讼中的变化

《律师法》的修订强化了律师在刑事诉讼中的职能作用，其影响波及立案、侦查、审查逮捕、审查起诉、庭审举证质证等各个检察工作环节。

第一，律师介入刑事诉讼的范围由局限性向扩展性调整。最为突出的表现是，根据新《律师法》的规定，律师在侦查阶段实质上已具有辩护人的职能。由此，律师原先在审查起诉阶段享有的各项执业权利已扩充至侦查阶段，律师享有的会见、阅卷、调查取证、免证等权利也随之渗透到检察工作的各个环节。

第二，律师介入刑事诉讼的时间由滞后性向前移性调整。例如，在律师会见权方面，会见时间由原来的审查起诉之日提前至"第一次讯问或者采取强制措施之日起"。该规定赋予了律师与司法机关同步办案的权利，对职务犯罪侦查工作的影响尤其明显。会见时间前移产生了不少制度上的空白，随着诉讼流程的推进在审查起诉环节亦有所显现。

第三，律师行使辩护职能的权利由被动性向主动性调整。例如，在律师调查

取证权方面，最重要的变化在于删除了律师调查取证需经"证人或者其他有关单位和个人同意"的规定，更利于律师主动发挥诉讼职能。

以上是对律师职能在刑事诉讼中新变化的宏观把握。具体来说，新《律师法》在律师的角色定位、执业权利义务（包括会见权、阅卷权、调查取证权、法庭言论责任豁免权、免证权、证明责任等）进行了重大修订，下文将分别阐述。

二、律师角色定位在刑事诉讼中的变化

律师职业群体的角色经数次法律法规的修订发生了渐进式变化。从 1980 年《律师暂行条例》规定的"国家的法律工作者"，到 2001 年《律师法》规定的"为社会提供法律服务的执业人员"，再到新《律师法》规定的"为当事人提供法律服务的执业人员"，逐次展现了律师服务对象的不同层面以及律师定位的变化。具体到刑事诉讼中，律师角色的定位也因新《律师法》的实施产生了质的变化，主要体现在刑事诉讼的侦查阶段。根据《刑事诉讼法》第 33 条及第 96 条①的规定，律师以辩护人身份介入公诉案件的时间是从案件移送审查起诉之日起。在侦查阶段，律师的定位仅仅是提供法律帮助的人，并非辩护人，没有刑事案件诉讼参与人的地位。新《律师法》第 28 条第 3 款及第 33 条②就律师在刑事诉讼中的角色定位做了相关规定，虽然在表述中未明确律师在侦查阶段可以以辩护人身份介入诉讼，但综合分析可知，犯罪嫌疑人在得知自己具有"嫌疑人"身份时，就有权"委托"律师，受委托律师有权会见犯罪嫌疑人。这与以往仅提供法律咨询、代理申诉、控告的诉讼职能是截然不同的，"委托"行为加之上述职能的变化决定了律师的辩护人身份。因此，新《律师法》明确了律师在侦查阶段就是适格的诉讼参与人，这是对以往侦查阶段律师"法律帮助人"身份

---

① 《刑事诉讼法》第 33 条规定："公诉案件自案件移送审查起诉之日起，犯罪嫌疑人有权委托辩护人。"第 96 条规定："犯罪嫌疑人在被侦查机关第一次讯问后或者采取强制措施之日起，可以聘请律师为其提供法律咨询、代理申诉、控告。犯罪嫌疑人被逮捕的，聘请的律师可以为其申请取保候审。涉及国家秘密的案件，犯罪嫌疑人聘请律师，应当经侦查机关批准。受委托的律师有权向侦查机关了解犯罪嫌疑人涉嫌的罪名，可以会见在押的犯罪嫌疑人，向犯罪嫌疑人了解有关案件情况。律师会见在押的犯罪嫌疑人，侦查机关根据案件情况和需要可以派员在场。涉及国家秘密的案件，律师会见在押的犯罪嫌疑人，应该经侦查机关批准。"

② 新《律师法》第 28 条第 3 款规定："接受刑事案件犯罪嫌疑人的委托，为其提供法律咨询，代理申诉、控告，为被逮捕的犯罪嫌疑人申请取保候审，接受犯罪嫌疑人、被告人的委托或者人民法院的指定，担任辩护人。"第 33 条规定："犯罪嫌疑人被侦查机关第一讯问或者采取强制措施之日起，受委托的律师凭执业证书、律师事务所证明和委托书或者法律援助公函，有权会见犯罪嫌疑人、被告人并了解有关案件情况。"

的重大突破。

三、律师权利义务在刑事诉讼中的变化

新《律师法》对律师权利义务的变化主要体现为权利的扩张和义务的减免两个方面。其中权利扩张主要包括会见权、阅卷权、调查取证权、法庭言论豁免权、免证权五个方面，而义务减免主要是证明义务的减免。

（一）律师权利的扩张

1. 会见权

第一，律师会见犯罪嫌疑人获得主动

根据《刑事诉讼法》第 96 条及最高人民法院、最高人民检察院、公安部、国家安全部、司法部、全国人大常委会法制工作委员会《关于刑事诉讼法实施若干问题的规定》（以下简称"《六机关规定》"）第 11 条的规定①，律师会见犯罪嫌疑人，必须在侦查机关第一次讯问犯罪嫌疑人后，涉及国家秘密的案件应由侦查机关批准，方可会见犯罪嫌疑人。新《律师法》第 33 条规定，从侦查机关第一次讯问犯罪嫌疑人时起，律师即可凭"三证"直接会见犯罪嫌疑人，无须经过司法机关批准，没有时间、次数、内容限制，增强了律师会见犯罪嫌疑人的自主性。

第二，律师会见犯罪嫌疑人的时间提前

《刑事诉讼法》第 96 条规定犯罪嫌疑人聘请律师的时间是被侦查机关第一次讯问后或采取强制措施之日起，受委托的律师可以会见在押的犯罪嫌疑人；而新《律师法》第 33 条规定犯罪嫌疑人被侦查机关第一次讯问或者采取强制措施之日起律师就有权会见犯罪嫌疑人。少了一个"后"字，表明律师会见犯罪嫌疑人的时间有所提前。

第三，律师会见犯罪嫌疑人时不被监听

《刑事诉讼法》第 96 条第 2 款规定，律师会见在押犯罪嫌疑人时，侦查机关根据案件情况和需要可以派员在场。新《律师法》第 33 条规定，律师在侦查阶

---

①　根据《刑事诉讼法》第 96 条之规定，受委托的律师可以会见在押的犯罪嫌疑人，只有在涉及国家秘密的案件中，犯罪嫌疑人聘请律师，应该经侦查机关批准，律师会见在押的犯罪嫌疑人，也应当经侦查机关批准。为了使《刑事诉讼法》的这一规定更具有可操作性，最高人民法院、最高人民检察院、公安部、国家安全部、司法部、全国人大常委会法制工作委员会《关于刑事诉讼法实施若干问题的规定》第 11 条规定："涉及国家秘密的案件，律师会见在押的犯罪嫌疑人，应当经过侦查机关批准。对于不涉及国家秘密的案件，律师会见犯罪嫌疑人不需要经过批准。侦查机关不能以侦查过程中需要保密为涉及国家秘密的案件不予批准。律师提出会见犯罪嫌疑人的，应当在 48 小时内安排会见。"

段会见犯罪嫌疑人时不被监听。

2. 阅卷权

根据《刑事诉讼法》第 36 条的规定①，在审查起诉阶段律师只能查阅、摘抄、复制本案的诉讼文书，技术性鉴定材料。新《律师法》第 34 条规定②，律师自审查起诉之日起有权查阅、摘抄和复制与案件有关的所有案卷材料，扩大了律师阅卷的范围。新《律师法》还进一步扩大了律师在审判阶段的阅卷权，将原来"本案所指控的犯罪事实的材料"扩大到"与案件有关的所有材料"。

3. 调查取证权

将《刑事诉讼法》第 37 条规定③与《律师法》第 35 条规定④对比可知，律师在刑事诉讼中的调查取证权有了突破性的变化：

第一，律师调查取证权扩大。根据《刑事诉讼法》规定，律师在审查起诉阶段和审判阶段的调查取证权是附条件的权利。律师向证人或其他有关单位和个人收集证据时，必须经过本人的同意；律师向被害人或者其近亲属、被害人提供的证人收集证据的，不仅要经过他们的同意，还须得到人民检察院或者人民法院的许可。新《律师法》规定律师凭"两证"就可以向有关单位或个人调查与承办法律事务有关的情况，不需要本人的同意，也不需要人民检察院或者人民法院的许可，大幅扩充了律师的调查取证权。

第二，律师调查取证的时间提前。根据《刑事诉讼法》规定，律师在侦查阶段不具有调查取证权。根据前文所述，律师在侦查阶段已经具备了辩护人的身份，新《律师法》第 35 条并未排除律师侦查阶段的调查取证权，意即在侦查阶段辩护律师与侦查机关（部门）一样，有权自行取证。

4. 法庭言论豁免权

新《律师法》第 37 条第 2 款规定："律师在法庭上发表的代理、辩护意见不

---

① 《刑事诉讼法》第 36 条规定："辩护律师自人民检察院对案件审查起诉之日起，可以查阅、摘抄、复制本案的诉讼文书、技术性鉴定材料，自人民法院受理案件之日起，可以查阅、摘抄、复制本案所指控的犯罪事实的材料。"

② 新《律师法》第 34 条规定："受委托的律师自案件审查起诉之日起，有权查阅、摘抄和复制与案件有关的诉讼文书及案卷材料。受委托的律师自案件被人民法院受理之日起，有权查阅、摘抄和复制与案件有关的所有材料。"

③ 《刑事诉讼法》第 37 条规定："律师自行调查取证需经证人或者其他有关单位和个人同意；对被害人或者其近亲属、被害人提供的证人的调查，须经人民检察院或者人民法院许可，并且还需经被害人或者其近亲属、被害人提供的证人同意。"

④ 《律师法》第 35 条规定："受委托的律师根据案情的需要，可以申请人民检察院、人民法院收集、调取证据或者申请人民法院通知证人出庭作证。律师自行调取证据的，凭律师执业证书和律师事务所证明，可以向有关单位或者个人调查与承办法律事务有关的情况。"

受法律追究。但是，发表危害国家安全、恶意诽谤他人、严重扰乱法庭秩序的言论除外。"法庭言论豁免权进一步赋予了辩护律师自由与安全，为辩护律师行使辩护权提供了更为坚实的法律保障。

5. 免证权

《刑事诉讼法》第48条规定[①]，辩护人在履行职责的过程中知悉其委托人尚未被国家司法机关所掌握的犯罪事实和证据，不但不负有保密的义务，反负有告发的义务。而新《律师法》第38条赋予了律师保密义务，是对《刑事诉讼法》相关规定的补充与拓展。该条规定的律师职业保密义务包含两个方面，除了保守国家秘密、商业秘密的义务外，还包括保守当事人秘密的义务，即律师拒绝作证特权。拒绝作证特权是指律师有权拒绝向司法机关提供其在执业过程中知悉的不利于其当事人的案件事实的权利。

（二）律师义务的减免

新《律师法》的亮点不仅在于对律师权利做了扩张，还遵循"无罪推定"和"证明责任"的原理，对律师的证明义务有所减免。《刑事诉讼法》第35条规定："辩护人的责任是根据事实和法律，提出证明犯罪嫌疑人、被告人无罪、罪轻或者减轻、免除其刑事责任的材料和意见，维护犯罪嫌疑人、被告人的合法权益。"新《律师法》第31条规定："律师担任辩护人的，应当根据事实和法律，提出犯罪嫌疑人、被告人无罪、罪轻或者减轻、免除其刑事责任的材料和意见，维护犯罪嫌疑人、被告人的合法权益。"与《刑事诉讼法》相比，关键的变化在于少了"证明"两字。[②] 删除"证明"二字，明确了控辩双方各自的职责，更符合诉讼证明责任分配原理。因为，由检察机关承担证明责任，不仅能在控辩双方力量对比上得到平衡，也是防止权力滥用、保障公民合法权益的有效手段。并且，从逻辑学的角度看，只有发生过的事情才能留下痕迹，要证明一项事物或行为不存在，是违背逻辑的，这就决定了证明责任应由控方担任。删除"证明"二字，意味着律师只要提出犯罪嫌疑人、被告人无罪、罪轻或者减轻、免除其刑事责任的材料和意见即可，不需要达到证明的程度。

---

① 《刑事诉讼法》第48条规定："凡是知道案件情况的人，都有作证的义务。"第84条规定："任何单位和个人发现有犯罪事实或者犯罪嫌疑人，有权利也有义务向公安机关、人民检察院或者人民法院报案或者举报。"

② 这是全国人大代表、广州市律师协会秘书长陈舒在十届全国人大三次会议上针对《刑事诉讼法》修订特地提出的建议。

第二节 《律师法》实施后检察工作
面临的新情况、新问题

一、《律师法》实施后检察工作面临的新情况

新《律师法》实施使律师介入刑事诉讼呈现出广泛性、提前性、主动性等新特点,从目前实施的情况来看,已使检察机关揭露真相、惩罚犯罪面临新的挑战:一是程序的对抗性增强。如律师的会见权、阅卷权和调查取证权都是刑事诉讼构造中的对抗性权利,这些权利的扩张必然引发具体执行中的争议和冲突。二是程序的透明度提高。随着律师介入刑事诉讼时间的提前和范围的拓展,律师有机会更多地了解和掌握检察工作的情况。三是程序的中立性加大。控辩双方权利的进一步平等,使双方在诉讼力量上形成势均力敌的态势,这本身就是审判中立性的表现和前提。从宏观层面讲,现阶段面临的新情况可归结为四方面冲突:

第一,传统习惯思维与更新执法观念之间的冲突

新《律师法》实施对检察工作的影响,很大程度上是一个执法观念问题。在司法实践中具体表现为:一是抵触情绪。认为目前办案时间紧、要求高、难度大,加之人案矛盾比较突出等原因,实施新《律师法》无疑会进一步束缚办案手脚,增加很多不确定因素,影响正常工作。比如在职务犯罪案件侦查阶段,往往以案件侦查涉及国家秘密、承办人休息等为由,给律师会见设置人为障碍,变相不执行新《律师法》。二是恐慌心理。认为律师的会见权、阅卷权和调查取证权都是诉讼构造中的对抗性权利,在控诉方的权力未予调整前,增加律师的对抗性权利无疑会改变诉讼构造原有的平衡,加之不少孤证案件经律师"点拨"后会截然不同,因此办案陷入一种束手无策的境地。三是观望态度。认为每次法律修改后,都会颁布相关司法解释解决操作层面上的问题,况且新《律师法》与《刑事诉讼法》本身在条文之间有冲突,很难进行把握,还是"看看"再说。四是麻痹思想。认为相对嫌疑人、律师而言,检察机关始终处于"强势"的地位,不管法律如何修改,打击犯罪、维护社会稳定仍是首位,只要案件能"立得起、诉得出、判得了"就可以了,《律师法》作用有限。

第二,依法履职与诉讼风险之间的冲突

刑事检察工作在刑事诉讼活动中承担双重职能,既要对刑事犯罪审查逮捕、审查起诉,代表国家出庭公诉指控犯罪,履行保障公平正义的检察职能,又要对刑事诉讼活动实施法律监督,切实保障律师执业权利与刑事诉讼活动依法正常进行。因此,实施新《律师法》需要减少和防止诉讼风险的产生。比如律师在会

见、阅卷、调查取证，保护当事人的"合法"权益的过程中，如何强化其保密义务，防止其将查阅检察机关案件材料、自行调查取证等获得的信息交叉提供给证人、犯罪嫌疑人，从而使得他们在有意无意间形成原本不存在的共同认识与表述等。

第三，传统办案模式与律师权利扩张之间的冲突

为了适应新《律师法》，检察机关鼓励办案人员转变执法理念、提高业务素质和工作能力，适应在律师会见不受监听、律师有权自行取证、信息外流几率增加的复杂环境下办案。但是，现有的法定办案手段十分有限，大多还停留在传统的方式上。如在职务犯罪侦查过程中，侦查机关初查时只能进行不限制被查对象人身、财产权的措施，不得采取强制措施。传统的侦查手段已跟不上时代及律师权利扩张的步伐，又不能采用国外新型的侦查手段如拆封邮件、诱惑取证、窃听、手机定位手段进行调查取证。为了加强办案力量、保证案件的正确处理，推进案件侦讯，我们有哪些初查和侦查措施可以合法运用等。

第四，立法原则性与程序可操作性之间的冲突

新《律师法》及《刑事诉讼法》的相关规定都比较原则，造成法律术语概念不明及法律规定缺失等情况，缺乏可操作性；具体措施和配套机制又未及时跟进，使某些执法细节处于司法盲区。如受委托的律师自审查起诉之日起，有权查阅、摘抄和复制与案件有关的诉讼文书和案卷材料。这里的案卷材料范围虽已有相关通知加以界定，但是实践操作中对具体材料的理解仍存在差异。如检察机关是否需要通知律师阅卷；是否需要对律师阅卷进行监督，防止律师损坏、修改案卷材料；公安机关装订案卷不规范，检察机关是否有权拆分案卷供律师查阅等。

二、《律师法》实施后检察工作面临的新问题

为了对工作中的实际困扰有客观全面的认识，我们联系、走访了部分检察机关、公安机关、法院、市律师协会，进行了细致的前期调研。现将目前发现及预测可能面临的问题整理如下：

（一）新《律师法》与《刑事诉讼法》的适用

新《律师法》与《刑事诉讼法》法律条文表述上的不和谐，在具体执行中引发了较大分歧。对究竟该执行哪部法律，各地、各部门看法不一。其中核心的问题在于，新《律师法》的部分条文是否具有覆盖《刑事诉讼法》有关规定的法律效力。具体来说：一种观点认为，新《律师法》与《刑事诉讼法》是新法与旧法的关系，应适用新《律师法》。该观点是将全国人大与全国人大常委会视为同一机关为基础的；另一种观点认为，新《律师法》与《刑事诉讼法》是下

位法与上位法的关系，应适用《刑事诉讼法》。后一种观点的立论基点是全国人大与全国人大常委会并非同一位阶的机关，全国人大的位阶高于全国人大常委会。上述争议的焦点在于，全国人大与全国人大常委会是否为同一机关，进而引申出基本法律与除基本法律之外的其他法律之间效力高低问题。于是出现了各地做法各异、冲突重重叠叠的现象。值得一提的是，6 月中旬，首起因立法性冲突引发的行政诉讼在海南海口提起。① 此案后虽因不符合行政诉讼起诉条件被驳回起诉，但仍可折射出立法性冲突给司法实践带来的严重困扰，因而亟须对法律适用作出选择，以维护法制的统一与权威。2008 年 8 月，全国人民代表大会常务委员会法制工作委员会作出《对政协十一届全国委员会第一次会议第 1524 号（政治法律类 137 号）提案的答复》（以下简称"全国人大法工委答复"），② 确认了《律师法》的优先适用地位。该答复系立法机关的内设机构作出，可被视为立法机关的倾向性意见，作为司法实践的指导，但终非立法机关作出的立法解释，立法性冲突依然存在。

（二）职务犯罪侦查工作

从诉讼流程上说，侦查工作位于检察工作前沿，由于律师权利扩张的提前性使制度空白骤然显现。对职务犯罪侦查工作的影响主要集中于立案环节。

1. 立案不确定性加剧

在侦查活动中，立案是关键一步。实践中，立案程序的法律设置使职务犯罪侦查活动处于两难境地。具体而言，问题主要集中在：一是初查手段有限。不得采取法定的侦查手段，只能进行不限制对象人身、财产权的措施，亦不得采取强制措施。新《律师法》实施后，初查手段已跟不上时代及律师权利扩张的步伐。

---

① 律师程某凭"三证"向当地看守所提出会见犯罪嫌疑人的要求，被拒，之后他向法院提起诉讼，要求看守所履行律师会见犯罪嫌疑人的职责。该案后经审查，两名律师的诉讼请求根据最高人民法院《关于执行〈中华人民共和国行政诉讼法〉若干问题的解释》第 1 条第 2 款第二项的规定，系依照刑事诉讼法的明确授权实施的行为，不属于行政诉讼的受案范围，后虽被海口市龙华区人民法院直接驳回起诉，但是仍可折射出立法性冲突的存在。（参见刘百军："国内首例律师要求会见权案有变数"，载《法制日报》2008 年 7 月 17 日第 5 版。）

② 该《答复》的主要内容是："十届全国人大常委会于 2007 年 10 月 28 日通过了修订的律师法，该法已于 2008 年 6 月 1 日开始施行。依照宪法规定，全国人大常委会对于全国人民代表大会制定的法律，在不与其基本原则相抵触的情况下，可以进行修改和补充。新修订的律师法，根据中央关于司法体制改革的精神和国务院提出的修订草案以及各方面的意见，总结实践经验，对刑事诉讼法有关律师在刑事诉讼中执业权利的有些具体问题作了补充完善，实际上是以新约法律规定修改了刑事诉讼法的有关规定，对此应按修订后的律师法的规定执行。您提出的关于尽快将《刑事诉讼法》与《律师法》内容相统一的意见，我们将在立法工作中认真研究。"

如仅限于初查规范将很难甚至无法收集到足够立案证据，而一旦突破初查的范围就构成程序违法，导致获取材料不符合法律规定。二是案件突破受限。律师提前介入，加强了律师、犯罪嫌疑人在刑事诉讼中与侦查机关的对抗性和制衡性。侦查机关长期以来实行的通过审讯犯罪嫌疑人，获得案件线索或者其他侦查突破口的做法将受到制约，给侦查工作带来难度。三是考核制度缺陷。目前立案风险主要在于"错案责任追究机制"，"错案"轻则影响业务考核，重则涉及国家赔偿。目前，对错案的评判标准还存在一定的不合理性，使得立案侦查职务犯罪时顾虑重重。作为应对措施，职务犯罪侦查部门可能会加强案件的前期调查和外围取证，争取在律师介入之前就把相关的证据收集、固定到位。但这种做法可能会造成"不破不立、以立代侦"的问题更加突出，使立案与侦查陷入僵局。

2. 侦查环节配套制度缺乏

（1）律师主体资格审查

新《律师法》实施以来，实践中反映较大的问题是，侦查阶段律师持"三证"难以会见犯罪嫌疑人，看守所普遍坚持按照原来的会见程序，要求律师联系公安机关或者检察机关，由侦查机关安排会见事宜。这种传统做法不符合新《律师法》的规定，由此出现律师主体资格的确认问题，包括三个方面：

一是律师的执业资质。调查中有部门反映，持法律职业证书 C 照的律师在上海接受犯罪嫌疑人委托并要求以律师身份提供辩护。根据相关规定，法律职业证书的效力具有地域性，由于司法考试政策放宽等原因持 C 照的律师不能在 A 照地区执业，当这些律师接受请求在不属于其执业区域的地点作为律师提供辩护服务时，就涉及了执业资质认定问题。

二是委托的效力。接受委托是律师的一项基本权利，该权利只有经当事人委托才能被激活作用于具体案件。由此带来的问题是，对于犯罪嫌疑人采取即时委托、转委托等方式聘请律师的，如何判断其委托的法律效力；对于嫌疑人表明通过其母亲委托律师，受其父亲委托的律师能否行使会见权等都需要研究。

三是委托的程序。犯罪嫌疑人需要委托聘请律师的，对提出对象、提出形式、确认方式、办理主体以及提出后如何送达等问题还缺乏具体的操作办法，亟待建立健全相应的措施。

（2）侦查讯问与律师会见的时间安排

职务犯罪案件侦查初期，检察机关自侦部门讯问工作量较大，突审时间比较紧张，需要根据已经收集的证据完善口供，深挖犯罪线索。与此同时，受委托的律师亦需要通过行使会见权为犯罪嫌疑人提供法律帮助。新《律师法》第 33 条规定了犯罪嫌疑人被侦查机关（部门）第一次讯问之日起，受委托的律师即有权会见犯罪嫌疑人，由此产生侦查讯问与律师会见之间的冲突。从一线办案人员处了解到，司法实践中已发生了律师高频率、长时间会见致使侦查机关（部门）无法及时侦讯或侦查机关（部门）侦讯正在进行时律师请求会见当事人的情况。因此，有必要寻找切实可行的解决方式。

（3）侦查取证与律师调查取证相互交叉

根据新《律师法》第35条规定，律师调查取证与控方同步进行，侦查活动对抗性明显增强。[①] 在调查过程中，未发现具体问题。但是有办案人员预测，侦查机关在对犯罪现场、与犯罪有关的物品、文书等收集、固定证据的过程中容易与律师自行调查取证形成时间或者空间上的交叉，且该问题不仅将存在于侦查活动中，而且将贯穿刑事诉讼活动的始终。

（4）言词证据固定难度增大

新《律师法》使控辩双方之间的对抗从审查起诉阶段前移至侦查初始阶段，原来的信息偏向和心理优势将有所减弱。证据，尤其是言词证据的稳定性下降。个别律师为了帮助犯罪嫌疑人减轻罪刑，违反职业道德，帮助编造事实，影响案件正常的侦查，增加了侦查机关的工作难度和工作量。调查发现，实践中具有代表性的问题主要有：同一律师或同一律师事务所的律师接受窝案、串案中多名犯罪嫌疑人的委托[②]；言词证据（包括犯罪嫌疑人、被告人供述和辩解和证人证言）前后矛盾、多次反复的可能性明显增加等。

（5）律师保密义务与作证义务的界定

新《律师法》第38条规定了律师的保密义务，却未说明律师保密义务的对象，因此，造成实务操作中的诸多分歧。通过调查发现，职务犯罪侦查部门认为，律师履行保密义务的对象不应包括司法机关，对司法机关的查证活动负有配合义务。而有的律师则认为，基于当事人对辩护律师的信任产生委托关系，如果将当事人不愿透露的秘密或隐私告知司法机关即失去了委托的基础，也是违背职业道德的。如何定义保密的秘密范围及作证的证言性质有待进一步探讨。

（三）侦查监督工作

由于侦查监督部门工作职能的原因，与律师接触机会较少，现阶段遇到的问题也相对较少。以下列明的问题大多是在先期调研中，根据走访单位提供的预测

---

① 参见詹复亮："反贪侦查工作与律师权利的落实和保障"，载《检察日报》2008年2月19日第3版。

② 由于律师取证权的完善和保障，律师在检察机关第一次接触嫌疑人的同时，双方在证据收集层面上的对抗就已经开始。律师的介入，处于保密阶段的线索会变得无密可保。如果在职务犯罪中有同案人且检察机关尚未获悉同案嫌疑人或者重要证人的情况下，律师先于检察机关有意无意地"暗示"或提醒相关人员，从而帮助案件当事人实现串供目的的可能性是存在的，这势必会使窝案、串案的办理难度相应增加。

性意见整理而成：

1. 办案质量不断提升

律师介入后，申请取保候审的案件数量会有所增加，对审查逮捕阶段如何准确把握"有逮捕必要"提出更高要求。同时，根据律师的意见和提供的相关证据材料，有助于检察人员在审查逮捕阶段客观全面地分析案情，准确认定案件事实，正确适用法律。

2. 不捕案件尤其是存疑不捕案件可能增多

在审查逮捕复核证据时，出现无其他证据予以佐证相应供述、有罪供述相比无罪辩解不能形成优势证据、律师提出排除非法证据或者对侦查工作中未保障犯罪嫌疑人获得法律帮助提出意见等情形概率增加。上述情况都会使不捕率上升。

3. 捕后不诉率可能上升

新《律师法》实施后，言词证据稳定性减弱，律师取证与侦查取证同步进行，律师取得更多的无罪、罪轻证据的几率增加。同时，律师阅卷权的提前也使公诉部门对侦查中存在的瑕疵证据的转化和补救工作难度明显加大，案件经退补侦查仍然不能达到起诉标准的可能性明显加剧。

4. 审查逮捕工作效率可能降低

一是法定期限内审查无罪、罪轻证据并听取律师意见的办案力量投入加大。二是针对证据审查的复议复核增加、犯罪嫌疑人对"错捕"提出控诉、被害人误解侦查监督工作等一系列衍生问题会产生。

（四）公诉工作

1. 阅卷规则模糊

第一，阅卷时间如何确定。根据新《律师法》第34条的规定，受委托的律师自案件审查起诉之日起有权阅卷。调查发现，公诉部门和律师对审查起诉之日，即审查起诉期限起点的确定存在争议。争议焦点在于对《人民检察院刑事诉讼规则》（以下简称"《刑事诉讼规则》"）第244条①规定的7天"初审"期性质的认定。公诉部门认为，基于收案阶段尚未进行初审工作，且存在经初审发现不符合受理条件而将案卷退回侦查机关的情况，因此审查起诉期限应从正式受理案件时，即《刑事诉讼规则》第246条规定的，对符合受理条件的案件，填写受理审查起诉案件登记表之日为审查起诉之日起计算。因此，建议律师在公诉部门

---

① 《人民检察院刑事诉讼规则》第244条规定，人民检察院对于公安机关移送审查起诉的案件，应当在7日内进行审查。人民检察院对公安机关移送审查起诉的案件进行审查的期限，计入人民检察院审查起诉期限。

受理刑事案件之后进行阅卷。部分律师认为，应从公诉部门收案之日起计算审查起诉期限，在侦查机关（部门）移送审查起诉、公诉部门收案之时，便提出阅卷要求。

第二，侦查内卷可否查阅。调查显示，律师与控方承办人员就在审查起诉阶段是否有权查阅侦查内卷问题存在认识分歧。律师认为，根据《律师法》第34条的规定，其在审查起诉阶段有权查阅"与案件有关的诉讼文书"，侦查内卷材料显然均与案件有关，应当纳入阅卷范围。检察机关办案人员指出，侦查内卷涉及较多请示程序、侦查终结报告等涉及侦查秘密的内部诉讼文书，如向律师出示，将对侦查机关（部门）开展侦查活动及检察机关的审查起诉工作产生负面影响。另有观点认为，侦查内卷留存于公安机关或者检察机关自侦部门，在审查起诉阶段接待律师查阅侦查卷是公诉部门的法律义务，但并没有向公安机关或者自侦部门调取侦查内卷供律师查阅的法律义务。

第三，复印材料是否需核对并盖章证明效力。根据证据学原理，作为证据使用的复印件必须由提供单位的盖章以证明其效力。调查中，确有律师提出在法庭上出具由相关部门提供的证据时，因未盖公章而导致证据效力瑕疵的情况。在新《律师法》实施以前，律师在审查起诉阶段仅能复印"本案的诉讼文书、技术性鉴定材料"，一般情况下复印量较小，在这些复印件上盖证明章工作量也较小。新《律师法》实施以后，律师可以复印"与案件有关的诉讼文书及案卷材料"，即包括了书证和笔录，复印量较大，如必须盖章证明易造成工作量虚耗，可操作性不强。

第四，复制案卷材料能否收费。《六机关规定》第14条规定，对于律师复制案件的材料，只能收取复制材料所必要的工本费用，不得收取各种其他名目的费用。工本费收取的标准应当全国统一，由最高人民法院、最高人民检察院报国家价格主管部门核定。由于该文件提到的具体收费标准至今尚未出台，给收费工作带来了障碍。具体来说，在新法实施之初，复印费用的财政立项划归、收费标准及实现收支分离等问题都较为突出。

2. 起诉时移送材料范围理解不一

新《律师法》第34条的规定与《刑事诉讼法》第36条的规定相比，律师在审判阶段的阅卷范围得到了较大的拓展。涉及案件事实认定、法律判断的材料，或者涉及被告人实体处理与程序保障的有关材料，均属于律师行使阅卷权的范围。调查中发现，实务部门对"与案件有关的所有材料"的界定出现了三种做法或倾向性意见：

一是等待法律修改或出台司法解释。部分检察机关坚持移送主要证据复印件，在《刑事诉讼法》未修改或者司法解释尚未明确程序规则之前，律师阅卷仍然按照原来的操作方法执行。

二是扩大"主要证据"的范围。有的检察机关为了保障律师能够在审判阶段全面获取案件信息,对"主要证据"进行拓展性解释,将公诉部门拟予庭审质证的证据亦向法院移送。

三是恢复全案移送制度。实践中有观点认为,对于普通程序案件,人民检察院向法院移送主要证据的复印件或者照片,律师实际上仍然无法查阅所有与案件有关的材料。审判阶段律师有权查阅所有案件材料意味着新《律师法》设定了全案移送制度的模式。

因此,承办人员普遍反映,有必要修改普通程序案件移送制度,以保证律师能够充分阅卷。

3. 证据信息不对称

律师全面阅卷阶段的提前、自行取证权的行使以及证据交换的不对称,将会使习惯于利用证据优势控制庭审局面的传统公诉方式受到影响。目前,虽未发现明显问题,但是实务部门承办人员均认为有必要设置证据交换规则,防止新《律师法》实施可能带来的审判拖延及无序,以提高诉讼效率。虽然,部分地区已对此进行先期探索,积累了一定的经验,但还有不少问题值得研究:一是控方证据开示范围。由于新《律师法》未对控方案卷移送的范围加以明确界定,因而控方的证据开示范围也难以确定。二是证据开示程序。控辩双方的开示时间与次数未作出规定,在一次开示后是否仍需要就新发现的证据予以开示以及未履行证据开示义务如何补救等均需要作出相应规定。

4. 庭审举证质证的趋势

调查过程中,承办人员反映现阶段庭审举证质证方面的问题并不突出,但是随着新法的深入贯彻及《刑事诉讼法》的修改,这方面问题将逐渐形成:

(1) 公诉人庭审主动性趋于减弱

由于律师充分阅卷、自行调查取证以及有权申请法院通知证人出庭作证等,习惯于书面质证的公诉工作方式受到影响。庭审中,律师证据"突袭"、犯罪嫌疑人翻供、证人变证等情况可能造成公诉工作被动。

(2) 控辩双方在庭审中的对抗性不断增强

新《律师法》实施后程序的透明度提高,律师更易发现案件疑点和证据漏洞,调查取证和案件分析将更具针对性。庭审突发情况可能扰乱指控思路,延期审理几率增多,进而影响诉讼效率。

(3) 可能出现律师妨碍法庭秩序的情形

新《律师法》第37条第2款赋予了辩护律师法庭言论豁免权。实践中,辩护律师就案件发表无事实根据或者法律依据的推测性、夸张渲染性言论的可能性会增加。

除了上述情况外，对于监所检察工作来说，还面临如何监督看守所加强对律师会见的管理问题。由于律师具有帮助委托人免除、减轻、从轻承担刑事责任的职业属性，存在着会见中实施违法行为的盖然性，辩护律师可能利用会见之机帮助犯罪嫌疑人传递违禁品、信件、串供信息①。同时，在会见过程中，犯罪嫌疑人逃跑、行凶、自杀等安全事故可能会增多。

第三节　检察工作适应《律师法》的实务对策研究

新《律师法》出台后，检察机关即给予了高度重视，面对严峻考验，要在规范执法上下苦功。我们应客观、理性地分析新《律师法》带来的立法原则性与程序可操作性之间的冲突，探究并充分运用好现有法律法规，为指导检察实践提供翔实而具体的实体法与程序法基础。

一、转变观念，切实增强贯彻执行新《律师法》的自觉性

我们认为，新《律师法》实施以来的很多问题，尤其是对法律条文的不同理解，实质来源于观念问题。要适应新法带来的新要求，首先应从转变观念入手。

一是要深刻认识新《律师法》实施对检察工作的重大意义。律师法的修订是我国民主法制建设进步的一个重要标志，对于保障刑事诉讼当事人的合法权利，维护法律统一正确实施以及社会公平正义都具有十分重要的意义。检察机关是国家的法律监督机关，正确适用法律是检察机关的本职工作。检察机关应当充分认识新《律师法》的重要意义，增强保障律师执业权利的意识。新《律师法》加强了律师在侦查、批捕、公诉等环节对检察机关办案工作的监督和制约，增强了对检察工作的外部监督。检察机关要进一步巩固和提高接受监督的主动性和自觉性，建立和完善相关工作机制，确保检察机关的职权活动严格依照法定程序进行。贯彻执行新《律师法》是一项至关重要的工作和全新挑战，有利于提高检察机关的整体素质，有助于检察人员全面了解案件事实，全面听取各方意见，提高检察工作的能力和水平。

二是要牢固树立公正司法、人权保障的执法理念，用正确的执法思想来指导检察工作。自觉摒弃片面强调惩治犯罪、轻视犯罪嫌疑人、被告人权利保障的观

---

① 白泉民、陈梦琪：“新律师法对监所检察工作的五大要求”，载《检察日报》2008 年 4 月 10 日。

念，坚持惩治犯罪与保障人权并重；摒弃重实体、轻程序的观念，坚持实体公正与程序公正并重，严格公正文明执法；摒弃片面依赖口供、注重收集有罪证据的观念，坚持证供并重、相互印证，全面客观地收集案件证据；摒弃追求办案数量、忽视办案质量的做法，坚持全面贯彻检察工作总体要求，坚持数量与质量并重。

三是要摆正自己位置，正确理解律师在刑事诉讼中的地位和作用。律师从事刑事辩护，在诉讼法律关系上与检察机关是一种"对抗"关系，但"对抗"并不等于对立。因为从国家司法体制构架上看，审判制度、检察制度和律师制度构成了国家司法制度的三大组成部分。他们之间的相互制约、相互协调、正常运转，构成了国家的司法活动。律师同刑事警察、检察官和法官一样，同属于一个法律职业共同体，都以维护当事人的合法权益、维护法律的正确实施、维护社会公平正义为使命，只是各自履行职责的角度、途径和方式不同而已。因此，检察机关要摒弃排斥律师介入刑事诉讼的观念，进一步加强与律师的沟通合作。将新《律师法》对律师权利的修订视为整个法律群体职业环境与能力的改善，支持和保障律师依法执业，实现优势互补，取得最佳执法效果。

二、理性思考，明确新《律师法》与《刑事诉讼法》的法律适用关系

应当说，新《律师法》与《刑事诉讼法》之间的立法性冲突是客观存在的。司法实践中，适用哪部法律成为亟须解决的问题。对此，主要有三种观点：

第一种观点认为，新《律师法》与《刑事诉讼法》可以选择适用。现行的《刑事诉讼法》与新《律师法》的规定并不矛盾，完全可以通过变通解释的方法使《律师法》条文与《刑事诉讼法》相容，从而使两者并行适用。至于具体适用哪部法律，则应根据办案需要和实际情况确定。

第二种观点认为，以《刑事诉讼法》为主，兼顾新《律师法》。《刑事诉讼法》是基本法律，位阶高于《律师法》，考虑到全国人大法工委答复并非立法解释，因此原则上应适用《刑事诉讼法》。对于《刑事诉讼法》没有规定或者规定不明确的，在不违反《刑事诉讼法》原则的基础上，可以兼顾适用《律师法》；如果《律师法》的相关规定明显违反《刑事诉讼法》的，则适用《刑事诉讼法》。

第三种观点认为，以新《律师法》为主，兼顾《刑事诉讼法》。新《律师法》是《刑事诉讼法》修改的前期准备，全国人大法工委答复确认了新《律师法》的优先适用地位。对于《律师法》与《刑事诉讼法》有冲突的内容规定，应适用新《律师法》；对于新《律师法》没有规定而《刑事诉讼法》有规定的，

则适用《刑事诉讼法》；对于《刑事诉讼法》没有规定而新《律师法》有规定的，则适用新《律师法》。

在检察机关选择法律适用的问题上，我们倾向于第三种意见。一方面，根据"新法优于旧法"、"特殊法优于普通法"的原则，应优先适用新《律师法》，全国人大法工委答复亦是基于这一原则作出的；另一方面，新《律师法》加入了一些代表《刑事诉讼法》修改潮流的崭新元素。随着人们对法律制度与司法实践认识的不断拓展与深化，相关制度的变革也成为必然。新《律师法》的出台为引导律师制度走向成熟，推动诉讼制度的控辩平衡带来了新的理念。从长远来看，我们认为，两法冲突问题的根本解决方式是尽快制定或修改相关法律法规或司法解释，实现配套衔接。如可通过修改现行《刑事诉讼法》或通过上级部门出台统一的规范性文件，对贯彻落实新《律师法》进一步予以具体明确。

三、准确理解，把握好新《律师法》法条的立法原意

司法实践中，对新《律师法》律师权利义务中的部分法条规定有不同理解。经过梳理，我们对下述问题进行了重点研究，并就法条理解作层进式解析：

（一）如何界定《律师法》第 33 条规定的"第一次讯问之日起"

第一，"第一次讯问之日起"的界定

有观点认为，此处的"日"是时间段，而讯问开始是时间点，并进而提出会见具有同日之内讯问前、讯问过程中还是讯问结束后的弹性选择空间。我们认为，如果将时间界定为第一次讯问之前，将破坏控辩平等的刑事司法理念。如果将时间界定为第一次讯问之后，则与原有的立法无异。因此，"第一次讯问之日起"应理解为"第一次讯问时"。

第二，律师会见权行使时间的提前是否暗含委托权的提前

根据《刑事诉讼法》第 96 条，犯罪嫌疑人在被侦查机关第一次讯问后可以聘请律师。之后，受委托的律师可以会见在押的犯罪嫌疑人。新《律师法》第 33 条将律师会见犯罪嫌疑人的权利提前到第一次讯问之日起。对字面表述进行比较可知，新《律师法》对律师权利的扩张造成了律师行使会见权时间在先、接受委托时间在后的局面。而律师行使会见权的前提是接受犯罪嫌疑人的委托，意即律师接受委托在先，行使会见权在后。由此，有观点认为律师只能在第一次讯问后接受委托才能行使会见权。我们认为，根据目的解释和体系解释原理，新《律师法》对律师会见权时间起点的提前，实质上是将犯罪嫌疑人的委托权相应地由"第一次讯问后"提前至"第一次讯问时"。律师会见权的提前，赋予了犯罪嫌疑人"即时"委托律师的权利。具体来说，新《律师法》实施之前，根据

《刑事诉讼法》第 96 条，犯罪嫌疑人在"第一次讯问后"才能行使的委托权，而"即时委托权"的行使时间是第一次讯问时。

第三，侦查讯问过程中律师是否具有在场权

"第一次讯问之日起"时间点的确定直接关系到侦查机关在讯问过程中，律师要求会见应如何处理的问题。如果律师要求会见侦查机关正在讯问的犯罪嫌疑人，就将引申至讯问犯罪嫌疑人时律师是否享有在场权的问题。对此，新《律师法》没有作出明确规定。

（二）如何解释《律师法》第 33 条规定的"监听"

有律师认为，"监听"本身就是明确具体的概念，不需要详加技术性解释，应禁止任何形式的监听。案件承办人员认为，对"监听"加以合理解释十分必要。分歧的原因在于如何理解联合国《关于律师作用的基本原则》第 8 条对"监听"的规定，即"能够看到但听不到的范围"，我国是否直接参照该标准。侦查机关（部门）反映最多的问题有：是不得派员在场监听还是连秘密使用监听设备都不允许；不得监听是否意味着可以监视（看）；会见后侦查机关（部门）再讯问嫌疑人、被告人获取会见谈话内容或者要求律师将会见时的谈话内容复印给侦查机关（部门）备案是否属于禁止行为等。我们认为，新《律师法》规定的"监听"是指一切形式的监听，既包括不派员在场，也包括不录音、录像监控。检察机关驻看守所检察室应及时了解相关情况，对看守所违反新《律师法》律师会见权规定的，及时提出纠正意见。

（三）如何廓清《律师法》第 34 条规定的"与案件有关的诉讼文书及案卷材料"及"与案件有关的所有材料"范围

对"与案件有关的诉讼文书及案卷材料"及"与案件有关的所有材料"范围标准不详是一个普遍而突出的问题。全国范围内还缺乏统一规则且解释本身仍存有模糊空间。发现的问题主要有：上述材料范围是否包括审结报告、案件讨论记录、涉密材料、实物证据以及案件移送范围等。

第一，与案件有关的诉讼文书及案卷材料

检察机关在向律师提供立案决定书、拘留证、批准逮捕决定书（逮捕决定书）、逮捕证、搜查证、起诉意见书等程序性诉讼文书与技术性鉴定材料的基础上，应将公安机关或者检察机关职务犯罪侦查部门移送审查起诉的侦查卷中包括的物证、书证、证人证言、犯罪嫌疑人供述、被害人陈述、视听资料等向律师出示并供其查阅、摘抄和复制。

第二，与案件有关的所有材料

对"与案件有关的所有材料"的理解应当有所区分，不能一刀切地剔除或者简单纳入法院受理案件后的律师阅卷范围。对此，建议引入三项判断标准：一是认定事实的证据材料；二是可证明程序合法性的诉讼文书；三是司法机关的主观判断性意见。对于前两种材料，应当属于法院受理案件后，可供律师查阅的材料范围。对于第三种材料，主要是指审查起诉报告、庭审预案和公诉意见书等，为了防止法官对案件事实产生预断，此类材料一般不移送法院。为了增加审理的公正性、客观性，避免律师对案情产生预断，上述材料也不宜纳入阅卷范围。

（四）如何理解《律师法》第37条规定的"法庭上发表的代理、辩护意见不受法律追究"

在律师法庭言论豁免权方面问题尚未凸显，但是仍然存在法条本身的理解问题：第一，"法庭上发表的代理、辩护意见"是否既包括律师制作的答辩书，也包括律师在法庭上的口头发言和其他书面材料；第二，"法律"是否可扩大解释为刑事、行政和民事法律。此外，一线办案人员十分关注的问题是律师法庭言论豁免权与《刑法》第306条规定的辩护人毁灭证据、伪造证据、妨害作证罪的区分。如何分清辩护律师在法庭上利用正当代理、辩护技巧发表意见与利用为当事人提供法律服务之机，帮助其串供、诱导证人变证、作伪证等伪造证据、虚构事实的界限。

联合国《关于律师作用的基本原则》第20条规定："律师对于其书面或口头辩护时所发表的有关书面或口头辩护时所发表的有关言论或作为职责任务出现于某一法院、法庭或其他法律或行政当局之前所发表的有关言论，应享有民事和刑事豁免权。"鉴于此，我们对该条作如下理解：第一，对于"法庭上发表的代理、辩护意见"的理解。律师豁免权的范围不仅包括法庭辩论中的口头与书面发言，还包括法庭调查中的举证、质证以及与当事人的通信等。第二，"法律"应当采用扩大解释的原理理解为刑事、行政和民事法律。律师的法庭言论豁免权不仅应当免除刑事责任，同样应当免除民事和行政责任。当然，其前提是不能对法官、公诉人等进行人身攻击。

四、检察实务操作层面的现实举措

新《律师法》给检察工作带来诸多挑战，各类新情况、新问题将随着法律实施而日益增多。由于对策在时间和空间上的局限性，无法涵盖所有内容，因此我们在考虑对策时确立了四项原则：一是应以严谨的心态建立和细化相关规章制度。明确各职能部门分工和操作规范，使相关手续更加详尽、完备；二是以从容的姿态建立充分预案。加强事前的内部部署与协调及事后的监督与制约；三是以高效的要求做到措施得力。努力更新执法理念、提高执法能力、完善工作机制、加强队伍建设，使之与新《律师法》带来的新理念、新要求更加契合；四是以协调的手段明确工作目标。加强部门间的共同参与和沟通协调，变无序为有序，从中探寻规律推动检察工作不断深入。为便于各实务部门更加直观、清晰地把握与本部门相对应的工作调整，本部分与第二部分相呼应对新问题加以归纳，整合到职务犯罪侦查、侦查监督、公诉等部门的具体职能中。

（一）职务犯罪侦查工作

1. 重新认识立案与初查程序
（1）重新审视立案的地位及初查合法性依据
立案的地位及初查合法性问题长期以来一直是实务界和理论界均颇加关注的问题，理论成果丰富但分歧较大。这里着眼于实务操作，旨在解决检察工作中的现实问题，因而对相关理论研讨不再赘述，仅从有利于办案的角度就我们对该问题的理论探索加以简要梳理：

第一，初查的法理基础。我们认为，合理的探索是逐步弱化立案的独立地位，立案并非侦查程序的启动环节，而是"任意性侦查"和"强制性侦查"的分界线——将初查视为国外法上的"任意性侦查"，而现有的侦查其实是"强制性侦查"，侦查和初查都属于广义"侦查"的范畴。当获得足够的证据认定要追究嫌疑人的刑事责任时即可以立案。

第二，有效初查。从目前的司法实践看，初查手段的有限性制约了职务犯罪侦查工作的开展。我们认为，应采用"排除式"而非"列举式"的方法确立初查手段，即排除限制人身、财产权利的一切措施。事实上，《刑事诉讼规则》第128条已规定，"在举报线索的初查过程中，可以进行询问、查询、勘验、鉴定、调取证据材料等不限制被查对象人身、财产权利的措施。不得对被查对象采取强制措施，不得查封、扣押、冻结被查对象的财产。"这一规定中"询问、查询、勘验、鉴定、调取证据材料"应理解为提示性而非限制性条款，从"排除式"视角出发，职务犯罪侦查部门的初查措施只要坚持"不限制人身、财产权利"的标准即可采取诸如跟踪、拍照、查询短信记录，甚至窃听等手段进行初查。律师辩护权利的扩张是顺应时代需要的，但为了避免刑事诉讼架构向辩方的过度倾斜，立法和司法领域同样均有理由从司法机关角度寻找新的初查手段。

（2）更新对于"错案"的认识
目前对"错案"的评判标准存在一定的不合理性，立案后撤案、不批捕、不起诉甚至诉判不一都可能追究职务犯罪侦查部门的责任，"撤案即错案"的观念使职务犯罪侦查部门在立案决策时顾虑重重。我们认为，侦查过程中只有两种情形才能被认定为错案：一是实体上的错误。如侦查人员自身法律能力的欠缺或者徇私枉法而导致法律定性明显错误，将无罪认定为有罪，此罪认定为彼罪；二是程序上的错误。如管辖不当、法律文书不合规范、超期羁押等。只因理论上存在争议而导致的不诉、诉判不一，或者因律师会见致使犯罪嫌疑人翻供，最后因证据不充分而撤案的，都不应当认定为错案。因正常司法程序而导致的撤案是检察机关案件终结的一种处理手段，是检察机关承担公正义务的体现，应同样视为检察机关的工作成绩。

2. 切实加强案件初查

以上已经论述，新《律师法》对职务犯罪侦查工作带来了重重障碍，解决这些障碍的方法除了对立案与初查性质的改善和探索外，最现实、直接、有效的途径即是强化初查，在律师介入前即形成对案件较为清晰的认识：

（1）信息预判

一是着眼于信息情报本身，在原有举报材料的基础上，通过保密、周全的初查，拓展疑点；通过扎实、细致的初查，把握重点；通过周密、仔细的分析，选准弱点，为成功破案奠定基础。二是建立信息情况协作机制，配备专人，积极探索开展职务犯罪侦查信息情报工作，逐步建立侦查信息情报数据库；与其他相关部门，如工商行政管理部门、电信、银行、房地产行政管理等，建立稳定协作关系，解决信息查询和共享问题。

（2）人员配置

一是改变以往两人一档按部就班办理职务犯罪案件的办案模式，实行组织化、团队化的案件办案模式，实现取证、审讯同步化、快速化、全面化，力争同步解决供词与证言不一的矛盾点，快速查清辩解点。二是指挥人员要充分利用监控室的指挥和指导功能，实行前沿指挥，实现动态指导，牢牢把握查案主动权。三是针对渎职案件而言，建立介入重大责任事故调查组的特派检察人员制度，为查办事故背后的渎职犯罪提供保障机制。

（3）证据观念

一是强化证据意识，收集证据做到预见性、及时性、细致性、全面性、合法性、规范性。二是要与关键证人保持经常性的联系，及时掌握动态和动向，及时收集再生证据。

（二）侦查监督工作

会见权与调查取证权的不断强化使得律师能够在审查逮捕阶段对案件情况掌握相对充足的信息，有必要保障律师充分介入审查逮捕程序并提出相关意见。

1. 深化检察机关介入侦查工作机制，提高引导取证的质量和水平

一是坚持并完善对重大、疑难、复杂案件的适时介入制度。根据《刑事诉讼法》第 66 条之规定，对于重大复杂案件，侦查监督部门要在报（移）捕前适时介入侦查活动，参与案件讨论，引导、提示侦查机关（部门）收集、补强和完善证据。当得悉案件发生后，应当指派业务骨干提前介入、参加讨论，对侦查工作和办案要求进行整体上的把握，防止出现意见交叉、标准不一的情况。目前，侦查监督部门一般采用个案介入，职能发挥相当有限，对此要指派业务骨干强化刑侦知识等相关方面的学习。

二是搭建侦、捕快速办案通道。对于侦查机关（部门）报捕案件，侦查监督部门审查后认为事实清楚、证据确实充分的，在作出批准逮捕决定的同时，可以书面建议侦查机关（部门）在无特殊情况下快速将该案移送审查起诉，同时向公诉部门建议适用简易程序或者普通程序简化审，保证简单案件高效办理①。

三是检警侦捕信息资源整合实现常规化。为保证侦查监督部门能在第一时间获悉案件发生，公安机关对口部门与检察机关侦查监督部门应当统一认识，强化日常犯罪侦查信息通报制度，并定期召开侦捕联席会议，对阶段性案件总体情况进行沟通反馈，对已有的审查逮捕案件证据规格结合实践加以运用、完善，对犯罪新趋势、新手法以及办案难点问题进行充分交流。

2. 加强重点案件质量监控，完善捕后跟踪监督案件质量机制

一是确立并完善部分案件重点讨论制度。对于新类型案件、证据分歧较大案件、追捕犯罪嫌疑人案件、立案监督案件，侦查监督部门应当主动与侦查机关（部门）研究案情。针对可能影响逮捕质量的证据问题，在共同研究的基础上制作《提供法庭审判所需证据意见书》，在条件允许的情况下，与人民法院进行沟通，听取其对这类案件的看法。

二是实时监控机制。对于应当逮捕的案件，检察机关侦查监督部门的承办人员应主动与侦查机关（部门）联系，了解案件侦查的进展情况，实时监控案件质量；同时与侦查员集中商议续侦补证的工作方案，填写《有条件批捕案件捕后跟踪表》并切实严格执行。

3. 严把审查批捕案件质量关口，做好证据审查复核工作

一是重视对证据合法性审查与证明标准的把握。司法实践中，侦查机关（部门）往往专注于排摸线索、限时破案、突破口供，而易忽略对证据收集合法性、证据内容关联性的审查，而这些却是律师关注的焦点。因此侦查监督部门在审查

---

① 谢思军、张红岩："侦查监督工作应当强化的三个机制"，载《检察日报》2008 年 4 月 27 日第 3 版。

时要细致审查犯罪嫌疑人及其聘请或提供法律援助的律师提交的无罪或罪轻证据，复核情况应及时向侦查机关（部门）反馈；对律师提出的申诉、控告，认真审查，排除非法证据，不应逮捕的，坚决不捕。

二是重视客观证据的收集和固定。审查中更加重视辅助证据、客观证据如物证、书证、勘验笔录等的收集与审查，固定重要证据，锁定案件事实。

三是提高对言词证据的审查能力。通过讯问犯罪嫌疑人、向证人核实等方式，一方面有利于确认言词收集过程的合法性，另一方面也是充分听取嫌疑人辩解，形成检察机关承办人内心确信的最佳方案。由于侦查监督部门制作的讯问笔录是否可作为刑事诉讼中的证据，目前尚缺乏有力依据，因此可通过让嫌疑人自愿书写亲笔供词、同步录音录像等方式进行证据转化和固定。

四是建立捕前听取律师意见制度。侦查监督部门认真听取律师对于案件的辩护意见，全面审查律师提交的能够证明犯罪嫌疑人无罪或罪轻的证据，对证据进行分析后，作出是否逮捕的决定。同时，就对方提出的疑问重新审视案件证据，以决定是否补充侦查，或者改变侦查方向。

另外，对律师在审查批捕阶段提供其自行调查收集的材料，检察机关是否应当接受处理的问题，实践中存在两种意见：一是不予接受处理。理由是检察机关审查批捕的任务主要是审核公安侦查机关提请报捕的材料，律师自行调查的材料不属审查的范围，况且检察机关审查批捕的期限很短，对律师自行调查材料的真伪在办案期限内无法查证核实，故不应接受处理。二是应当接受处理。理由是检察机关对公安侦查机关提请报捕材料的审查应当是全面审查，既应当审查证明犯罪嫌疑人有罪或罪重的证据，也应当审查证明犯罪嫌疑人无罪或罪轻的证据，以防错捕。因此，律师自行调查的材料应属检察机关批捕审查的范围。检察机关对律师提供的调查材料，无法在法定审查批捕期限办案期限内查证核实的，可将案件退回公安机关补充侦查，由公安机关作进一步查证。同时，建议在《刑事诉讼法》第 69 条第 1 款中增加"在受委托律师提供证明犯罪嫌疑人无罪或罪轻证据的情况下，提请审查批捕的时间可再延长一日至四日"。在法理上，提请审查批捕期限的延长是有利于犯罪嫌疑人的，是符合司法人权保障基本精神的。

（三）公诉工作

1. 律师阅卷权的落实

保障律师阅卷权是检察机关公诉部门贯彻执行新《律师法》的重要环节。有必要明确保障律师阅卷与高负荷的审查起诉工作有效运行的程序规则。

（1）审查起诉阶段律师阅卷的起点时间

"审查起诉之日"应当是指公诉部门正式受理案件之日而非收案之日。理由如下：

　　第一，审查起诉阶段的诉讼流程决定了公诉部门受理案件之后才进入实质性的审查起诉工作，律师自此有权进行阅卷。审查起诉阶段的工作流程为：案件受理—审查起诉—起诉（不起诉）。审查起诉阶段包括了公诉部门受理阶段的初审工作、案件审查起诉工作以及最后的起诉（不起诉）决定工作。检察机关决定受理移送审查起诉的案件之后，指定检察员或者代行检察员职务的助理检察员承办案件，至此，检察官开始阅卷审查并制作阅卷笔录。从控辩双方"平等武装、平等对抗"的角度分析，主张律师在审查起诉阶段有权在案件受理之前阅卷，意味着律师有权先于检察官查阅案卷。这种观点相对于主张律师与检察官平等阅卷的观点而言，其不合理性较为明显。因此，不能将《律师法》第34条规定的"自案件审查起诉之日"笼统地等同于进入审查起诉阶段，而应当根据公诉案件的诉讼流程将之明确界定为进入案件审查起诉工作之时，而该阶段工作以公诉部门正式受理案件之日为起点。

　　第二，公诉部门收案之后的7日属于案件初审的期限，律师在公诉案件受理阶段不能查阅案卷。《刑事诉讼规则》第244条规定，人民检察院对于公安机关移送审查起诉的案件，应当在7日内进行审查。人民检察院对公安机关移送审查起诉的案件进行审查的期限，计入人民检察院审查起诉期限。可见，公安机关将案件移送审查之后并不立即进行审查起诉，而是由公诉部门对案件是否属于本院管辖，起诉意见书以及案卷材料是否齐备，案卷装订、移送是否符合有关要求和规定，诉讼文书、技术性鉴定材料是否单独装订成卷等问题进行初审。根据《刑事诉讼规则》第246条的规定，符合受理条件的，填写受理审查起诉案件登记表。所以，公诉部门审查起诉的办案期限实际上可以分为案件受理阶段的办案期限与案件审查阶段的办案期限，两个阶段以案件受理结束之日为分界点。在受理之日前，属于形式审查；自案件受理之日，进入实质性的审查起诉，律师有权阅卷。

　　第三，《律师法》第34条规定，"自案件被人民法院受理之日"，律师有权在审判阶段行使阅卷权，故律师在审查起诉阶段查阅案卷的起点时间应当在程序规范的解释上与之对应。根据最高人民法院《关于执行〈中华人民共和国刑事诉讼法〉若干问题的解释》第116条至第118条的规定，人民法院对人民检察院提起的公诉案件，应当在收案后对管辖、被告人的到案情况、案卷材料的完整性等进行形式审查，符合条件的予以受理，不符条件的予以退回。普通程序案件与简易程序的审查期限分别为7日与3日，计入法院的审理期限。因此，审判阶段的工作流程分为案件受理阶段与案件审理阶段，律师在案件受理之后有权行使阅卷权。而审查起诉阶段的工作流程与审判阶段具有可比性，根据法律规范的类比解释规则，在《律师法》第34条中的"自案件审查起诉之日"确切时间概念不明时，可以通过后段法条相对明确的"受理之日"进行推论，以保证规范解释的一致性。加之，初审期内案件管辖、一些重要的案件定罪量刑情节、法律文书及证据完整性尚不能确定，因此，在初审期内阅卷不利于律师全面掌握案件信息。

（2）侦查内卷的阅卷规则

对于侦查内卷是否可查阅，我们尝试提出如下程序性规则供实务部门参考：

第一，律师有权对侦查内卷中与犯罪嫌疑人权利有关的诉讼文书行使阅卷权。侦查内卷中的提请延长拘留期限报告书、提请延长羁押期限报告书、侦查终结报告、移送审查起诉报告等直接关系到犯罪嫌疑人的程序性权利、案件事实认定与法律判断的诉讼文书，律师有权行使阅卷权。

第二，律师无权查阅单纯涉及侦查工作的内卷文件。刑事案件中的侦查计划、职务犯罪案件中的检举材料等均归档于侦查内卷，此类办案文书必定与案件有关，但本质上属于内部侦查工作文件，向律师出示后可能影响侦查工作及其保密性要求，不宜供律师查阅。

第三，检察机关公诉部门应当及时从公安机关或检察机关职务犯罪侦查部门调取内卷中调取可供查询的材料并安排律师查阅。进入审查起诉阶段之后，侦查权停止运行，审判权尚未介入，公诉权与辩护权处于平等对抗状态。因此，公诉部门是保障律师审查起诉阶段阅卷权的唯一义务主体，对于属于阅卷范围的材料，公诉部门应当接待律师查阅并做好相关配合工作。

（3）审查起诉阶段阅卷的规范化

目前，本市各级检察机关大部分已设立了专门的律师接待室，为律师阅卷服务，但是实践中仍然存在一些问题。

①收费问题。我们以为，在收费标准尚未出台之前，目前检察机关有必要制定复印收费办法，规范收费活动，并且充分考虑以下几个原则：一是实际成本原则。即只收取复制所必要的工本费用，主要包括纸张、设备维修维护、人工费用等。二是合理性原则。即制定的收费标准应当低于市场价格，同时复印数量不同，复印价格应当有所差别。三是自愿性原则。即对于自带纸张复印的应当允许并免收纸张费。① 四是充分保障嫌疑人权益原则。即嫌疑人经济确有困难的，应当考虑减、免费用。五是专款专用原则。即对于收取费用的去向和用途应当公示，不得挪作他用。

---

① 参见周健辉："律师阅卷亟待明确四个问题"，载《检察日报》2008年6月10日第3版。

②复印件的效力问题。律师认为有必要核对证据原件的，在列出证据目录后，由公诉部门安排查阅。公诉机关有审核确认的权利，并在文件资料上签字、盖章确认其来源真实性的义务。最高人民法院《关于民事诉讼证据的若干规定》和最高人民法院《关于行政诉讼证据若干问题的规定》均规定了证据的提供要有来源单位的盖章确认才有法律效力。刑事诉讼中虽无相应规定，但我们认为在证据效力理论上是相同的，因此，有必要明确规定公诉部门对律师因调查取证而获得的资料有审核确认的义务。

③补充侦查期间所获证据问题。如果案件已经审查并起诉至法院，后案件因证据不足等法定原因退回补充侦查，此时补充侦查后所获的证据是否应纳入可供律师阅卷的范围。我们认为，补充侦查后再次起诉的，从诉讼性质来说，有别于实质意义上的重新起诉，功能上是为修正第一次起诉的不足，因此补充侦查后的起诉与原有的起诉构成了完整的一次审查起诉活动。因此，根据新《律师法》第34条的规定，应允许律师阅卷。从细节上来说，补充侦查后，侦查机关（部门）报送新的证据材料的，应及时通知律师案件所处的刑事诉讼程序，律师提出阅卷的，应当保障。

2. 起诉时移送材料范围

根据《刑事诉讼规则》第283条以及最高人民法院《关于执行〈中华人民共和国刑事诉讼法〉若干问题的解释》第116条的规定，移送法院的"主要证据"复印件或者照片的范围限定在与定罪量刑有关的范围内。而公诉部门拟予庭审质证的证据显然超越了"主要证据"的范围，将之移送法院，违反了《刑事诉讼法》的规定。全案移送会使法官庭前对案件进行实质性审查，从而对案件形成预断，难以在庭审过程中全面听取控辩意见。这不仅导致庭审程序流于形式，而且会影响法官全面认定案件事实与法律判断。正是基于上述弊端，立法机关才确立了主要证据复印件的移送方式。回归全案移送，显然是制度的倒退。

目前《刑事诉讼法》尚未修改，基于"主要证据复印件移送"的做法，人民法院并不掌握全案材料。我们认为，在现阶段应当采取如下操作规定：（1）对于控方已经移送法院的起诉书、证据目录、证人名单和主要证据复印件或者照片，律师可以在人民法院行使阅卷权；（2）对于控方按照法律规定没有移送法院的案件材料，律师可以在人民检察院查阅、摘抄或者复制。

由于《刑事诉讼法》没有规定律师在审判阶段有权查阅全部案卷材料，实务部门将《刑事诉讼法》第36条与第150条的规定联系起来考虑，认为律师在审判阶段应在法院查阅、摘抄、复制检察机关移送至法院的证据目录、证人名单和主要证据复印件或者照片，律师的阅卷活动应在法院进行。《刑事诉讼法》第36条第2款规定，辩护律师自法院受理案件之日起，可以查阅本案所指控的犯罪事实的材料；其他辩护人"经人民法院许可"，也可以查阅案卷材料。"经人民法院许可"的规定，也说明了只能在法院查阅案卷材料，因为不存在检察机关进行诉讼活动还要"经人民法院许可"的情形。因此，对于律师在审判阶段要求到检察机关阅卷的，公诉部门应当予以拒绝。上述解释系从诉讼职能出发，明确阅卷地点的差异性，这是正确的，但若从案卷移送角度出发，上述解释将直接导致律师的阅卷范围大小受到检察机关移送到法院的证据范围的限制。理由是：新《律师法》第34条规定律师在审判阶段有权查阅与案件有关的所有材料，实际上明确了审判阶段的律师阅卷权不限定于律师可以在人民法院查阅案件材料，应当是与案件有关的所有材料，包括在检察院并未随案移送的案件材料。上述材料不仅是指公诉部门准备在法庭上出示的材料，而且包括不准备在庭上出示的材料。因此，审判阶段律师有权根据查阅内容的实际需要决定在法院或是在检察院进行查阅与案件有关的所有材料。

3. 维护证据信息的平衡

（1）设立案件分类制度

新《律师法》明确了辩护律师在审查起诉阶段即可对案件信息全面掌握，从而形成控辩双方信息的不对称。我们可通过对案件繁简分流、简案专办、以简促繁，降低信息不对称发生的可能性。建立承办简易程序案件的主诉小组，由一名主诉检察官、一名助理检察员、一名书记员组成，加快审查起诉速度。将承办普通程序案件的主诉小组从承办简易程序案件的主诉小组中分离出来，促使其集中精力办理疑难复杂案件。在证据收集、审查和认定、法律适用以及侦查、审判监督方面，提高审查律师作罪轻、无罪辩护案件的质量和效率，这对化解新《律师法》实施后由于辩护律师对案件信息全面掌握而产生的不确定性有积极作用。

（2）稳固补强证据

一是完善刑事案件基本证据及其规格，形成审查起诉案件的规则。注重关口前移，加强与侦查机关（部门）的沟通配合引导侦查人员围绕犯罪构成加强取证，并且应有针对性地获取言词证据以外的证据，加强案件证据的有效性和稳固性。二是加强审查起诉阶段的主证、主罪复核。在复核证人、书证、物证时可同时辅以全程录音录像加以固定。三是强化对抗意识，针对辩护律师的会见、取证行为采取措施，保障检察权运行。对证人证言和犯罪嫌疑人、被告人的供述进行跟踪式保护。

4. 加强与律师的沟通

《刑事诉讼法》第139条规定，人民检察院审查案件，应当讯问犯罪嫌疑人，听取被害人和犯罪嫌疑人、被害人的委托人意见。贯彻听取辩护律师意见制度，有利于拓展思路，权衡案件证据，换位思考处理案件，全方位审查案件。这里有两层意思：一要采纳辩护律师提出的正确观点。收集无罪、罪轻证据，使案件证据体系进一步完善。二要听取完整的辩护意见。有针对性地、阶段性地判断控辩双方法庭辩论的焦点，掌控主动权。这方面，市检察院已经出台了具体操作规则。主要做法是：各级公诉、未检部门在收到律师的委托书、法律援助公函之日起 3 日内，应当向其发出《听取意见通知书》，并安排两名以上检察人员在律师接待室接待律师。

5. 提高出庭质量

出庭支持公诉是整个审查起诉阶段的重要工作，决定着案件成败。基于此，我们就以下四方面与新《律师法》的隐含要求休戚相关的重点问题作必要提示：一是增强综合分析判断能力。在较短时间内对辩护律师的观点加以综合分析、判断，分清主次，抓住重点。二是提高逻辑思维能力。有意识地系统学习逻辑推理知识，并运用法学逻辑规则推导出所要证明的结论。三是增强临场应变能力。做到临危不乱，冷静沉着，在较短的时间内作出相应的对策。四是提高语言表达能力。通过现场语言的组织、提炼，用规范、严谨、简洁明确的语言当庭发表观点。

第四节　落实律师执业权利的配套保障机制

新《律师法》不乏契合现代刑事司法理念之处，在一定程度上构成了对现行刑事诉讼制度的超越，同时也对我们重新调整刑事司法体系提出了更高的要求。

一、规范保障律师权利的运作程序

（一）规范保障律师侦查阶段会见权的程序

1. 即时委托权

新《律师法》实施前，犯罪嫌疑人在"第一次讯问后"才能行使的委托权，而"即时委托权"的行使时间是第一次讯问时，时间限定极为严格，职务犯罪侦查部门侦讯人员在开始讯问犯罪嫌疑人时即应告知其有权委托律师，实现犯罪嫌疑人的委托权。由于犯罪嫌疑人人身自由受到限制，其委托权的行使很大程度上取决于检察机关的协助。因此，有必要对原有操作规程作出相应调整，区分情况保障即时委托权的实现：

第一，当即委托。犯罪嫌疑人表示需要当即委托律师的，应书写委托书并在落款处写明委托的时间，职务犯罪侦查部门应指派讯问人员以外的工作人员，按照犯罪嫌疑人的委托意见，在第一时间，以最迅捷的方式，如电话，通知受委托的亲友或律师，转递委托书并办理签收手续，在签收手续上注明收到时间，并存档备查。在此期间不停止讯问。

第二，非当即委托。犯罪嫌疑人未当即表示是否委托律师的，讯问继续进行。并告知犯罪嫌疑人在讯问过程中随时有权要求委托律师，同时记明笔录。

第三，不委托。犯罪嫌疑人表示不需要委托律师，讯问继续进行。

实践中可能出现传唤并第一次讯问时，职务犯罪侦查部门无法与犯罪嫌疑人即时委托的律师取得联系的情况。我们认为，应将该情况告知犯罪嫌疑人并征询其是否变更委托。如变更，则另行通知变更后的律师；如不变更，职务犯罪侦查部门应尽勤勉之责设法保证及时通知律师。

2. "即时会见权"的实现及其与讯问时间的协调

新《律师法》第33条规定犯罪嫌疑人被职务犯罪侦查部门第一次讯问之日起即有权会见犯罪嫌疑人。实践中有观点认为，律师会见权与侦查讯问权是《刑事诉讼法》及新《律师法》明确规定的诉讼权利，在行使时间上发生冲突的，应当从保障犯罪嫌疑人权利的角度进行程序性规范解释，即侦查部门应当停止讯问。但职务犯罪侦查部门同样提出较多意见反对按照上述意见进行操作。在职务犯罪侦查部门业已讯问的情况下，律师要求其停止讯问，将会影响当次讯问的连续性，妨碍正常的侦查工作，导致形式上的控辩不平等。我们认为，控辩双方在刑事诉讼中的地位是平等的，即律师会见权与侦查讯问权不存在效力高低。为了保障律师会见权与侦查讯问权均得到有效行使可考虑：

一是职务犯罪侦查部门告知律师本次讯问已经完成的时间与可能持续的时间，使其能够选择是否等待讯问结束后进行会见；二是制定相关程序规则严格要求职务犯罪侦查部门办案人员不得无故拖延讯问时间妨碍律师会见犯罪嫌疑人；三是设定制约办案人员侦查讯问权的规则。规定律师正在会见犯罪嫌疑人的侦讯人员不得实施诸如要求律师停止会见、催促律师加快会见节奏、询问会见还将持续的时间等行为。

3. 犯罪嫌疑人委托权的保障与确认

实践中持"三证"会见在实践中难以贯彻的主要原因在于，实务部门对于委托律师的真伪、证件检验的程序等具体问题缺乏操作办法，有必要研究实施细则，将律师侦查阶段的会见权落到实处。

一是侦查阶段委托律师问题。由侦查机关（部门）的侦查人员根据犯罪嫌疑人的委托，通知相关的律师。家属要求委托律师的，侦查机关（部门）承办人员应当立即将家属委托律师的信息告知犯罪嫌疑人，根据其意见通知律师。上海地区明确了审查起诉阶段犯罪嫌疑人委托律师的具体事宜，即"根据《人民检察院刑事诉讼规则》第三百一十五条第三款的规定，对于在押犯罪嫌疑人要求委托律师的，公诉承办人应要求其具体指定办理委托事宜的人，并提供明确的联系方式；仅笼统指定'父母'、'家人'等的，应要求其重新指定。对于犯罪嫌疑人先后指定了多名不同的人委托律师的，以最后一次指定的人为准。"我们认为，该做法可推广适用于侦查阶段。

二是侦查机关（部门）审核律师身份问题。受犯罪嫌疑人委托的律师要求会见的，应当持律师执业证书、委托书（法律援助公函）、律师事务所证明至公安机关或者检察机关接受书面形式审查，由侦查机关（部门）的办案人员确认律师身份及其是否具有执业资质并登记备案。律师提供的证明材料真实、合法的，由公安机关或者检察机关签发确认律师被委托身份的证明文件，供律师至看守所会见犯罪嫌疑人。

值得一提的是，有的地区启用《律师会见在押犯罪嫌疑人证明书》。该证明书即起到上述证明文件的作用，且明确规定"多次开具、一次使用"。然而在实践中，有律师反映看守所在会见时收取证明书，造成实际操作中需要多次开具证明书的情况发生。经有关部门沟通协调后，律师会见检察机关职务犯罪案件犯罪嫌疑人时，执证明书原件及复印件，经看守所核对后，律师保留原件，复印件交看守所。

另外，我们认为，检察机关为律师办理委托证明手续不具许可或批准性质，只是登记备案的确认行为，旨在确认申请会见的律师为涉案犯罪嫌疑人委托的辩护人本人，保障犯罪嫌疑人合法权益的实现。因而是与新《律师法》的放宽会见条件的立法原意是一致的。

三是看守所审核律师会见犯罪嫌疑人时提交的证明材料。律师至看守所要求会见犯罪嫌疑人的，看守所依法对律师执业证书、委托书（法律援助公函）、律师事务所证明，以及侦查机关（部门）签发的确认律师身份的文件上写明的律师（包括律师助理）的个人信息等进行审核。如果提出会见的律师（包括律师助理）系侦查机关（部门）确认文件上注明的律师（包括律师助理），看守所应当安排律师会见犯罪嫌疑人；如果提出会见的律师（包括律师助理）不是侦查机关（部门）确认文件上注明的律师及律师助理，看守所不应当安排会见，而应当告知提出会见的律师以及侦查机关（部门）。

（二）规范保障律师调查取证权的程序

新《律师法》赋予了律师较为自由的调查取证条件和空间，为确保律师调查取证权的规范运作，应制定相应规范，实现辩方取证权利与控方取证工作的协调运转。根据新《律师法》第 35 条，律师申请人民检察院、人民法院收集、调取证据或者申请人民法院通知证人出庭作证的权利是受限制的，而律师自行调查取证的未受批准或同意的限制。

一是增加保障与救济机制。新《律师法》对律师调查取证是否须经司法机关批准未作出明确规定，我们认为，检察机关应积极保障，可参照《行政许可法》对不予许可的事项加以限制，对非限制事项一般均应积极保障；对于无正当理由拒绝申请的，应赋予律师向上一级检察机关申请复议的权利。

二是设置细化的操作程序。（1）律师申请调取证据，必须提交书面申请；（2）申请书应当载明被调查人的基本信息、所要调取证据的基础内容、申请调取证据原因及其待证事实；（3）在侦查阶段，检察机关不准许律师申请调取证据的，应当送达书面通知书，律师应当有权在收到通知书之日起的合理时间内向检察机关书面申请复议一次；（4）检察机关应在收到复议申请之日起的合理时间内作出答复；（5）根据律师申请，经调取未能取得相应证据的，应当履行书面告知义务并说明原因。

三是严格审查申请事由的合法性。《六机关规定》第15条规定，对于辩护律师申请人民检察院、人民法院收集、调取证据，人民检察院、人民法院认为需要调查取证的，应当由人民检察院、人民法院收集、调取证据。条文中"认为有必要"意含是对调查权启动的限制，人民检察院、人民法院有权对律师的调查取证事由进行合法审查，对特定情形应当依申请收集、调取证据：（1）涉及国家利益（国家秘密）、公共利益或者他人合法权益（例如，商业秘密、个人隐私等）的证据材料；（2）属于国家有关部门保存并须司法机关依职权调取的档案材料；（3）律师因客观原因确实不能自行收集但能够提供确切线索的证据材料。考虑到犯罪态势和维护社会秩序的需要，对特定情形应当限制申请，主要包括：黑社会性质的犯罪、危害国家安全的犯罪、恐怖活动犯罪等案件。在侦查阶段调查取证权的具体行使上，除了申请调查和证据保全外，还应设有必要限制，具有可行性的建议是：（1）辩护律师不得对罪案现场进行勘验和提取物证、侦查机关（部门）对于犯罪现场、与犯罪有关的人身、尸体、物品等具有排他性的勘验、检查、搜查权，律师不得无故干扰控方行为；（2）不得在调查取证过程中指使、暗示或诱导被取证人改变对事实的陈述；属可以复制证据复制件的，不得指使、暗示原件保管人销毁、隐匿原件或对原件内容进行篡改；（3）证据具有唯一性、不可复制性的，必须妥善保管，有关办案机关根据掌握的证据线索进行提取时，应当无条件交出，因保管不善出现灭失，应当承担相应的法律责任。

四是引导取证。检察机关同意调查取证后，应当立即通知侦查机关（部门）执行调查取证工作。根据证据的种类差异，侦查机关（部门）调取证据应当符合程序规范：（1）调取书证应当是原件。无法调取原件的，可以是经核对无误的副本或者复制件，但应在调查笔录中说明来源和取证情况。（2）调取物证应当是原物。提取原物确有困难的，可以提取复制品或者通过照相、录像进行物证固定，但应在调查笔录中说明来源和取证情况。（3）调取计算机数据或者视听资料应当是原始载体。无法提供原始载体或确有困难，可以提供复制件，但应在调查笔录中说明来源与记录复制情况。

五是完善解决律师自行调查取证与检察机关收集证据的正当程序。在现有刑事诉讼活动中，律师与检察机关同时合法介入进行调查取证的，检察机关不得强制要求先行取证。在上述情况下，可以规定检察人员在调查取证时的律师在场权，即赋予律师全程在场对检察机关调查取证行为合法性的见证权，所固定的证据由检察机关办案人员与律师共同签字确认并附取证说明与见证说明。该项替代性解决办法不仅能够解决取证权冲突，而且有利于确保证据的合法性，促进"检务公开"。

（三）规范保障律师阅卷权的程序

根据《刑事诉讼规则》第 322 条的规定："查阅、摘抄和复制本案的诉讼文书、技术性鉴定材料应当在文书室内进行。"而前文已提及本市检察机关大多已设立了律师接待室，然而由于相关规范的缺失使接待工作往往陷于相对无序状态，有必要细化相关制度：

第一，配备专人。侦查机关（部门）将起诉意见书，连同案卷材料、证据移送审查起诉后，检察机关公诉部门应当指派专人负责复制或者扫描案卷材料。

第二，告知义务。公诉部门的接待人员应当向律师书面告知保证案卷完整性的义务，如律师不得擅自将卷宗材料原件带出律师阅卷室，不得污损、涂改、毁弃卷宗材料原件。对犯罪嫌疑人未委托律师的或来院阅卷的律师与委托书上的律师不一致的，公诉部门不安排阅卷。另外，公诉部门接待人员应善意告知律师恪守职业道德及执业纪律，不得将案卷信息在互联网上公开、不得告知可能影响案件诉讼程序及实体判决的相关人员，如同案犯、串案窝案中其他有利害关系的当事人。

第三，阅卷安排。律师在审查起诉阶段要求阅卷的，有权直接在专门的阅卷室内查阅案卷材料复制件。同时应支付合理的复制或者扫描费用。公诉部门对律师阅卷实行预约制，一般在收到案件 6 日以后接受律师阅卷预约，对于相同内容的案卷律师阅卷一般不得超过两次。补充侦查的案件，检察人员应自收到补充侦查的证据材料之日起 3 日内通知律师，并预约阅卷时间。再次阅卷的律师仅能阅看补充侦查的证据材料。

第四，核查证据。律师认为有必要核对证据原件的，在列出证据目录后，由公诉部门安排查阅，并盖章证明效力。律师本次阅卷材料只能在本案中使用，不作他用。

第五，法律责任。发现律师有不当行为，检察机关将视情通报律师执业管理部门，直至追究行为人的刑事责任。

目前，全国各地检察机关均对此作出了颇具特色的尝试。如浙江省绍兴县检察院自主开发了律师电子阅卷系统软件，律师凭密码就可在电子阅卷室内查阅案件内容。具体操作方式是：公诉部门设立公诉内勤负责监管阅卷系统，律师提前向内勤预约卷宗号及阅卷时间，内勤告知并征得案件承办人批准后，对案卷进行拍照上传电脑。律师到检察院阅卷，在电子阅卷室填写《阅卷登记单》，核对身份后，公诉内勤输入密码登录，对律师需要查阅的案件材料解密后交律师查看。电脑自动记录律师查阅案卷的起止时间，查阅内容等，对于律师需要摘录的部分可直接打印，并在电脑附注栏予以记录。虽然此举工作量很大，也可能导致阅卷内容的不全面，但是有利于案件保存的安全和高效，不失为探索保障律师阅卷权的一条有效的高科技途径。再如有的制发了《辩护人（诉讼代理人）接待登记表》和《借卷收条》，律师需要复印案件材料的，应当将复印卷宗的册号及页码详细记录在《登记表》内，再将卷宗交由专门人员进行复印，律师凭复印费支付凭证领取复印材料。律师阅卷完毕，应收回、检查、清点卷宗材料，核对无误后将《借卷收条》交还律师，并由接待人员与律师在《登记表》上签字。

（四）秘密的确定和保密规范

《刑事诉讼法》第96条规定，涉及国家秘密的案件，犯罪嫌疑人聘请律师或者律师会见在押的犯罪嫌疑人，应当经过侦查机关批准。新《律师法》第33条未明确规定律师介入涉及国家秘密的案件应当接受侦查机关批准。现阶段，实务部门的倾向性意见认为，对律师行使涉及国家秘密案件侦查阶段的会见权应加以限制。我们认为，为了确保办理涉密案件严肃性和规范性，对案件的涉密性质仍应予以确认。这就要求侦查机关（部门）在犯罪嫌疑人送交羁押时，如案件涉及国家秘密，应当书面告知看守所，检察机关则应监督律师在侦查阶段国家秘密保护义务的履行情况。在现有的刑事诉讼框架下，检察机关的侦查监督部门行使此职能具有合理性。根据侦查机关（部门）对律师提出的程序违法纠正意见及其证据，检察机关侦查监督部门判断律师应否以及如何承担泄露国家秘密的法律责任。具体操作中应当注意：（1）律师应当持续披露掌握国家秘密的内容，检察机关侦查监督部门负责监控保密情况；（2）侦查部门有证据证明律师泄露国家秘密的，可以申请侦查监督部门调查；（3）检察机关侦查监督部门调查后，未发现律师泄密的，应当告知侦查部门；涉嫌违法的，移送司法行政部门追究行政责任；涉嫌犯罪的，移送司法机关追究刑事责任。刑事案件移送审查起诉之后，在控方提出程序性抗辩，由处于中立地位的人民法院承担律师保守国家秘密情况的审查工作。

二、检察环节刑事司法制度的构建

（一）内部制度的构建

1. 职务犯罪侦查模式的探索

（1）立案模式改革

第一，重新审视立案的地位

就我国目前的侦查实践及相关的刑事诉讼法理论来看，侦查须以立案为前提。新《律师法》实施后，应重新审视现有的职务犯罪侦查立案机制，探索立案前移的机制和标准，逐步弱化立案的独立地位。当获得足够的证据认为要追究嫌疑人的刑事责任时即可以立案，这是与《刑事诉讼法》第86条规定的立案条件是一致的。我们认为，此处的"认为"与"认定"不同，只是表明一种主观可能性，是主观立案条件而非客观立法条件。这样，侦查人员在获知可能存在的犯罪线索之后，立即进行侦查，有利于及时、有力地打击职务犯罪。

第二，探索建立立案预审查制度

职务犯罪侦查部门在对线索进行初步调查后，即应进行立案预审查，对线索初查情况进行风险评估，作出透彻分析和判断，把握和权衡立案风险程度，初步判断案情性质，研究是否立案。审查时除对现有证据材料作出评估判断外，还应当将线索中涉及的各种信息连同初查中所获得的证据加以综合，据此制定侦查的工作流程和计划，安排侦查人员的分工和装备的配置，对侦查的思路和方法提出建议，对侦查可能遇到的困难作出预判，研究采取相关措施后对突破犯罪嫌疑人的把握问题。

第三，逐步增加以事立案的情形

《刑事诉讼法》确定了两种立案情形，即以事立案和以人立案。① 实践中职务犯罪侦查部门应用较多的是以人立案，即以犯罪嫌疑人为中心展开。新《律师法》实施后，犯罪嫌疑人口供越来越难获得，职务犯罪侦查部门可以探索以人立案为主适当增加以事立案的立案模式。以犯罪事实为中心展开，扩大立案范围，降低立案门槛。比如单位审计后发现账册资金存在问题，职务犯罪侦查部门进行

---

① 《刑事诉讼法》第83条："公安机关或者人民检察院发现犯罪事实或者犯罪嫌疑人，应当按照管辖范围，立案侦查。"

初步判断认为该资金的流动情况可疑，可能涉嫌犯罪，即行立案，立案后通过侦查手段掌握比较充足的证据后再接触犯罪嫌疑人，采取强制措施，通过审讯印证已有证据。

（2）强化技侦手段及信息情报管理

职务犯罪涉密程度较高，且犯罪嫌疑人一般具有较强的反侦查能力，现有法律规定的侦查手段或方式已远不能适应实际的办案需要，因此有必要对技侦手段及信息情报管理作全方位的改良：一是积极推进立法，赋予更多的侦查手段以合法地位，多管齐下以高效应变；二是在现有的法律框架内，注重科技侦查手段的运用。有效使用讯问职务犯罪嫌疑人全程同步录音录像，积极发挥测谎仪等技术设备的辅助办案功能。在争取证人同意的前提下有效实施证人证言录音录像，实现固定和补强证据功能的最优化。

需要强调的是，赋予检察机关更多的技术侦查手段，不仅是必要的，在《联合国反腐败公约》中也能找到相应的依据，具有充分的正当性。《联合国反腐败公约》已于 2006 年 2 月 12 日对中国生效，该公约第 50 条第 1 款规定，为有效地打击腐败，各缔约国均应当在其本国法律制度基本原则许可的范围内并根据本国法律规定的条件在其力所能及的情况下采取必要措施，允许其主管机关在其领域内酌情使用控制下交付和在其认为适当时使用诸如电子或者其他监视形式和特工行动等其他特殊侦查手段，并允许法庭采信由这些手段产生的证据。从该条规定看，立法合理扩张我国职务犯罪侦查的手段是具有国际法上依据的，在今后的立法中应当明确特殊侦查手段在刑事诉讼中的应用，将电子侦听监控、秘密拍照录像、秘密跟踪监视、技术侦查和诱惑侦查等措施合法化，明确其使用范围、条件、程序及效力。

（3）选择适用非羁押型强制措施

传统的职务犯罪侦查活动多采用逮捕、拘留等羁押型强制措施，以防止串供、翻供等现象或增加犯罪嫌疑人的心理压力。新《律师法》新设的无监听会见使律师影响犯罪嫌疑人的概率增大，羁押型强制措施对犯罪嫌疑人施加心理威慑并获取口供的可能降低，是否采取羁押型强制措施区别不再明显。因此，新《律师法》实施后，对符合条件的犯罪嫌疑人可尝试在其家中或单位中适用监视居住或采取取保候审等非羁押型强制措施，以凸显如实供述与不如实供述的不同处理，兑现"坦白从宽"的刑事司法政策，而其中特别是要探索监视居住的新型适用途径。考虑到职务犯罪的特性，除法定条件外，我们认为，对于符合如下条件的犯罪嫌疑人可采取非羁押型强制措施：①对被指控的基本犯罪事实无异议，并自愿认罪；②犯罪事实基本查清且不予逮捕不致发生社会危险性的；③犯罪事实不涉及共同犯罪、窝案、串案或采取非羁押型强制措施不致影响其他涉案人员的诉讼活动的。

需要指出的是，在非羁押型强制措施运用的过程中仍不得放松从关联信息中同步拓展外围调查取证工作，注重收集由口供衍生的其他证据，关注侦查取证的细节，努力提高取证工作的完整性，以弥补因犯罪嫌疑人取得相对自由而产生的对取证工作的影响。

2. 建立证人保护等相关制度

证人保护、出庭制度的设计与完善是近年来刑事司法的热点问题。新《律师法》取消了辩护律师向证人取证须经司法机关批准的限制性规定，证人证言变化的概率加大，原本就已存在的证人出庭问题日趋复杂，亟须建立证人出庭保障制度：

一是要在理念上扩大证人的内涵与外延。对于警察作证、专家作证、特殊证人（如污点证人、举报人等）如何保护等专门问题一一作出具体规范，从而逐步建立起一套完整的人权保护制度。

二是与侦查机关（部门）联合对特定证人进行预先性保护。由检察机关决定或监督侦查机关（部门）对潜在的证人果断启动保护机制，确保证人在诉讼伊始就充满信心与安全感，保障其作证权利的实现。可以制作检察机关办案人员联系卡，在侦查监督或审查起诉阶段复核证人证言时，将联系卡交给证人，并告知其在人身受到威胁时，立即向检察机关报告，由检察机关对其提供必要的保护。如果有辩护律师向证人取证时，证人因为种种原因未如实作证，则可在事后及时通知检察人员重新固定证人证言。

三是会同审判机关对关键证人进行诉讼全程保护。检察机关在庭审前主动实行证人身份的暂时性保密制度和单独备案送审制及证人的等级保护制度等。证人身份暂时性保密制度和证人身份单独备案送审制，即侦查机关（部门）在制作笔录或法律文书时，应当先征询证人是否需要司法机关为其保守身份，如需保密，则对证人的名称以代号记录，不记载证人的真实姓名、年龄、住所、工作单位和身份证号等能识别证人真实身份的信息，并对证人的真实身份资料单独记录直接移送审判机关审查、归档。建立证人等级保护制度，优先关注部分案件的重要证人：一是在涉黑犯罪、恐怖势力犯罪、毒品犯罪、重大的经济犯罪以及其他严重危害社会的恶性犯罪中的证人；二是团伙作案尚有同案犯未到案时，有固定的职业和工作环境的证人；三是对争议案件有必要出庭作证或质证的证人。

3. 设置证据交换规则

（1）各诉讼阶段控辩双方的定期交流制度

《刑事诉讼规则》第251条规定："人民检察院审查案件，应当讯问犯罪嫌疑人，听取被害人和犯罪嫌疑人、被害人委托的人的意见。讯问、听取意见应由二名以上办案人员进行，并制作笔录。"我们认为，可先在公诉、未检部门进行探索实践，待成熟后，检察机关其他部门在经验总结基础上推广实施，有针对性地根据各诉讼阶段的特点听取辩护律师的意见，随着诉讼的深入，控方可针对案件的即时情况听取辩护律师的意见。

（2）证据开示制度

为了保证诉讼的双向性，保证诉讼的公正和效率，我们认为可采取以下相关措施规范证据开示：第一，辩方证据开示的范围。辩方应当在审查起诉阶段向公诉部门开示其准备在庭审中作为辩护证据使用的材料；律师在承办案件中形成的报告、工作记录等内部文件，不属于开示范围。第二，控辩双方持续证据开示义务。公诉部门要求侦查机关补充侦查或者自行补充侦查获取的证据，应当及时向辩方开示；辩方在庭审前获取的新证据，应当及时向公诉部门开示。第三，违反开示义务的后果。庭审中，对于应当开示而未予开示的证据，控辩双方均有权申请延期审理，确保双方均能进行充分的准备。未开示的证据不能作为定案依据；违反开示义务，故意拖延诉讼的，应当承担对方因此遭受的经济损失。

4. 探索诉前合意机制

目前，辩侦交易、辩诉交易与刑事和解等以诉前合意解决纠纷的制度已在我国各级检察机关的司法实践中萌芽，其中又以刑事和解适用的地域范围为广，实践效果较好。虽然我国理论界、实务界均对诉前合意制度有所褒贬，但是从这些制度的起源和发展历程及其他国家的司法实践来看，还是有其内在合理性的，吸取西方诉前合意制度的积极因素是可取的态度。新《律师法》带来了新的诉讼理念，由刑事诉讼当事人权利衍生的律师权利的扩张，一定程度上映射了当事人实体处分权的拓展，上述私权的变化不应给刑事诉讼原有框架带来紧张局面，应将公诉权与辩护权在权力运行过程中实现动态平衡。公权力与私权利二者一并服务于司法公正的价值目标。因此，沟通与协商在诉讼中的独特功能日益显现。对于部分案件在犯罪嫌疑人或被告人自愿的情况下，探索辩侦交易、辩诉交易与刑事和解等契约式治理并构建相应机制显得十分必要：从司法机关角度出发，律师权利的扩张使控辩双方的对抗增加，而将司法资源过度聚集于非确定性和不可预测性较弱的案件的可能性上升。从当事人角度出发，诉前合意机制考虑了律师权利扩张后诉讼主体的现实利益，有利于防止、缓解诉讼关系紧张，使控辩双方或当事人各方在通过对话与协商达成各方满意的处理结果。但是诉前合意机制仍在一定范围内受到法律依据与理念冲突的质疑，因此应严格控制适用范围、设置严格的限制条件，并将司法机关的确认作为必要条件。根据我国的传统法律文化和具体法制环境，以及其他国家的经验，可将诉前合意制度的一般规则做如下设定：

（1）限定适用范围。将适用范围限定于"依法可能判处三年以下有期徒刑、拘役、管制、单处罚金"的轻刑案件中，其负面影响和错案风险可以控制在最低限度，也有利于发挥承办人员在轻刑案件中的裁量权。

（2）被害人参与机制。检察机关在决定实施诉前合意机制（包括辩侦交易、辩诉交易与刑事和解等）时，对于存在被害人的案件均应当充分听取被害人的意见。如果被害人的正当权利没有得到满足或犯罪嫌疑人、被告人有其他损害或忽视被害人利益的行为，被害人拒绝的，不得适用诉前合意。

（3）证据审查机制。诉前合意并非仅凭犯罪嫌疑人、被告人认罪即定罪，必须具备其他证据，这些证据能够形成证据链条共同证明基本犯罪事实，该确认程序按照不同的诉讼阶段必须由检察机关或法院等司法机关作出。

（4）不当合意的救济机制。检察机关可将监督职能拓展适用于诉前合意案件中。诉前合意发生法律效力后，如果发现或有证据证明合意的达成并非出自双方自愿，交易的过程和结果与司法正义严重背离，则任何一方或被害人可通过建议检察机关启动监督程序，保障司法公正。

（二）完善内外部协调机制

《律师法》的修订对检察工作的影响是牵一发而动全身的，单一的内部调整不可能达到良好的适应效果，有必要加强各方联动，与律师权利发展良性互动。

1. 侦查一体化机制

司法实践中，建立以省、市级检察机关为核心的"侦查一体化"机制已被广泛应用，在《律师法》修订后该机制将发挥更大的作用，旨在更有力、高效地提高新控辩格局下的职务犯罪侦查效率，同时也将促使这一机制更加完善。从横向层面上说，主要通过同级各环节的从严审查发现、捕捉侦查活动瑕疵和有利于侦查推进的信息、路径，及时通知并引导职务犯罪侦查部门开展工作或自行开展工作。从纵向层面上说，主要是通过强化上级对下级的领导、指导措施，实施上级对下级侦查活动的调控。

2. 侦、捕、诉关系

侦查机关（部门）应发挥自身充分了解案情的优势，给予批捕、公诉工作必要的协作和跟踪配合，向侦查监督、公诉部门提供有价值的案件信息及证据材料，及时准确地按两部门的要求补充收集证据。一是形成捕诉提前介入机制，在疑难案件分析、定性模糊等问题上适时提出侦查意见，加强证据收集的稳定性和及时性。二是在侦查中侦、捕、诉三方适时交换意见，指出侦查工作中存在的主要问题和容易被忽略的环节，指导职务犯罪侦查部门及时完善证据锁链，保证案件质量。三是介入侦查后，捕、诉两方对侦查活动主动开展监督，确保侦查活动的合法性，保障侦查工作程序的顺利进行。

3. 检警关系

重点是重构检警关系，营造良好的执法环境，确保检察工作的健康有序发展。一是要辟通及时全面的信息渠道。通过定期交流、主动走访、召开例会、加强类案研析、案件质量通报等多种形式，及时全面了解重大刑事犯罪和经济犯罪的动态信息，从满足起诉所需的证据标准角度向侦查机关提出连续侦查建议，随时提供指控犯罪应有的证据，牢牢掌握检察工作主动权。二是要建立更为紧密的衔接机制。新《律师法》实施后，公检双方要加强衔接，在审讯专业化、嫌疑人及重要证人的控制措施、预侦工作的开展、密侦证据和技侦证据的合法转化、案卷材料的分类装订等问题上将会同公安机关进行研究，形成可操作的意见或制度。同时，变事后检察监督为同步或动态监督，及时提示因律师介入而增加的侦查风险，必要时加以纠正。

4. 检法关系

这里主要包含两个层面：一方面，检察机关有权对法院的刑事审判活动进行全程监督；另一方面，法院对检察机关的公诉活动具有实体性的最终决定权。新《律师法》实施后，因律师权利扩张带来的各种证明风险可能汇集于庭审阶段并进而影响诉讼进程的顺畅度，检察机关指控犯罪的效果将会更加依赖法院的支持，检法两家意见不一致的情况将会增多。因此，检法两家应在相互制约的同时，寻找加强配合的有效途径，形成打击合力，提高办案质量和效率。除了对以往一些疑难、争议案件两家协调从严从快办理、检法联席会议和检察长列席审委会等做法外，以下两点需要重点注意：一是在原有基础上加强与法院在证据认定上的沟通。在瑕疵证据认定、证明标准适用方面达成相应共识，防止因为证据不足或证据瑕疵等导致存疑不起诉数量、撤回起诉数量和无罪判决数量案件的增长。二是对于律师的证据突袭，可能影响案件客观真实情况的，应立即建议法院延期审理，重新查明相关事实证据。

从犯罪嫌疑人、被告人角度出发，检法的相互配合也是有利于被告人利益保护的，在新《律师法》实施后，效果更加明显。例如，在检察机关向法院移送起诉时，应将所有案件材料，包括有可能证明被告人无罪、罪轻的证据材料移送法院。另外，新《律师法》实施后，本市检察机关已在审查起诉阶段实行听取律师意见制度，在检法加强相互配合的同时，律师也可在这一过程中发表意见。

5. 检察机关与律师关系

（1）检察机关与涉案律师的关系

新《律师法》丰富了律师执业的途径和手段，为形成良性互动的法治环境改善提供了土壤。检察人员与律师同为法律执业群体，在提倡转变办案观念的同时，应在具体的司法实践中，通过律师与检察工作的隐性契合，发挥律师在检察办案中的积极作用，使控辩关系从相互封闭型向相互交流型转变。新《律师法》将诉讼优势从控方向辩方转变，在此背景下，控方若仍采取相对封闭的态度，消极对待和律师沟通、交流，就将无法从辩护律师处得到专业支持和互补信息，法庭控诉优势也将失去。因此，检察机关，尤其是公诉部门，应探索重构我国刑事诉讼中的控辩交流机制，如前文提及的定期交流制度、证据开示制度、诉前合意机制等。在实践中，部分检察机关初步探索了与律师合作的可能性，在职务犯罪侦查过程中，邀请律师旁听，力破讯问僵局，向律师主动通报案情，通过律师向当事人说明作证的利害关系，确保证据全面到位。① 这些做法均颇具借鉴意义。

（2）检察机关与律师协会的关系

辩护律师在刑事诉讼中参与程度及作用的增强，为检察机关诉讼监督开辟了新领域。律师在会见犯罪嫌疑人、被告人、自行调查取证、查阅案卷材料的过程中，是否存在违法违规、滥用职权、侵权行为等，将成为检察机关法律监督的又一项重要工作。抓住新《律师法》实施这一契机，除了及时纠正违法，严重的依法予以查处等常规监督措施外，还应积极探索与律协的新型沟通联系机制：一是加强与律师协会的沟通联系，促进律师行业管理，防止律师滥用执业权利；二是树立检察服务理念，接待律师和接受律师投诉、举报。律师提出的监督意见，应在规定期限内给予答复。

6. 检察机关与监管场所的关系

司法实践中，为保障犯罪嫌疑人、被告人充分参与刑事诉讼，大多对其采取了羁押方式，律师会见犯罪嫌疑人、被告人大多都在监管场所进行。新《律师法》没有涉及律师在刑罚执行时的执业活动，但会见权的实现却在很大程度上依赖于监管场所。监所检察部门应重点监督看守所把好三个关：（1）身份审查关。对于受委托的律师要求会见当事人的，应按相关规定配合监督看守所确认律师身份及授权并及时将会见信息反馈于检察机关其他相关部门。（2）涉密案件审查关。应按相关规定严格审查律师所出具的非涉密证明书。（3）律师活动监管关。此处有三层意思：一是防止律师违反看守所管理规定和会见纪律的行为；二是确保律师合法权益的实现。监管场所应保障在押人员聘请和会见律师的权利，确保律师会见在押人员时不被监听。三是监督看守所加强对律师会见犯罪嫌疑人、被告人的安全防范，保障在押人员和律师的人身安全。

---

① 参见徐德高、海剑："江苏海门：把握先机，发挥律师在侦查中的积极作用"，载《检察日报》2008 年 7 月 20 日第 3 版。

（三）加强业务管理中心职能建设

业务管理中心（以下简称业管中心）系专门性、综合性的检察业务管理机构。在检察长或检察委员会的授权下，负责对办案业务的管理，履行组织协调、业务指导、检查评估和监督督查四大职能。新《律师法》实施后，执法细节的重要性更是愈发凸显，检察工作繁杂琐碎，细节的质量问题往往导致整体的重大瑕疵，因此有必要在检察机关内部建立专门的业务工作管理部门，预防和减少每个办案环节的执法偏差。

1. 规范笔录

律师阅卷范围大幅扩张，笔录中的细微缺陷都可能成为律师质疑的焦点，易使检察机关处于被动地位。我们认为，应改进如下四点规范笔录：一是如实记录，正确综合。二是讯（询）问须严格按照法律规定、逐一进行。不得采用照抄或复制的方式来作记录，出现完全相同的记录。三是被询问人的重要表情、动作应当记录。四是笔录应字迹清楚。发生删增、涂改的地方，应由被讯（询）问人确认并盖章，未携带私章的，可要求其按指纹确认，以确保记录的有效性、合法性。

2. 规范证据材料卷宗装订

新《律师法》实施后，原有的诉讼程序卷与证据材料卷分别装订的意义明显减弱，检察机关制定了一系列关于规范律师阅卷权的规定，但是至今未见卷宗装订顺序方面的新规定，对律师阅卷权的范围未加以必要合理的限制，使保障律师阅卷权的工作变得被动。我们认为，应根据律师阅卷权的范围规范卷宗装订，重点是卷内文件种类及顺序，既要考虑检察机关办案的便捷性，又要保障律师阅卷的完整性和及时性。同时，对审查起诉阶段形成的新证据或为避免失密但有必要在庭审质证时使用的侦查阶段证据材料，可以在证据开示环节再形成卷宗。

3. 加强案件质量督查

一是对一般案件主要的法律文书实行个案审查，对照复核。如提请逮捕书，移送审查起诉意见书，起诉书和法院判决书进行对照复核。二是对重点案件进行实体性审查，具体包括捕后不诉、捕后撤案、捕后退回公安机关另处或捕后改变强制措施长期不结案的；判决无罪或撤回起诉后未重新起诉的；复议、复核和申诉复查后改变原处理决定的；决定刑事赔偿的；其他需要重点督查的案件。三是对部门之间有争议的案件进行审查，提出案件质量检查的审查意见。四是专项督查，结合上级机关的工作部署或执法办案中反映的突出问题，专门立项进行检查，同时针对督查出来的问题，研究法律适用疑难争议问题，通过调研论证，提出具体对策和建议。

附件一：《律师法》、《刑事诉讼法》、《人民检察院刑事诉讼规则》、最高人民法院、最高人民检察院、公安部、国家安全部、司法部、全国人大常委会法制工作委员会《关于〈中华人民共和国刑事诉讼法〉实施中若干问题的规定》（以下简称《六部委规定》）中与律师权利相关的内容比较

	律师法	刑事诉讼法	人民检察院刑事诉讼规则	六部委规定
会见权	第33条　犯罪嫌疑人被侦查机关第一次讯问或者采取强制措施之日起，受委托的律师凭律师执业证书、律师事务所证明和委托书或者法律援助公函，有权会见犯罪嫌疑人、被告人并了解有关案件情况。律师会见犯罪嫌疑人、被告人，不被监听。	第96条　犯罪嫌疑人在被侦查机关第一次讯问后或者采取强制措施之日起，可以聘请律师为其提供法律咨询、代理申诉、控告。犯罪嫌疑人被逮捕的，聘请的律师可以为其申请取保候审。涉及国家秘密的案件，犯罪嫌疑人聘请律师，应当经侦查机关批准。　受委托的律师有权向侦查机关了解犯罪嫌疑人涉嫌的罪名，可以会见在押的犯罪嫌疑人，向犯罪嫌疑人了解有关案件情况。律师会见在押的犯罪嫌疑人，侦查机关根据案件情况和需要可以派员在场。涉及国家秘密的案件，律师会见在押的犯罪嫌疑人，应当经侦查机关批准。	第145条　检察人员第一次讯问犯罪嫌疑人后或者对其采取强制措施之日起，应当告知犯罪嫌疑人可以聘请律师为其提供法律咨询、代理申诉、控告或者为其申请取保候审，并将告知情况记明笔录。　第146条　在押的犯罪嫌疑人提出聘请律师要求的，人民检察院应当记明笔录。对于不涉及国家秘密的案件，应当按照本规则第一百四十七条的规定办理。对于涉及国家秘密的案件，人民检察院应当在三日以内作出是否批准的决定。人民检察院作出不批准决定的，应当向犯罪嫌疑人说明理由。　在侦查期间，犯罪嫌疑人可以聘请一至二名律师提供法律帮助。　第147条　在押的犯罪嫌疑人聘请律师，如果提出明确的律师事务所名称或者律师姓名直接委托的，人民检察院应当将犯罪嫌疑人的委托意见及时传递到该律师事务所；如果提出由亲友代为聘请的，人民检察院应当将聘请意见及时转递到该亲友；如果犯罪嫌疑人提出聘请律师，但没有具体聘请对象和代为聘请的人的，人民检察院应当通知当地律师协会或者司法行政机关为其推荐律师。　聘请意见可以书面提出，也可以口头提出。口头提出的，应当记明笔录，由犯罪嫌疑人签名或者盖章。　第148条　犯罪嫌疑人已经聘请律师，但人民检察院在侦查过程中发现案件涉及国家秘密的，应当及时告知犯罪嫌疑人所聘请的律师暂时停止参与诉讼活动，并且通知犯罪嫌疑人。　是否批准犯罪嫌疑人继续聘请律师，适用本规则第一百四十六条第一款的规定。　第149条　在侦查期间，律师同时接受两个或者两个以上同案犯罪嫌疑人委托提供法律帮助的，人民检察院不得安排律师会见在押犯罪嫌疑人。　第150条　受委托的律师会见在押的犯罪嫌疑人，应当提前告知人民检察院，并且向人民检察院提供犯罪嫌疑人的授权委托书、律师执业证明和律师事务所介绍信。	四、律师参加刑事诉讼　9. 刑事诉讼法第九十六条规定的"涉及国家秘密的案件"，是指案情或者案件性质涉及国家秘密的案件，不能因刑事案件侦查过程中的有关材料和处理意见需保守秘密而作为涉及国家秘密的案件。　10. 依照刑事诉讼法第九十六条规定，在侦查阶段犯罪嫌疑人聘请律师的，可以自己聘请，也可以由其亲属代为聘请。在押的犯罪嫌疑人提出聘请律师的，看守机关应当及时将其请求转达办理案件的有关侦查机关，侦查机关应当及时向其所委托的人员或者所在的律师事务所转达该项请求。犯罪嫌疑人仅有聘请律师的要求，但提不出具体对

	律师法	刑事诉讼法	人民检察院刑事诉讼规则	六部委规定
会见权			在侦查期间，受委托律师会见在押的犯罪嫌疑人的有关事宜，由人民检察院侦查部门办理。 第151条 对于不涉及国家秘密的案件，律师提出会见在押的犯罪嫌疑人的，人民检察院应当在四十八小时以内安排会见的具体时间；对于贪污贿赂犯罪等重大复杂的两人以上的共同犯罪案件，可以在五日以内安排会见的具体时间。 人民检察院安排会见时间时，应当根据案件的情况和需要决定是否派员在场。决定不派员在场的，应当出具同意会见证明。受委托的律师凭人民检察院的同意会见证明或者由人民检察院派员陪同会见在押的犯罪嫌疑人。 第152条 对于涉及国家秘密的案件，律师提出会见在押的犯罪嫌疑人的，人民检察院应当根据案件的情况和需要在五日以内作出是否批准受委托的律师会见在押犯罪嫌疑人的决定。批准受委托的律师会见在押犯罪嫌疑人的，依照本规则第一百五十一条的规定办理。 第153条 受委托的律师会见在押犯罪嫌疑人时，在场的检察机关的工作人员应当告知其遵守监管场所和有关机关关于会见的规定。 受委托的律师会见在押犯罪嫌疑人的情况，在场的检察机关的工作人员可以记明笔录。 第154条 律师询问在押犯罪嫌疑人的内容超越刑事诉讼法第九十六条规定的授权范围，或者违反监管场所和有关机关关于会见的规定的，在场的检察机关的工作人员有权制止，或者中止会见。	象的，侦查机关应当及时通知当地律师协会或者司法行政机关为其推荐律师。 11. 刑事诉讼法第九十六条规定，涉及国家秘密的案件，律师会见在押的犯罪嫌疑人，应经侦查机关批准。对于不涉及国家秘密的案件，律师会见犯罪嫌疑人不需经过批准。不能以侦查过程需要保密作为涉及国家秘密的案件不予批准。律师提出会见犯罪嫌疑人的，应当在四十八小时内安排会见，对于组织、领导、参加黑社会性质组织罪、组织、领导、参加恐怖活动犯罪、毒品犯罪、贪污贿赂犯罪等重大复杂的两人以上的共同犯罪案件，律师提出会见犯罪嫌疑人的，应当在五日内安排会见。 12. 刑事诉讼法第九十六条规定，在侦查阶段，律师会见在押的犯罪嫌疑人，侦查机关根据案件情况和需要可以派员在场。审查起诉阶段和审判阶段，案件已经侦查终结，辩护律师和其他辩护人会见在押的犯罪嫌疑人、被告人时，人民检察院、人民法院不派员在场。

	律师法	刑事诉讼法	人民检察院刑事诉讼规则	六部委规定
阅卷权	第 34 条　受委托的律师自案件审查起诉之日起，有权查阅、摘抄和复制与案件有关的诉讼文书及案卷材料。 受委托的律师自案件被人民法院受理之日起，有权查阅、摘抄和复制与案件有关的所有材料。	第 36 条　辩护律师自人民检察院对案件审查起诉之日起，可以查阅、摘抄、复制本案的诉讼文书、技术性鉴定材料，可以同在押的犯罪嫌疑人会见和通信。其他辩护人经人民检察院许可，也可以查阅、摘抄、复制上述材料，同在押的犯罪嫌疑人会见和通信。 辩护律师自人民法院受理案件之日起，可以查阅、摘抄、复制本案所指控的犯罪事实的材料，可以同在押的被告人会见和通信。其他辩护人经人民法院许可，也可以查阅、摘抄、复制上述材料，同在押的被告人会见和通信。	第 319 条　在审查起诉中，人民检察院应当允许被委托的辩护律师查阅、摘抄、复制本案的诉讼文书、技术性鉴定材料。 诉讼文书包括立案决定书、拘留证、批准逮捕决定书、逮捕决定书、逮捕证、搜查证、起诉意见书等为立案、采取强制措施和侦查措施以及提请审查起诉而制作的程序性文书。 技术性鉴定材料包括法医鉴定、司法精神病鉴定、物证技术鉴定等由有鉴定资格的人员对人身、物品及其他有关证据材料进行鉴定所形成的记载鉴定情况和鉴定结论的文书。 第 322 条　辩护律师或者经过许可的其他辩护人查阅、摘抄和复制本案的诉讼文书、技术性鉴定材料，应当向审查起诉部门提出书面申请，审查起诉部门应当要求提出申请的辩护律师或者其他辩护人提供表明自己身份和诉讼委托关系的证明材料。 审查起诉部门接受申请后应当安排办理；不能当日办理的，应当向申请人说明理由，并在三日内择定办理日期，告知申请人。 查阅、摘抄和复制本案的诉讼文书、技术性鉴定材料应当在文书室内进行。	13. 在审判阶段，辩护律师和其他辩护人依照刑事诉讼法第三十六条规定的程序可以到人民法院查阅、摘抄、复制本案所指控的犯罪事实的材料，同被告人会见、通信。 14. 对于律师查阅、摘抄、复制案件的诉讼文书、技术性鉴定材料和本案所指控的犯罪事实的材料，只能收取复制材料所必要的工本费用，不得收取各种其他名目的费用。工本费收取的标准应当全国统一，由最高人民法院、最高人民检察院报国家价格主管部门核定。

续表

	律师法	刑事诉讼法	人民检察院刑事诉讼规则	六部委规定
调查权	第35条 受委托的律师根据案情的需要，可以申请人民检察院、人民法院收集、调取证据或者申请人民法院通知证人出庭作证。 律师自行调查取证的，凭律师执业证书和律师事务所证明，可以向有关单位或者个人调查与承办法律事务有关的情况。	第37条 辩护律师经证人或者其他有关单位和个人同意，可以向他们收集与本案有关的材料，也可以申请人民检察院、人民法院收集、调取证据，或者申请人民法院通知证人出庭作证。 辩护律师经人民检察院或者人民法院许可，并且经被害人或者其近亲属、被害人提供的证人同意，可以向他们收集与本案有关的材料。	第323条　辩护律师申请人民检察院向被告人提供的证人，或者其他有关单位和个人收集、调取证据的，人民检察院认为需要调查取证时，可以收集、调取。 人民检察院根据辩护律师的申请收集、调取证据时，申请人可以在场。 第324条　辩护律师向人民检察院提出申请要求向被害人或者其近亲属、被害人提供的证人收集与本案有关的材料的，人民检察院应当在接到申请后七日内作出是否许可的决定，通知申请人。	13. 在审判阶段，辩护律师和其他辩护人依照刑事诉讼法第三十六条规定的程序可以到人民法院查阅、摘抄、复制本案所指控的犯罪事实的材料，同被告人会见、通信。辩护律师还可以依照刑事诉讼法第三十七条的规定向证人或者其他有关单位和个人收集与本案有关的材料，申请人民检察院、人民法院收集、调取证据，申请人民法院通知证人出庭作证。辩护律师经人民检察院、人民法院许可，并且经被害人或者其近亲属、被害人提供的证人同意，可以向他们收集与本案有关的材料。 在法庭审理过程中，辩护律师在提供被告人无罪或者罪轻的证据时，认为在侦查、审查起诉过程中侦查机关、人民检察院收集的证明被告人无罪或者罪轻的证据材料需要在法庭上出示的，可以申请人民法院向人民检察院调取该证据材料，并可以到人民法院查阅、摘抄、复制该证据材料。 15. 刑事诉讼法第三十七条规定："辩护律师经证人或者其他有关单位和个人同意，可以向他们收集与本案有关的材料，也可以申请人民检察院、人民法院收集、调取证据，或者申请人民法院通知证人出庭作证。"对于辩护律师申请人民检察院、人民法院收集、调取证据，人民检察院、人民法院认为需要调查取证的，应当由人民检察院、人民法院收集、调取证据，不应当向律师签发准许调查决定书，让律师收集、调取证据。

第三部分

检察机制研究

第七章 检察业务管理体制机制研究

检察管理制度是社会主义司法管理制度的重要组成部分。面对新时期、新形势赋予检察机关的新任务，认真研究检察业务管理工作，积极探索和加强检察机关业务管理工作的有效途径，建立一套符合当前乃至未来一段时期检察工作内在运行规律和特点的、有利于调动广大检察干警工作热情的、能够确保执法质量与效率的科学合理的业务管理体制和机制，实现两者的良性互动，对推进中国特色社会主义检察事业，实现"强化法律监督，维护公平正义"的工作主题，具有重要的现实意义。

业务工作是检察工作的中心，执法办案是检察机关开展业务工作的基本形式。当前，检察机关办理的案件逐年增加，新型、疑难、复杂案件层出不穷，检察工作面临的压力和挑战前所未有。这就要求我们在现有法律框架内实现检察资源的最佳合理配置。在此过程中，管理，特别是业务管理显得尤为重要。

第一节 检察业务管理的基本理论问题

管理学是一门研究管理活动及其内在规律性的应用性学科①。管理学具有普遍适用性的公共学科的特点，它以管理学科的基本原理、基本理论作为研究对象，研究管理的一般问题，对各层次、不同组织、不同专业内容的管理具有一定的普遍适用性。不同行业、不同部门、不同性质的组织，其具体管理业务的方法和内容可能各不相同，但其所体现出的属性往往具有一种趋同的共性特征。检察业务管理是一项具有专业属性特征的管理活动。作为人民检察院十分重要的日常工作内容，其广泛存在于人民检察院及其各职能部门的业务活动中。可以说，作为一个有着严密组织体系的司法机关，人民检察院及其内设的各职能部门的业务运转一般都依赖于检察机关内部结构缜密的业务管理系统的合理运行。检察业务管理理论离不开公共管理学的原理支持，因此，研究检察业务管理离不开对于管

---

① 郭朝阳编著：《管理学》，北京大学出版社 2006 年版，第 35 页。

理学一般理论的认知。

一、管理学的基本理论

（一）管理的一般概念和基本职能

基于通行的观点，所谓管理是指在特定的环境中，通过计划、组织、领导、控制和创新等活动，协调组织所拥有的各项资源，以便有效地达到既定的组织目标的过程①。具体包含四层含义：

第一，管理是在特定的环境中所进行的一种活动。环境给管理创造了一定的条件和机会，同时也对管理形成一定的约束和威胁。管理所服务的组织是一个开放的系统，它不断与特定环境外的其他环境产生相互影响和作用。因此，要实现管理的预期目标，必须重视环境和条件的研究。检察业务管理同样离不开检察机关以及检察干警所处的特定司法环境，同时，该环境又与法院、公安机关以及其他行政执法环境相互影响。

第二，管理是为实现组织目标而进行的一项有意识、有目的的活动过程。管理的目的是实现组织的目标，即所谓管理的出发点。检察业务管理同样存在一个管理目标问题，目标的实现与否是考量管理绩效的主要依据。

第三，管理的过程是由一系列相互关联、连续进行的活动所构成的。这些活动包括规划、组织、领导、控制、创新等，它们是管理工作的最基本的方法和手段，也是管理活动区别于一般作业活动的主要标志。检察业务管理同样需要一系列周密的环节来保障，各环节之间均存在着有机联系，并服务于所规划的目标。

第四，管理的实质是对组织所拥有的各项资源的协调和整合。组织拥有的资源包括人、财、物、信息、技术、时间、社会关系和组织的声誉等。为了利用有限的资源最大限度的满足组织目标，必须提高管理的有效性，"用正确的方法做正确的事"，使有限的资源发挥最大的效用。检察业务管理的宗旨就是使有限的检察人力、物力和财力发挥出最大的效益，即所谓向管理要效益。

管理的职能，是指管理者为了实现有效管理所必需具备的功能，或者说管理者在执行其职务时应有的作为以及应产生的效能。目前管理学界所普遍认同的管理基本职能主要包括重复、不断地执行管理的计划、组织、领导和控制四项职能。通常认为，这四项职能是最基本的管理职能，它们分别回答了一个组织要做什么、怎么做、靠什么做、如何做才能做得更好以及做得怎么样等基本问题。这

---

① 郭朝阳编著：《管理学》，北京大学出版社 2006 年版，第 35 页。

四项职能并不是单纯按先后顺序排列，而是一个周而复始的循环过程。规划职能是管理的首要职能，每一项管理工作一般都是从规划开始，并以是否实现规划目标作为考量的重要依据；经过组织、领导到过程控制，使管理的任务得以完成；控制的结果可能又导致新的计划，并由此开始一项新的管理循环。如此循环不息，把管理工作不断推向既定的目标。就检察业务管理而言，同样也体现出这四项基本管理职能。从检察业务管理目标的设定，到包括侦查、公诉、监督等各项检察业务在内的管理事项的确定，再到具体管理任务的分配及管理工作的统筹和最终评估，各项管理职能均体现着特定的功能和作用，产生着特定的影响，并最终决定检察业务管理总目标的实现与否。

（二）管理基本理论对检察业务管理的影响

管理的基本理论是对管理实践规律性的总结，管理实践也受到管理基本理论的影响。系统论、控制论、信息论是应用科学的定量方法，为管理工作提供理论和方法，成为现代管理科学的理论基础。我们认为，上述"三论"对检察业务管理产生重大影响：

1. 系统理论认为，"在物质世界中，一切结构和功能以及它们所构成的系统，都是物质世界自身组织性的产物"。[①] 这表明，自组织性是一切物质系统固有的属性，而在社会系统中事务的自组织性更加明显，同样是检察业务管理的固有属性。检察业务管理的自组织性是指该系统自我发展、演化、运作的特性。其具有自己的结构与功能，检察业务管理系统内部具有自己内在的调节机制，这种机制"就是系统本身渗透在各个组成部分中并协调各个部分。使之具有按一定方式运行的自动调节、自组织、自增长、自催化的功能"。[②] 从检察机关的法律监督的性质和职能看，与其他国家机关相比，具有检察独立性、社会联系广泛性和人财物的依赖性等特点。因此，必须加强系统的自组织性，加强系统自我发展、运作的能力，加强和完善业务管理机制建设，理顺关系，使业务管理活动高效高质，确保实现司法公正。同时，依据系统论的观点，系统是由两个以上相互作用、相互依存的要素按一定的规律组成，有着特定目标的统一整体，这一整体具有不同于各组成部分的新的特定功能，要研究各部分功能上的联系，注重整体效应，追求"$1+1>2$"的效果。在完善业务管理机制过程中，还要注意充分调动业务部门的积极性。

2. 控制论是从系统的运营动态控制与调节方面研究系统运行规律。管理活

---

① 湛肯华：《系统科学的哲学问题》，陕西人民出版社 1995 年版，第 26 页。
② 湛肯华：《系统科学的哲学问题》，陕西人民出版社 1995 年版，第 26 页。

动中运用控制论，是使管理对象按照预定的计划和预期目标运行并保持某种状态，纠正偏离整体目标及违反计划的差异，以保证系统运行的最佳适应状态，达到目标的实现。在刑事诉讼进行过程中，不可避免地出现一些偏离法律法规和不协调的情况，必须以控制手段随时予以调节和纠正，以便使系统运行吻合预期的规定。因而，高效高质的检察业务管理体制与机制，必须具备事前控制、事中控制以及事后控制的机能。

3. 一个系统有目的地运行，就必须实施正确地组织与协调。这些工作是以信息为基础的，尤在子系统之间、子系统与整体之间、整体与外部之间，信息的接收、传递和反馈作为系统的基本功和特征是不可缺少的。信息论就是强调通过信息实现对系统的运营进行反映并为有效地控制与调节。提供依据信息反馈对于系统控制是十分重要的，没有信息反馈就很难达到系统的稳定状态，控制的基础是信息，准确的信息是有效控制的前提条件。

二、检察业务管理的一般问题

（一）检察业务管理的特性

1. 检察业务管理是一个完整的系统。这个系统是由各级检察机关及其内设部门等要素组成。

2. 检察业务管理要坚持以人为本，确立以人为中心的管理思想。检察业务管理既是对干警的管理，也是为干警的管理。有效的检察业务管理的关键是干警参与。在实施检察业务管理措施、制度时，要考虑对干警精神状态的影响，促进干警人格的健康发展。

3. 检察业务管理的过程是检察机关及其内设部门之间信息交流的过程。在业务管理过程中要坚持三个原则：第一，资源整合原则。就是要根据检察机关自身的职能、性质和特点，通过最佳协作方式和最优的组织结构，运用科学的方法整合各种人力、物力和财力资源，确保各项工作任务的完成，实现自我调节和自我完善。第二，信息交换原则。案件办理作为一种信息，是各级检察机关及其内设部门管理的纽带，要把各种形式有机地结合起来，提高办案科技含量和信息化技术水平，进行综合性的信息传输，以求得最佳办案效果。第三，调控性原则。业务管理过程是一个信息交换过程，需要通过信息的及时反馈，实现对办案过程的有效控制，达到最优的控制和管理。

4. 检察业务管理要落实奖惩责任制度。公正而及时的奖惩，有助于提高每个干警的积极性，不断提高管理成效。公正的奖惩要求以准确的考核为前提，因此，要明确工作绩效的考核标准，使奖惩工作尽可能的规范化、制度化。

（二）检察业务管理的目标

目标管理是一项有效的管理技术，任何管理活动都始于明确的目标，检察业务管理亦不例外。目标是制定规划的依据，而规划则是目标的具体化。目标管理的过程包括：一是制定总目标，确保目标的可行性和可衡性，即具备现实可能性、便于衡量考核和评价。二是将总目标层层分解，制定下级的分目标，下级目标需服从上级目标。然后，进行目标的实施。三是总结反馈。就检察业务管理而言，同样必须设定一项具有可行性和可衡性的目标，即必须基于检察业务管理的总目标和分目标的合理选择和定夺，使整个管理系统具有非常明确的部门职责和可资评估的对象。

检察业务管理的总体目标是：建立一套符合当前乃至未来一段时期检察工作内在运行规律和特点的、有利于调动广大检察干警工作热情的、能够确保执法质量与效率的科学合理的业务管理体制和机制，实现两者的良性互动，凸显"强化法律监督，维护公平正义"的工作主题。具体而言，主要包括以下几个分目标：

1. 统一协调各业务部门、综合管理业务工作，形成有利于发挥检察职权的业务工作组织结构，充分发挥检察业务管理的组织协调功能，强化检察机关的整体协调性。

2. 对检察业务进行总体指导，提高办案质量与效率，对案件情况进行综合分析，及时向各业务部门、检察长和检委会反映情况，提供决策意见，发挥业务管理的指导功能，形成有利于确保公正执法，强化法律监督职能的办案制度。

3. 尊重检察干警的主体地位，坚持以人为本，提高干警的工作积极性，通过干警的积极参与实现检察业务的有效管理。重视领导职能，通过适时、准确地评价，发挥奖惩制度的引导激励功能，形成有利于调动广大检察干警工作热情的检察业务管理制度。

4. 对检察业务实行全方位、全过程的监督与管理，对办案流程、案件质量效率、办案行为规范、办案程序、案件责任追究等方面进行全面评价，形成有利于及时掌控工作全局，及时纠偏的工作模式，从而发挥对个案和业务工作总体的控制职能。

（三）深化检察业务管理需要建立专门的机构

1. 建立业务管理机构是办案业务工作内在规律的需要

检察机关将案件质量视为检察工作的生命线，一贯重视办案业务管理工作，在业务管理的机制建设等方面也做过很多探索。"两法"修改以前实行行政化管理模式，办案实行三级审批，这种模式曾发挥了很大的作用。"两法"修改后，我国的诉讼机制发生了改变，对检察办案活动提出了挑战，原有的行政化管理模式出现了不相适应。定案者不审案，审案者不定案，有悖司法亲历性原则，权责分离，导致司法责任模糊，影响案件质量。由此，开始了以主诉检察官办案责任制为重点的检察业务管理机制的改革探索。这是一种对检察权的重新配置。其实施关键是检察官责、权、利的有机统一。强化责任，给予检察官一定的职权，这符合判断性、亲历性和独立性等司法规律，有利于实现办案的客观公正。但"放权"的同时也为我们提出了一个新的课题，即对"放"出去的权力是否需要掌控以及如何进行掌控的问题。"绝对权力导致绝对腐败"，为防止权力滥用或"做减法"等现象发生①，对办案活动的监督管理是必要的。关键是如何进行管理的问题。对"放"出的权力进行程序内的干预，无疑是一种新的或说变形的"三级审批"，改革又会回到老路上去。因此，司法规律要求我们不能干预检察官必要的办案权力，又要有效地在办案活动之外实施监督。这就需要有一个办案部门之外的业务管理机构，还要实施一系列配套管理办法，以达到"放而不乱，管而不死"的最佳管理境界。

　　2. 建立业务管理机构是解决办案业务协调配合中存在问题的需要

　　当前检察办案中还一定程度上存在的超期办案、违反程序、监督乏力、效率不高等问题，具体表现为：一是配合制约机制的不健全导致工作中发生问题存在互相扯皮现象。如某区院自侦案件以犯罪嫌疑人贪污 10 万元移送起诉后，公诉部门追加犯罪事实以贪污 100 万元提起公诉，因法院认为该案不构成犯罪，公诉部门将案件撤回起诉并经检委会讨论决定撤案。但是自侦部门仅对侦查时认定的事实进行撤案，对公诉部门追加认定的 90 万元未予撤案，造成原犯罪嫌疑人多次申诉，影响检察机关整体形象。二是检察机关内部各部门之间在信息交流等方面渠道不畅。如某地检察机关一部门是通过公安机关反馈才了解到另一部门的相关规定。三是业务工作考评机制指标绝对化，存在着不相协调，甚至相互矛盾和冲突的地方。如后道环节查明立案后撤案、不捕、捕后不诉、追捕追诉的案件增多，说明前道环节的案件质量有问题；职务犯罪查案多了，预防工作的成效必然受损等，工作相互掣肘，影响监督合力的形成。或是过度照顾面子，导致人为地增加了一些不构成犯罪、罪不该逮捕、起诉的案件被勉强立案、逮捕、起诉、判决等，出现案件质量问题。四是检察长和检委会的业务权威作用发挥有限。根据《人民检察院刑事诉讼规则》的有关规定，审查批捕中对于重大案件应当由检察委员会讨论决定，审查起诉中对于存疑不诉应当由检察委员会讨论。但是，实践

---

　　① 这里是比喻某些办案人员在办案中，为避免承担责任或工作粗心大意，而丢掉客观公正立场，减少对案件事实或罪名的认定，以追求案件诉得出，判得了，不算错案得结果就可以的现象。

中检察长和检委会对有些疑难复杂案件缺乏必要的把关手续。如佘祥林案件，就没有经过检委会讨论。五是工作程序衔接上存在问题。如其他业务部门对发现的案件线索移送不及时，延误了线索的查办时机；注重程序法中规定的内容的监督，忽视具体办案实际问题，如逮捕后的案件退回公安机关另行处理，提起公诉的案件撤诉另行处理，以及出现办案人员相互借时间，影响程序公正，客观上造成执法监督的"盲点"。

上述问题的存在，从管理的角度来探究，原因主要在于：

一是监督管理乏力。内部监督制约多是采取检查、抽查、处理等办法，一方面管理面上太粗，容易出现挂一漏万的问题，警戒预防效果不大；另一方面这种方式都是在问题发生之后采取的补施，缺少防患于未然的预警机制，缺少对办案各个环节衔接的监督和管理，造成办案随意性较大。

二是忽视横向沟通。与法院"并联式"工作方式不同，由于检察机关"串联式"的工作方式①，这种"块块状"的管理模式，本身就容易造成各部门在诉讼进程的衔接、证据递进性的标准、证据关联性的把握、法律政策认识等方面出现"断档"，出现矛盾和冲突。而实践中对这一问题未充分加以重视，办案业务分块负责容易出现部门化倾向，各业务部门自成一体，独立运作，注重与主管领导和上级院直属部门的联系，忽视本院部门之间的联系和协作，从而出现一些配合衔接上的问题。

三是缺少常规管理机构和渠道。办案业务部门出现矛盾，可能分别由两位分管检察长负责，都让检察长来协调，一方面协调案件多，检察长任务太重；另一方面由两人相互协调，有很多不便，也不是常规的解决途径。这就需要设立一个综合性的协调管理部门来承担该任务。

3. 建立业务管理机构是公正高效完成检察办案工作的需要

随着社会的发展，犯罪也发生了相应的变化，涉及的地域变广，手段更加隐秘狡猾，组织性、计划性和反侦查能力更强，疑难复杂案件增多，形势政策把握难度增强等，这些都对检察机关的业务办案工作及其组织管理提出了更高的要求，尤其是对检察办案内部信息的快捷性、整体协调性、反映灵活性及决策正确性等方面提出了更高的要求。而在检察机关"块块状"的管理模式下，要发挥检

---

① 所谓"串联式"、"并联式"的提法，是借用物理学、电子学的术语，用以比喻检察机关和法院内部各部门在工作流程方面的相互关系。其中，"串联式"是指检察机关在办理刑事案件时，内部各业务部门所承担的审查批捕、审查起诉、二审及监所检察等任务，客观上依据刑事诉讼流程，具有前后承接，逐步递进的关系。"并联式"则是指法院内部的各业务部门主要承担的都是审判任务，只不过在审理案件性质上有刑事、民事和行政案件等的区分。各主要部门之间是并列存在，在业务上不存在相互承接的关联。

察合力，充分履行法律监督职能，仅靠检察委员会的宏观总体领导和业务流程自身的运转制约是不够的，结果也使检察长无法获得关于办案的综合性、总体性的情况，且与办案人相隔数层，难以随时了解案件信息，把握全局，进而准确决策。这就需要有一个专门的机构来负责业务管理的日常工作。特别是在负有领导职能的省级检察院，需要设立专门的机构从事对本院及所属下级检察院日常工作信息的全面收集、管理，及时对信息进行分析、整理、反馈，根据收集或反馈的信息为领导决策提供依据，同时对各部门业务工作及时进行监督、协调、对决策事项进行督促，这都是管理体系重要的常务工作，也是保证管理体系真正发挥作用的基本保障。

第二节　检察业务管理体制机制的理解

一、检察业务管理体制

揭示检察业务管理体制的基本内涵必须从"体制"和"管理体制"这两个基本概念的内涵入手。何为体制？根据《辞海》的定义，它是国家机关、企事业单位在机构设置、领导隶属关系和管理权限划分等方面的体系、制度、方法、形式等几个方面的总称。而《现代汉语词典》的定义则是"国家机关、企业、事业单位等的组织制度"。据此，体制是指，特定主体内部的组织制度。管理体制是指，一个管理系统内部各层管理组织部门的机构设置、职能配置与职能相应的事物管理制度及权力运行机制的总称。由此，检察业务管理体制是指，检察机关在党的领导和人大的监督下，实施法律监督的一种权力运行机制的总称。集中体现了检察机关内部组织系统及其构建的原则与功能定位，涉及机构设置、职责分工、权力分配及其相互关系等一系列重要且具体的方面，是履行法律监督职能的机构性静态体现。

二、检察业务管理机制

《现代汉语词典》"机制"指的是有机体的构造、功能和相互关系，泛指一个工作系统的组织或部分之间相互作用的过程和方式，如市场机制、竞争机制、用人机制等。简单地说，机制就是经过实践检验证明有效并且较为固定的制度的方法。因此，管理机制是指涵盖于一个管理体制内的各个管理组织之间及各个组织内部管理的主客体之间权责关系及相应的利益分配机制。

按照《宪法》和《人民检察院组织法》的规定，检察机关内设职务犯罪侦查、侦查监督、公诉、监狱看守所检察、民事行政检察等业务部门，还设立了综合、后勤等部门，这些部门之间该如何协作配合才能保证检察工作有序、高效地进行，才能顺利完成检察工作的目标和任务？这就需要检察机关内部建立起科学的检察业务管理机制。检察业务管理机制是指，为保证检察机关及其内部最大限度地发挥法律监督职能，运用计划、决策、组织、指挥、调控、保障等职能，实现法律监督职能的基本程序和手段，是法律监督职能实现过程的规则性的动态体现。从本质上讲，检察业务管理机制对各项具体检察业务管理制度具有内在的整合功能，通过这种整合功能的发挥，优化检察机关内部的资源配置，使各部门之间、上下之间，形成分工明确、互相依存、互相配合的有机整体。

三、检察业务管理体制与机制的关系

管理体制与机制，是任何一个实体机构开展工作不可或缺的基本构成。管理体制要通过管理机制的运行来体现，管理机制运行的良好效果更要以适当的管理体制为基础。

比较两者，我们发现：一是两者属性不同。管理体制是一种关于管理主体的机构设置和权限划分的制度模式；管理机制则是一种关于管理主体内在组织系统功能属性及其相互关系的机理。二是两者功能不同。管理体制着重于管理主体组织结构的规划和设计，反映管理主体外在的构成方式，并以法律制度的形式固定其组织结构；管理机制则侧重于管理主体内部各职能部门之间的功能定位及其彼此间关系的工作原理的研究，反映管理主体内在的构造机理，并以制度方式固定各职能部门之间的责权关系及工作内容。三是两者目的不同。管理体制的目的在于通过设计并固定管理主体的机构设置和权限划分，以确定管理主体的功能属性并体现其管理的基本策略倾向，从而对管理主体作出合理定位；管理机制的创设旨在通过研究管理主体内部组织的工作机理以实现其应有的功能，并借此实现管理目标。四是两者稳定性不同。管理体制是基于管理主体的基本定位而确立的一种制度模式，反映其相对稳定的管理策略倾向，因此一般不会轻易调整；管理机制则是基于管理主体内部组织机构功能关系的设计和工作机理的研判而形成的一种机构运行方式，这种方式往往不是一成不变的，而是随着对机构组织功能属性认识的深入和工作原理进一步把握能力的提升而作出必要的调整。也就是说，管理体制比管理机制更为稳定。

检察业务管理体制与机制是促进检察机关有机高效运作，实现为检察机关整体功能和目标服务的。分清管理体制与管理机制两个概念，有助于我们防止以下两种倾向：即在对检察制度的研究中，把工作中的问题和制度上的问题混为一谈。一是把在执法和检察工作中出现的问题都说成是根本性的体制性的问题；二是把根本性的体制性的问题简单化为具体机制的问题。因此，理顺检察机关上下

级关系和内外部体制机制关系，建立有利于提高效率、增强活力和调动广大干部积极性的领导体制，从而增强法律监督职能，逐步建立和完善具有中国特色的检察制度。

第三节　检察业务管理体制机制的现状及存在的主要问题

《人民检察院组织法》第 10 条规定："最高人民检察院对全国人民代表大会和全国人民代表大会常务委员会负责并报告工作。地方各级人民检察院对本级人民代表大会和本级人民代表大会常务委员会负责并报告工作。最高人民检察院领导地方各级人民检察院和专门人民检察院的工作，上级人民检察院领导下级人民检察院的工作。"第 3 条规定："各级人民检察院设检察长一人，副检察长和检察员若干人。检察长统一领导检察院的工作。各级人民检察院设立检察委员会。检察委员会实行民主集中制，在检察长的主持下，讨论决定重大案件和其他重大问题。如果检察长在重大问题上不同意多数人的决定，可以报请本级人民代表大会常务委员会决定。"

总体而言，检察机关业务管理体制可以分为上下级之间的管理体制和检察机关内部业务管理体制。而上下级检察管理体制又可分为对外与对内两个角度进行划分。检察机关内部管理体制则可从横向的检察业务职能部门分工和纵向的检察决定权在检察人员中的分工两个方面来划分。下面分别对这几个方面的现状、优点和存在的问题进行论述。

一、检察机关内外部领导体制现状与存在的问题

我国宪法和法律规定，上下级检察机关是领导与被领导的关系。检察机关实行上下级领导体制，是检察机关有效履行法律监督职能的组织保证，也是新中国成立以来检察体制几经变化后从正反两方面经验教训中得出的正确选择。目前，法律对上级检察院领导下级检察院的范围、方式和程序，下级检察院拒绝接受领导的法律责任等均未作明确的规定。实践中，检察机关的人事任免、财务管理等事务性工作归地方领导，这使得上级检察院难以对下级检察院实行有效的领导，上级检察院对下级检察院办案工作的指示，有时得不到切实执行，甚至出现检令不畅的问题，弱化了检察机关的上下级领导关系，制约了检察监督的力度。为此，这里主要从外部检察机关与人民代表大会及其常委会、行政机关的关系，检察机关双重领导与垂直领导关系的角度，及内部检察机关上下级之间的领导关系的角度，分别加以论述。

（一）外部领导体制现状与存在问题

《人民检察院组织法》明确了检察机关是在人民代表大会下"一府两院"制度架构中的地位和职能。即检察机关与行政机关、法院一样，都是由人民代表大会产生并受其监督的国家机构。"领导"是指率领并引导朝一定方向前进。"监督"是指察看并督促。因此，监督与领导是两个不同的概念，监督具有权力上的制约关系，而领导则具有自上而下的行政命令的色彩。根据这一规定，检察机关现行领导体制是一重领导一重监督，实际上应理解为是一重领导，即检察机关内部上级与下级之间的垂直领导关系。

目前，多数国家检察机关实行检察一体制。虽然，我国宪法和人民检察院组织法规定，最高人民检察院领导地方各级人民检察院和专门人民检察院的工作，上级人民检察院领导下级人民检察院的工作，确立了检察一体制的原则和框架。但是，法定的检察领导体制在实践中并未得以实现。主要表现为上下级检察机关领导关系薄弱，尤其是在人事、财政、行政装备等方面，未能形成上下一体、政令畅行、指挥有力的领导体制。因此，检察机关上下级之间配合制约机制的建立也缺乏强有力的基础。

新中国成立以来我国检察机关的领导体制曾经多次变动和变化，是实行垂直领导还是实行双重领导始终没有定论。20世纪50年代的政治运动中，将主张垂直领导的观点批判为企图摆脱和反对党的领导，由此垂直领导的体制问题也随之被否定。时至今日，人们对垂直领导检察管理体制仍视为理论上的禁区。如果说在改革开放以前我国法律规定检察机关上下级领导体制实行垂直领导，与当时盛行的党的一元化领导的政治体制确实存在冲突和矛盾的话，那么改革开放以来，随着政治体制改革的推进，在国家行政机关中的一些重要系统、行业相继实行垂直领导的现实面前，就很有必要重新审视和研究检察机关的领导体制。

（二）检察机关内部上下级领导关系现状及存在的问题

我国上下级检察机关之间是一种领导关系。《人民检察院刑事诉讼规则》第7条对此进行了细化规定："在刑事诉讼中，上级人民检察院对下级人民检察院作出的决定，有权予以撤销或者变更；发现下级人民检察院已办结的案件有错误的，有权指令下级人民检察院纠正。""下级人民检察院对上级人民检察院的决定应当执行，如果认为有错误的，应当在执行的同时向上级人民检察院报告。"为了发挥检察机关体制优势，增强法律监督整体合力，2007年最高人民检察院发布了《关于加强上级人民检察院对下级人民检察院工作领导的意见》，明确了下级检察院向上级检察院报告工作的制度，要求加强检察工作一体化体制建设，建立下级检察院拒绝接受上级检察院领导的责任追究机制等内容。该《意见》进一步加强上级检察院对下级检察院的领导，减少办案干扰和阻力，更好地发挥检察机关法律监督的作用。

实践中，检察机关上下级业务领导关系主要通过以下机制来实现：一是通过行政性文件和工作会议部署业务工作计划和阶段重点任务，组织开展专项行动。表现为内部红头文件、请示、批示、指示、通知、讲话、经验总结、惯例等形式。二是通过上下级检察机关职能部门之间的业务考评机制实现办案和业务管理。三是检察工作一体化工作机制。如反贪侦查一体化，通过案件交办、提办、参办、督办等方式来实现。四是办理案件的报请备案、审批机制。如自侦案件立案备案审查、撤案审批工作，抗诉案件文书报备制度等。五是对检察工作重大事项和重大疑难复杂案件的请示报告制度。六是开展案件复查、抽查，集中阶段业务工作问题，发布业务政策性指导。七是检委会听庭、指导制度。从业务管理角度而言，当前在实现上下级业务领导关系方面，其主要特征表现在：一是主要运用行政指令指挥工作的模式；二是以条线考核为核心。这种实现模式，最大的特点是较全面地实现了上级院对下级院的领导目标和指导意图，促进了检察机关上下级工作的紧密度。但也存在一定的问题，主要表现在：

一是采用行政机关指令性管理的模式，容易产生上下级检察机关在工作计划、组织指挥、协调控制等方面的不协调，造成下级检察院"唯命是听"，不能独立执法，或不去认真研究法律的适用问题等。二是上下级考核以条线来分块进行，容易造成不同条线间考核办法的矛盾和冲撞。基层院作为一个"院"的工作整体性、独立性和协调性有所削弱。具体考核方式和标准方面，还存在"量化"考核与"质化"考核，全面考核与重点工作之间的矛盾关系有待进一步探索和平衡的问题。考核评估结果与干部人事资源管理、与促进法律监督效果真正结合的科学性还有待改进。三是检察机关上下级领导关系在实践中有扩大化倾向。如少数上级检察机关内设机构对下级部门以领导者自居，尤其是在案件办理中涉及复核、上诉、抗诉等实际问题，存在上级部门决定下级正在办理的案件处理结果的情况。另外，实践中还存在上级检察机关承办人的工作，直接影响下级院工作的情况①。此外，上级院在对下级院个案请示答复中也存在不严肃现象。少数部门负责人在没有看案卷，也没有当面听取汇报的情况下，就在电话里答复

①　某省级院2005年通报奖励的分院公诉处助理检察员承办的一起吴某职务侵占案。该案承办人发现因管辖交由基层院办理的吴某职务侵占案件，当基层院经二次补充侦查，认为案件事实不清、证据不足，准备存疑不诉时，承办人要求该案重新上调分院办理。经仔细排列核对证据，围绕案件事实，抓住细节，突破关键证人的证词，使证据得到印证，起诉后被告人因职务侵占罪被判有期徒刑8年。

下级院案件的具体处理，造成工作的被动。四是审级和办理期限方面还存在不合理现象。实践中普通刑事案件在捕诉环节存在管辖不一致情况，上级检察院逮捕后指定下级检察院起诉，下级检察院逮捕后由上级检察院起诉的上捕下诉、下捕上诉的情况经常发生。

二、检察机关内部管理体制机制现状与存在的问题

（一）检察机关内部机构设置

1. 检察机关内部设置现状

检察机关内部业务机构模式的建立和发展是随着法律的变化和完善而逐渐进行，体现了检察管理制度逐步走向成熟的过程。检察机关最初对案件的办理采取的是"一竿子插到底"的工作方式，从立案侦查到侦查终结、出庭支持公诉，办案人员一般不作更替，从而形成了自批自捕、自侦自诉的现象。1988 年 11 月召开的全国检察长工作会议，决定把检察机关直接受理侦查的案件由原来的一个部门负责到底的办案制度，改为侦查和批捕、起诉分开，分别由自侦、批捕、起诉三个部门办理的制度，建立和加强检察机关内部自我约束机制①。1991 年高检院制定的《刑事检察工作细则》规定由控申部门受理复查被害人、被免诉人提出申请的免诉案件，充实了内部制约制度。1995 年后，又规定由控申部门受理刑事案件的国家赔偿等。1997 年修订后的刑事诉讼法实施以来，为适应刑事诉讼制度的改革，高检院先后制定了《人民检察院刑事诉讼规则》、《关于完善人民检察院侦查工作内部制约机制的若干规定》等一系列司法解释和规定，促进了检察机关严格执法、公正执法，取得较好效果。现阶段，检察机关内部分工制约的管理模式主要体现在：①案件线索的接受、移送和复核由举报中心处理；②决定立案，采取各项调查措施和强制手段由反贪部门进行；③批准逮捕、侦查监督由侦监部门进行；④对刑事案件的起诉和不起诉决定由公诉部门决定；⑤被害人、被不起诉人、报案人、犯罪嫌疑人、控告人的控告申诉由控告申诉部门处理；⑥对超期羁押，由监所检察部门监督纠正。各个部门互不隶属，都直接向检察长负责，如发生争议报请检察长决定。

2. 检察机关内部机构设置存在的问题

一是立法对检察机关内部工作机构设置没有规定。内部的配合制约机制往往没有正式予以公布，外界无从查阅和知晓，其对办案人员的调整、约束的效力和

---

① 张穹：《人民检察院刑事诉讼理论与实务》，法律出版社 1998 年版，第 364 页。

功能不强，具有较强的随意性。①

二是实践中内部机构之间相互制约的案件主要限于检察机关自身直接立案、侦查的案件，且容易出现部门化倾向，在信息交流等方面渠道不畅。如其他业务部门对发现的自侦案件线索移送不及时，或是控告申诉部门在初查中不慎重，导致一些案件失去进一步侦查的意义。又如由于配合不够，有时很难弄清被羁押人员处于哪个诉讼阶段，特别是多次周转和退补的案件，致使监所检察部门难以准确监督，并出现一些超期羁押的案件。

三是内部配合制约中存在重配合、轻监督的倾向，监督过程中又存在重视实体监督忽视程序监督的情况。如为照顾与侦查部门的关系，将某些不起诉的案件做起诉处理。

四是工作中配合协作含义异化，发生问题存在互相扯皮。如侦查人员与审查起诉人员有借退补程序相互借时间，或侦查人员对退补案件不重视，退而不补，甚至导致个别案件由于滥用退补而无法顺利起诉。

五是检察长和检委会的业务权威作用发挥有限。根据《人民检察院刑事诉讼规则》的有关规定，审查批捕中对于重大案件应当由检察委员会讨论决定，审查起诉中对于存疑不诉应当由检察委员会讨论。但是，实践中检察长和检委会对疑难复杂案件缺乏必要的把关手续。一些疑难复杂案件也存在未经检委会讨论，最终出现纰漏的情况。

（二）检察权的纵向配置

法律规定检察机关内部实行检察长领导制、检察委员会民主集中制和检察员负责制。实行检察长负责制，即由总检察长或检察长统一负责检察机关的工作，以总检察长或检察长的名义作出决定，这是多数国家采用的内部领导体制。检察长负责制具有权力集中、权责明确、行动迅速、效率较高的优点。我国在检察机关的内部领导体制上并没有单独采取检察长负责制，而是将民主集中制的组织原则运用到检察制度中，形成了具有中国特色的检察委员会制度。检察委员会是检察机关对重大案件和检察工作中其他重大问题进行讨论决定的集体领导机构。检察委员会制度有利于克服检察长负责制中的检察长独断专行的弊端，发挥民主制集体的领导智慧。与检察长负责制相结合，如果检察长不同意检委会的决定，可以报请同级人大常委会决定。这样又避免了只讲民主，忽略检察一体制所需要的检察长的权威。更为重要的是这种体制与我国国家机关运作的总体方式相协调，

<hr>

① 　王超："试论隐形程序"，载《中国刑事法杂志》2002 年第 1 期。

与我国检察机关的性质与总体的体制背景相吻合。主要通过以下机制来实现：

1. 审批制办案模式

长期以来，我国检察机关沿用的是以行政审批、集体负责为主要内容的办案审批制度。《人民检察院刑事诉讼规则》第4条规定："人民检察院办理刑事案件，由检察人员承办，办案部门负责人审核，检察长或者检察委员会决定。"这种审批制办案模式的主要特点可以概括为：检察机关内部通过层层审批的方式集体行使检察权，再由检察机关整体承担办案的法律责任。其具体运作方式表现为，案件首先由承办人调查、审查证据和事实，提出法律适用意见，然后由部门负责人对承办人的意见进行审核把关，再报检察长（或分管副检察长），由检察长或检察委员会作出最终决定。检察机关习惯将这种办案模式称为"三级"审批制，是一种行政化的管理模式。在一定历史时期，审批制办案模式发挥了一定的积极意义和保障作用，主要表现在：一是在当时我国检察官法律素养和专业素养还不尽如人意的情况下，通过办案环节中的层层审查把关，有利于发挥集体智慧，弥补检察官个人知识和经验的不足，保证案件的质量。二是当今知识经济时代，各种知识更新日益加快，社会也变得纷繁复杂。检察官作为认识事物的个体，其能力是有限的，因此在检察官直接审查案件的基础上，由最有经验、最有实力的检察长或几位检察官作间接审核，对于弥补检察官个人素质和经验的不足，保证案件的正确性，无疑具有积极作用。三是检察官个人难以承担重大案件处理的社会压力和承担错案责任的能力，客观上需要一种保护和责任转移机制，检察长或检察委员会对案件的审批决定制度实际上起着这种保护和转移责任的作用。

但在实际运作中，审批制办案模式的弊端日渐显现，主要表现为：一是三级审批造成"定案者不办案，办案者不定案"，不利于案件的监督，影响案件的客观公正处理。二是案件上报领导审批，形成了办案人员对领导的依赖性，使检察官丧失了司法官的独立性地位，削弱了检察官的积极性。三是审批环节过多，诉讼效率低下，浪费了本来就缺乏的司法资源，诉讼效率的低下还将直接导致办案质量的低下。四是办案责任不明确，出现错案难以追究。发生问题时难以区分和细化错案责任，结果往往是不了了之。

2. 主诉检察官办案责任制

主诉检察官办案责任制是指在检察长领导下，由检察官独立承办案件，对事实、证据的认定及所作决定负责的办案工作新机制。主诉检察官办案责任制是在刑事诉讼法修订之后，为了适应新的庭审制度的需要，在司法实践中，由一些地方检察院摸索出来的办案制度，与以往的办案制度有着根本的不同。当前，各地检察机关相继推行了主诉检察官制度，由主诉检察官独立处理一部分程序性和实体性问题，重大问题和重大案件报请检察长（或检委会）决定。同时，在办理案件范围上，主诉检察官一般只承办一般性的公诉案件，对于重大疑难案件仍旧沿袭承办人与定案人相分离的传统模式。推行主诉检察官办案责任制，取得了积极的成效：一是一批政治好、业务精、能力强的年轻干部脱颖而出，办案检察官的素质得到保障，树立了良好的公诉人形象。二是由于检察官的职权、责任明确，办案人员的责任心、积极性和主动性得到进一步增强。三是主诉检察官主动严把案件质量关，工作效率显著提高。

3. 检察官的专业化发展

检察人员是从事法律的专业人员，但现有的管理方式基本上是按国家行政机关公务员的模式进行，致使对检察官的管理行政职级化、检察官的职级评定与行政职级相对应，检察干部职称"单通道"，工资、福利、级别、劳保等由检察官的行政职级来决定，这样既不利于检察官的管理，也不利于检察队伍整体素质的提高。为此，检察机关采取了一系列措施，来促进检察官的专业化。一是检察人员分类管理。按照检察官、检察行政人员、检察书记员、检察技术人员和司法警察五个序列的特点和要求，采取不同的方法进行分类管理，实行以专业管理为基础的人事管理方法。二是严格检察官职业准入。严格从通过司法考试的人员中招录检察官，从源头上保证了检察官的个体素质。三是推行专业分类办案制度。按照案件的不同类型和特点，分类、分专人办理案件，办案人员进一步向专业化方向发展，提高审理某一类罪件的特殊能力。四是实行主诉检察官联席会议机制，防止个人办案形成的思维局限，发挥主诉官群体研判案件的自律作用。

（三）综合管理机制的实践与探索

为避免和消除检察机关内部条线分块造成的管理冲突，以及建立健全不干扰主诉检察官办案责任制办案同时强化对其办案活动监督制约的机制，近年来本市检察机关不断探索，逐步形成了一整套涵盖所有业务的综合管理规程和长效机制，进一步加强了新型办案模式下对业务工作的宏观动态管理力度，实现了检察工作的系统化、规范化管理。

1. 案件质量督查机制

传统的案件质量管理制度是指以检察长审批案件为基准，以检察委员会集体讨论案件出决策，以业务部门负责人指导办案带监督，以纪检监察执法专项检查并警示，以上级检察机关条线考核定成果的一系列措施的总和。这种管理制度的弊端上面已有论述。而业务部门分立并进行自我管理，导致自我监督的"既当运动员，又当裁判员"的局面，公正性难免会打折扣。虽然政工或纪检监察部门的专项执法检查，但均为监管型事后监督，突击性较强，集中在较短的时段内，受人员素质、检查内容的局限，缺乏监督的专门性、连贯性、全局性和前瞻性。而主诉检察官办案责任制办案模式的实施，使审案关口减少，案件质量更需要保障。因此，跳出办案部门之外，由中立的第三部门行使案件质量的监督管理权限，既有利于解决业务部门分立带来的衔接不畅，又能在主诉检察官办案权限之外，强化对其行使检察权的监督制约，案件质量督查工作机制就是应这种管理需求而产生，成为检察机关综合管理的新型模式和发展方向。

根据上海检察机关的实践，案件质量督查机制是指在检察长的授权下，由研究室（检委会办事机构）代表本院检委会对本单位各业务部门办理的全部案件的办案情况进行监督和检查，为业务工作考评提供必要的依据。一是对一般案件主要的法律文书实行个案审查，对照复核。如提请逮捕书，移送审查起诉意见书，起诉书和法院判决书进行对照复核。二是对重点案件进行实体性审查。本市检察机关目前主要审查七类重点案件：①判决无罪案件；②不起诉案件（作过批准逮捕决定）；③撤销案件；④撤回起诉案件（撤诉后作不起诉或退公安机关另处案件）；⑤决定刑事赔偿案件；⑥复议、复核和刑事申诉复查后改变原决定案件；⑦批准逮捕后不能提起公诉，退回公安机关另处案件。三是对部门之间有争议的案件进行审查，提出案件质量检查的审查意见。其效果主要有：可以及时掌握办案的具体情况；可以及时发现问题，解决问题，向承办人及部门负责人提出建议；积累总结一类问题，指导办案；控制提交检委会讨论案件的数量；防止主诉（办）检察官办案中做减法现象；作为对主诉（办）检察官考评的依据；保障办案质量和效率。在实现网上办案的前提下，督查员通过授权可以进入需要督查的任何案件，查看办理进度及相关文书，从而更快捷方便地行使督查职责。

当前办案质量督查机制的实施取得了一定的成效，对提高检察机关的办案质量起到了积极作用，但总体来看，理论上还没有形成完整、成熟的体系，实践中也没有形成比较科学、规范的操作系统，亟须进一步完善。一是组织机构设立的编制缺损，人员配备不齐。二是质量督查统一标准缺失，困扰督查工作统一进行。三是信息化依托推进不畅。办案软件运行中，各区县检察院在办案信息的输入方面参差不齐，办案数据和质量督查数据缺失。四是案件督查追求实效艰难。有些单位领导和办案人员认识不到位。五是办案奖惩难以兑现。

2. 办案动态流程管理机制

目前检察机关案件管理上普遍实行有案件办理权的部门自行管理，各业务部门对于流转到自己部门的案件进行登记，缺乏与其他部门的深入沟通。如侦查监督部门受理的案件直接对公安机关各部门，公诉部门的案件一边对口公安机关的各个部门和检察机关的自侦部门，一边对口法院；民事行政申诉案件直接对口法院，可以说案出多门，存在诸多不规范的因素，给办案安全和质量带来一定的隐患。如捕后不诉案件的监督就由于检察机关内部办案部门的衔接漏洞而出现监督空白。为此，开发应用办案流程管理软件，建立规范化、全流程的办案动态管理机制，案件一经受理就输入管理软件，由电脑自动控制全程各个节点，包括管辖的各种案件（含举报、控告线索）的收发、流转和办理归档过程，就可以有效避免上述存在的弊端，成为保证公正执法的长效机制。同时扩充功能，实现对办案质量的辅助监控和对案件质量状态及事故的动态督查、考评、统计和预警，进一步提高管理的效能。

3. 办案质量预警机制

上海市检察机关 2002 年率先实行该机制。即根据检察办案的规律，对各类办案数据（如不捕率、不诉率）设定预警标准，达到预警标准则及时报警，启动调查研究程序，促进调查、研究工作的经常化、规范化，形成长效机制，以及时预防、发现、解决工作中存在的苗头或问题，总结、推广工作中的经验和成功做法，从而保障和进一步提高办案工作质量。当前从实行情况看，预警机制还需存在需扩大预警范围，修订部分预警标准和预警周期，完善对预警工作的考核等问题。

4. 案件质量考核评估机制

从考核对象上看，对检察业务的考核评估在实践中存在两种方式：一是对部门内部案件具体承办人员的个案考核；二是对各级院内部部门的考核，包括条线内上级对下级的考核，以及各级院内部对部门的考核。两者的不同点表现在，前者侧重对个案质量的考核评估，后者侧重对办案工作的总体评价，一个宏观，一个微观，侧重点不同。同时，个案质量考核评估办法与对部门的考核评估又是相辅相成、并行不悖的，共同构成一个完整的考核评估体系。对办案人员办理的个案的考核评估是对单位考核评估的基础，对单位业绩起到推动作用。实践中，各级检察院对干警的考核及对案件的评估，曾尝试过很多办法，通常有年终投票评比法；岗位目标管理考核法；对案件定性定量打分法。这些办法的实施在不同时期对加强干警的考核，强化科学管理，推进检察工作的全面开展，起到了一定的积极作用。但是，随着时间的推移，这些办法不同程度地暴露出一些弊端，集中在缺乏对办案工作的客观评估，难以真正全面、科学、合理地反映每一个干警的业绩。为此，当务之急是建立起真正科学合理的案件质量考评细化标准。这也是进一步完善检察业务管理机制的重点和难点所在。同时，考核评估结果与对干警的奖惩之间能否形成紧密的联系，则成为整个业务管理成效的关键。

此外，针对当前检察业务管理中存在的问题，各地检察机关也在不断探索一些机制和制度，如侦捕诉衔接联动、侦防联动、未检的捕诉防一体化机制；研究室、技术部门与其他部门联动等。

　　总之，法律监督的统一性，决定着检察机关领导关系的集中性。没有高度有效的指挥系统，就很难发挥法律监督的效能。毋庸置疑，领导就是权力，没有权力的领导是软弱的领导。强化检察机关的领导体制，就是要赋予检察机关以统一的检察权、人事管理权、财政控制权和物质调配权，使检察机关在业务上，由高检院统一领导，依法独立行使检察权，不受任何行政机关、社会团体和个人的干涉；在财务管理上，由国家财政统一预算拨款，检察机关内部实行统一领导，分级管理；在行政管理上，着眼于业务，使之在管理上科学化，在技术装备上现代化；在办案质量上，实行责权利相结合，责任落实到具体办案人员身上，以便于增强他们的责任心，防止冤假错案的发生。这是检察业务管理体制机制的内在要求所决定的。从管理的理念方面来讲，当前的检察业务管理现状还是以制度化管理为主，凭经验直觉较多；自觉运用现代管理原理分析研究还没有形成规模。按照管理发展目标的三个阶段，即制度化管理；过程控制和预防为主；持续改进和自我管理的划分方式，目前检察机关的业务管理可能还停留在第一阶段向第二阶段过渡阶段。但当前检察业务管理体制机制的实践，以检察改革的形式，也正在朝着正确的方向前进，虽然囿于各种客观因素，现状还存在这样那样的不足和问题，但其前途却是可以预见的。

第四节　检察业务管理机构的基本原则和功能定位

一、基本原则

　　检察业务管理机构运作过程中，应当坚持四条基本原则：一是根据业务管理的目标，确立检验控制与监测预防相结合，以监测预防为主原则。这主要是基于精细化管理的更高要求，走出传统管理的观念误区。二是根据业务管理的方式，确立事中监督与事后监督相结合，以事后监督为主原则。三是根据业务管理的内容，确立程序性审查与实体性审查相结合，以程序性审查为主原则。对绝大多数案件来说，开展的是一种程序性的审查，通过审查发现案件存在的质量效率方面的问题。当然这里不排除对个别案件的实体性审查，但是实体性审查必须经过必要的报批程序。四是根据业务管理的效果，确立督促引导与自我调控相结合，以自我调控为主原则。因为任何基于行政隶属关系、前后环节监督制约等都是办案主体之外的约束管理方式，即是一种外因；真正对案件质量保障起持久作用的是办案主体自身，即内因，人的因素是至关重要的。这一原则有利于实现业务管理由干警"被动参与"向"自我管理"转变，促成良好执法习惯的养成。

二、功能定位

检察业务管理机构的定位决定了检察业务管理机构的模式和职能。我们认为，检察业务管理机构具体定位应包括以下几个方面的内容：

（一）组织机构定位：检委会参谋部门（检委会办事机构）

业务管理机构在组织机构的定位上应是检察机关业务最高权威机构——检察委员会的办事机构，从管理学的角度上说就是检委会的管理辅助机构、参谋机构。现代管理学尤其是管理工作实践告诉我们，在一个组织里，参谋部门虽然不像业务部门那样对实现组织目标起直接贡献作用，但它可以指导业务部门正确作为，协助领导部门科学决策。有了参谋部门的辅助，组织目标的实现就会更加有成效。检察业务管理机构的建立，首先是在这一理念指导下进行的定位，目的就是在对现行检察人力、物力资源进行有效整合和优化配置的基础上，使检察业务的管理更为高质高效。

（二）诉讼程序定位：非诉讼程序监督制约

检察业务管理机构的任务之一就是履行检察机关内部的监督制约职能。从检察机关内部监督制约的性质来看，可分为诉讼程序内监督制约和非诉讼程序内监督制约。诉讼程序内监督制约是指诉讼法规定的检察权，分别由不同内设部门行使，这些内设部门按照刑事诉讼法规定的程序履行职责而产生的监督制约。如办案部门之间的横向监督制约，前道工作环节对后道工作环节的监督制约，对检察机关作出不批捕决定、作出不起诉决定的监督制约等。诉讼程序外监督制约则是检察机关内部由专门业务管理部门承担的，在诉讼程序之外对其他业务部门进行的监督。这种监督制约跳出了单个业务部门的环节性和利益性，具有整体性、综合性和地位的超然性等特点。检察机关内部非诉讼程序的制约形式，包括考核评估、督导督查、办案分析和预警机制等。这是适应主诉（办）检察官办案责任制改革，对符合司法规律的新的管理机制的探索。总之，在内部规范化操作流程的基础上，以考核评估机制为依据，以督查机制进行制约保障，以预警机制进行反馈协调，以综合管理分析促进提高，非诉讼程序的制约机制为检察机关各项业务工作形成一个有机联系的整体操作流程奠定了重要的基础。

目前就控申部门对其他业务部门的监督是否是诉讼程序监督制约有不同看法。控申部门的监督制约是指控告申诉部门通过受理、审查处理和分流举报、报案、控告、申诉、赔偿申请及自首等来信来访，进行申诉复查和刑事赔偿，一方面保障了公民申诉控告的合法权益，另一方面，也以此为线索，对检察机关办理案件的情况进行监控、督促和制约，从而起到了监督制约的作用。控申部门的监督制约也涉及多个业务部门，与专门业务管理机构的监督制约相比，同样具有综合性的特点，两者也都不介入实体办案程序之中。但两者的差别在于：一是控申部门的监督制约是通过受理控告申诉来进行的，是诉讼法上明文规定的程序要求，因此也属于诉讼程序内的监督制约。二是控申部门的监督制约同专门业务管理机构的监督制约相比，监督范围限于公民控告申诉的案件，并不包括全面案件，而专门业务管理机构的监督制约则包含了检察机关办理的全部案件。

（三）运行模式定位：事后监督为主，事中监督为辅

检察业务管理专门部门定位于检委会办事机构，有对检察业务和办案活动履行组织协调、业务指导、检查评估和监督督查的职能。其中，其履行的监督督查应是一种"远距离"审视的监督，而不直接参与办案，以保证这种监督来源于办案部门之外，成为一种诉讼程序之外的监督，从而有效避免办案环节之中的利害关系，以超脱者的身份来保证监督的公正客观性。具体的运作方式上，在各地检察机关曾有不同的尝试。如上海检察机关探索由研究室（检委会办公室）担负案件质量管理职能，通过督导督查、预警、办案分析、法律政策研究、案件协调等具体案件质量管理方式，对发挥横向制约作用，确保案件质量发挥了积极作用。郑州二七区人民检察院探索业务管理中心介入实体办案程序进行监督的运作模式。各地管理部门不一，案件质量监督也不相同，概括起来主要有四种方式：事后监督的模式；事中监督的模式；以事后监督为主，事中监督为辅的模式；以事中监督为主，事后监督为辅的模式。我们更倾向于事后监督为主，事中监督为辅的模式。

监督总是要保持一定的距离，相互太近，很难起到应有的监督力度，达到理想的效果。如我们有些单位公安机关报捕案件事先都与检察院商量，检察院同意捕就报，不同意捕就不报。从考核结果来看是100%的报捕率，但从监督制约的角度讲力度是削弱了。一些可能可以逮捕的案件在承办人的"谨慎"中"流产"了。再者，案件承办人员根据业务管理人员的意见处理案件，这种相互糅合性的、全过程的监督，出了案件质量问题，责任在于谁呢？是承办人还是监督者，如果是监督者，那承办人对案件质量的责任就失去了意义。所以监督还是要有一定的距离。这是实践的结论。

而以事后监督为主，既明确了办案人员的责任，又发挥了办案人员的积极性，与检察员负责制及目前实行的主诉检察官办案责任制相适应，符合该制度"放权"的初衷。同时也符合检察办案工作"亲历性"、"判断性"等内在规律。即办案人员亲身经历程序，直接审查证据和事实，这是建立正确的内心确信，作

出合理判断的基础。

我们主张事中监督为辅,主要是对事后监督为主的补充和对一些案件可能存在的质量问题的特殊监督,也就是一种针对性的质量补救措施。这类案件一般是:做"减法"的案件,公安、检察、法院和检察内部部门之间有争议的案件,需要提交检委会讨论的案件等。这类案件的事中监督可以突出重点地有效把握住案件的质量。同时需要指出的是,这里的"事中监督"也不是一种程序内的监督,不具有实体处分案件的权力。检察业务管理机构对案件实体提出的处理意见,只是一种参考意见,最终决定还要由检察长、检委会或案件承办人员来作出。

(四) 管理性质定位: 司法性质管理

由于检察业务管理机构的管理是一种诉讼程序外的管理和监督,因此,容易得出检察业务管理机构的管理不是司法管理,而是一种行政管理的结论。我们认为,检察业务管理机构对检察业务所进行的管理是一种司法性质的管理而非行政性质管理。行政是管理的一种古老的广泛存在的极其重要的社会现象。行政管理方式是依靠行政组织的权威,使用规章、命令、指导等行政手段,按照行政系统和层次,以高度权威和服从为前提,直接指挥下属工作的管理。上级指挥下级完全是由于高一级的职位而决定的。其方式最大特点是权威性、强制性和具体性。我国现行的检察业务管理模式,仍基本沿用传统的行政管理方式。在这种管理模式下,科、处长对案件的处理进行审批,而个案先审后审、快审慢审等办案节奏则由办案人员自己决定。1996 年刑事诉讼法修改前,这种行政管理式办案模式对确保检察职能的充分发挥,确保办案质量和效率曾起到一定的积极作用。但随着市场经济体制的建立,它的弊端不断显露。首先,不利于体现程序公正。案件办理层级审批,其中必须遵循的回避规则、直接采证规则等被空置;办案程序的公开性差、透明度低,检务公开流于形式。其次,层层审批不利于提高诉讼效率,浪费了有限的司法资源,延误了诉讼。最后,审而不定,定而不审,违反了司法亲历性、客观性规律,也难以激发检察官对崇高人格、博学和责任等职业素质的追求。但另一方面,检察官对个案的办理流程又有绝对的控制权,不受其他权力的约束,也不承担相应的司法责任,这种权、责分离和缺乏监督的行政化业务流程管理方式,极容易滋生司法腐败。

而由专门的检察业务管理机构通过检察业务流程对检察业务的管理,则是检察机关在充分尊重检察办案中的内在规律,通过现代科技手段,在办案程序之外,将办案责任制、绩效考核、督查预警的监督模式及节点控制模式有机结合起来所进行的管理。其业务管理的内容也应是程序审查与实体审查相结合并以程序审查为主。对绝大多数案件来说，开展的是一种程序性的审查，通过审查发现案件存在的质量效率方面的问题。同时对个别案件进行实体性审查，但是实体性审查必须经过必要的报批程序。这样，专门检察业务管理机构不介入实体办案决定的作出，办案环节之间责任明晰，在监督制约同时不干扰办案的内在进程，有利于发挥办案人员的主观能动性，是一种具有司法性质的管理模式。

（五）模式功能定位：评价与指引

检察业务管理机构通过对检察业务和办案活动履行组织协调、业务指导、检查评估和监督督查的职能，可以充分发挥科学的评价和指引功能，有效激励检察人员严格执法、文明办案，实现权责能的有机结合。一是通过对提交检委会讨论的办案规范性文件的把关和论证，为办案人员提供了良好的制度保障。二是通过办案情况综合分析、督查分析、预警分析及法律政策研究等，对一段时期办案行为进行总体评价指导，及时总结经验，指出问题，促进改正，从而发挥业务管理的指导作用。三是通过对办案流程、程序的监控把握和案件督查预警，从而发挥了对个案和业务工作总体的检验控制和监督督查作用。四是通过案件质量评估检查，对办案人员所办理的每一个案件适时、准确地进行质量评价，作为评优评先、升职晋级的重要依据，最大限度地激励办案人员的工作积极性，充分发挥了业务管理的引导激励作用。五是通过对业务工作协调、综合业务管理，克服办案分工所带来的部门化弊端，充分对检察业务管理工作的组织协调职能。这几大职能相互作用，有机整合，共同形成对了检察业务的全面管理。

第五节　检察业务管理要正确处理的几对关系

一、检察业务与检察任务的关系

人民检察院作为国家法律监督机关，依法行使对职务犯罪的侦查、起诉并在诉讼全过程中实施监督的职权。其任务是保障国家法律统一、正确实施，认真履行法律监督职责，及时有效地打击刑事犯罪，努力改造罪犯，尽量减少社会中不良人群的数量，维护社会安全与稳定。所谓检察业务，是指检察工作中直接体现检察机关性质和职能的一系列工作。其中主要包括：对国家工作人员的职务犯罪行为和侵犯公民民主权利的犯罪行为的侦查工作；对公安机关和国家安全机关侦查的案件进行审查，决定是否逮捕、起诉或者不起诉，以及对侦查活动是否合法进行监督的刑事检察工作；对人民法院审判活动是否合法实行的诉讼监督工作；对监狱、看守所、劳教所的活动是否合法所实行的监督检察工作；受理公民控告、申诉案件的控告申诉检察等工作。

我国检察机关拥有的职务犯罪侦查权、诉讼监督权和非诉讼监督权，是检察工作的三大支柱，它们共同支撑起了检察任务这座大厦。可以说，检察任务是本质，而一切检察业务都是现象，具有决定与被决定的关系。或者说，检察任务是纲，检察业务是目，具有纲举目张的关系。因此，检察机关的具体业务工作的确定，都必须服从紧紧围绕检察任务这个本质，这个纲。检察任务的顺利完成必须落实到搞好各项检察业务工作上来，检察机关在加强自身建设的过程中，必须强调"以业务工作为中心"的思想，只有突出检察业务的中心地位，才能更好地推动检察工作的发展。检察业务部门的工作是通过检察机关各项职能的实现为顺利完成检察任务服务的直接途径和手段，因此，加强检察业务管理是检察机关高效运转、全面完成检察任务的重要基础和组织保障。

二、检察业务管理与业务部门自身监督管理的关系

业务部门自身监督是由业务部门内部通过审查、审批和个案监督等形式，对案件质量进行检查和评定。当前，业务部门自身监督是检察机关内部监督的主要途径。按照目前的业务工作制度，在开展具体业务过程中，一般是由业务部门行政领导行使组织、指挥、决定权，或者是实施主诉（主办）检察官责任制的部门，由主诉（主办）检察官在办案小组内行使业务组织、指挥权，均表现为按业务进度和业务事项，设置不同层次的审批权限，由相应人员行使，形成层层把关、级级负责的局面。相对检察业务管理而言，业务部门自身监督主要集中在三个方面：一是指挥、协调内部业务及人员的分派，保证业务活动按确定的程序顺利进行；二是监督业务流程，确保业务流程不因个人原因而中断；三是促使上级的政策、部署、批示在本部门内得到认真的贯彻落实。部门内业务监督具有更加直接、便捷等特点，是开展检察业务管理的基本着力点。但是部门管理也存在权力行使条条化、部门化，既当裁判员又当运动员等弊端，在一定程度上影响了判断的准确性。检察业务管理的独立性、客观性、中立性对避免业务部门自身监督管理有很大作用，同时也便于对业务的开展进行统一指挥、协调、督办。但在处理这两者之间关系时，需要明确：一是检察业务管理与业务部门自身管理不能相互替代。各个诉讼环节的具体业务事项属于各业务部门职责范围，业务管理机构则侧重于对重点部门、重点环节、重点案件的监督检查。二是各具体业务部门应当根据工作实际，向业务管理机构及时报备业务工作开展情况，分析原因，提出改进措施。业务管理机构应及时汇总全院业务工作情况，向上级院及本院检委会进行报告，并将有关情况及时向业务部门通报，提出改进指导意见，督促落实。三是业务管理机构应加强对业务部门之间、内部涉及业务工作规程的监督管理，

及时进行资源整合。

三、检察业务管理与检委会职责的关系

检委会是检察机关在检察长主持下的议事决策机构。根据检委会议事规则，其主要职能是贯彻执行党的方针、政策和人民代表大会及其常务委员会的决议、命令；重大案件和疑难案件的处理；检察业务工作上的规定、条例和措施；检查、总结检察工作和其他有关的重要事项。因此，检委会主要发挥对检察工作宏观业务指导、制定政策导向、规范业务标准、评估业务质量等方面的作用。与检察业务管理相比较，检委会的监督具有宏观性、权威性的特点，通常针对有重大疑难、重大影响或可能发生重大质量问题的案件进行。检察业务管理和检委会的监督在职责和范围上的不同，决定两者之间并不存在冲突。

四、检察业务管理与纪检监察部门监督的关系

纪检监察工作是整个检察工作的重要组成部分，对推动检察机关不断加强党风廉政建设、进一步提高队伍建设和自身反腐败能力的提高，具有不可替代的作用。纪检检察部门主要通过行政手段处罚违法违纪人员，保证办案纪律的遵守和廉洁制度的落实。此外，检务效能监察也成为近年来检察机关内部监督和制约系统的重要组成部分。但是总体来说，纪检监察部门的监督是以办案纪律为标准，其主要目的是促进廉洁从检、公正执法。因此，其在一定程度上依赖群众举报、线索移送等，开展调查、跟踪，或者案后检查，一般不是按照司法工作规律开展监督工作。当然，检察业务管理中可能成为纪检监察发现问题的手段，如挖掘有质量问题的案件背后存在的检察干警渎职行为等，但是总体来说，两者的职能相互独立、互为补充。

五、检察业务管理与信息化建设的关系

信息化建设对推进检察业务管理具有重要意义。依托信息技术优势开展检察业务管理，主要是借助办案软件系统对整个办案工作进行流程式的控制。该系统根据工作人员、工作部门的职责权限和工作特点，设定信息流转的节点、设置相关工作人员的操作权限，从而体现出应用综合管理系统的优势，实现规范化、科学化、制度化的管理目标。从信息化建设的角度看检察业务管理工作，具有流程复杂、体系庞大、实时性和准确度要求高等特点，因此实践中要坚持以信息化应用为抓手，规范办案流程、严格操作标准，提高检察业务管理的技术含量。

六、检察业务管理与接受外部监督的关系

检察机关的外部监督主要包括两个方面：一是立足宪政层面开展的外部权力监督，包括国家权力机关的监督和公安机关、法院对检察工作的相互监督；二是来自包括诉讼当事人在内的社会各界的权利监督。毋庸置疑，检察权的外部监督对促进检察机关公正执法具有重要意义。但是，由于检察工作的司法属性，外部监督主要是以内部监督的有效补充模式而出现。相比较而言，检察业务管理更及时、深入，符合司法亲历性特征，比外部监督更有优势。两者相结合，才能构筑全方位的监督网，促进检察工作的开展。

第六节　检察业务管理的运作体系

一、检察业务管理的主体——检察业务管理中心

检察业务管理主体即检察业务管理活动的承担者，是指具有一定检察专门知识及能力，拥有相应决策、指挥及监督技能的组织、机构或个人。与其他管理主体相似，检察业务管理主体应由检察机关决策系统、执行系统、监督系统和信息系统构成，在运行中表现为决策系统制订规定和计划，执行系统落实计划，监督系统进行督促检查，信息系统进行沟通反馈的运行机制。这里主要是对检察业务管理的管理枢纽，也即监督和综合信息系统，或称检察业务管理中心展开进行论述。

在检察管理系统中，最重要的是建立健全相应的管理枢纽，从而起到牵一发而动全身的效果，切实发挥对决策的参谋辅助作用。检察机关的管理工作主要涉及检察业务、检察队伍和检察事务。在检察长的领导下，内部管理的权威机构分别是党组、检察委员会和检察长办公会。在此基础上，理想的检察管理体系可分为三大块，即检察事务发展重大问题和队伍建设方面：党组会——政治部、纪检监察部门；案件业务方面：检委会——业务管理机构（研究室）；行政事务方面：检察长办公会——办公室、行装处。在适当整合的基础上，这几个职能部门应充分发挥信息收集、分析、预测、处理、反馈，决策督查，法律和政策参考及案件事务协调等方面的作用，为领导的正确决策及决策的准确执行打牢坚实的基础。其中，检察业务管理机构及其模式选择问题，既是当前检察机关办案业务管理改革中遇到的更深层次的问题，同时也是当前深化办案业务质量管理改革亟待解决的"瓶颈"问题。

（一）管理机构的选择

1. 目前主要的类型

就各级检察机关而言，业务管理总的方向是弱化行政领导、强化法律监督。至于具体到检察机关内部业务机构设置及分工，目前还有不同观点。

第一种观点认为，现有的职务犯罪案件侦、捕、诉分开，由三个部门分别进行，是行之有效的监督制约方法，现有的机构设置也是科学的。

第二种观点主张，打破现有分工格局，另起炉灶。如主张检察机关内部机构除了继续保留检察长和检察委员会两个领导和决策机构外，其他职能部门可根据《人民检察院组织法》和三大诉讼法所规定的检察机关 8 项检察职权进行合并归纳，分设四个署：一是将举报中心与反贪局、反渎职侵权局合并，成立职务犯罪检察署，其下可设主办检察官若干名，分别负责贪污贿赂、渎职及国家工作人员侵权这三类职务罪案的受理、侦查和职务犯罪防治及其信息情报管理等工作。二是将现行的侦查监督、公诉部门合并，吸收监所检察部门的批捕、公诉职能，成立刑事检察署，分别负责刑事案件的审查批准逮捕、审查决定逮捕、立案监督、侦查和审判监督，由主诉检察官负责刑事案件审查起诉、提起公诉、不起诉、出庭支持公诉。三是将民行、监所和控申部门合并，成立控告申诉检察署。其下可设主办检察官若干名，分别负责刑事、民事和行政控告申诉检察和刑罚执行、刑事赔偿检察工作。四是将现行的办公、政工、纪检、技术等部门合并，成立检察保障署。其可下设办公、政工、法律政策研究三个部门，分别对正副检察长、党组和检察委员会负责。[①] 还有主张基层检察院内部建立六个部门，即检察长办公室、犯罪侦查部门、诉讼监督部门、举报申诉部门、检务保障部门、纪检监察部门。[②] 重庆市渝中区人民检察院先行先试，进行办案模式改革，按照检察职能设立刑事检察局、职务犯罪侦查局、诉讼监督局、政治部、检察事务部、检察长办公室等"三局两部一办"。

第三种观点主张，在现有分工格局基础上进一步完善。具体有两种观点：第一种是成立专门的、综合性的检察业务管理机构。设立案件管理中心，对各业务

---

① 阮荣富、徐建："完善检察机关机构设置的构想——兼论检察工作领导体制的改革"，载《上海检察调研》2005 年第 8 期。

② 马家福、季美君："检察机关内部监督制约机制框架设计"，载《国家检察官学院学报》2003 年第 6 期。

部门办理的案件和相关业务活动实施集中统一管理①。各业务部门受理的所有案件（包括自侦案件、公安机关提请逮捕和移送起诉案件），必须经案件管理中心登记由其按分案顺序直接交给主办、主诉检察官办理。主办、主诉检察官作出的决定，也由案件管理中心登记后转交侦查机关或审判机关，对案件实行事中监督为主，事后监督为辅的内部制约模式。第二种是扩充原有内设部门权限，对业务进行综合管理。如将控告申诉工作定位于检察管理机制之中②，规定凡检察机关进入诉讼环节后，控告申诉部门对案件的整个诉讼过程进行程序性审查，通过评估案件对案件质量进行监督，促进和提高办案质量。我市部分检察机关在总结分析现有业务分工模式存在的弊端和制约盲区的基础上，尝试将研究室（检委会办公室）作为专门的业务管理部门，使其担负督导督查、预警、办案分析、法律政策研究、案件协调等具体案件质量管理职能。

2. 专门业务管理机构的设置模式

建立健全专门的、综合性的检察业务管理机构是完善的重要举措，标志着检察业务管理的一种新的模式的建立，可以实现对检察机关各业务部门办案工作的集中统一管理。这是符合检察业务"串联式"特点的重要管理方式，也是当前检察管理的发展趋势。根据司法实践，我们倾向于第三种观点，即将研究室（检委会办公室）作为专门的业务管理部门。主要基于以下考虑：

（1）专门业务管理机构应当具有相对的独立性。这里有两个层面：其一，从业务管理的专业性、技术性角度说，作为对办案部门进行业务管理的专门机构，要充分发挥职能作用，必须保持相对的独立性。即具备独立的部门建制、独立的工作职能、确保人员配备。其二，从业务管理目标实现的角度说，业务管理机构应独立于办案部门，处于一个比较超脱的地位，这样有助于发挥管理、协调的职能作用。

（2）专门业务管理机构的设置比较符合上海各级检察机关工作实际。检察机关现行内部业务管理模式是多年实践探索基础上形成的，体现了专业化分工，相互配合制约的内在要求，有其合理的一面。同时，也应看到现行模式还存在一定的弊端，需要进一步改革完善。按照上述第二种观点的设置，从形式上看，部门的划分实现了工作专门化；但从职能上看，由于管理的基石是权，管理的对象

---

① 2002年7月1日郑州市金水区检察院建立案件管理中心，由自侦内勤、刑检内勤、综合内勤、外勤和统计员组成，实行集中办公，负责对本院各项业务工作进行集中管理，并按检察长的指令对办案进行统一指挥、协调、督办；负责宣传检务公开，接待人民群众来信来访，接洽公安、律师和司法人员。

② 该做法由随州市人民检察院采用，参见王斌："案件管理走流程　质量考评有办法"，载《检察日报》2004年1月14日第2版。

是人，管理的目标是完成法律适用工作、实现社会公平正义，这种设置是以对检察人员的怀疑和不信任为出发点的，其权力的配置并没有得到优化，也不易推广。第三种观点中，由专门的业务管理机构严把案件"进口"、"出口"，实行"环形管理"，虽然在实践中取得较好成效，但是由于业务量庞大、需要人员众多，在上海检察机关不易推广和实行。因此，业务管理必须在组织机构设置上有所突破，成立一个权力与职责相统一的检察业务管理机构。根据本市各级检察机关工作实际，由研究室（检委会办公室）作为专门的业务管理部门是切实可行的。

（3）本市各级检察机关业务管理机构的工作职能、职责分配应基本保持一致，各有侧重。当前，本市各级检察机关在案件质量管理方面进行了各种有益的探索，但都结合实际"各自为政"，规范性、统一性不够，局限性较大。根据高检院《关于加强案件管理的规定》的精神，就上海各级检察机关而言，可以对业务管理机构的工作职能、权责分配进行合理界定，形成一套上下联动、职能清晰、系统严密的业务管理运作体系，确保各级检察机关、上级检察机关准确、及时、全面掌握业务工作情况，为业务工作决策提供参考依据。

（二）检察业务管理机构的职能

专门性、综合性的检察业务管理机构（又称业务管理中心）在检察长或检察委员会的授权下，负责对办案业务的管理，履行组织协调、业务指导、检查评估和监督督查四大职能，并会同监察部门落实奖励制度和责任追究，重点在于预防和减少每个办案环节的执法偏差，预防重复问题再次发生。业务管理中心直接对检察长或分管检察长负责并开展工作。一般来说，其具体职能应包括：

1. 检委会具体事务。对检察业务部门提交检委会研究决定的案件及综合性业务管理规章制度，提出法律政策的意见和倾向性意见，供检委会研究决定时参考。定期（每季度）向检委会报告业务工作开展情况，确保疑难复杂案件、容易发生办案质量问题的案件、阶段性执法办案倾向性问题等进入检委会讨论程序。对检委会决定事项进行督办。

2. 业务流程管理。检察业务管理机构依托检察办案软件，通过网上实时监控，对办案程序期间、期限节点，实行内部监控及督促检查，全面、准确、客观地了解和掌握检察干警的工作情况，分析各项检察工作的实际运作状况。发现尚未办结的案件存在质量问题的，业务管理机构应及时向相关业务部门领导或承办人沟通，必要时报检察长。

3. 案件质量督查。指在检察长的授权下，代表本院检委会对本单位各业务部门办理的全部案件的办案情况进行监督和检查，为业务工作考评提供必要的依据。一是对一般案件主要的法律文书实行个案审查，对照复核。如提请逮捕书，移送审查起诉意见书，起诉书和法院判决书进行对照复核。二是对重点案件进行实体性审查，具体包括捕后不诉、捕后撤案、捕后退回公安机关另处或捕后改变强制措施长期不结案的；判决无罪或撤回起诉后未重新起诉的；复议、复核和申诉复查后改变原处理决定的；决定刑事赔偿的；其他需要重点督查的案件。三是对部门之间有争议的案件进行审查，提出案件质量检查的审查意见。四是专项督查，结合上级机关的工作部署或执法办案中反映的突出问题，专门立项进行检查，同时针对督查出来的问题，研究法律适用疑难争议问题，通过调研论证，提出具体对策和建议。

4. 案件质量检查评估。通过流程管理和案件质量督查等工作，检察业务管理机构及时发现检察办案活动中的问题，通过办案软件的信息整合，自动形成业务人员的执法责任档案，提供给业务部门及政治部作为动态业务绩效管理的数据依据，作为对办案人员办案质量评估和奖惩的重要依据。业务管理机构还可以对重点督查案件通过走访公安、法院、律师、案发单位等部门，听取对办案人员及办案工作评价和意见，有针对性地对相关案件、办案人员进行考核评估，并将考评的结果作为干警个人执法责任档案的重要内容。同时，还可对典型事例进行讲评，结合办案情况定期分析及提供判例典范，在全院干警中予以推广，营造自觉钻研业务、提高执法水平的良好氛围。

5. 业务及案件协调。协调本院各业务部门的关系；会同业务部门协调与上级院、公安机关、人民法院的关系，做好衔接与配合。即经授权以本院名义与其他政法机关就有关法律政策、重大案件等业务事项以及涉及本院两个以上业务部门的规章制度、重大疑难案件等业务事项进行沟通、磋商，达到认识统一的活动。具体形式上包括了与公安机关、法院召开联席会议制度，对内部涉及各业务部门的个案进行协调，代表检察院与公安机关、人民法院会签法律适用意见，以及进行个案协调等，以解决检察机关办案活动中存在的疑难复杂问题，统一分歧意见。

6. 法律政策适用研究。重点包括案件质量效率整体情况分析、法律适用问题研究、疑难分歧案例分析等。分别从个人、部门、院的层面对办案的质量效率进行横向的、纵向的、过程性的比较，分析一段时期内办案质量效率的发展变化情况，提出法律适用意见或建议，从中找出制约质量效率的原因，并定期总结形成"案件质量分析报告"，上报给检察长办公会议或检察委员会及上级院。

7. 办案信息管理。对执法工作效能、办案数据进行跟踪、统计、预警、分析和研究。如办案质量预警，即指根据检察办案的规律，对各类宏观办案数据（如不捕率、不诉率）设定预警标准。业务管理机构对案件处理情况，开展定时定量分析，对一段时期内案件动态情况出现较大幅度起落的，超出预警标准的，发出预警，并配合业务部门开展调研，与阶段性的法律政策、工作要求进行比对，分析原因，提出措施。

8. 综合性业务工作。组织一些其他综合性检察业务的开展，如检察改革、打黑除恶、治理商业贿赂等。

9. 其他事项。检察长、检委会交办的工作事项。

同时，各级检察机关业务管理机构的具体职能还应有所侧重。就上海市检察院而言，应重点突出对全市业务工作宏观指导作用，主要包括：检委会具体事务、检委会案例指导发布、对下级人民检察院报送的办案总体情况进行综合分析、业务协调、制定涉及全市的法律政策适用意见、法律政策适用研究、综合性业务工作及其他事项等。就分院而言，除上述9项职能外，应重点突出对本辖区基层检察院业务工作具体指导作用，还要及时加强与上级院、其他分院的联系沟通。

综上，我们可以看出，检察业务管理专门机构，是案件质量管理机制的枢纽，是业务活动和业务管理的枢纽。职能中既涉及多个部门有争议的个案的协调解决，也包括对总体办案情况和办案政策的宏观把握。它既涉及对具体办案活动的答疑解析、法律政策适用，也包括对具体办案活动的监督管理；有宏观，有微观；有法律政策适用，有办案业务管理。同时也是检察长或检委会与具体业务部门之间联系的枢纽。对上向检察长或检委会负责，对下则针对业务活动进行督促管理。这种专门针对检察业务中涉及综合性、业务性的问题的管理模式，对解决"块块状"管理方式的弊端，具有针对性、有效性和可行性。这个专门业务管理机构目前最适合设在检委会办事机构内，既超脱于具体办案部门，又不脱离检察业务，既有检委会的检察业务地位支撑，又有执行检委会决定的便利。

二、检察业务管理的基础——质量标准

检察业务管理活动中的质量标准是指具体的对案件质量进行考核的标准，就是在检察机关办案活动的各个环节，按照一定的程序和一定的方法，运用统一的标准，对案件质量的好坏或者优劣进行评价和估量。确保办案质量是检察业务管理中的重中之重，是检察机关依法履行法律监督职责的内在要求，而要达到这一要求必须实现案件质量管理的制度化、规范化、由检察业务管理机构依照法定的职责及制定的标准进行审查。一套完整、统一的质量标准体系既是业务工作持续改进的重要基石，又是减少和预防工作差错的一种重要手段。现有的法律、法规和其他规范性法律文件虽有案件质量标准的相关规定，但仍缺乏明确的评价标准，在实践中仍然缺乏统一性，难以掌握。因此我们必须对具体的业务展开过程

进行标准化控制,不断消除业务工作进程中容易引发质量偏差的环节因素。我们认为,标准化包括:组织运作标准化、执法行为标准化、分析评估标准化和监督管理标准化。这里,主要解决的是分析评估标准的问题。

（一）设立标准的基本原则

确定质量标准的原则,应以是否使工作成果最大化、是否有助于提高全院工作效率为评判标准。具体包括:

1. 公正、公开原则

质量标准的设定应当做到科学性、公正性和严肃性,这样,根据其作出的评估结果才会被接受并起到相应的激励、引导、促进作用。其一,不能以部门或个人的标准作为标准。检察业务管理部门及个人的标准主观随意性较大、局限性较强,因此应以多数人的标准对质量标准的确定,以类似协商一致的方式进行认定,这样才能取得共识与拥护。其二,在标准制定的过程中,应当给予干警充分质疑的机会。全体干警既是被考核者也是考核的监督者,人人接受考核、人人参与考核、人人监督考核,真正考出公正,考出干劲,考出实效。其三,公正、公开质量评判标准有利于发挥团队作用,群策群力、攻克难关。干警积极动脑筋、想办法,集中智慧、反复试验,通过对标准的适时整改,使具有进取意识的干警队伍在这个过程中逐渐成长。

2. 细化、量化原则

检察业务管理的多样性决定了建立合理、规范的质量标准的必要性。要制定合理、规范的质量标准,应当首先将标准量化、细化,做到办案中的每一个细节都有章可循,以最大限度地减少执法随意性,保证高效、有序地行使检察权。这样将有利于质量标准内在联系的井然有序性,便于在各业务部门之间形成封闭的、运转流畅的标准运行体系,建立并完善反应灵敏、信息互动的流程系统。如果某一环节发生了质量问题,预警将更加及时,防范措施也将更加有力。具体可以从以下两方面着手全面制定量化、细化的质量标准:一方面,从划分环节入手。考虑从初查到立案、拘留、提请批捕、审查批捕、移送起诉、审查起诉、一次退回补充侦查、二次退回补充侦查、提起公诉、判决、执行等办案环节着手,实行细化、量化的质量标准。另一方面,完善各环节的质量标准设定。案件管理机构也应当就各个办案环节建立健全相应的质量标准,对每一起案件实行动态监控、及时跟踪定位,为部门间的管理搭建桥梁,为部门间的案件流转修建高速通道,增加质量监控的敏感度。

3. 可行、适应原则

检察业务管理机制是动态的、发展的,因此应当具有可行性、适应性以契合检察业务操作性、实践性强的特点。一方面，既要符合检察业务流程的自然规律，又要结合检察机关内部职能分工的实际情况，同时也要有利于各部门间的和谐调控。另一方面，效果上也应当具有法律监督的适应性，既要保障通过法律监督程序及时发现案件中的质量问题，又要保障问题能够得到顺利有效解决，并有一定的前瞻性，能适应将来一定时期内不断发展变化的情况。同时，质量考核标准是非常个性化的，在不同业务部门、不同发展阶段、不同的整体现状，绩效考核的目的、手段、结果运用等各不相同。现在"适应"，不等于将来永远"适应"，必须视检察机关的发展，定期做相应调整，才能永远适用。在指标的设定过程中，还应尽可能兼顾到可能的发展潜力。

4. 定性与定量相结合

单纯依靠定量化标准在检察业务管理机制中的作用，将不同类型的工作内容统一转化为一定分值数量的管理考核方式淹没了不同性质工作的差异，难以准确地反映不同工作的难易程度。如果从调整工作导向的角度看，单纯适用定性化或定量化的质量标准势必会造成对指标的片面追求而忽视业务工作实际运用的情况及存在的问题，不利于使法律监督能力的整体提升建立在坚实稳定可靠的基础上；如果从考核奖惩角度来看，被考核者只追求高分值工作，对分值不高但实际上属于检察业务的基础性或关键性的工作有所忽视，对办案质量难以实现真正有效的控制和保障。因而，从总体上看，管理质量指标需要进行整体的协调并视情况而定，既要考虑工作数量，也要考虑质量和效率，共同作用，确保质量标准适合的公正性。有鉴于此，在制定质量标准时，要坚持定性与定量相结合的原则。首先，从检察业务管理的角度来看，将不同性质的工作内容折算成数量来考核方法，本身是否正确或科学性究竟有多大还需要深入研究。其次，在引入质量标准时，应当考虑不同性质工作的差异，有机地将定性标准和定量标准相结合，才能准确地反映不同工作的难易程度，对干警的办案工作作出客观而公正的评价、考核。

5. 结合条线考核

检察条线业务工作考核评估机制是指与个案质量考核评估相对应的，上级检察院对下级检察院以办案质量为核心的业务工作整体，明确考核评估指标，厘定考核评估标准，规范考核评估程序，以科学化、程序化、法制化、规范化为目标，条线对应、条块结合，而形成的一套完整的、有机统一的考核评估体系。这种以条线考核为核心的管理办法，是在对处于不同地域、经济条件的检察机关的工作实践进行综合分析的基础上，对质量标准加以整合而形成的，具有多元性、动态性、统一性，最大的特点是较全面地实现了上级院对下级院的领导目标和指导意图，形成纵向比较，促进了检察机关上下级工作的紧密度①。在制定质量标准时，结合考量条线考核标准也将有利于各基层院质量标准的统筹协调，推动各基层院的检察业务质量向考核标准看齐，在横向比较中不断提高自身的办案质量，形成以追求质量标准为核心的良性循环，最终发展为检察业务动态管理的综合整体评价机制。总之，检察条线业务考核是实施检察业务管理的重要措施和有效手段。检察机关在不断完善检察管理过程中，应把条线考核评估工作作为一项重要的内容来抓。

（二）具体标准

如上所述，一套完整、统一的质量标准体系既是业务工作持续改进的重要基石，又是减少和预防工作差错的一种重要手段。因而，检察机关的整体应当运行在一套标准办案质量管理体系的基础上，着手对具体的办案流程、程序进行标准化控制，不断消除其中容易引发质量缺陷的环节因素，借鉴管理学意义上的 PDCA（Plan，Do，Check，Action）的管理模式，并加以发展，向 SDCA（Standardize，Do，Check，Action）管理模式演变，除了体现 PDCA 的持续改进思想外，还体现了标准的演进成为执法质量管理的核心内容（见图1）。从现阶段来看，我们已根据各部门的自身特点开展了大量的具体标准化工作。包括：（1）办案实践标准化。将各部门在办案过程中积累的实践经验编制成实务手册，指导干警在实际办案过程中减少错误。（2）岗位职责标准化。将各部门的各种考核标准汇总，会同相关部门创设了网上办案规范并明确了各位岗位的职责。（3）执法档案标准化。通过对干警业务能力的分析综合，初步建立了执法责任档案等。而现阶段，我们在进一步深化完善上述标准化制度的同时，重点应当放在建立健全案件质量评价标准上。既要考虑案件本身的质量效率管理，又要兼顾干警办案过程中的行为规范，将办案过程中可能发生的质量缺陷的严重度、产生原因所决定的可能犯错误的频率及质量标准控制方法所决定的薄弱环节等要素通过设定标准予以细化，评判出各种质量标准等级，并提出相应的预防措施，据此作出详尽的案件质量保障、改进计划。

我们认为，在具体办案质量标准中，要根据不同的情况进行分级管理。即根据办案所必须遵循和达到的符合法律事实要件、程序要件、行为要件和办案效果，将办理的案件根据不同类型划分为特级、一级、二级、三级四个等级，作为奖惩的重要依据。

---

① 　上海市松江区人民检察院课题组：“检察业务管理机制研究”，载《犯罪研究》2006 年第 1 期。

办案质量不断提高，管理能力不断提升

质量标准的持续进化　　　质量标准的持续提升

需要持续改进调整

新的质量标准

C　A　　　　　　P　D

D　S　　　　　　A　C

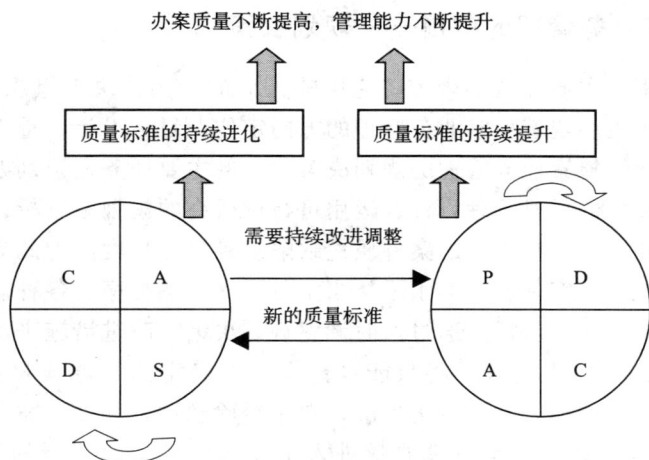

图 1　通过办案质量标准的持续改进，提高办案质量，提升管理能力

特级案件，是指在办理重大、疑难、复杂案件过程中，执行程序法、实体法和执法行为方面均达到规范化要求，办案法律效果和社会效果突出的。主要包括：在进行证据分析和适用证据规则等事实认定方面存在典型、复杂和疑难问题的案件；在法律适用方面存在典型、复杂和疑难问题的案件；反映新的法律关系、适用新的法律规定的新类型案件；公众关注的大案、要案、热点案件；在正确解释和适用法律的前提下社会效果突出的案件；法律文书具有较高的撰写水平和良好的撰写质量，证据分析透彻、法律适用论证效果好的案件；其他具有典型性和示范性的案件。

一级案件，是指在办理案件过程中，执行程序法、实体法和执法行为符合规范，办案效果较好的。应当说，大多数案件应属这一级别。

二级案件，是指办理案件过程中，执行程序法、实体法或者执法行为方面出现瑕疵，影响案件质量的。

三级案件，是指在办理案件过程中，执行程序法、实体法或者执法行为方面出现严重违法或重大问题，造成恶劣影响的。

当然，对某些情形造成质量问题或争议的，办案部门和检察官不承担责任，主要包括：法律、政策发生变化的；法律规定不明确或者对事实的性质、适用法律认识、理解不一致的；因当事人过错或者客观原因使案件事实认定出现偏差的；检察官没有故意或过失的，或通过一定审核（批）程序改变承办人意见，出现案件结果不一致（例如由检察长或检委会决定的情形）；经其他有关部门协调、决定的案件；其他法律规定免予追究检察官责任的。

三、检察业务管理的前提——规划决策

决策是管理的本质和核心内容，它影响人们的行为，决定组织的兴衰成败。检察业务规划决策决定着检察业务管理的方向定位、目标设计、重点内容、运作方式和工作绩效。检察业务管理的规划决策阶段的主要任务是识别办案质量管理的需求、设定案件的质量管理目标，运用可行性研究的规划和分析，明确办案质量管理的任务和方案，将潜在的案件质量缺陷降到最低程度。因此规划决策的成败很大程度上决定了案件质量的水平，当案件进入办案程序，各种偶然因素可能使质量发生波动，此时就需要通过适时调整规划决策、改进措施来消除管理机制的缺陷，否则，案件质量水平将只能停留在一个稳定的"原质量控制区"内。通过对规划决策的调整，不断改进标准，总结经验教训，加强办案业务积累，案件质量水平才能提高，于是案件质量进入了新的区域，即"新的质量控制区"（见图2）。由此可见，检察业务管理是持续性的纠正措施，从战略上进行案件质量的管理策划并提出案件质量改进方案，确定自身所处的地位和努力方向，消除质量缺陷，对树立良好的检察形象具有重要意义。而其中的规划决策是案件质量保障的核心和精髓所在。

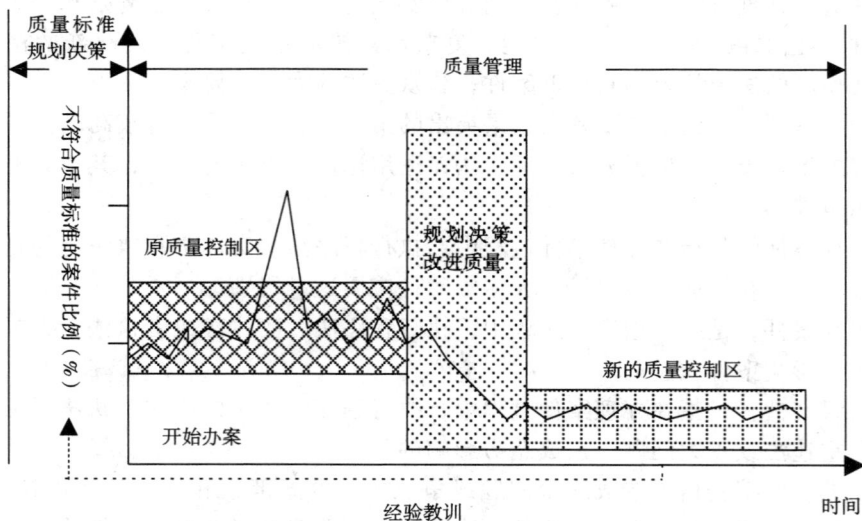

图2　案件质量标准的规划决策对案件质量影响力

（一）对部门业务工作规划进行可行性研究

在制定业务管理规划时，制定者应当形成对自己部门业务的正确自我认知，分析规划的可行性，并设计合理的管理方案。对检察部门业务管理的可行性研究是指对部门业务的规划方案、运行方案及监督方案的效果进行分析、安排和评价，研究检察业务管理的必要性和可行性，并以此为依据对检察业务管理方案进行选择与决策的科学分析方法。对自己部门业务进行可行性研究的前提是认清自身业务的特点，使其发挥其应有的功能，形成一个有机的、充满活力的检察业务管理体系，这就要求部门业务的可行性分析研究做到以下几点：

1. 检察业务管理决策的科学性和合理性

检察业务管理通常环节多、牵涉面广、周期长，单靠领导"拍脑门"进行决策是很难达到预期的管理成效的。近年来，最高人民检察院提出了"三位一体"的检察业务管理机制，要在稳定中求改革求发展，只有对日后的检察业务管理进行详细、可靠的分析预测、成本分析和效益计算，才能对所面临的主要管理问题进行全面评价和分析，才能使决策建立在科学合理的基础上，使管理方案具有一定的可行性。可以这么说，检察业务管理成功与否，在相当大的程度上取决于可行性研究的成功与否。

2. 保证检察业务管理方案的优化

任何一套管理机制，都会存在众多可供选择的方案。只有通过可行性研究，进行方案的具体情况分析、成效的比较和选择，才能尽可能优选最佳方案，使管理获取最大效益。

3. 保证检察业务管理的有序性

检察业务管理的可行性研究过程，实质上就是对管理的实施进行周密安排的过程。尤其是围绕各类业务的管理进度所进行的案件流转、业务安排、绩效评估等一系列分析研究，可初步确定管理过程中各阶段的实施步骤，使整个管理体系能够有条不紊地进行，以达到预期目的。

（二）对开展业务工作可能遇到的障碍及解决方法等进行预测

对部门业务工作规划进行可行性研究是以比较宏观的视角来考量检察业务的管理方法，而具体到操作层面上，则存在着一些比较具体而富有针对性的对策。检察业务管理处于一种动态的内部与外部环境体系中，随时会出现意想不到的变化。如果不及时观察到这种变化趋势的发展，采取积极有效的措施予以规避，即便是看似细小的变化也将打乱检察业务管理的阵脚。通过对这些对策的预测、学习及把握，可以使我们对如何克服检察业务管理中遇到的各类障碍有更为清晰的认识和更为准确的理解。一个完善的构建管理机制结构本身也就能保证把问题出现的频率尽可能降低。而事实上，最有效的解决方法就是把对问题答案、障碍的解决方法的寻求放到整个检察业务管理的动态过程中分析。通过一系列的系统性思考，开展检察业务管理可能遇到的障碍对我们来说不再是不可克服的。检察业务管理应当首先明确具体可行的应急管理方案，并在此基础上加以合理、规范的实施，再加上一些具体的策略性行为，就能科学有效地解决障碍性问题，推动检察业务管理的良性运行。

（三）确定全院业务任务、方案

在对部门业务工作规划进行可行性研究并就具体障碍和问题进行预测分析之后，不能急于操作，而是应该首先根据各部门的实际情况制定出适用于全院的综合方案，在宏观层面上明确全院业务的整体工作任务、方案，做好计划，在思想和物质等方面进行充分准备，使检察业务管理具有整体性、计划性和规范性。为此我们需要做以下几项工作：

1. 大胆设想、分解任务、总体规划

根据检察业务管理现状、原则，结合现有的管理条件：一是确定管理原则，明确管理思路；二是在前一阶段对各部门业务管理的可行性研究策划的基础上，进行总体安排，制定出管理方法、时间进度和管理成果体现形式；三是把全院的整个检察业务管理分解成若干个小问题，若干个阶段，分期分批、分层次、有计划地完成任务；四是进一步提出检察业务管理的总体方案。

2. 确定重点、找出难点

从整体出发明确检察业务管理的重点，着力探讨解决这些重点问题的方法和途径；从全院的实际情况出发找准检察业务管理的难点，也是其关键部分，在实践当中验证、推广、使用，逐步探索解决难点的有效办法。

3. 确定工作步骤及时间进度

确定工作步骤及时间进度的目的是把分解的小问题更加具体化、定量化，以保证各项工作按时完成。

四、检察业务管理的核心——监督控制

在对检察业务管理进行规划决策之后，具体到办案过程中，就需要对办案质量及承办人的行为规范予以监督控制、考评及跟踪管理，防止案件出现质量问题，以防上一阶段的问题出现在下一阶段。

监督控制分为事前控制、事中控制、事后控制三个阶段。（1）事前控制阶段：在检察阶段，案件结案前，由检察委员会研究、指导、监督重大问题和重大

案件；（2）事中控制阶段：在办案流程中，对案件质量进行实体和程序上的控制监督，及时发现案件质量与质量标准间的差距，及时分析原因，并将该信息反馈给各责任部门和承办人，由其按考核指标和质量目标，不断调整办案质量。事中控制包括了办案流程管理、案件督查、监察部门督查等；（3）事后控制阶段：要求案件在结案前向有关部门进行备案，以便事后进行跟踪、监督控制，为今后的案件质量标准化问题提供依据。

（一）检委会研究、指导、监督重大问题和重大案件

检委会作为检察机关讨论重大案件和有关检察业务工作重大问题的常设议事机构，在检察业务建设和发展中具有重要作用。要提高检察机关的案件质量，全面推进司法公正，必须强化检委会工作。随着检委会业务管理作用的日益凸显，其职能也由偏重研究案件向研究、指导、监督并重的方向转变，加强实时监督，建立健全反馈机制，及时发现问题，确保疑难复杂案件、容易发生办案质量问题的案件、阶段性执法办案倾向性问题等进入检察委员会讨论程序。

（二）办案流程管理

办案流程管理可分为三个层次：

第一个层次是细化程序要求。编制相应的实务流程管理规范，将散见于各种法律、司法解释中的程序要求细化分解，从工作目标、工作程序、质量标准等多方面识别出办案程序及工作流程，制订出操作实施细则。

第二个层次是强化流程监控。除明确规定同一业务部门干警应当相互监督外，还要在相互关联的科室之间建立起交叉的、立体的监督措施，一旦出现违规操作，承办人既可以立即自行纠正，也可以通过平时的交叉监督及时予以纠改。

第三个层次是网上实时监控。随着检察信息化的不断深入推进，检察业务管理机构的管理方式将逐步转化为网上运行方式，即检察业务管理机构以检察办案软件运用为基础，运用现代计算机网络技术将分散在各业务部门的数字化管理内容和素材，进行网上资源整合，对各部门办理的案件实行网络化流程控制和监督管理，以实现对案件高效、快捷管理的现代管理模式，从而节约人力、财力和物力，提高案件管理的质量和效率。检察业务管理机构通过网上运行方式进行检察业务管理，可以实现对检察业务的规范化、标准化和全流程监控。通过检委会赋予的实体权力和在办案信息管理系统中享有的程序权限，检察业务管理机构利用办案信息管理系统的纵向监控功能，对案件进行全流程管理及同步监控、发报预警、通知纠违，督促各办案部门严格执行法定办案程序、办案期限；运用办案信息软件系统的横向统计功能，对办案信息软件系统中登录的情况随时督促、清理，定期作出定量

定质分析；开展对重大、疑难个案的备案、审查、协调和督查，并运用办案信息软件系统对案件实行全流程跟踪，对所发现的问题，及时向各办案部门及分管检察长提出纠正意见和措施。遇有重大分歧或产生突发情况时，可以临时提请启动检委会程序。检察业务管理机构还可以通过网上业务管理，积极发挥其他辅助决策功能。检察业务管理机构充分运用动态流程管理程序，从以往的静态管理转变为动态管理，从分散单一管理转变为整体综合管理，从经验型管理转变为科学型管理，从而取得事半功倍的效果，真正实践"管理科学化"的工作要求。

（三）案件督查

1. 常规督查

从常规工作出发，对一般案件进行法律文书对照复核。在案件审结时，同步查询并整合平台办案软件信息、公安机关和法院移送的法律文书等外部信息，通过扫描或数码传输等方式输入办案管理软件系统。业务管理机构需审查的法律文书主要包括：审查公诉部门的《移送起诉意见书》、《起诉书》、《判决书》或《裁定书》或《撤回起诉函》；《移送起诉意见书》、《检委会讨论案件报告》、《不起诉决定书》或"侦查机关撤案函件"等；审查侦查监督部门《提请批捕意见书》、《审查逮捕案件意见书》和捕后《不起诉决定书》；审查自侦部门的《侦查终结报告》、《起诉意见书》和《起诉书》或《撤销案件决定书》；审查控申部门的《刑事申诉复查决定书》、《人民检察院刑事确认书》和《刑事赔偿决定书》；审查民行部门《立案审查审批表》、《案件审查终结报告》和《建议提请抗诉报告》；对自侦部门进行办案全过程监督，审查《移送审查逮捕意见书》和《移送审查起诉意见书》。对这些文书进行对照分析，找出"三书"之间的捕后不诉、诉后撤案、侦诉不一、诉判不一等差异，判断这种差异是否属于案件质量问题并加以确认，与此同时，对上述法律文书是否符合规范性要求等进行审查。[①]

2. 重点案件实体督查

检察长、分管检察长对重点案件、敏感案件和异常情况的案件，可能存在隐患的，应当要求业务管理机构进行督查，督查的范围包括：（1）判决无罪案件；（2）不起诉案件（作过批准逮捕决定）；（3）撤销案件；（4）撤回起诉案件（撤诉后作不起诉或退公安机关另处案件）；（5）批准逮捕后不能提起公诉，退回公安机关另处案件；（6）决定刑事赔偿案件；（7）复议、复核和刑事申诉复查后改变原决定案件；（8）改变定性、强制措施和删减犯罪事实的案件；

---

① 参见罗昌平："检察业务管理的理论与实践"，载上海市人民检察院内网之检察撷英。

（9）党委、人大及上级机关交办的案件。①

业务管理机构对重点案件进行全面审查，提出意见供承办人参考，并报告分管检察长。督查意见与承办人意见不一致的，检察长可提交检委会作出决定。

3. 专项督查

在常规督查的基础上，结合上级机关的工作部署或执法办案中反映的突出问题，专门立项进行检查。并且在此基础上，就督查出来的问题，研究其法律适用疑难争议问题，通过反复调研论证，提出具体对策和建议。

对以上三种督查的结果，可以通过"办案管理系统"完成同承办人、部门负责人、分管检察长的"三见面"，对确有发现系质量问题的案件，在"办案管理系统"上做好督查意见报评审机构评审和决策机构决定。对具有典型性、倾向性的一类问题开展专题调研，提出具体的改进措施和法律适用建议。同时，通过"办案管理系统"，可直接完成下列功能：一是生成动态执法责任档案。案件质量督查信息整合，自动形成业务人员的执法责任档案，提供给业务部门及政治部作为动态业务绩效管理数据、材料、依据等执法责任档案。二是申报办案奖惩。申报传输通道同案件质量自查、检查等，由检察业务管理机构人员进行初步审核后，报评审组织讨论，报决策人员决定。奖惩评定结果自动转至承办人界面和业务部门领导界面，以及检察业务管理机构督办界面和政治部执行界面。三是整合案件质量督查数据。初步归纳案件质量督查数据，由检察业务管理机构形成"案件质量分析报告"，定期上报给检察长办公会议或检察委员会及市院研究室。

（四）纪检监察部门督查

除注重业务管理相互制约外，监察部门也应当注重对全院执法办案认真实施监督，充分发挥监察部门的职能作用，牢牢把握监督制约关，杜绝办案中执法不公、执法不严现象的发生。一是建立健全各项内部执法监督制度。全方位、多层次地构筑起了内部执法监督网络，由监察部门牵头督促落实，加大源头预防治理力度，积极探索了监察工作服从和服务于检察工作的有效方法和新的途径，以达到标本兼治的目的。② 二是在办案部门聘任兼职纪检监察员。由于兼职纪检监察员直接参与办案，可以对其他办案人员在办案中执行法律、遵守检察纪律、维护案件当事人合法权利等情况进行直接监督，可以随时发现问题、随时纠正，更能有效地预防办案人员违法违纪行为的发生，提高了内部执法办案效率和效益。三

---

① 参见罗昌平："检察业务管理的理论与实践"，载上海市人民检察院内网之检察撷英。

② "强化对执法办案的内部监督，促进公正廉洁执法"，载法律博客网之法眼透视，2007 年 10 月 20 日访问。

是推行检务督查制度。发现办案人员有贪赃枉法、徇私舞弊、滥用职权等违法违纪现象的，报请检察长批准，移送监察部门查处，有效地促进了公正执法。

（五）备案跟踪

业务部门对于新类型（罪名）的、疑难复杂的、改变定性或增减犯罪事实的、审查过程中改变强制措施的、可能存在质量风险的、程序上逆向运行的、重复三次以上的民事申诉案件、有重大影响的案件以及部门之间有重大争议的案件，采取《案件备案跟踪表》的形式及时向业务管理机构备案。业务管理机构应加强对上述备案案件的跟踪监督，研究其中疑难复杂争议问题，加强指导、积极协调并及时解决。解决不了的，提请分管检察长、检察长或检察委员会研究。

（六）业务规程监督整合

构建检察业务管理体系，应该在法定框架范围内，根据现代管理的理念，依照依法、高效、实用的要求，对检察业务规程进行监督和整合，以加强和改善其指导、监测、纠正作用。

一方面，要形成各部门相互配合、互相制约、事务统管的运行机制。它体现了有效监督制衡原则，是对检察机关各部门职能的合理高速和科学分配，以保障检察机关整体职能的更好发挥。一是部门配合要顺畅。要注重以业务部门为主体，发挥主力军作用，以案件管理机构为媒介，突出桥梁、纽带作用，做到整体联动、配合融洽、协调默契，形成整体战斗力。二是部门制约要有效。监督制约是否切实有效是开展案件质量管理成败的关键，把程序控制作为监督的载体，把审查作为监督的保障，通过监管部门不断提高监督意见质量，树立监督权威，确保正确的监督意见能够得到认可、采纳、落实。三是综合管理要到位。检察业务管理机构既要强化监督责任又要增强管理意见，明确管理的对象是各业务部门，监管的重点是为业务部门提供正确的法律适用意见，管理的途径是事务统管，从事务性的工作中解脱出来，集中精力提高案件质量。

另一方面，检察业务监管的规程整合措施不应浪费过多的司法资源。监督措施必须充分融入到原有的职能机构和办案程序中去。第一，不能盲目增加机构设置，而必须着眼于对原有机构的整合；第二，监督制约措施应融入具体办案流程中，成为程序一部分；第三，不能过分增加检察人员的工作量，而应尽量通过对行政化审批程序的改造，来减轻工作压力，从而体现整合而精简的效能。

业务规程监督整合，概括起来，就是"两备案"、"三审核"。即对业务部门内部或业务部门之间制定的业务工作规范，需向业务管理机构备案；对以院名义颁发的业务规范、院与公安、法院等单位或者院内设机构与前述单位内设机构签订的执法工作意见，需由业务管理机构审核。业务管理机构发现备案、审核的业务规范与有关规定不符的，应及时要求相关业务部门重新修订。

五、检察业务管理的关键——反馈解决机制

为加强检察干警的责任意识，最大限度地控制工作中的差错，提高检察工作质量，应引入现代"零缺陷"管理理念，建立案件质量反馈解决机制（见图3）。反馈机制是现代"零缺陷"管理中的一种动态性差错管理策略，它能在复杂的、动态的环境中，以主动和开放的方式防止工作差错的发生。通过推行"零缺陷"管理，分清责任，改变工作相互推让、揽功盖过的现象，形成全院上下人人有任务、个人有压力的局面。经过一段时间的实践，我们觉得建立反馈机制，要从以下几方面着手：

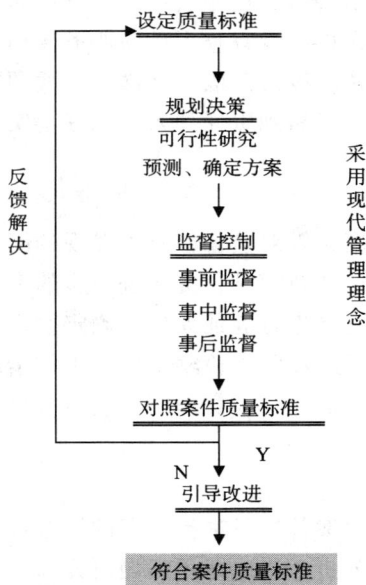

图3　案件质量反馈机制

（一）督查意见

如前文所述，监督检查的范围涵盖自侦案件的全过程、公诉案件立案、批捕、起诉、出庭支持公诉等各个诉讼阶段、诉讼环节，通过各个环节运行质量的评估，在动态程序监控中实现不同决策层的监控权；而监督检查方式则为常规督查和重点督查相结合。

业务管理机构应当定期向院检察委员会报告督查情况，提交督查意见，为检

察委员会及时掌握业务建设中存在的问题，有针对性地开展业务管理提供决策依据。其中，办案情况分析侧重于办案基本数据、案发规律的分析研判，执法办案机制的建立运作以及疑难复杂法律问题的理解适用，便于领导掌握全院整体工作状况；案件督查情况分析侧重于法律文书的规范制作，证据、法律适用的法理分析，执法工作存在的突出、分歧问题，反映业务工作中的亟须解决的问题，以引起领导重视；专项督查报告主要选取具有普遍代表意义的业务工作进行调查研究，提出具体解决的可行方案，供领导业务决策参考。

（二）办案预警

所谓办案预警，是指针对办案中出现的带有普遍性或专门性的质量问题，相关部门应及时向承办人发出警示，提醒其加以注意。质量风险预告应由业务管理机构发出。操作时可先由案件质量督查人员向业务管理机构上报情况，再由业务管理机构决定是否发出预警，以及采取什么样的方式预警。向业务部门通报督查情况，分析原因，实施整改，做到责任到人，抓好落实，切实解决存在的问题。

（三）效能研究

建立办案效能研究制度，针对监督检查中发现的问题，各业务部门及业务管理机构应当定期研究，形成整改意见，提出进一步的完善措施。并将改进情况反馈给业务管理机构，由督查员进行验证评价，确定改进是否有效，并进行过程调控，全面、准确、客观地了解和掌握检察干警的工作情况，分析各项检察工作的实际运作状况。

（四）调查研究

建立调查研究制度，对案件质量进行定期的综合性统计分析，其中重点应包括案件质量效率整体情况分析、法律适用问题研究、疑难分歧案例分析等。分别从个人、部门、院的层面对办案的质量效率进行横向的、纵向的、过程性的比较，分析一段时期内办案质量效率的发展变化情况，提出法律适用意见或建议，从中找出制约质量效率的原因。

（五）业务协调

相互制约的业务部门之间对个案处理产生意见分歧的，应当将案件移送业务管理机构进行审查，在此意见上提出审查意见之后提请检察长或检察委员会决定。这样的审查把关，不仅能够有效防止因分歧产生的推诿现象，而且进一步强化了部门间的相互制约。

对内建立部门之间协调机制，参与主诉（办）检察官联席会议和各类疑难案件研讨例会，提供对案件讨论的咨询性意见；对外完善公安机关、检察机关、法院办案工作联席会议等机制，协助各办案部门及分管检察长通过研讨办案质量、工作机制等协调解决办案工作中的突出问题。

（六）辅助决策

为了保证检委会工作的正常开展，业务管理机构同时也担任着检委会办事机构的角色，承担着检委会的会议准备、会议记录、会议决定的上传下达等日常事务性工作。然而，仅承担上述事务性职能，并不能适应当前检察工作的需要，必须实现其从单一的日常服务到全方位管理的职能转变，发挥辅助检委会进行决策的参谋职能，而使其在检察业务管理、规范化建设、业务建设中发挥更为重要的作用。检委会是人民检察院检察工作的指导和决策机构。检委会工作开展得好坏，指导检察工作得力与否，工作形式活跃与否，检委会成员调查研究得深入与否，很大程度上取决于业务管理机构主动性是否得到充分发挥，因为这或多或少将影响检委会议事议案质量的高低、决策作用发挥的好坏。①

六、检察业务管理的保障——引导改进机制

业务管理活动可采取自评、互评、考评和办案奖惩相结合的办法进行（见图4）。首先由承办人自查自评，然后，各部门内部组成考查小组相互评议，并向业务管理机构反馈，业务管理机构对参评干警全面检查和综合评议，得出最后的考评结果。并根据考评结果对干警进行奖惩，进而建立并完善执法责任档案制度。

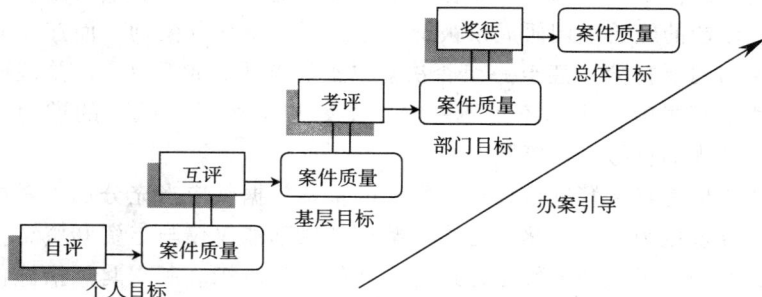

图4　制定各级目标　引导改进管理质量

---

① 刘奎芬："对基层检察院检察委员会、工作现状和改革的思考"，载山东省人民检察院网站，2007年10月12日访问。

（一）执法办案自评

承办人应先在个案的基础上，参照办案工作的要求，针对个人完成工作的情况进行对照自评，并提供有关的依据材料。然后，将自评结果报所在部门领导，并在业务管理机构备案。

在自评的基础上，建立健全干警执法办案承诺制。在办案过程中，干警对自己承办的案件，应加强主人翁意识，承诺确保案件质量，"责任"二字时时牢记在心，从而形成一个积极主动、高效的执法办案氛围。

（二）执法办案互评

在干警自评的基础上，根据业务管理机构根据备案反馈提出的督查意见，由各部门内部对本部门各岗位进行定期互评，相互检讨并评议，形成书面材料，向业务管理机构反馈。梳理出办案的成功经验和存在的质量问题，总结经验并推广。业务管理机构工作人员列席部门工作讲评会。

（三）执法办案考评

业务管理机构可协同监察部门在审阅自评、互评材料的基础上，听取有关干警对办案人员及办案工作评价和意见。有针对性地对相关案件、办案人员进行考核评估，并将考评的结果作为干警个人执法办案业务档案的重要内容。

（四）执法办案奖惩

在上述考评机制的基础上，完善办案奖惩制度。如工作业绩突出，获得上级部门奖励、创造的经验或调研成果被推广等，要给予加分激励，而违反有关纪律和规章制度的则要扣分，甚至一票否决。"狠抓奖惩，激励人"，兑现奖惩、兑现政策，使干警明确"干与不干不一样，干好与干坏不一样"的道理，努力创造一个争先创优的良好工作氛围。

而考评结果是对干警进行管理与发展的基本依据，应当充分加以考虑并转化考评结果，寻求更为有效的奖惩方式。奖惩结果不能仅仅与工资和资金挂钩，奖惩制度的目的是为了激励干警更好地完成新的绩效目标。所有奖惩措施都应着眼于更好地推进绩效考评制度向深度发展，更好地起到激励作用。

（五）执法办案引导

通过有效的自评、互评、考评及奖惩机制，激励检察干警提高自身的办案水平，努力向案件质量目标看齐。树立精品案件、典型案件的示范效应，对考评结果就典型事例进行讲评，结合办案情况定期分析及提供判例典范，在全院干警中予以推广，营造自觉钻研业务、提高执法水平的良好氛围。

（六）执法责任档案

业务管理机构应当致力于建立执法责任档案，实行干警执法动态监督机制，加强执法监督、规范执法行为、确保执法公正，确保办案干警一人一档，把干警的基本情况、执法状况、专项工作情况、考核情况、奖惩情况等记载在执法档案中，全面、真实、及时地记载每个干警的执法状况、思想水平、业务能力和工作实绩，并将执法档案所反映的情况纳入个人年度岗位目标责任考核，并将其结果作为对执法主体进行资格认定、调整执法岗位、晋职晋级、评先评优的重要依据，对干警执法进行系统、动态的监督，从而强化办案主体的执法意识、质量意识、责任意识和管理意识。

坚持中国特色的社会主义检察制度，不断探索、改革、发展和完善检察业务管理是一个重要方面。我们将立足检察工作实践，继续密切关注和深入研究检察业务管理中的重大理论问题和实践问题，推动检察管理取得更大成效。

第八章　检察机关内部配合
制约机制问题研究

　　关于检察机关内部的配合制约问题，在国内一些检察机关有一些探索，但基本上是就事论事和分散的规定，没有统一在整个检察机关这一视野之下，在遵循法律监督职能内在规律前提下进行探索，在国内外还没有专门系统的研究和论著。而在具体办案实践中经常会碰到涉及各部门，尤其是主要业务部门配合制约方面的问题。检察机关作为参与三大诉讼，且参与刑事诉讼全过程的国家机关，修改后的《中华人民共和国刑事诉讼法》对刑事诉讼监督方面也有了更加明确的规定："人民检察院依法对刑事诉讼实行法律监督。"刑事法律监督是人民检察院的主要职权，贯穿于刑事诉讼活动的全过程，包括立案监督、侦查监督、公诉和审判监督和执行监督，共同构成刑事诉讼监督体系。其诉讼过程的"串联性"特点与诉讼任务分解各部门承担的现状，决定了与其他机关，如以"并联式"为工作模式的法院相比，各内设部门配合与制约要求更加突出和强烈。这是检察机关所承担的法律监督职能的内在要求。正如最高人民检察院所指出的，要建立和完善内部监督制约机制，健全检察业务工作中对举报、初查、立案、适用强制措施、撤案、不批捕、不起诉、申诉复查等环节的诉讼监督制约机制。进一步加强上级检察院对下级检察院办案、干部管理的领导和监督工作，增强上级检察院对下级检察院监督的权威性和有效性。

　　从理论上看，这一问题的存在也与诉讼过程的连贯性、证据要求的递进性与检察分工的制约性、法律政策的模糊性与统一性以及法律监督公正客观性有关。部门之间配合制约没有做好，则会直接影响到检察机关的办案质量，进而影响到法律监督的实现和检察机关在人民群众心目中的形象。由于检察机关内部配合制约机制范围上包含了检察机关内部各个部门，涉及诸多检察工作，因此，内容上的繁多非常容易导致篇章结构上的松散。因此，本文在梳理检察机关内部各部门配合制约现状的基础上，以对内部配合制约的分类为依据，划分为两大块五部分分别进行论述，其中两大块是指业务工作的配合制约与综合性工作的配合制约；业务工作中又分为上下级之间配合制约、内部牵制型配合制约、条线互动型配合制约和特定业务工作的配合制约四大块进行论述。以期能揭示几种不同类型的配合制约机制内在的可供遵循的规律和完善途径，为实现法律监督职能创造更好的内部运行环境。

第一节　检察机关内部配合制约机制内涵和范围

一、检察机关内部配合制约机制的含义

检察机关内部配合制约机制是指为保证检察机关内部的协调、高效和持续运转及检察机关法律监督目的的实现，按照法律监督内在要求合理配置检察权和划分内设部门，明确相互配合与制约的关系，从而形成检察机关各项检察职能的有机组合及配置优化的内部系统。

检察机关内设部门的配合、制约是自身逻辑和自身分化的结果，属于检察权概念的整体，在组织领导上具有统一性。同时由于每个承担法律监督职能的部门都直接行使部分检察权，因此又具有自身工作内容、范围和程序的规定性。检察机关内部配合制约机制就是以这些部门的分设为逻辑起点，围绕检察权内部合理设置与控制、部门条线之间的联动与制约，以及上下级关系、专门业务与综合工作关系等问题，探讨应如何加强内部配合与制约，以切实发挥整体合力，更好地完成检察机关的任务。这实际上是对检察权的行使如何实现在检察机关内部的有机组合，从而更好地完成法律监督任务的一个探索。通俗理解，就是在合理分工基础上，要有足球场上的越位意识：但要正确理解，是主动协调配合，而不是把手伸得长长的，包办代替别人的工作，当然必要时为了整体利益，还得有补位意识和冲刺意识。

二、检察权内部的合理分工

法律监督目标的实现，检察工作的完成，首先要有合理的内部分工。这符合权权分离原则。将检察官在案件某一阶段运用法律处理案件的检察权（批捕、起诉）等进行阶段性分离，不失为一条现实、有效的途径。这样既有利于保证检察官客观、公正、正确地认定事实和适用法律。同时又使过分集中的权力得到削弱，权力滥用将得以遏制。各阶段形成一个隔离带，分散、净化了检察权力，从而使得人情、金钱、关系等社会经济因素的干扰受到有力的阻隔，使其运作失去可能性。也符合专业化方向发展的需要，有利于检察官提高业务素质，提高总体执法水平。合理的内部分工也是制约与配合的前提、基础。我们所说的内部配合制约机制，实际上就是在合理分工基础上，各内设部门之间的关系处理问题。

　　检察机关的内部分工制约机制的建立和发展是随着法律的变化和完善而逐渐进行的，体现了检察制度逐步走向成熟的过程。检察机关最初对案件的办理采取的是"一竿子插到底"的工作方式，从立案侦查到侦查终结、出庭支持公诉，办案人员一般不作更替，从而形成了自批自捕、自侦自诉的现象。1988 年 11 月召开的全国检察长工作会议，决定把检察机关直接受理侦查的案件由原来的一个部门负责到底的办案制度，改为侦查和批捕、起诉分开，分别由自侦、批捕、起诉三个部门办理的制度，建立和加强检察机关内部自我约束机制①。1991 年高检院制定的《刑事检察工作细则》规定由控申部门受理复查被害人、被免诉人提出申请的免诉案件，充实了内部制约制度。1995 年后，又规定由控申部门受理刑事案件的国家赔偿以及实行批捕和起诉的分离等。1997 年实施修订后的刑事诉讼法以来，为适应刑事诉讼制度的改革，最高人民检察院先后制定了《人民检察院刑事诉讼规则》、《关于完善人民检察院侦查工作内部制约机制的若干规定》等一系列司法解释和规定，促进了检察机关严格执法、公正执法，取得了较好效果。现阶段，检察机关内部分工制约主要体现在：（1）案件线索的接受、移送和复核由罪案举报中心处理；（2）决定立案，采取各项调查措施和强制手段由反贪和反渎职侵权部门进行；　（3）批准逮捕、侦查监督由侦监部门进行；（4）对刑事案件的起诉和不起诉决定由公诉部门决定；（5）被害人、被不起诉人、报案人、犯罪嫌疑人、控告人的控告申诉由控告申诉部门处理；（6）对超期羁押，由监所检察部门监督纠正。各个部门互不隶属，都直接向检察长负责，如发生争议报请检察长决定。

　　就各级检察机关而言，业务部门的分工制约总的方向是弱化行政领导、强化法律监督。至于具体到检察机关内部机构设置及分工，目前还有不同观点。

　　第一种观点认为，1979 年刑事诉讼法实施的初期，人民检察院对于直接受理的案件采取自侦、自捕、自诉的"一竿子插到底"的做法，这种做法缺乏内部制约，即使检察人员素质再高，法制观念再强，也不能保证办案质量。检察机关因发现了其中的弊端，才在内部对自侦案件这一部分实行侦、捕、诉分开，由三个部门分别进行，司法实践证明这是行之有效的监督制约方法。

　　第二种观点主张，打破现有分工格局，另起炉灶。如主张检察机关内部机构除了继续保留检察长和检察委员会两个领导和决策机构外，其他职能部门可根据《人民检察院组织法》和三大诉讼法所规定的检察机关 8 项检察权进行合并归纳，分设四个署：一是将举报中心与反贪局、法纪检察部门合并，成立职务犯罪检察

---

① 张穹：《人民检察院刑事诉讼理论与实务》，法律出版社 1998 年版，第 364 页。

署，其下可设主办检察官若干名，分别负责贪污贿赂、渎职及国家工作人员侵权这三类职务罪案的受理、侦查和职务犯罪防治及其信息情报管理等工作。二是将现行的侦查监督、公诉部门合并，吸收监所检察部门的批捕、公诉职能，成立刑事检察署，分别负责刑事案件的审查批准逮捕、审查决定逮捕、立案监督、侦查和审判监督，由主诉检察官负责刑事案件审查起诉、提起公诉、不起诉、出庭支持公诉。三是将民行、监所和控申部门合并，成立控告申诉检察署。其下可设主办检察官若干名，分别负责刑事、民事和行政控告申诉检察和刑罚执行、刑事赔偿检察工作。四是将现行的办公、政工、纪检、技术等部门合并，成立检察保障署。其可下设办公、政工、法律政策研究三个部门，分别对正副检察长、党组和检察委员会负责。① 还有主张基层检察院内部建立六个部门，即检察长办公室、犯罪侦查部门、诉讼监督部门、举报申诉部门、检务保障部门、纪检监察部门。② 再如重庆市渝中区人民检察院进行办案模式改革，按照检察职能设立刑事检察局、职务犯罪侦查局、诉讼监督局、政治部、检察事务部、检察长办公室等"三局两部一办"。另外，烟台市一区检察院还尝试使用办案一体化软件，使审查、起诉、出庭三个环节融为一体，阅卷笔录、复核提纲、审结报告、起诉书、出庭预案、答辩提纲等十余份文书材料融为一本。

第三种观点主张，在现有分工格局基础上进一步完善。具体有两种观点：第一种是成立专门的、综合性的检察业务管理机构。专设案件管理中心，对各业务部门办理的案件实施集中统一管理③。规定各业务部门受理的所有案件（包括自侦案件、公安机关提请逮捕和移送起诉案件），必须经案件管理中心登记由其按分案顺序直接交给主办、主诉检察官办理。主办、主诉检察官作出的决定，也由案件管理中心登记后转交侦查机关或审判机关，对案件实行事中监督为主，事后监督为辅的内部制约模式。第二种是扩充原有内设部门权限，对业务进行综合管理。如将控告申诉工作定位于检察管理机制之中④，规定凡检察机关进入诉讼环节后，控告申诉部门对案件的整个诉讼过程进行程序性审查，通过评估案件对案

---

① 阮荣富、徐建："完善检察机关机构设置的构想——兼论检察工作领导体制的改革"，载《上海检察调研》2005 年第 8 期。

② 马家福、季美君："检察机关内部监督制约机制框架设计"，载《国家检察官学院学报》2003 年第 6 期。

③ 2002 年 7 月 1 日郑州市金水区检察院建立案件管理中心，由自侦内勤、刑检内勤、综合内勤、外勤和统计员组成，实行集中办公，负责对本院各项业务工作进行集中管理，并按检察长的指令对办案进行统一指挥、协调、督办；负责宣传检务公开，接待人民群众来信来访，接洽公安、律师和司法人员。

④ 该做法由随州市人民检察院采用，参见王斌："案件管理走流程　质量考评有办法"，载《检察日报》2004 年 1 月 14 日第 2 版。

件质量进行监督，促进和提高办案质量。我市检察机关在总结分析现有业务分工模式存在的弊端和制约盲区的基础上，尝试将研究室作为专门的业务管理部门，使其担负督导督查、预警、办案分析、法律政策研究、案件协调等具体案件质量管理职能。对案件实行事后监督为主、事中监督为辅的内部制约模式。

我们倾向于第三种观点，主张渐进式改革完善，认为检察机关现行内部分工模式是多年实践探索基础上形成的，体现了专业化分工，相互配合制约的内在要求，有其合理的一面。同时，也应看到现行模式还存在一定的弊端，需要通过内设部门联动、强化内部监督等途径进一步改革完善。本文在后面也将对此有所涉及。

三、配合的含义及依据

配合从词的本源来看为某一目标实现提供必要的条件。检察机关各内设部门，在业务上是纵向的串联性特点，同时包括横向的综合部门的服务和保障，因此，检察机关的"内部配合"在本文中则可包含以下几项含义：一是指检察机关内设部门应各司其职，各负其责，从而为其他内设部门正常履行职责创造客观条件，如审查逮捕保证质量，从而为审查起诉打好基础。二是指检察机关各内设部门在具体履责过程中，要防止不利于法律监督总体目标实现的矛盾产生。如考核标准设定应上下左右协调，把握好导向，防止表面配合、实际上效力抵消的现象出现。三是从实现法律监督整体目标的角度出发，积极予以协调配合，如协助控申复查、案件协调、提前介入引导取证等。

由于检察机关参与刑事诉讼过程的"串联性"、证据要求的递进性与标准的统一性等原因，检察机关内部各部门之间的协调配合，比之其他机关而言，有着更加重要的地位和作用，主要包括：

（一）是由检察机关参与刑事诉讼过程的连贯性、递进性、制约性所决定的

证据是案件的生命，是案件的灵魂，是认定犯罪事实的依据。说到底，刑事诉讼过程也是一个对犯罪事实的证明过程，其中涉及证据的收集、固定、审查、判断和分析过程，即侦查、审查起诉、提起公诉等具体诉讼环节，以及诉讼主体之间的配合制约过程，具有连贯性、递进性、制约性的特点。同样，检察工作"串联性"特点决定了检察机关参与刑事诉讼过程，就要基于证据自身的属性以及证据法强调操作性和注重规范性的要求，合理配置检察权，即围绕大的诉讼证据规则来设计检察机关内部的收集、审查、固定和分析利用证据的关系，通过各内设部门合理分工配合制约，来实现证据规则在检察机关运用的最优化，从而保

证办案质量，实现法律监督。

概要而言，根据我国目前的诉讼机制，检察机关收集、利用刑事证据的活动由四个阶段组成，即证据的收集、保全、移送和利用。这几个阶段的任务主要由自侦、批捕和公诉部门分别承担。其中，前一阶段为后一阶段的工作打好基础，后一阶段的工作是前一阶段工作的自然延续。为防止证据的灭失、伪变，这几个阶段要连接紧凑，注重证据流的顺畅，注重效率。同时，在收集证据后的移送和利用阶段，也会产生一些再生证据，为保证整个证明活动的卓有成效，这些证据也需要在几个部门之间及时流传和反馈，证据的收集、保全、移送和利用几个阶段也可能要反复循环。这样就产生了检察机关内设机构的协调配合问题。因此，我们要以证据的收集、固定、审查、判断和分析的过程或锁链为核心来设计内部制约和配合机制。

收集证据中的固定和保全证据是刑事诉讼中的一项重要工作，它对于揭露犯罪、证实犯罪和最后认定案情都有着重要的作用。但是在司法实践中对这个问题重视不够，我国法学界对如何固定、保全证据的研究和论述也不多。因此，有必要转变执法理念，严密工作衔接环节；实行讯问、询问的录音录像制度；重视事实、证据核实，反对卷宗核实；批捕、起诉提前介入引导取证；侦查人员听庭等举措，切实加强协作与配合。最终实现侦查取证工作的四个转变：使言词证据由不确定性向稳定性转变，注意使用技术手段固定言词证据，有效防止可能出现的翻供翻证；使实物证据间的关系由离散性向关联性转变，从而增强实物证据的有效性；使犯罪行为的特征归纳由自然性向法律性转变，注意紧扣犯罪的法律特征收集证据；使取证行为由随意性向规范性转变。促进侦查取证工作的证据意识、法律意识和执法观念的转变。

当然，由于要兼顾内容与形式，人权与惩罚犯罪，证据还有合法性的要求，相应的内设机构的分工和程序设计还要体现相互制约的一面。这是协调配合的前提。如为遏制刑讯逼供，目前对非法证据排除规则的适用逐步达成共识，对非法取得证据的限制或排除使用，就体现了后道环节对前道环节的制约作用。

（二）是由检察机关内部部分工作内容的综合性所决定的

在检察机关内部合理分工的基础上，各内设部门各司其职，配合制约，共同完成法律监督任务。除此之外，还有一些工作，则涉及多个内设部门甚至是全部部门。这些工作的特点是阶段性的，具有特有属性、明确目标和进度要求，涉及多个部门，并且是多任务的活动。如"严打"整治工作、专项整改活动等。这时就要借鉴项目化的管理方法。所谓项目管理是将检察工作中阶段性的任务视为项目，以项目为对象的系统管理方法，它通过一个临时、专门的柔性组织，对项目进行高效率的计划、组织、指导和控制，以实现项目全过程的动态管理和项目目标的综合协调与优化，从而比常规方法更好、更快地实现目标。涉及一个跨部门、跨行业的项目团队组织机构。这部分工作任务及管理方法客观上也要求检察机关内设部门要加强相互间的协调与配合。

（三）是由法律政策的模糊性和统一性所决定的

检察机关履行法律监督职责，就要受到法律政策的指导和调整。由于法律政策所具有的概括性，不可避免地要带来一定的模糊性，在执行中由于客观情况的纷繁复杂和主观认识的个体差异，容易造成工作中的矛盾和内耗。因此，有必要探讨刑事政策与刑事程序的衔接问题，以减少分歧，达成认识统一，提高工作效率。这即是在既有部门分工的基础上，如何科学设计工作流程，严密配合衔接节点，尽量消减分歧，以保证刑事政策在检察工作中得以正确贯彻执行的问题。

刑事政策主要是指"轻轻重重"的复合型的刑事政策。"轻轻"就是对轻微犯罪，包括偶犯、初犯、过失犯等主观恶性不大的犯罪，处罚较以往更轻，基本策略是刑事立法上的"非犯罪化"、刑事司法上的"非刑罚化、程序简易化"、刑事执行上的"非机构化、非监禁化"；"重重"就是对严重的犯罪，如暴力犯罪、有组织犯罪、毒品犯罪、累犯等，处罚较以往更重，基本策略是刑事立法上的"入罪化"、刑事司法上的"从重量刑、特别程序和证据规则"和刑事执行上的"隔离与长期监禁"。我国传统上将其称为宽严相济的刑事政策。

"轻轻"刑事政策在刑事程序方面主要表现为：一是辩诉交易。二是转向处分。又称转处，是指对于犯罪案件不以刑事司法程序而是以其他方式处理。如对初犯或者青少年犯较轻之罪，不予审判，更不予处罚，而代之以教育性辅助措施。三是刑事和解。这一制度的核心内容是促进犯罪人与被害人之间进行和解。

"重重"刑事政策在刑事程序上表现为适用"严厉型程序"。首要表现是赋予司法机关更多的权力与程序便捷，更方便侦查与控诉犯罪。在侦查阶段，侦查人员可以适用特殊的侦查措施，如诱惑侦查、电子监听等。在控诉阶段减轻检察官的证明负担，大量适用严格责任与举证责任倒置，使其更容易完成控诉任务。另一方面是限制甚至剥夺被告人的诉讼权利。包括出于国家安全的考虑而限制被告人辩护权、剥夺沉默权以及强迫其与侦控机关的合作等，这在涉及国家秘密的间谍案以及其他危害国家安全的犯罪中适用比较普遍。最有代表性的是美国1970年制定的《反犯罪组织侵蚀合法组织法》、德国的《打击非法毒品交易和其他形式的有组织犯罪法》和1999年日本制定的《犯罪侦听法》。

为将"轻轻重重"刑事政策更好地贯彻落实到检察办案当中，检察机关内部的工作流程设计也有必要考虑相关因素。当前已经探索的涉及检察机关的程序包括：作为落实"轻轻"刑事政策的有被告人认罪案件简化审和简易程序。落实"重重"刑事政策的主要在"严打"一块工作，主要是实行依法"从重从快"原则和"两个基本"原则。当前检察机关贯彻刑事政策的主要问题，一是没有转化为明确的法律程序，如大部分"严打"策略没有和刑事实体法与司法程序建立持久稳定的制度对接，"严打"的严厉程度如何以及程序如何便捷都没有成文规定。二是规定较为粗糙，如被告人认罪程序，在保障被告人权利方面比较粗糙，与重案、复杂案件在办案期限上没有区别规定等。

目前，在检察工作中进一步完善贯彻"宽严相济"刑事政策的工作机制和工作制度，具体可包括：未成年人检察方面，主要包括未检"捕、诉、防"一体化办案工作机制，未成年人非羁押措施可行性评估制度；未成年人案件量刑建议制度等。程序衔接方面，实行捕诉衔接，公诉、批捕的提前介入侦查，引导取证，达到"快侦、快捕、快诉"的目的。诉讼方式上，实行繁简分流，量刑建议。标准化方面，实行非法证据排除规则；规范逮捕条件，明确"无逮捕必要"的适用范围，完善逮捕证据参考标准，拓宽覆盖面，细化"常发性且有争议案件"标准。轻微刑事案件和解制度等。通过这些工作机制和制度的具体落实，从而将"轻轻重重"的刑事政策真正贯彻到办案流程之中。

四、制约的含义及原则

制约，其本意是指"甲事物本身的存在和变化以乙事物的存在和变化为条件，则甲事物为乙事物所制约"。① 从权力运作系统看，它是一种主客体双方互为制约的双向行为，是权力之间的相互约束。它主要是一种内在的力量，通过制度化、程序化、法制化从内部规范和约束掌权人的行为，从权力运行机制内部起作用，并且覆盖了权力规定、权力委托、权力调控和权力收回等各个环节。因此，它是一种强制性、刚性很强的监控措施。不管掌权用权的人思想到不到位，其行为必须到位，否则，违背了制度法规，就要受到弹劾、罢免，甚至追究法律责任。②

任何机关、部门、单位内部也有一个控制使权力不偏离运行轨道的问题，经常被称为内部监督制约。检察机关内部，因上一道环节的工作没有做到位，没有达到标准，则本道环节的工作就无法正常开展，从而在客观上对上一道环节起到了制约的作用。

检察机关内部制约宜遵循制约的一般原则，具体包括：

---

① 《现代汉语词典》，商务印书馆 1986 年版。
② 周学军："社会主义权力的监督与制约"，载《甘肃理论学刊》1998 年第 4 期。

（一）适度分解权力，以权制权

要通过合理调整权力结构，把一个部门、一个岗位、一个人负责多项职能改为负责一项职能，或者是多个部门、多个岗位、多人交叉负责职能，实现有效的权力制衡，防止权力过于集中。尤其是掌管人、财、物的热点职位，对其权力还应明确界定，在用权的过程中，上下左右都要监督。部门之间、岗位之间既要各负其责，也要相互制约，形成纵横交错的内部制约机制。

（二）加强制度建设，用制度制约权力

要真正把各种权力的行使置于制度的约束之下，应当把握好三点：一是要进一步完善制度。要借鉴分蛋糕的人最后拿蛋糕、从人性善的角度教育人，从人性恶的角度规制人、权力监督指向必须与权力指向呈逆向平衡配置，即权力作用对象必须具有对权力主体的监督权，而且其力度必须达到能够有效地抗衡住权力的越界、脱轨、失衡和滥用等制度构建的好的理论和经验。要做到重要工作环节的标准化。要明确哪些能做，哪些不能做，以及如何做等，把制度贯穿于用权行为的全过程，加强对重点环节的约束。对不按制度办事的提出具体处理办法。二是要认真解决不按制度办事的问题。要加强检查监督，严格执行纪律，对有章不循、违反制度的，要抓住典型，严肃处理。三是坚持检务公开，增强用权行为的透明度。凡是能够公开的用权行为，都要尽可能公开，透明度增加了，私弊才无处藏身。

（三）进一步疏通监督渠道，加强内部各方面制约力量的整合

从目前的状态来看，检察机关内部对不同渠道、不同系统、不同方式的监督力量整合不够，没有形成权力监督制约的综合优势和整体效应。需要建设衔接整合不同渠道、不同监督系统、不同监督方式、不同监督力量的统一有效的机制和制度措施，使之有机统一、紧密衔接、互相支持、互相配合、相辅相成，发挥综合优势和整体效应。必须进一步健全和强化我国现行的权力运行监督制约机制，构建全方位、多渠道、社会化的权力监督机制和网络体系，这是克服和消除权力滥用问题的关键环节和重要任务。其中包括建立专门的管理机构，检察业务管理中心，最起码要建立案件质量管理中心。

五、配合与制约的关系

两者的根本目的是一致的。都是为了客观公正地履行法律监督职能，维护国家法律的统一实施。其中，分工制约是前提，分工格局基础上又要适当协调和配

合。从价值取向上看，内部配合制约主要是围绕两个价值取向进行的：一是效率，即有利于取证、固证、分析和审查判断证据，这是配合的主要价值取向；二是公正，即有利于各项职权之间的相互制约，从而真正从事实、客观出发来收集、审查和利用证据，从而保证法律监督的客观公正。同时，要遵循以下原则要求：

一是由缺乏规范的协调配合、监督制约，转变为围绕以办案为中心，以收集、固定、审查判断证据为主线，具有明确标准和实施细则，具有可操作性的配合制约。

二是将法律监督职能的共同要求、公平正义要求、客观公正要求、诉讼规律要求全面正确地贯彻到各部门协调与配合的具体措施中。

三是通过完善检察机关内部配合制约机制，理顺关系，形成结构上协调，功能上互补的有机系统，及时反馈权力运行状况，并依据反馈提供的信息，及时自我调整监督制约的偏差，整合各部分关系。

六、检察机关内部配合制约的范围和分类

（一）检察机关内部配合制约的范围

检察机关的法律监督集侦查、公诉、诉讼监督职权为一体。从办理案件范围看，既有直接立案侦查的案件又有非直接立案侦查的案件；从参加的诉讼阶段看，覆盖民事、行政和刑事三大诉讼，尤其是参与刑事诉讼的全过程；从工作系统的外延看，既包括一级检察院内部的监督制约工作系统，也包括上级检察院及职能部门对下级检察院及职能部门的监督制约工作系统。我们探讨检察机关内部配合制约机制，就是为了解决检察工作的复杂多样性与法律监督需求的特定性之间的矛盾，有机整合各种检察资源，其目的就是使工作人员能够在特定的机制框架和轨道内行动、决策，以减少影响实践的不确定性，使各种活动按照所预先设想的方向发展。主要包括以下几个方面：

一是完善内部监控机制，建立检察业务管理中心，完善案件质量管理体系，解决案件质量管理部门化及具体案件协调问题。

二是完善办案质量考核机制。主要解决消除各条线具体标准之间的矛盾，造成彼此效力抵消的问题；质量等级划分不统一问题；考评程序不统一问题等。本文对此不予展开。这里想讨论的一点就是，为从源头上避免这种情况的发生，应当建立规范化的制度，规定各条线的考评办法，在正式下发实施之前，应当交由综合性业务部门，由其组织研讨论证，广泛征求各方面意见，从而避免自相矛盾现象的发生。

三是内部牵制制度：主要是指完善检察侦查权、诉讼监督等职权在各条线、各级院之间的职权划分，如监所所办案件范围、民检直接查办案件、职务犯罪备案、批准制度，以及侦查一体化，诉讼监督职权的配置划分等。

四是条线互动配合：如反贪部门听庭、侦捕诉衔接联动、侦防联动、未检的捕诉防一体化机制；研究室、技术部门与其他部门联动等。如天津静海县检察院将法医文证审查关口从公诉向侦查监督阶段前移，解决了如果鉴定结论或审查意见改变所发现的问题，会涉及前道批捕环节，而给技术人员带来思想压力等弊端，效果明显。

五是专门业务工作的配合制约：包括不起诉案件、不捕案件、立案监督、抗诉的支持提抗（民检）和抗诉等工作的监督制约。

六是综合性、阶段性工作的承担问题，包括督导督查工作、"严打"、改革工作、专项行动、公检、检法联席会议办事机构、信息化等。

（二）检察机关内部配合制约机制的分类

分类是掌握一事物整体框架的最好方法。为对检察机关内部配合制约机制有一个整体性的把握，在现阶段检察机关内部机构设立和职能分工的基础上，本文在这里也对检察机关内部配合制约机制作一大的分类。

1. 从级别上看，可分为上下级之间的配合制约与同级之间的配合制约。

2. 从工作性质看，可分为综合性工作的配合制约与业务工作的配合制约。

3. 从配合制约的性质来看，可分为条线互动型配合制约与内部牵制型配合制约。这种划分主要是对业务部门之间配合制约关系进行的分类。所谓条线互动型配合制约，是指检察机关内设业务部门之间、各级院之间对特定职权的划分角度上进行的配合制约。

4. 从工作范围看，可分为特定业务工作（如专门对不捕、不诉工作）的配合制约和普遍性的监督制约。特定业务工作主要是指检察工作中能够影响诉讼进程，对当事人的权利义务可能产生较大影响的比较重要的环节和决定，如作出不批捕决定、作出不起诉决定等。这些环节因其意义重大，本文特别对这类事项的配合制约及其内在要求进行了探讨。

第二节　检察机关内部业务部门
配合制约存在的问题

通过多年的工作实践和总结，检察机关内部配合制约机制基本建立，并对检察工作的发展起到了重要的促进作用。但与新的形势发展要求相比，还存在一些问题，需要进一步健全完善。

一、检察机关内部配合制约在立法技术上存在欠缺

刑事诉讼法中对公、检、法进行刑事诉讼应当分工负责、相互制约、相互配合进行了规定。但是就检察机关内部工作中应该坚持的原则一直处于模糊状态，"配合"、"制约"的界限和内涵不确定，使"配合"、"制约"成为政策性的倡导，而在实践中难以有效实现。主要表现为某些环节过度集权导致缺乏制约，而某些环节过度分权导致效率低下，总体呈现工作系统性不强、成效不显著等情况。主要有以下特点：一是内部监督制约的案件主要限于检察机关自身直接立案、侦查的案件；二是将侦查、批捕、起诉以及各项权能的分离作为内部监督制约的主要手段，容易出现部门化倾向，在信息交流等方面渠道不畅；三是内部监督制约主要局限于一级检察机关内部进行，同级和上下级之间开展监督制约的较少等。

二、检察机关内部实施配合制约机制存在的不足

（一）配合制约机制本身以"潜规则"形式出现，难以得到有效监督和遵守

为了保证工作的顺利开展，近年来，各级检察机关就内部工作的进行相继制定了一系列规章制度，有的汇编成册，表现为内部红头文件、请示、批示、指示、通知、讲话、经验总结、惯例等形式。尤其是 2005 年全国检察机关开展"规范执法行为，促进执法公正"专项整改活动，各级检察机关都相继制定、修订了一批规章制度。但是这些内部的配合制约机制往往没有正式予以公布，外界无从查阅和知晓，其对办案人员的调整、约束的效力和功能不强。正如学者所指出的，隐形程序没有统一的行为模式，至于是否启动，如何启动该程序完全取决于实施者，因而隐形程序具有较强的随意性。①

（二）配合制约中存在重配合、轻监督的倾向，监督过程中又存在重视实体监督忽视程序监督的情况

究其原因在于没有充分树立监督者也要接受监督的观念，注重形式而未认真分析存在问题的症结，没有抓住问题的本质。有的则碍于在同一机关工作的情

---

① 王超："试论隐形程序"，载《中国刑事法杂志》2002 年第 1 期。

面，不愿大胆开展监督。具体表现为在监督中以客观原因进行推脱，或是大事化小、小事化了；对于确实需要监督的，重视案件的定性和事实的把关，忽视程序问题，如受理移送审查逮捕、起诉的自侦案件中，偏重对是否构成犯罪、证据是否充分的审查，而对案件材料是否齐全，传唤、拘留期限的执行，侦查活动合法性的审查比较放松。同时，还存在注重程序法规定内容的监督，忽视具体办案实际问题。如逮捕后的案件退回公安机关另行处理，提起公诉案件撤诉后另行处理等。

（三）配合制约机制不健全导致工作中发生问题存在互相扯皮现象

某地检察机关自侦案件以犯罪嫌疑人贪污 10 万元移送起诉后，公诉部门追加犯罪事实以贪污 100 万元移送审判，因法院认为该案不构成犯罪，公诉部门将案件撤回起诉并经检委会讨论决定撤案。但是自侦部门仅对侦查时认定的事实进行撤案，对公诉部门追加认定的 90 万元未予撤案，造成原犯罪嫌疑人多次申诉，影响了检察机关的整体形象。

（四）检察长和检委会的业务权威作用发挥有限

根据《人民检察院刑事诉讼规则》的有关规定，审查批捕中对于重大案件应当由检察委员会讨论决定，审查起诉中对于存疑不诉应当由检察委员会讨论。但是，实践中检察长和检委会对疑难复杂案件缺乏必要的把关手续。如高检院通报的佘祥林案等都没有经过检察委员会讨论。

（五）配合制约机制不完善对具体职能行使的影响

1. 对自侦职能行使的影响

一是其他业务部门对发现的案件线索移送不及时。二是控告申诉部门在初查中不慎重，导致一些案件失去进一步侦查的意义。三是目前检察机关侦查权配置过于分散，除了反贪部门、反渎职侵权部门外，监所部门负责虐待被监管人员，私放在押人员，失职致使在押人员脱逃，徇私舞弊减刑、假释、暂予监外执行案件的立案侦查，民行部门负责枉法裁判罪等法官职务犯罪案件的立案侦查，这种"小而全"的模式不利于检察侦查权的实现。由于上述部门有不同的分管领导，使侦查权再次遭到分割，侦查力量受到削弱，难以形成合力。四是存在以捕代侦倾向。如某区院在办理滥用职权受贿案时，发现行贿人某某涉嫌构成犯罪，认为基本事实清楚、基本证据确凿，有一定社会影响，虽然现有证据尚未达到批捕标准，鉴于侦查需要以及案件影响较大，对犯罪嫌疑人采取相对批捕措施。后该行贿案被撤案，并就犯罪嫌疑人被错误逮捕进行刑事赔偿。

2. 不起诉权行使不充分

一是将案件的不起诉率高低作为衡量办案质量高低的标准，甚至人为地确定不起诉比率。主要原因在于存在不起诉案件多会造成打击不力的思想顾虑，不敢大胆充分行使不起诉权。二是将某些不起诉的案件做起诉处理。主要原因是为照顾与侦查部门的关系，或者对于本院已经对犯罪嫌疑人采取逮捕措施的案件，因缓解矛盾或者怕承担错捕责任，而将案件提起公诉。

3. 退补环节中存在的问题

实践中，侦查人员与审查起诉人员有借退补程序相互借时间的情况。如侦查人员由于初期侦查工作不细致、案件质量不尽如人意勉强移送起诉，或由于案件复杂、疑难、重大，用完了侦查阶段的申请延长时间，仍然达不到移送审查起诉的标准，利用退补时间继续侦查；起诉人员可能由于案件积压，审查起诉时间紧张而将案件退补以处理其他案件的情况。还存在季度末、年度末将案件退补作为规避考核的办法，提高案件的审结率以及用"函退"和工作说明对不符合起诉标准的案件进行退补，规避法律两次退补规定的情况。实践中还存在侦查人员对退补案件不重视，退而不补的现象等。另外，还存在个别案件由于滥用退补而无法顺利起诉的情况。原因在于根据《人民检察院刑事诉讼规则》第271条规定，改变管辖的案件退补次数前后不得超过两次。而个别检察机关在审查起诉阶段用完两次退补程序后才发现需要改变案件管辖，有管辖权的单位因担心无法退补案件质量得不到保障，而不肯受理案件，最终影响刑事诉讼的顺利进行。

4. 对控告申诉部门首办责任制的影响

由于控告申诉部门在检察工作中起着"龙头"和"龙尾"的作用，近年来，高检院、市院相继制定控告申诉首办责任制实施办法，要求各检察院树立全院一盘棋的思想，按照谁接待、谁负责，谁主管、谁负责的原则严格划分责任。但是由于部门之间相互推诿、配合力度不够，影响了总体工作效果。如对于不捕案件、不立案案件当事人申诉的答复，规定由侦查监督部门和自侦部门协同控告申诉部门共同答复，实践中对于答复的方式、答复中如何配合的问题存在争议。

5. 对监所检察部门职能行使的影响

监所检察部门有监督看守所羁押之职，但由于配合不够，有时很难弄清被羁押人员处于哪个诉讼阶段，特别是多次周转和退补的案件，监所检察部门难以准确监督，并出现一些超期羁押的案件。为此，甚至有观点建议重新分配羁押期限监督责任：由侦查监督部门承担侦查监督羁押期限的监督；由公诉部门承担审判阶段羁押期限的监督[①]。

　　6. 对预防部门职能行使的影响

　　根据最高人民检察院的统一规定，为了增强预防职务犯罪工作的力度和效果，检察机关预防部门从反贪局内设机构分离单独建制，职务犯罪侦查部门和预防部门的配合制约成为需要研究的新问题。如某地检察机关规定自侦案件立案后5天内预防部门应当开展个案预防的规定，但是实践中存在自侦部门由于案件保密等因素，不愿意预防部门介入和不及时提供相关材料的情况；而预防部门反映，在案件侦查终结判决后开展职务犯罪预防工作，发案单位不积极配合，最终影响预防工作效果。与此同时，随着预防工作力度的加强，预防工作已经从行政部署向法定职责依法推进转变，从部门工作向社会预防转变，从"软任务"到"硬指标"转变。既需要社会各方面的协调配合和共同努力，又需要检察机关内部各职能部门的紧密协作，与预防职能部门一道，共同担负起打击与预防职能作用。

三、上下级检察机关在配合制约中存在的不足

　　（一）上下级检察机关关系没有理顺直接影响了配合制约机制的建立

　　目前，多数国家检察机关实行检察一体制。虽然，我国宪法和人民检察院组织法规定，最高人民检察院领导地方各级人民检察院和专门人民检察院的工作，上级人民检察院领导下级人民检察院的工作，确立了检察一体制的原则和框架。但是，法定的检察领导体制在实践中并未得以实现。主要表现为上下级检察机关领导关系薄弱，尤其是在人事、财政、行政装备等方面，未能形成上下一体以致政令畅行、指挥有力的领导体制。因此，检察机关上下级之间配合制约机制的建立也缺乏强有力的基础。

　　（二）检察机关上下级领导关系在实践中有扩大化倾向

　　主要表现为少数上级检察机关内设机构对下级部门以领导者自居，尤其是在案件办理中涉及复核、上诉、抗诉等实际问题，存在上级部门决定下级正在办理的案件处理结果的情况。另外，实践中还存在上级检察机关承办人的工作，直接影响下级院工作的情况。

　　除此以外，上级院在对下级院个案请示答复中也存在不严肃现象。少数部门

负责人在没有看案卷，也没有当面听取汇报的情况下，就在电话里答复下级院案件的具体处理，造成工作的被动。

（三）对具体职能的影响

1. 对查办职务犯罪案件的影响

就我市目前体制，区县院职务犯罪案件侦查阶段相关问题的请示、备案是向市院进行，而审查批捕和公诉阶段则是向分院进行，影响对案件质量的总体把握标准。就全国而言，实践中侦查部门的初查和侦查工作往往不受审判管辖的限制，异地管辖和指定管辖的职务犯罪案件也有一定程度的发生。

2. 对审级和办理期限的影响

实践中，普通刑事案件在捕诉环节存在管辖不一致情况，上级检察院逮捕后指定下级检察院起诉，下级检察院逮捕后由上级检察院起诉的案件也经常发生。一方面，造成了刑事案件办案期限最大化的趋势，极易造成案件的久拖不决；另一方面，还影响了统计工作的准确性。如同一件公诉案件，公诉部门受理案件后即统计受理数，若因管辖转其他院受理后，又需统计受理数，当遇到下级同级之间管辖有争议的案件则会多次转移案件，增加案件统计数。

3. 对办理申诉案件的影响

根据《检察机关实施刑事诉讼法细则》和《检察实务手册》的规定，基层检察院办理的民事行政申诉案件、不服公安机关不立案申诉案件等，当事人有异议的，可以向上级院申请复议。但是在具体工作中，出现上级院因担心出现不稳定因素，不愿意受理下级院办结的控告申诉案件的情况。如有些地方对基层院办结的民事行政申诉案件，上级院以案件已经办结不受理当事人的复议申请，导致少数当事人情绪激动，扬言进京要求最高人民检察院受理。

第三节　检察权内部配合制约

一、围绕检察机关职务犯罪侦查权开展内部配合制约

（一）侦查指挥中心的权限和职能

职务犯罪侦查权是检察权的重要内容，是宪法和法律赋予检察机关行使法律监督权的重要手段。2000年9月14日，最高人民检察院适应新形势下反贪侦查工作的需要，成立侦查指挥中心，当时界定其主要任务是组织指挥侦查跨省的大要案，以及特别重大、群众反映强烈，当地检察机关侦查有困难的案件，组织与

有关部门配合的集中统一行动，组织大规模的专项侦查活动，协调管理侦查协作工作①。同时，要求省级院要与高检院对应设置。但是实践中，侦查指挥中心作用普遍发挥不够，继而影响了检察机关侦查权的全面行使。

1. 组织结构

全国部分地区侦查指挥中心力量较强，但是多数侦查指挥中心人员较少。以我市为例，虽然近年来侦查指挥中心人员有所变动，但是其基本格局保持在 5 人左右，由市院分管自侦工作的副检察长担任指挥，反贪局局长、反渎职侵权局局长任副指挥，下设办公室，有 2—3 名成员兼任办公室主任、副主任，其中仅有一名人员担任专职人员。显然，上述侦查指挥中心的架构在人员力量上难以有效承担指挥的功能。为了便于统一指挥和协调，建议由基层检察院的分管检察长和反贪局局长作为上一级侦查指挥中心的成员，同时下级院的分管检察长或者反贪局局长的任免、调动，要经上一级检察院侦查指挥中心同意，确保人员和力量能够得到统一调配，做到令行禁止。

2. 功能发挥

就全国多数地方来看，侦查指挥中心行使的侦查指挥权不同于检察院内设侦查机构的侦查权，是一种行政领导权和调度指挥权，一般不参与办案，仅提供引导、建议、意见。我市侦查指挥中心目前主要承担对外协查、审批技术侦查手段的使用等。前述情况与高检院对侦查指挥中心提出的要求有一定距离。建议从以下几个方面进一步发挥侦查指挥中心的作用：

——信息中心。负责犯罪信息和线索的收集工作。与公安、工商、银行等建立档案查询系统，负责信息查询工作，提高工作效率。如根据最高人民检察院《关于开展行贿犯罪档案查询工作的管理规定（暂行）》的要求，建好上海检察系统的行贿犯罪档案数据库，就是其工作中的一个组成部分。

——技术小组。集中各级检察机关的技术设备，加大侦查技术含量的投入，负责侦查技术方面的工作。

——建立合理的侦查机构。其功能有二：一是统一调配侦查人员。尤其是对各基层检察院的侦查人员集中统一使用，弥补侦查人员不足的分工。二是合理细分现有侦查格局。除了目前的办公室、侦查科室外，还可以将侦查具体分为不同的调查小组，如银行查账、工商资料查询等，提高工作的效率。

（二）侦查一体化对侦查权配合制约的影响

2002 年 5 月全国检察机关职务犯罪侦查工作会议确定职务犯罪侦查工作的总

① 肖玮、马涛："高检院侦查指挥中心成立"，载《检察日报》2000 年 9 月 15 日第 1 版。

体思路，侦查一体化建设就是其中一个重要举措。检察机关侦查一体化机制的建立和运行，就是要以侦查指挥中心为载体，对侦查力量、信息线索、物资装备实行统一调度，对重大复杂案件、重要侦查活动实行统一指挥，形成全国检察机关整体作战、上下联动、纵向指挥有力、横向协作紧密、反应灵敏、协调高效的办案机制①。实践中侦查一体化机制的推行存在一些情况需要研究。

1. 对级别管辖和地域管辖造成的影响

推行职务犯罪侦查一体化机制的重点是案件线索的集中管理、侦查的指挥、关系的协调，用严密的线索管理和督办、参办、提办、交办的办案管理方式督促本区域内发生的案件能够及时查办，通过协调工作统一配置线索、力量、装备等各种侦查资源，通过侦查指挥使大案要案能够迅速集中力量突破。推行职务犯罪侦查一体化机制的实践中，案件的跨区域、跨级别管辖时有发生。虽然其与现行法律法规不相违背，并有利于案件的公正审理和提高办案效率，但是在一定程度上存在指定管辖随意性强，案件办理周期较长等情况。因此，应当遵循以下原则：

首先，对于由犯罪地或犯罪嫌疑人居住地的人民检察院审查不适宜的案件，才能依据有关规定，指定非犯罪地或非犯罪嫌疑人居住地检察院办理。

其次，将全国划分为六个左右片区，原则上在各片区内实行互动，优势互补，便于保证案件办理的效率；最高人民检察院在每个片区内指定一个或者两个省级院承担需要异地办理案件的任务，由其指定具体承担任务的检察机关（一般应限定于一个或者两个地市级检察院），提高承办此类案件的专业性。

最后，对于案件需要改变级别管辖和地域管辖的，在案件进入立案阶段后，由省级检察机关和省级审判机关进行协调，通过工作记录的形式进行明确，由检察机关确定侦查阶段管辖，此后环节原则上不再改变管辖级别和地域。确需改变审判管辖的，由双方协商解决。

2. 如何有效开展对办案责任制落实的监督

侦查一体化机制打破了以一级院为单位的用人格局，实行全（省）市级的统一调度，可以合理利用现有的人力资源，但是如何开展监督则成为难题。建议在省市级检察机关成立专门的协调处，以加强侦查信息交流，形成有效的监督网络。

3. 检察机关的自侦案件审查批准逮捕权的归属

检察机关对于自侦案件享有侦查、审查批准逮捕和起诉权，一直受到部分理

---

① 陈波："职务犯罪侦查一体化机制建设思考"，载《人民检察》2005 年第 3 期。

论和实务人士的质疑。在侦查一体化机制实施中，应由上级检察机关审查批准逮捕下级检察机关自行侦查的案件。具体而言，下级检察机关直接立案侦查案件，如果认为符合逮捕条件，必须在法定期限内提请上级检察机关审查批准逮捕；同时，上级检察机关对下级检察机关的侦查行为如羁押是否超期、是否有刑讯逼供、非法取证、滥用职权的行为进行监督；并担负对下级检察机关立案监督的职责，包括对符合立案条件而不立案的和不符合立案条件而立案的监督。

二、围绕检察机关公诉权开展内部配合制约

（一）我国目前的公诉模式

我国检察机关现行公诉模式，是依照《刑事诉讼法》及有关司法解释的规定构建起来的。其主要特征在于检察机关不论是受理移送审查起诉的公诉案件，还是对第一审判决、裁定提出抗诉的案件，以及按照审判监督程序提出抗诉的案件，都应当采取与人民法院审级对应的办案、出庭模式。这种模式被称为"平行式公诉模式"、"同级公诉模式"或者是"接力棒型公诉模式"。[①]

近年来，随着检察一体化原则的确立和推行，公诉模式改革的探索也如火如荼。其中最主要的观点就是强化公诉机关的集中统一性，上下级公诉机关之间应当严格按照检察一体化原则的要求，建立隶属关系的体制。即"检察机关在行使公诉权时，应打破行政区划、审级和地域的限制，在最高人民检察院领导地方各级人民检察院和专门人民检察院、上级人民检察院领导下级人民检察院制度的前提下，以独立、统一、整体的公诉机关形象开展公诉工作，从而形成上下联动、密切配合的公诉工作联合体"。[②]

（二）对公诉一体化模式的评价

1. 公诉一体化实际是对检察一体化的错误理解

检察一体化主要是指按照司法管辖的需要划分为不同的层级、不同类别、不同区域的各级检察机关，以及组成检察机关的最基本"要素"——检察官，相互之间应该形成上命下从、相互协调、关系密切的统一的有机整体。具体来说，有两层基本含义：对外是指检察独立，即检察机关依法独立行使检察权，不受法定机关、事项及程序以外的干涉；对内是指业务一体，即检察机关上命下从，作

---

　　① 胡夏冰："司法改革与我国检察机关公诉模式之重构"，载《司法改革评论》（第2辑），中国法制出版社2002年版，第302、305页。

　　② "公诉一体化研究"，载《检察论丛》（第7卷），第326页。

为命运共同体统一行使检察权①。可见，检察一体化是检察机关行政性质的体现，其精神实质在于保障检察职能的统一行使，充分发挥法律监督的效能。

但是具体行使检察权的部门是否应当建立一体化的格局呢？我们的答案是否定的。按照现在的模式发展下去，预期将出现"公诉一体化"、"民检一体化"、"控告申诉一体化"等诸厅局分立的局面，实际上曲解了检察一体化的要求。（1）从检察权的属性分析，除侦查权因其自身的行政权的属性，贯彻"侦查一体化"的思路利大于弊外，公诉权是司法权的属性，要求一级检察机关和检察人员的独立性。（2）公诉权是一种司法性很强的活动，是以亲历性为基础的个人判断和个体操作，要求"公诉一体化"会出现"审而不定，定而不审"的有悖司法认识规律的做法。（3）公诉权在一定的条件下，可以合法地对抗检察长的指令，如享有消极抗命权或积极抗命权。如果贯彻一体化原则，不符合司法工作的模式。因此，在公诉工作体制中强调上下级部门之间的领导关系，强调"下级检察官应当服从上级检察官的指挥"②的思路有待进一步商榷，否则最终排斥了一级检察机关和检察长独立的法律地位。

2. 按照检察一体化的要求正确做好公诉工作

检察一体化对公诉工作的要求则体现在三个方面：一是切实保障人权，制约侦查权和审判权，维护程序公正；二是统一追诉标准和执法标准，保证执法的法律效果、政治效果和社会效果的统一，对国家权力机关全面负责；三是加强上级检察机关的领导职能，防止下级检察机关在执行职能过程中受到外部干涉，保障检察机关依法独立行使检察权。

而近年来，公诉实践中就一体化方面的努力，主要表现在解决公诉人员的统一调配使用，使上下级检察机关具有公诉业务承继和移转权，以便于全国范围内使重大复杂案件得到正确、及时处理。检察一体化在公诉工作中的落实，除了强调实行和完善对重大复杂案件和干扰阻力大的案件采取交办、督办、参办、提办的统一调配使用问题，还更加应该注重刑事政策和刑事法律的统一正确实施。在具体实践中，由于我国检察官执行活动，不是以个人的名义，而是以检察机关的名义进行。因此，公诉人跨地区、跨层级的活动，职务发生继承和转移，从整体上是代表检察机关进行，并不违背法律的规定，也不影响行为的性质。在履行职责时只要以相应的检察机构名义执行职务，就可以解决案件的管辖权问题。如对于我市分院二审处办理的上诉案件，在法院审理过程中也可以尝试由原提起公诉的检察机关的检察官以相应的名义提起公诉，但是这并是公诉一体化的要求，而

---

① "检察一体化——可持续发展的必然趋势"，载《检察日报》2004 年 9 月 17 日。
② "公诉一体化研究"，载《检察论丛》（第 7 卷），第 326 页。

是检察一体化在公诉工作中的体现。

（三）公诉权行使中的配合和制约

1. 加强案件审查过程中的监督制约

主要是检察机关公诉部门内部加强对案件审查过程中的监督管理，通过案件监督检查、备案审查等方式，对承办人进行动态管理。一些地方检察机关试行的职业公诉人制度，实行分级、分档制，切实建立职业公诉人的保障鼓励机制，明确职业公诉人只服从检察长、检委会的制约，在其职责范围内履行相应的义务和责任。

2. 对于争议事项和案件的处理机制

一级检察机关内部对于存在争议的事项和案件要及时向分管检察长和检委会汇报，及时解决争议。对于需要向上级院请示、汇报的，以一级院的名义向上级院报告，并及时完成上级院要求的案件事实、证据补充完善等方面的工作，做好协调配合工作。

三、围绕检察机关诉讼监督权开展内部配合制约

（一）诉讼监督权行使中存在的不足

1. 诉讼监督权的范围需要进一步扩充

诉讼监督权是检察机关依据宪法和法律对诉讼活动进行监督的一种程序性权力。检察机关的诉讼监督权可以分为刑事诉讼监督权和民事行政诉讼监督权。前者可分为立案监督、侦查监督、审判监督和执行监督四个方面，后者可分为民事审判诉讼监督和行政审判诉讼监督。诉讼监督权的作用范围应该包括诉讼的全过程，但从立法和实践看，检察机关的诉讼监督权存在"盲点"，诉讼监督的体系不完备，影响了监督的效果，不利于检察权的良性运转和健康发展。如检察机关对刑事审判活动的监督主要是通过出庭公诉实现的，对于简易程序案件、自诉案件，[①] 难以行使监督权。在民事和行政审判诉讼监督中仅规定了对判决裁定的监督，将使用调解结案的案件排除在外，且由于检察机关不参与民事行政诉讼，导致对诉讼过程中的违法行为难以进行监督。应当从立法上进一步明确检察机关下列权限：

一是立案监督。加强对不应当立案而立案案件的监督，加强对立而不侦、侦

---

① 从实践看，占全部刑事案件的 20% ~25% 的刑事自诉案件，实际上处于不被监督的状态。参见张智辉："2000 年检察理论研究综述"，载《人民检察》2001 年第 1 期。

而不结或者是先立后撤，以及以罚代刑、以教代刑案件的监督以及加强对自侦案件的立案监督。

二是侦查监督。明确对自侦案件的侦查活动的监督，对逮捕以外的其他涉及公民人身权利、财产权利的强制措施和秘密拍照、秘密录像等技术性侦查手段的使用进行监督。

三是刑事审判监督。加强对自诉案件、简易程序案件、人民法院适用审判监督程序案件、死刑复核案件以及当事人上诉人民法院决定开庭审理的案件的监督，加强对刑事抗诉权的行使。

四是刑罚执行监督。主要是加强对财产刑执行的监督。

五是违宪审查动议权的行使。赋予最高人民检察院对行政机关和司法机关的违宪行为（尤其是抽象行为）向全国人民代表大会及其常委会提起的审动议的权力。

六是司法解释权的行使。明确检察机关对司法解释的制定、颁布及内容的合法性进行监督，避免出现违法解释，影响司法机关正确执行法律。

2. 诉讼监督权行使中存在弱化倾向

主要表现为：

一是监督手段缺乏法律约束力。虽然立法规定监督对象应对检察机关的监督意见作出及时反馈，但对拒绝及时反馈的行为却没有规定进一步的制裁措施。

二是监督手段滞后。检察机关对诉讼活动不能实行同步监督，对违法行为的纠正意见往往以"下不为例"告终。

三是监督手段局限于"纠正意见"、"检察建议"，削弱了监督手段的强制性。

这种弱化现象的出现，其主要原因在于检察机关自身认为检察权不具有处分性质，缺乏权力所必需的强制性，进而否认了诉讼监督权的强制性、专门性。这需要我们正确理解三机关"互相制约"的分权性和双向性，充分认识诉讼监督权在民事、行政诉讼领域的重要作用。

3. 诉讼监督权行使过程中内部监督存在不足

根据宪法和人民检察院组织法等规定，上级检察机关对下级检察机关的诉讼监督，发现违法行为或者作出决定有误，可依职权纠正、撤销。但是，实践中很少发生上级检察机关纠正下级检察机关违法行为或决定的情况。

（二）围绕检察机关诉讼监督权行使开展配合制约

1. 完善诉讼监督手段

检察机关诉讼监督手段不能仅局限于具体的诉讼事务，还应作用于诉讼监督对象，要注意把监督案件与监督人结合起来，把诉讼监督与查处少数司法人员职务犯罪结合起来。为此，建议检察机关对监督对象之轻微违法行为具有口头警告权；对监督对象在诉讼活动中的一般违法行为但不足以引起错误立案、错误批捕或错误判决后果的情形，建议除依法发出纠正违法通知书的基础上，可以书面通知监督对象上级主管部门进行监督的权力；对监督对象严重违法、足以影响公正裁判或国家赔偿情形发生但尚不构成犯罪的行为，应赋予检察机关具有向其上级提出处分建议的权力或者直接处分权。如对发现的司法人员的严重违纪违法失职行为，一方面可以建议党纪政纪检查或监察部门给予处分或建议人大或人大常委会予以罢免，另一方面对严重违反司法道德或办案纪律的司法人员具有直接作出纪律处分的权力。

2. 建立和健全适应诉讼监督规律的内部工作机制

一是实行检察长行政工作负责制和检察监督业务工作合议制。凡行政方面的工作，均由检察长统一领导、决定或提交党组会讨论听取意见，确保行政效率；凡业务范围的重大工作，采用合议制，由检察长决定提交检察委员会集体讨论决定，以保证准确地执行法律。二是对于审判监督工作由承担公诉职能外的其他部门承担。近年来，有观点对刑事审判监督的合理性、正当性提出了质疑[①]。但是不容否认，我国目前司法队伍的现状，不能取消检察机关的审判监督，否则审判腐败必然会有所增加。建议由检察机关内设其他部门履行审判监督职责，避免出现公诉部门在刑事诉讼中既当运动员又当裁判员的尴尬状况。如由研究室承担刑事判决裁定的审查工作，以及抗诉案件的审查工作等。

第四节　条线互动型配合制约

一、协调配合机制

（一）建立主诉检察官指导自侦办案的工作机制

一方面，主诉检察官从公诉职能出发，在侦查第一时间提出取证的要求，有助于增强取证的及时性和证据的证明力；另一方面，它是一种检察机关内部的侦查监督，有助于及时发现和纠正侦查中的违法事项。首先，明确指导的范围和相应的权限，以检察长授权的形式，赋予主诉检察官对侦查计划的建议权、侦查活

---

① 陈瑞华：“司法权的性质”，载《法学研究》2000 年第 5 期；黄松有：“检察监督与审判独立”，载《法学研究》2000 年第 4 期。

动的引导权、侦查证据的复核权，并对侦查活动中不规范、不合法的问题提出纠正的权力。其次，要求主诉检察官和主办检察官从加强配合和制约出发，各自摆正位置。主诉检察官不直接参与侦查活动，不是某一案件的侦查发动、实施和指挥，但对侦查活动中取证方向、证据要求提出的建议，以及对侦查活动中违法情况提出的纠正意见，有要求主办检察官执行的权力；主办检察官是侦查活动的主角，是侦查取证的直接实施者，不能产生依赖心理或者放弃侦查职责。当主办、主诉检察官双方意见分歧，经侦诉两个部门共同研究仍不能取得一致时，可提交院检委会决定。

（二）建立健全未成年人案件刑事检察工作中的捕诉防一体化机制

检察机关在审理未成年人刑事案件的过程中，根据法律规定和未成年人的特点，在审查批捕、起诉和出庭公诉，以及在开展矫治和犯罪预防的工作中，进行特殊审理的模式，由未检部门全程办理。近年来，上海市检察机关坚持"教育为主，惩罚为辅"的原则，实行"教育、感化、挽救"的方针，在办理未成年人案件中，积极探索，提出了捕、诉、防一体化的工作机制，取得了政治效果、社会效果、法律效果的统一，充分体现了检察机关在未成年人刑事司法保护中的职能作用。

（三）建立侦捕诉衔接联动机制

目前，检察机关内设侦查、侦查监督、公诉部门依据刑事诉讼法规定的"分工负责、互相配合、互相制约"的原则定位，形成了"三道工序"式的诉讼模式，在一定程度上呈现出诉讼权利分散、责权不对等的情况。由于分管检察长的不同，在基层检察院容易形成相互掣肘、制约的局面，不利于证据的收集和提高案件的质量和效率。

1. 密切捕诉关系。虽然由于队伍实际现状和其他障碍，目前实行捕诉合一的条件尚不成熟，但是从二者的内在联系和责任分配上，审查批准逮捕只是对犯罪嫌疑人确定强制措施，对案件的审理没有实质性意义。因此，在条件成熟时可以实行捕诉合一，以提高办案人员的责任心，节省司法资源，提高工作效率。目前，要建立经常性的联系制度，及时沟通情况信息，对于侦查监督部门办理的不捕可能直诉的案件、审查起诉发现存在不同意见的案件，以及捕后拟不诉的案件，及时进行沟通，保证案件的质量。

2. 构建侦、捕、诉动态、连续、畅通的信息流程系统。在案件侦查阶段，以自侦部门为主，在侦查监督部门、公诉部门的配合下联合行使控方证据收集权；在案件审查阶段，侦查监督、公诉部门联合行使证据审查权，并对案件办理的程序实行同步监控；在出庭公诉工作中，公诉部门负责审查起诉和公诉，自侦部门配合行使公诉权，以优化内部权利和责任的制约分配机制。在整个审判前阶段，侦控一体联合取证收集证据，决定证据取舍，确保诉讼目的实现，保证监督的效果和公诉的力量。具体可以通过以下制度进一步强化自侦案件侦捕诉联动机制。

第一，建立相互交流制度。要求侦查人员每年办理一至两件批捕或公诉案件，或者视情派侦查人员到侦查监督或公诉部门轮岗交流，促使侦查人员从批准逮捕和公诉（庭审）的角度去理解和把握证据，并贯彻到侦查活动的全过程中。

第二，建议侦查监督、公诉部门制作专门的案件质量评价表格，对自侦部门移送的全部案件进行书面评价。

第三，自侦部门制作表格或文书，对公诉部门退回补充侦查的案件表示意见，或由公诉部门制作表格或文书，向自侦部门征求意见。如要求补侦的事项是否恰当，有无公诉人未仔细阅卷或对案件未全面把握的情况，有无单纯借用时间的问题等。自侦部门承办人的意见报负责人签发后送达公诉部门。

第四，公诉部门制作起诉书后，应及时将副本送达自侦部门征求意见，以保证案件质量，防止畸轻畸重或漏罪发生。自侦部门的案件承办人应将起诉书副本存入副卷，并制作《对××案起诉书的意见》于2日内送达公诉部门。

第五，自侦部门的案件承办人员必须旁听所办理案件的庭审，或者由检察长指派出席案件的公诉。

第六，法院判决书（副本）送达公诉部门后，公诉部门应在24小时内将该判决书连同《对法院判决（裁定）的意见》的表格送达自侦部门征求意见。自侦部门的案件承办人应将判决书存入副卷，并填写《对法院判决（裁定）的意见》的表格，报处、局审批后，3日内送达公诉部门。

（四）建立侦防联动机制

检察机关在查办职务犯罪中一定程度上存在"重打击，轻预防"的现象。检察机关侦查和预防部门分设后，进一步出现侦防脱节，预防部门就防范论防范，不能很好地为侦查破案、打击职务犯罪的现实斗争服务；侦查部门为破案而破案，就打击而打击，缺乏对职务犯罪动态苗头及其规律的研究分析，双方各自为政，以致造成防不胜防、打不胜打的倾向。一是要全面落实预防工作责任制，强化检察机关各业务部门预防职务犯罪工作的责任。预防专门机构集中精力抓预防对策研究和协调社会各部门共同行动，开展个案预防、系统预防、专项预防；各业务部门结合办案开展检察建议工作，形成多层次的预防工作格局。二是要建立查办案件和预防工作的联动机制，预防部门充分利用检察资源，发挥职能优势，用预防成果巩固查办案件的成果，建立遏制和预防职务犯罪的长效机制；业务部门坚持以打促防，通过查办案件形成预防和治理职务犯罪的氛围，为预防职务犯罪提供法律监督职能支持。三是要实现各部门的信息共享，预防部门与统计部门、办案部门的案卡管理和统计系统建立连接，实现预防部门对职务犯罪信息实时进行量化分析和预测。对于典型的职务犯罪案件，预防部门可以适时介入案件的侦查、起诉活动，共同研究犯罪原因、手段和发案规律。

二、同步监控机制

（一）研究室的业务管理职能

1. 建立案件质量预警机制

是指对案件的处理情况，开展定时定量分析，通过设立对不诉率、缓刑率、无罪判决数、退回补充侦查、延长办案期限以及超期羁押等情况的监控，发现非正常情况，及时发出警示，并由各有关部门结合实际检查原因，总结经验教训，采取措施予以改进。

2. 进一步完善督查工作机制

在院检察委员会下设督查小组，根据检察委员会意见或检察长授权，对案件情况进行即时监督和检查，通过对自侦案件立案报告、侦查终结报告以及起诉意见书或撤销案件决定书的对照复核，以及案件判决后对移送起诉意见书、起诉书、判决书的对照复核，通过对审查批捕、审查起诉案件中重点案件包括不捕、有条件批准逮捕、不起诉、退回补充侦查案件、撤回起诉案件的审查终结报告、批准逮捕意见作出对案件质量的评估意见，发现突出问题，及时督促纠正。

（二）技术部门与其他部门的联动

主要是建立信息网络技术监控机制，通过编制计算机软件程序，规范流程管理，加强办案质量、效率监控，稳步实施检察业务集中管理。其重点在于对案件实施动态监控，特别是对程序执行情况，运用计算机技术进行实时监督和警示，防止因疏漏而可能发生的违法现象。

（三）监所部门对其他部门诉讼时效监督中的作用

监所检察涉及检察机关法律监督的各个方面，在特定范围内还担负反贪污贿赂检察、控告申诉检察等职能，具有法律监督的综合性。因此，实行案件诉讼时限监督，坚持和落实纠防超期羁押的长效机制中具有重要作用。自侦部门决定拘留、逮捕犯罪嫌疑人的；检察机关内部的批准逮捕决定书（不批准逮捕决定书）、移送起诉案件书、案件的退补、重报、司法鉴定、各个阶段提请延长羁押期限的，起诉书（不起诉决定书）以及人民法院的刑事判决书和刑罚执行通知书和被告人的上诉书、中止审查的以及移送其他检察机关或者部门的相关文书，都应当及时交给监所检察部门。监所检察部门对于发现未按规定办理换押手续、超过法定羁押期限、体罚被控人等情况的，应及时发出《纠正违法通知书》，并予以督促纠正，确保监所检察监督有的放矢。

（四）控告申诉部门对其他部门的制约作用

第一，通过首办责任制的实施，对本院受理的控告申诉按照侦查监督、公诉、反贪污贿赂、渎职侵权检察、监所检察、民事行政检察、控告申诉检察等部门的业务分工，与本院有关责任部门联系、协调，了解、掌握首办责任制的落实情况，及时向院领导和上级人民检察院报告。第二，控告申诉检察部门通过受理刑事申诉案件、不立案复议、刑事赔偿案件发挥对内制约作用。控告申诉检察以及院监察部门收到违反诉讼程序的投诉，应及时报告和处理，并对办理自侦案件中执法执纪情况开展经常性检查，发现问题及时纠正。

三、完善对违法行使检察权的纠错机制

一是建立程序与实体并重的监督机制明确纠错范围，对办案所涉及的各程序以及实体问题设卡把关。目前我市推行的办案管理软件就是有益的尝试。二是重视检务效能监察对保障程序公正和提高法律监督效能的作用。近年来的实践证明，检务效能监察对解决队伍、业务中的"小问题"、"没人管"的问题（尤其是涉及多个部门关系的问题），对规范科学管理，建立长效管理机制有重要意义。如对档案归档是否及时，赃物保管、处理是否安全合法，控告申诉首办责任制落实情况等的监察，就有力地促进了工作作风的转变。三是建立和执行错案和重大差错责任追究制度。对在行使职权、办理案件时由于故意或者重大过失造成错案，以及因工作重大差错、发生重大失误造成一定不良后果的案件，除了按照《国家赔偿法》依法予以赔偿外，还应根据高检院《错案责任追究条例》的有关规定，查明事实，分清责任，给予严肃处理。

第五节　上下级检察机关之间的配合制约

一、加强检察机关上下级之间配合制约的途径

我国宪法和人民检察院组织法都规定了检察机关上下级之间的领导与被领

导、监督与被监督的关系，为上级检察院监督制约下级检察院的活动提供了组织保证和法律保证。《刑事诉讼法》和《人民检察院刑事诉讼规则》等法律、法规中，就上级检察机关对下级检察机关开展监督的内容和程序，进行了明确规定，但是局限于程序监督和事后监督，缺乏权威性。从强化上级检察机关对下级检察机关监督的应然角度分析，应通过人事任免、奖惩制度改革，使检察机关内部"管人"和"治事"统一起来。

（一）丰富上级检察机关对下级检察机关监督的方法

一是用定期工作书面报告制度实行政策性指导。下级检察院定期将检察工作开展情况、存在问题和解决问题的方法及下阶段工作计划书面向上级院报告，接受上级院监督。二是用管理和考核强化业务指导。切实加强对下级院备案审查内容的监督，避免"备而不审"或者流于形式，对发现确有错误的，应当撤销或者变更原决定，或者通知下级院自行纠正。各业务系统对下级院实行办案质量个案考评和定期分析制度，加强对本系统业务指导、监督，规范业务运作程序，监督下级院业务开展情况。三是指令书面化。

（二）拓展上级检察机关对下级检察机关监督的内容

主要是重大事项决策权。上级检察长和检委会要对检察工作中重大事项上充分行使领导权，并承担相应的责任。除了对检察工作的监督外，加强对各级院检察长的评议、考核，要求下级检察院检察长定期将本人履行职责情况书面向上级院述职，对于其中情况较差的，提出批评、告诫，或者商请党委部门采取措施。

（三）树立上级检察机关对下级检察机关监督的权威

对于监督中发现的有令不行、有禁不止的现象，要严肃处理。但是与此同时，应当建立内部的异议制度和事后监督制度，避免出现矫枉过正的情况。

二、检察机关上下级之间配合制约的具体制度

（一）建立对撤案、不起诉决定的上级院审查机制

通过强化检察机关上下纵横的监督，建立和完善必要的实体性和程序性审查机制，突出上级检察机关领导和监督的力度。自行侦查部门对查办的案件进行撤案、不起诉决定的，应将有关案卷材料和初步意见报上一级检察院进行审查批准。省级以下检察院启动职务犯罪侦查程序或作出逮捕决定的，应报送上一级人民检察院备案；上级人民检察院对下级人民检察院立案实行监督等。

（二）完善刑事抗诉工作机制

实践中，上级检察机关对下级检察机关的抗诉审查缺乏透明度。上级检察机关在对下级检察机关提出抗诉或提请抗诉的案件审查过程中，一般较少与原案件公诉人进行沟通，了解案件一审时的具体情况以及案件在事实和证据方面的问题，其审查案件的进展情况，下级检察机关也无从知晓。对于不予支持的抗诉，往往在提出抗诉一段时间以后，上级检察机关会送达一份不予支持抗诉的文书至下级检察机关，对不予支持的原因和理由则一般不给予阐述和说明；有的案件到上级检察机关审查后长达一年也没有任何消息。

1. 规范和加强上级检察机关对抗诉案件的审查和指导工作

组织专门的力量，由富有办案经验、执法水平较高的公诉人负责抗诉案件的办理，以不断提高抗诉水平。建议补充规定原审公诉人参与抗诉审法庭的制度。通过下级院公诉人的参与，上级院审查抗诉工作人员可以了解到更多的案件情况，尤其是一审的开庭情况，如辩护人的意见、基层法院的观点等，有助于对案件的分析判断，尽早作出是否支持抗诉的决定并为抗诉做好开庭准备；同时，该制度的建立对上级院支持抗诉工作起到制约作用，防止上级检察院轻率不支持抗诉的情况发生，并有利于上级检察院通过抗诉审查提高下级检察院的抗诉水平和办案质量。

2. 明确规定上级检察机关对于抗诉不予支持时应向抗诉提出机关书面说明其理由，改变现在的以一纸"不予支持"来了结下级检察机关的抗诉案件的做法

（三）合理规范民行案件受理、审查制度

依据现行民事诉讼法、行政诉讼法的规定，检察机关对民事审判和行政诉讼活动的监督，只有一种方式，即只能对法院确有错误的生效裁判，由上级检察院或最高人民检察院提出抗诉。这种被称为"事后监督"的方式，把检察机关对民事审判活动的监督限制在最狭窄的范围中了，且不符合社会实践的要求。主要表现在：一是检察院自身的办案环节，从立案到审结需要投入相当的人力、物力和财力，花费大量的办案时间。根据民事诉讼法的规定，一个申诉案件的办理，大多需要经过提请抗诉和提出抗诉的两级检察院的审查，甚至个别的还需要建议提请抗诉环节，仅在检察院的审查阶段，就需两级到三级检察院，办案周期长不言而喻。二是根据现行法律规定，最高人民检察院对各级人民法院，上级人民检察院对下级人民法院的生效裁判有权提出抗诉，由此导致了上级人民检察院，尤其是省级人民检察院和最高人民检察院案件严重积压的"倒三角"现象。且从本质上看，对二审生效裁判的申诉，三级检察院都要经过严格的实质性程序和内

容的审查，会造成一审同级检察院所行使的建议权无实质意义，以及二审同级检察院的审查流于形式，不仅不利于办案效率的提高，而且加重了申诉人和被申诉人的负担。三是在法院再审环节，按照目前习惯的处理模式，同级人民法院受理检察院的抗诉后，除了少数情形外，大多都发回原审法院再审，从检察院向同级法院提出抗诉，同级法院受理后发回原审法院，到原审法院作出再审裁定，中间需要耗费一定的时间，尤其是法院作出再审裁定后，很少在规定的审限内审结案件有相当数量的再审案件久拖不决。因此，由于法律规定缺乏可操作性，致使办案效率低下成为抗诉再审程序中一个较为普遍的情况，直接影响了该项制度应有作用的充分发挥。因此，建议建立民检抗诉案件的支持提抗制度，理顺上下级检察机关的关系。具体建议为：

1. 合理规定上下级检察机关受理当事人申诉的范围

基层检察机关只能管辖同级法院一审生效民事行政裁判的申诉，而不能直接受理二审生效民事行政裁判的申诉。分、州、市级和省级检察院的管辖应当是受理对不服同级法院一审生效裁判的申诉和受理下级法院一审生效裁判的申诉，其中前一种情况是审查决定是否向上级检察院提请抗诉，后一种情况是对下级检察院提请抗诉意见审查决定是否提出抗诉。需要特别指出的是，由于二审生效裁判的申诉案件占全部申诉案的比例大，绝对数量多。而二审同级检察院的检察官数量少于一审同级检察院的检察官数量，采取指令下级院受理申诉，可以提高工作效率，加速案件的审理。

2. 规范不同级别检察机关审查民行申诉案件环节，缩短办案周期

遵照诉讼法级别管辖的原则，将现在设置的二审生效民事行政申诉案件三级审查，改为依法由市级检察分院和市级检察院分别负责的二级审查；同时取消"建议提请抗诉"程序，只设"建议提抗"程序和"提出抗诉"程序，以强化人民检察院对同级人民法院履行审判监督的职能作用，防止一部分二审生效民事行政申诉案件因在基层检察院即被"终止审查"，而无法纳入同级人民检察院的审查视野。明确规定民行申诉案件的办案期限，减少和避免申诉案件结案遥遥无期情况的发生。目前检察机关在大规模清理积压案件的基础上，严格规定了办案期限（一般为两个月），有效地降低了司法投入，提高了办案效率。

3. 寻求提高基层检察机关办案效率的有效途径

如更多地使用再审检察建议的形式，由与作出生效裁判的人民法院同级的人民检察院直接向法院提出检察建议，由法院启动再审程序。再审检察建议可以实现检察院对同级法院生效裁判的直接监督，减少了上级检察院和上级法院两个环节，省去了提请程序和指令再审程序，充分体现了"诉讼经济原则"，极大地提高了司法效率。目前，最高人民法院对再审检察建议给予了积极回应，许多地方

人民法院和人民检察院制定了相应规定，我市一些案件通过再审检察建议也收到了很好的效果。

4. 规范民行案件的请示、答复标准

基于民事行政申诉案件的审级要求，应进一步规范以检察机关名义向上一级检察机关"请示"、"报告"及法律文书等标准，同时也必须统一上一级检察机关向下行文要求，且不能以个人或科、处室的名义答复以下一级检察机关名义请示的各类问题。

第六节　特定业务工作的配合制约

一、对公诉检察裁量权行使的配合制约

公诉检察裁量权主要包括简易程序决定权、撤回起诉权、撤回抗诉权、量刑建议权、不起诉权等的行使。除了要根据公开和当事人充分参与原则，设立审查程序，保障被不起诉人、被害人的诉讼权利，完善被不起诉人不服不起诉决定的申诉程序，以及保障公安机关复议复核权利外，必须加强检察机关内部的监督制约。主要是通过检察机关内部上下级间的纵向制约和同级各部门之间的横向约束来实现。

（一）复查案件实行内部人员回避制

主要是同一科室内部的制约。即对于不起诉案件公安机关要求复议或复核、被害人的申诉和起诉以及被不起诉人的申诉等，要另外选派人员承担案件的审查。

（二）不起诉案件的内部审查程序

主要是同级检察机关内部的制约。表现为：法定不起诉由检察长决定，酌定不起诉和证据不足的不起诉由检察委员会决定。对于自侦案件中出现上述情况的，则由侦查机关提出意见，并根据要求提交人民监督员办公室评议。

（三）不起诉案件的事后监督程序

主要是上级检察机关对下级检察机关不起诉的制约。其方式限于备案等事后监督方式。表现为：实行不起诉决定备案制度、定期进行执法检查、对申诉和复核案的复查。

（四）建议由其他部门承担不起诉的决定权

为了保证不起诉权的正确行使，建议公诉部门仅享有不起诉决定建议权，将不起诉决定权分离出去，由其他部门承担。如由研究室承担相对不起诉案件的决定权，并按照程序提交检察长或者检委会审查。

二、对立案监督的配合和制约

立案监督是人民检察院依法对公安机关的立案活动是否合法进行的监督，包括对公安机关立案材料的受理、审查以及立案决定行为的监督。目前存在的缺陷在于：一是主要通过审查批捕、审查起诉、接受被害人控告申诉等方式进行，且各部门之间配合协调不够，容易造成监督的盲点。同时，对公安机关刑事拘留以前的活动、决定治安处罚和劳动教养的情况，检察机关基本不掌握。二是未赋予检察机关直接立案权。根据规定，公安机关在接到检察机关立案通知书后在15日内应当立案，但是实践中存在不立案的情况，通常只能采取向公安机关提出纠正违法意见处理，并不具有强制执行的效力。三是立案监督的法律文书不齐全。仅有《要求说明不立案理由通知书》、《通知立案书》、《建议立案侦查书》、《纠正违法通知书》和一些内部文件，对于错误立案的、应当移送批捕、起诉而给予罚款、治安处罚、劳动教养等处理的，就没有法律文书可以使用。

为健全完善立案监督配合制约，建议：

（一）形成检察机关内部立案监督的合力

立案监督是由刑检和控申部门来承担的，但是离开了反贪、反渎、监所、民行等部门的密切配合和协作，难以形成立案监督的合力，尤其是那些未进入刑事诉讼程序或由公安机关以治安处罚代替刑事处罚的案件，极易成为监督盲区，所以必须调动各部门的积极性，对于发现的立案监督的线索应当及时移送，形成检察机关内部立案监督的立体格局。

（二）授予检察机关在立案监督过程中调查取证的权力及措施

立案监督作为对立案程序的监控机制，其监督应具有翔实的事实材料和切实的证据，否则监督就没有依据。而2000年《人民检察院立案监督工作问题的解答》中规定关于"调查要严格依法进行，严禁使用强制措施，调查要秘密进行，不暴露意图，一般不接触犯罪嫌疑人"，这种调查方式不仅不能增加监督工作的透明度，也不利于监督工作的有效开展。因此，应赋予检察机关调查取证的权力，并授予除限制调查对象人身自由和财产权利之外的一切调查手段，使其超越书面审查的框框，使监督的案件更加有理有据。

（三）完善上级机关对下级检察机关职务犯罪侦查部门立案工作监督制度的保障机制

当前确立的对检察机关职务犯罪侦查部门立案工作的监督制度只是一种内部监督，因此需要完善对此种监督制度的保障机制。具体程序：首先，犯罪嫌疑人或者受害人、举报人、控告人等人员认为检察机关的立案活动，存在应当立案而不立案或者是不应当立案而立案的，可以向上级检察机关提出监督申请。其次，上级检察机关根据申请要求立案机关提交相应的材料并说明理由。再次，上级检察机关依据材料和立案机关所说明的理由，经审查认为不能成立的，可以通知立案的检察机关立案或者撤销立案，或者对有关人员的违法行为给予相应的责任追究。最后，由上级检察机关制作相应的通知书送达下级检察机关，该下级检察机关依照执行。

三、检察机关职务犯罪侦查部门不立案复议、刑事申诉和刑事赔偿案件的办理

由于职务犯罪案件本身的特点，建议对此类案件不仅仅是更换部门或者承办人，而是应当实行异地办理，确保案件的准确办理。

第七节　综合性业务工作项目化管理

一、项目化管理方法的含义

检察机关内部除了业务部门专司本部门的业务职能外，还有综合部门，负责检察机关内部人事管理、事务管理、技术保障和后勤服务等工作。这些综合部门的工作，则涉及全院各个部门。如"严打"整治工作、检察改革工作、督导督查工作、专项行动、信息化工作、公检、检法联席会议办事机构工作等，这些工作总的特点是特定部门牵头，其他部门配合（当然配合的方式，联系度的松紧等根据具体工作性质而有区别）。对有职能部门专门负责的工作而言，协调管理的工作还比较好解决。而对一些涉及多个部门，又没有明确的职能部门和强制性规则可供遵循的综合性工作，则往往让承办人员感到困难，为此临时成立的临时机构，有的也被称为"来无影去无踪"部门。实际上，对这类工作的管理，还是有内在规律可循的，从理论上说，可以借鉴项目化的管理方法。

所谓项目是指一机构中跨部门、跨行业，具有阶段性，具有明确目标、预标

和进度要求的并且是多任务的活动。项目管理就是通过设立一个非常典型、专门的组织机构对项目进行管理，从而比常规方法更好、更快地实现目标，它涉及一个项目团队组织机构，是以项目为对象的系统管理方法，高效率的计划、组织、指导和控制，以实现项目全过程的动态管理和项目目标的综合协调与优化。

在检察工作中借鉴项目化管理方法，是指将检察工作中阶段性的任务视为项目，采用以项目为对象的系统管理方法，它通过一个临时、专门的柔性组织，对项目进行高效率的计划、组织、指导和控制，以实现项目全过程的动态管理和项目目标的综合协调与优化，从而更好、更快地实现工作目标。

二、项目化管理方法的内容

以本市检察改革工作的组织推进为例，我们认为本市检察改革工作的组织推进实际上借鉴了项目化管理的理念和方法。检察改革工作与其他综合性工作具有一些相同的特点，即跨部门、跨单位，整体协调和有机配合性较强，具体任务具有阶段性。这样在组织推进上，就会出现各个部门只关心自己的业绩，不注重与其他部门、项目团队的相互沟通；等级结构多，解决问题及制定决策进展缓慢，容易引起问题的相互推诿和扯皮，最终影响整个项目组织的进度；部门之间没有正式的沟通线，职能部门之间的竞争和冲突会阻碍信息流动等先天性的缺陷。

本市检察改革工作中实施项目化管理，即通过"项目化管理、闭环式操作、过程化控制、个案式评价"，力求使本市检察改革在形式、方法上有所创新，在工作程序上更加严密。

所谓"项目化"管理，是指党组在规划检察改革工作时，进行项目规划，成立专设机构，提出总体要求，明确责任目标，及时总结验收。

首先，成立跨部门、跨单位的专门组织网络。市院成立检察改革工作领导小组，是在市院党组领导下，负责对全市检察改革工作部署、指导和检查的专设机构。检察改革办公室是检察改革工作的具体协调部门，承担全市检察改革具体事务管理工作。市院各相关部门是落实检察改革任务的条线组织者。各部门指派联络员，各分院、区县院检察改革确认责任人和专职人员，共同组成检察改革工作的组织运行网络，确保检察改革集中管理、有序推进。

其次，将检察改革任务项目化。即是指将检察改革各项任务分解为具体项目，明确指导思想和立项内容，要求基层院结合实际，找准本部门的重点和工作中的薄弱环节，立项申报，并提交项目评估报告，注重项目的实践性、可操作性、时效性、发展性和创新性。每一项目要制定详细的阶段性目标和具体推进措施，使改革工作不断追求实效，体现本单位、部门的特点。在申报中明确项目负责人，由市院检察改革工作领导小组进行逐个分析评审和审批立项。

　　所谓"闭环式操作"是指改革任务一旦立项，市院检察改革工作领导小组将这些工作项目按性质目标细化分解，提出质量与时限的要求，交市院各相关部门组织实施。进行过程中领导小组将予以指导并给予必要的支持。每半年对工作整体发展态势总结分析一次，一年全面总结，两年向党组汇报。项目完成结果由市院检察改革工作领导小组验收，评定绩效。这样从立项到结项，实施全程式闭环操作，从而不仅提高了工作质量，而且使软工作变成了硬任务，保证件件有回音、有落实、有结果。

　　所谓过程化控制，就是在改革工作中，关注项目发展进程，以机制保证全过程控制，保证改革工作深入扎实地展开。对"项目"建设进行过程评议，开展时就确立了立项评审、定期评估等制度。改革工作开展过程中，完善并推进了情况总结报告、深入调研指导、季度、半年分析，跟踪督办检查、年度总评和日常管理工作制度，上情下达、下情上传，确保信息畅通。以专刊、现场会、专题研究会等形式，定期通报全市检察改革工作的进展情况，推广、介绍检察改革工作的经验和做法。以变检查为服务、变考核为评价的方式，在服务中发现典型，培养典型，以点带面，逐步推广，提高积极性，促进整体工作水平的提升。

　　所谓数字化评价，是指建立健全检察改革工作激励机制。每一项目结项，市院检察改革工作领导小组对检察改革成果进行评估，用事实、数据说明"项目"建设所体现的实效。在总结评优阶段，对各单位改革工作整体作出评估。对于成绩突出的单位或个人，予以表彰。从而使"项目"建设始终处于激励机制之下，体现了公平公正原则，提高了各方面改革工作的积极性和主动性。

三、项目化管理方法的作用

　　这种项目化管理方式的借鉴，可以有效地利用内部的资源，减少部门之间工作的冲突，增加了横向信息交流和沟通，降低了每个部门的执行成本。项目化管理通过与某项工作关系最为密切的人参与并负责该项目，使干警的责任感得到提高，改进了问题的处理和沟通效率，降低了项目的风险。项目化管理方式还可以培养一种风险管理的意识。在项目进行前，评估其项目的可行性及对项目产生影响的因素，改变了以前在项目出现重大变化时亡羊补牢的工作方式，提高了项目风险管理的技能和意识。总之项目化管理方式作为现代经营理念的战略核心，在检察工作管理中也应越来越受到重视和应用。

第九章　检察业务工作考核评估机制研究

检察业务工作考核评估机制（以下简称考评机制）是指与个案质量考评相对应的，上级检察院对下级检察院以办案质量为核心的业务工作整体，明确考评指标，厘定考评标准，规范考评程序，以科学化、程序化、法制化、规范化为目标，条线对应、条块结合，而形成的一套完整的、有机统一的考评体系。

从考核对象上看，实践中存在两种考评方式：一是部门内部对案件具体承办人员的个案考核；另一是对各级院内部门的考核，包括条线内上级对下级的考核，以及各级院内部对部门的考核。两者的不同点表现在，前者侧重对个案质量的考评，后者侧重对业务工作的总体评价，一个宏观，一个微观，侧重点不同，组成一个完整的考评体系。同时，个案质量考评办法与对部门的考评又是相辅相成、并行不悖的。对办案人员办理的个案的考评是对单位考评的基础，起推动作用。而对部门的考评则是对部门内全体干警履行法律监督职能的总体效果的考评，是考评的最终目的所在，对个案考评起指导作用。

考虑到对案件质量的考核评估，涉及面广，内容繁多。因此对这项工作，计划分两步走。由于对办案人员的考评是对单位考评的基础，起推动作用。只有落实了对个人的相应考评，考评的成效才会落到实处。因此第一步先完成对办案人员办理个案质量的考评办法，第二步再完成对部门和条线业务的评估办法。

检察业务工作考评机制属于对部门业务工作的考评，实际上是市院通过业务处室对条线的考评。检察业务工作考评机制是保障本市检察工作得以整体、稳步推进的长效机制，也是当前在检察管理工作中急需研究和解决的重要课题。

建立考评机制是强化检察管理，实现领导和指导职能的重要手段。建立和实行考评机制，将检察办案工作的各项办案指标量化考评，并对各主要办案指标的发展变化进行分析和研究，就能够对检察办案工作局面有一个宏观的把握，直观地看到各地区办案工作中取得的成绩和存在的不足，看到工作发展的现状和侧重点，执法水平和执法行为是否规范，从而从考评中发现检察办案工作中存在的苗头性和倾向性问题，为宏观指导和分类指导提供依据，增强指导工作的针对性。

建立考评机制也是推动基层院各项业务工作，推动基层院建设的重要抓手。通过对本市整体检察工作进行适时、全面、有效的指导与调控，能够合理地配置各种有效资源，带动和促进整个管理过程的顺利实施，建立有序、合理、高效的运作方式，从而保证各项检察工作沿着规范的、健康的轨道发展，为不断强化法律监督职责、维护公平正义、实现检察工作的可持续发展提供强有力的机制保障。

建立考评机制，把各项检察工作纳入科学的管理之中，以科学的、行之有效的方法和手段对部门和人员作出的全方位的考评，为正确评估工作成效提供依据，对及时调动和激发各级检察机关的工作积极性、提高责任心，具有十分重要的作用。

总之，考评是实施管理的重要措施和有效手段。可以说，没有考评，管理将没有现实意义；没有科学的考评，管理将陷入难以运转的境地。因此，检察机关在不断完善检察管理过程中，始终应把检察考评工作作为一项重要的内容，作为管理工作的中心环节来抓。而当前对检察业务工作考评的理论研究还不多。因此，本文将这个题目作为探讨的内容，以期能对检察工作有所裨益。

第一节　构建检察业务工作考评机制的理论基础

检察业务工作科学考评体系的建立，是先进的科学管理理念、检察工作规律性研究、检察工作绩效管理的有机整合。

一、借鉴先进的管理理念，构建检察业务考评机制

检察工作实际上是一种司法活动，需要司法人员通过自身的思维活动，在查明案件事实，判断适用何种法律规定等问题上作出司法判定，并付诸实行。这就需要调动检察人员的积极性、主动性和创造性，找到客观要求和主观作用的最佳结合点，发挥检察工作的最佳效益。而要达到这个目的，就需要学习和借鉴科学管理方法和理念。考评的本质也是管理，是通过这一过程识别工作的业绩和差距，对其进行指导和改进，盘活资源存量，最终实现工作提高。

（一）"三论"分析法

即运用信息论、系统论和控制论的理论和方法来分析研究检察业务工作和过程，以保证业务工作考评符合检察工作的实际需要。

1. 信息分析法

所谓信息分析法，就是把事物看成是一个信息流动的系统，通过信息流程的分析和处理，达到对事物复杂运动规律认识的一种科学方法。它的特点是撇开对象的具体运动形态，把它作为一个信息流通过程加以分析，揭示事物之间普遍存在的信息联系。检察业务考评活动中运用信息方法，就要研究信息来源的渠道，

在管理过程中如何传递、储存信息，以及如何分析、利用信息等问题，减少乃至消灭信息失真、失效等情况，最大限度地发挥信息决策处理机制的作用。考评中容易出现的一个问题就是，在设计考评方案时，通常有轻视过程，尤其是信息搜集及整理过程的倾向。这将对日后考评方案的质量造成不利影响。

（1）确定如何收集考评信息，如对每项要素要求收集什么信息，从何处收集信息，收集全部资料还是只采集样本，何时收集，谁收集，以及是否要查阅被考评者已完成的工作报告，涉及反馈信息表和必要的图表等。必要时，应涉及信息反馈系统，以自动获得工作情况的反馈信息。

（2）根据业务条线的考评办法，寻找每个部门主要得失分的基点、往年同期完成情况和条线整体完成情况，通过数据分析、效能评估，对业务工作目标推进情况进行综合评价。

（3）考评指标和指标的值需要内部逐年积累完善，并要调研相关标杆水平指标及指标数值，形成关键业绩指标库，便于每年启动绩效管理机制时进行查询和参考。同时，逐步建设机关的绩效管理指标信息系统，以利于在线的实时检测和监控，帮助管理者成为考评信息的有效沟通媒介。

（4）在规范的考评流程中，考评者的定位应是考评信息的沟通者，是机关整个业务管理机制的信息监督者。建立信息收集渠道和信息动态反馈渠道后，上级院通过考评体系、动态评价体系及时地发布指导性意见，及时了解下级院工作进度或完成专项工作部署的情况，指导和督促下级检察院更好地开展工作。

2. 系统分析方法

所谓系统分析方法，就是把检察业务的各种构成要素以及管理的各个环节、各个层次，都当做一个相互关联的系统整体进行全面的考察和分析，对检察管理内部与外部的各种关系进行综合研究。这种研究方法注重系统的整体协调性、系统的环境适应性以及系统的整体功能的优化。

由于业务工作考评机制本身也是一个系统工程，因此就有必要运用系统论的方法来分析研究，并加以构筑。系统论的基本思想是整体优化，整体具有组成部分不能具有的性质和功能，整体不同于部分之和的原理，是系统论的最基本原理。它的目标是整体优化，协调发展，最佳效应。业务工作考评机制是对一个贯穿于刑事诉讼全过程的涉及民事和行政诉讼的结构严密、运作均衡、富有效率的工作制度的考评，如果仅仅制定各部门的考评制度，那就把检察业务工作考评看做是一个部门与一个部门的规章制度的简单相加的混合体，必然产生"头痛医头、脚痛医脚"，不能获得整体大于部分之和的效果，相反，如果我们看到各部门之间相互联系、相互制约、相互渗透、相互促进的关系，就能从全局出发，统筹全局，使各个部门围绕考评体系这一目标，发挥各自特定的功能和作用，就能产生整体效应，达到整体优化。真正达到提高案件质量、保障司法公正、维护司法权威，推进依法治国服务的目标。因此，如何发现、挖掘各要素之间的相互联系和制约的关系，建立合理有效保障各条线最大限度发挥应有效力的考评机制，以更好地把握规律性、增强主动性、减少盲目性、克服片面性。这是考评机制建立的重要议题。

（1）要处理好条线内各单位、各条线，以及各种办案要素之间的关系。

（2）要辩证处理和把握办案工作的数量与质量、质量与效率的关系。随着法治化进程的不断推进，执法的质量和效率受到人民群众关注的程度日益提高，也是当前检察工作发展进程中必须解决的主要问题。要坚持科学的发展观，准确把握规律、提高检察工作质量和效率，在服务大局、实现检察工作的可持续发展上下功夫。

（3）要正确处理考评的客观要求与主观影响之间的矛盾。这是考评中普遍存在的问题。考评的结果作为奖惩依据，为人事决策科学化提供参考，因此一个客观公正的考评结果显得较为重要。但考评的整个过程又要依靠人来完成。这时主观因素的影响就不可避免了。考评人员的各种社会知觉偏差、考评知识的欠缺、考评工具选择不当，组织中非正式组织的影响等，都会影响考评结果的客观公正。

3. 控制分析法

所谓控制分析法，就是研究各类系统的调节和控制规律的科学。反馈是控制论的核心问题，研究如何利用控制器，通过信息的变换和反馈作用，使系统能自动按照人们预定的程序运行，最终达到最优目标。在检察业务考评活动中引入控制论方法，就是要选择有效的控制方式，注意不断反馈调节，以达到步调一致，发挥业务管理活动的整体优势。

对检察机关而言，重点方式是"程序"的规划与设计。通过程序的约束功能、信息功能、塑造功能，起到整合、优化检察资源的作用，从而更好地发挥检察监督的职能作用。目标是要实现检察工作质量与效率流程的网络化管理，对主要业务工作质量和效率进行细化和量化，做到每道业务程序的质量要求明确、时间节点明确、处置程序明确，用机制和制度保障检察工作质量和效率的提升。通过深入查找办案质量和效率上存在的问题，进一步完善决策、管理、执行环节上的质量和效率测评指标，用技术手段固定工作节点和质量效率的要求，实现网络化管理，使考评成果更好地体现在"加大工作力度，提高执法水平和办案质量"上来。

（二）组织学派与行为学派

从方向上看，尽管学派各异，实质上管理理论是沿着这样两个方向发展的：一种是强调组织的作用和技术的作用，把人看做是"经济的人"或"机械的人"；它们以生产（或工作）为中心，主要采用等级制的权威型管理方式，注重组织的作用，强调专业化，明确分工、职责范围、纪律、服从等，以组织、计划等控制人们的活动，来达到整个组织目标。这种观点借鉴吸收了系统论的一些观点和方法。另一种理论强调人的行为和人群关系，强调工作集体的影响，认为人是"社会的人"，它们以人员为中心，主张采用参与制的民主型管理方式；重视非正式组织的作用，强调自主，强调满足职工的需求和愿望，以激励和启发、调动职工的创造性和积极性，来达到整个组织的目标。持前一种观点的，管理史上称为"组织论者"或组织学派；后者，一般称为"行为论者"或行为学派。事实上，这两派各执一端，都有其片面性。尽管各种学说相互独立，但由于基本目的是相同的，所以它们之间的沟通也是明显的，相互渗透、补充，难以截然分开。

二、从诉讼规律和法律监督特点出发，构建检察业务考评机制

检察机关作为国家专门的法律监督机关，就是要通过公正、高效地办理每一个案件，更直接、更有效地为发展先进生产力、发展先进文化、为广大人民的根本利益提供强有力的司法保障。了解、掌握检察机关法律监督所特有的性质和特点及其规律，是建构检察业务考评机制的基础和前提。

我国检察机关法律监督特指："人民检察院通过运用法律赋予的职务犯罪侦查权、公诉权和诉讼监督权，追诉犯罪和纠正法律适用中的违法行为来保障国家法律在全国范围内统一正确实施的专门工作。"具有以下性质和特点：

（一）监督性质的国家性

检察机关的法律监督，是检察机关运用法律手段，依照法定的程序，针对特定的对象进行的能够产生法定效力的监督。要遵循检察业务工作规律，首先要尊重中国检察机关的特有属性和地位。检察机关的法律监督权，是在人民代表大会下的一级国家机关，同行政权、审判权一样，都是国家权力的重要组成部分，是在不同于西方的政治结构中落实权力制衡要求的一个重要制度设置，在国家政治体制中担负着法律监督的重要职责。这也是人民代表大会制度的特有选择。自侦、公诉、诉讼监督等都是法律监督的必要手段。

（二）监督范围的广泛性

从实现手段看，我国检察权就是法律监督权，具体是侦查权、公诉权和诉讼监督权三项权力的统一体。我国建立社会主义法治国家要做到有法可依、有法必依、执法必严、违法必纠，其法律体制就应包括立法、执法、司法和守法。而检察机关的法律监督，通过其检察权的行使，实际上涵盖了对执法、司法和守法三个方面的监督。这种监督范围的广泛性，一方面使得科学合理的工作制度的建立

更为紧迫，以理顺关系，提高效率，保证质量；另一方面也表明，检察机关的监督范围虽然很广泛但并不杂乱，其各监督对象之间具有内在联系，包括执法、司法、守法，都是社会主义法律体制的有机组成整体。这种内在的联系性为科学设定检察机关的管理目标，划定考评指标及界定标准提供了坚实的基础和依据。

（三）监督手段的诉讼性

检察机关法律监督是通过具体的诉讼职能而实现，而不是超脱于监督对象之外的以旁观者的姿态指手画脚的权力。监督者必须积极介入诉讼活动，在诉讼参与中实现对诉讼的监督。这就需要在架构业务工作考评机制时应符合亲历性、独立性、公正性等诉讼规律的要求，清除原有单纯行政化管理模式对检察工作的负面影响。

法律监督手段的诉讼性表明，法律监督必须靠业务工作，靠执法办案去实现。"业务工作、执法办案是检察工作的中心，其他各项工作包括队伍建设，最终目的都是推动和保障业务工作开展，以更好地履行法律监督职能，更好地为党和国家工作大局服务。"这就要求我们在考评中应以办案为重点，破除部门观念，其他工作围绕这个重点来开展。

以办案为重点，要求我们在设定考评办法时，一方面要以调动办案人员积极性为方向；另一方面尤其要注意为办案创造良好环境。恰当设定考评项目和尺度，适当运用考评杠杆，为办案工作创造良好的环境，对法律监督职能的真正发挥，具有极其重要的作用。如对不诉、撤案、无罪判决的案件，在考评取分上，应将不同性质、不同理由的不诉、撤案以及无罪判决案件作合情合理的区分，引导各级院准确理解法律有关规定，在从严控制质量问题的前提下，依法用好不诉、撤案等法律处理手段，为办案工作营造一个公正、宽松的氛围。如对撤案的考评，要区分是属于正常撤案还是确系错案，给予区别对待。这样做的意义在于，既化解撤案考评对立案的制约影响，又防止随意立案，片面追求数量现象的发生。

以办案为重点进行考评，最终要以公正、高效为最高价值判断。实现司法工作"保障在全社会实现公平与正义"的目标，这是检察机关的立身之本、立业之基，是检察工作的最高价值追求。而公正与效率相辅相成，效率是实现公正的最佳状态。检察效率的提高关系到全社会公平正义在检察环节的实现。

（四）监督效力的程序性

相对于行政管理权和审判裁决权的实体性而言，检察机关的法律监督权力，只具有作出某项程序性的决定、启动实体解决问题的功能，它本身不具有实体处分权。法律监督只是一种权力制约另一种权力的权力，而不是对另一种权力给予实际处置的权力。我国宪法和人民检察院组织法只赋予检察机关程序性权力，这一国家权力配置方式及其运行机制具有独特的优越性：一是把法律监督权专门独立出来，而不赋予实体处分权，既是对行政权、审判权的制衡，又可以防止权力过分集中；二是把检察权限于程序方面，使检察机关能摆脱实体处分的羁绊，集中精力搞好监督，充分发挥异体监督的优势，运用超然独立的地位，做到铁面无私、严格监督。

明确了这一特点，要求我们在构建业务考评机制时，需要探索如何通过设定考评的标准，使检察机关的法律监督职能得到最佳实现，发挥其应有的效力。即这些活动中存在的违法行为和现象是否由于监督权的行使而得以制止和查究。检察机关通过法定程序、以法律规定的手段，对违反诉讼程序规范的行为提出纠正意见后，被监督者必须作出法律规定的反应，且这种反应应当是违法行为的制止或违法者所负责任的查究。如果没有这两种或其中一种预期结果的出现，检察监督就失去了它应有的效力。对业务工作的考评，在管理目标、考评标准的设定上，就要以此作为最终的检验标准。

（五）监督行为的矛盾性

我国检察机关的自行侦查具有行政属性，公诉具有司法属性，后道环节对前道环节的制约又具有监督的属性。表面看来检察业务工作不具有统一的属性，但实际上这些业务活动都统一于检察机关法律监督的职能之下，具有对立统一的特性。这与国外检察机关是不同的。检察机关参与刑事诉讼与法院又有不同。法院的刑事、民事、行政审判工作是平行排列的。而检察院的诉讼业务则是纵向排列的流水线作业，前道环节与后道环节环环相扣，紧密联系，在这一运行过程中，各业务环节又有自己的特点，环环紧扣，层层递进。这就需要我们在遵循诉讼一般规律的同时，探索符合检察机关自身特点的管理规律，做到各业务环节、前道工序与后道工序之间既有协调与配合，又有监督与制约，从而使案件质量得到真实具体的保障。具体如对刑事案件质量的证明标准的规定，由于检察机关各个业务阶段对案件事实查明情况和证据的证明程度等要求不同，存在递进的关系，因此这种评估标准应细化到各阶段，以体现各阶段特有的标准和要求，包括立案、批捕、审查起诉和抗诉等阶段应达到的标准。另外，在业务考评机制中，还要处理好部门工作与整体功能的关系。在考评内容里，规定向其他职能部门提供案件线索，配合调查取证等做法，视成效大小给予幅度相当的考评评分。同时，对于后道环节对前道环节依照法律和办案制度纠正违法或错案的，也应列入重点考评的范围。

（六）　监督管理的多元性

业务工作考评机制的难点是探索检察业务活动，也即实行法律监督所应遵循的特有管理规律，也就是要将公诉、自侦等纳入到法律监督的统一体中，探索具有中国特色的监督规律，从而优化业务管理，提高工作质量和效率。当前检察机关实行的如检察委员会合议制与检察长负责制相结合的议行分离模式；内部通过法定权力、法律规范和具有强制力的内部指示等来管理的规范性管理模式；检察长的统一领导与检察员的相对独立性相结合，以服从法律为第一位的法定式管理模式；检察机关内部功能的多样性与统一性等，都为我们探索监督管理搭建了平台，提供了预设前提。

三、利用绩效考评管理方法，构建检察业务考评机制

传统意义上的考评中，组织往往是单纯地依赖定期的、既成的绩效评估办法，考评更多的只是关注结果和形式，忽略了对各种过程的控制和督导，是一种只问结果不问过程的考评管理方式，被考评者改善绩效的动力是来自于利益的驱动和对惩罚的惧怕，考评就是挑被考评者的毛病，因此，容易造成考评者与被考评者之间的对立与冲突，导致两者关系紧张；当被考评者发现无法达到工作标准的时候，就会放弃努力，自暴自弃，或归因于外界和他人。同时，由于过分依赖规章制度，从而削弱了组织中各级管理者对改善绩效方面的责任，忽视了责任的主体是管理者。

现代意义上的绩效考评则是一个系统的绩效管理过程，更为注重过程的控制和引导，组织在确认被考评者以往工作执行能力和行为存在哪些不足的同时，通过培训开发和引导来不断提升被考评者职业能力和改善工作行为，并提高被考评者在工作执行中的主动性和有效性。仅对结果奖惩或过分地把被考评者绩效改善和能力提高依赖于奖惩制度，会因此带来许多消极的影响。事实上，极少有人因惩罚而改善工作绩效。当资源是可见的时，容易监控。而人力资源及智力是不可控的，管理的难度增加，从而使得以激励、引导和帮助被考评者获得发展的期望变得尤其重要。真正地与被考评者一起平等沟通，真诚帮助其进行分析和提供相应帮助，才能使被考评者真正融入到管理和发展中来。

现代绩效考评的重要目的之一就是通过对考评过程及结果的合理运用，即奖惩激励和培训开发，营造一个激励被考评者奋发向上的积极心理环境。应具有三个方面的作用：一是通过绩效考评为组织科学地对被考评者奖励分配提供依据；二是帮助组织了解被考评者的工作优势与不足，为其创造合理的环境；三是帮助被考评者了解自己，形成正确的自我认知，为自己设计合理的发展规划。

　　工具设计是绩效考评与管理方案中最为关键的技术问题。它主要包括分解发展战略目标及建立绩效契约、提炼关键业绩指标（KPI）、编制业绩考评标准、选择考评方法、确定考评及管理流程。

　　从效率的角度出发，考评需要抓住要点。可以把工作职责归纳成为几大类重点工作区域，每一个工作区域都可以归纳出决定工作成败的关键因素。梳理清楚重点工作区域的前提是对流程的改进。要根据工作目标，确定核心业务流程和辅助业务流程。在流程的各节点合理分配部门职能，部门在部门内部流程的各节点合理分配岗位职责。具体做法是先固化现有流程，再对其进行优化，关键成功因素就来源于流程中的关键控制点。

　　要根据工作战略目标，逐层分解指标，使各自负责某一具体业务体系的部门自有的考评体系必须要依托工作整体战略目标，并且是整体目标的一部分。

　　常用绩效考评方法主要有：

　　1. 关键事件法

　　此法由 J. C. Fannagan 创立和发展，其主要原则是认定员工与职务有关的行为，并选择其中最重要、最关键的部分评定其结果。这种方法考虑了职务的动态特点和静态特点。

　　其优点是研究的焦点集中在职务行为上，通过职务分析可以确定行为的任何可能的利益和作用。缺点是需花大量时间搜集关键事件，并加以概括和分类；此法对中等绩效的工作人员难以涉及，因而不能全面完成职务分析工作。比较适合人数少，工作任务简单的单位。

　　2. 行为瞄定等级评价法

　　此法将关键事件和等级评价有效地结合在一起，是关键事件法的进一步扩展和应用。其优点是对员工绩效的考量更精确，但涉及和实施的费用较高，比许多考评方法费时费力。

　　3. 行为观察量表法

　　行为观察量表法是指评估者通过员工各种行为的频率来评定工作绩效，将员工的每行为项上的得分相加得到总评分，高分意味着一个人经常出现合乎希望的行为。

　　该法的特点是克服了关键事件法不能量化、不可比，以及不能区分工作行为重要性的缺点，但编制表格比较费时费力，而且完全从行为频率考评，可能会忽略行为的结果。

　　4. 目标管理法

　　组织成员亲自参加工作目标的制定，实现"自我控制"，并努力完成工作目标。而对于员工的工作成果，就有明确的目标作为考评标准，对员工的评价能做到更客观、更合理，并能大大激发员工为完成组织目标而努力。

使用此法经常出现的问题主要有，对目标管理的原理和方法宣讲得不够，未把指导方针向拟定目标的各级主管人员讲清；目标难以确定；目标一般是短期的；目标调整不灵活。

5. 强制比例法

根据正态分布原理，优秀员工和不合格的员工的比例应该基本相同，大部分员工应该属于工作表现一般的员工。

此法能在一定程度上避免由于考评人的个人因素而产生的考评误差。此法比较适合考评相同职务员工较多的情况，但考评难免机械化。

6. 360 度考评法

一些关键岗位可采用此法。通过员工自己、上司、同事、下属和顾客等不同主体来了解被考评人的工作绩效。

此法现在常被提及，但其有一定的缺陷，自下而上的考评让管理人员产生不信任、不安全感；多角度的考评，看似全面，但是若实施不好，容易导致考评结果更不客观；工作量也大。

360 度反馈应以提升任职者管理能力为目的，不与升职、奖惩挂钩，否则考评打分结果会出现偏差。

7. 平衡记分卡

以企业为例，平衡记分卡从四个重要方面来观察企业，即客户角度、内部业务角度、创新学习角度、财务角度。其重要的是各个方面的均衡，企业可根据内外部环境条件的变化以及企业自身的特点选择指标体系，指标体系中的每一考评指标均设置临界值，达不到临界指标的项目是企业下一阶段努力的重点。

此法在实践中被较广泛地应用，但是，平衡计分卡不是一块适合于所有行业的模板，需要根据单位的不同情况来设计。此法适合于管理基础比较好、规模较大的单位。

以上七种考评方法值得我们在构建检察业务考评机制中借鉴。

在构建检察业务考评机制时还需要把握公开、双向原则。有效的考评沟通是绩效考评过程中一个十分关键的环节，直接影响着绩效考评的效果。绩效考评的一些重要作用必须经过考评沟通这一环节才能得以实现。但这一环节却往往被许多组织所忽视，一些组织在大张旗鼓地实施考评后，由于害怕与被考评者面对面地反馈出现尴尬局面，而只是简单地将考评结果通知被考评者，甚至不允许被考评者有申诉的机会。只能硬性接受；有的甚至怕被考评者知道结果，对上司有意见，影响今后的工作，被考评者连最终考评结果都看不到，这样，被考评者怎么能够知道自己哪些方面做得不足，哪些方面需要改进？又如何去调动他们的积极性？此外，被考评者对于自己做得好的地方又不能得到及时肯定，久而久之，就会产生干好干坏一样的心态，有的甚至对自己的能力和激情也产生质疑，从而导致工作兴趣和积极性的下降，这些问题和困惑如不能得到及时的解决，考评工作就越来越成为徒具形式的过场而不为被考评者认可。

有效的考评沟通正是基于组织与被考评者在反馈考评结果的同时，以双向沟通的方式实现考评信息交流和制定工作目标的激励过程，它应包括考评前的工作沟通和考评后的反馈沟通两部分。工作沟通实质上是对被考评者的工作状况进行回顾，以获取更加真实、准确的考评信息，并与被考评者将共同达成的有关达到或超过期望值的各个工作项目完成状况形成书面文字。反馈沟通则是指把考评后的结果给被考评者正确反馈的过程，主要是让被考评人认可考评结果，客观认识自己并改进工作。通过考评沟通来指导和帮助被考评者制订出提升工作绩效和职业能力的具体实施方案，以最大限度发展被考评者优点，并使其缺点最小化，这也正是开展绩效考评的根本目的。

具体而言，在绩效考评过程中要注意增加考评工作的透明度和宣传力度，强化被考评者的主动参与。

考评沟通工作要有针对性，注重强调具体行为，即所谓"批评的目的是指出错在哪里，而不是指出谁错了"，否则会引起被考评者的抵触情绪和争执。

第二节　构建检察业务工作考评机制的总体要求

新时期我们提出构建检察业务工作考评机制，主要目的在于进一步加大工作力度，提高执法水平和办案质量，强化法律监督职能，维护全社会的公平正义。这是高检院对新时期检察工作确定的主题和总体要求，顺应了时代的发展和形势任务的变化，回应了人民群众对新时期检察工作的期望，也是检察工作发展的必然趋势和内在要求。

建立检察业务工作考评机制，方向要找准，否则上面拍脑袋，下面"扒分"，不利于检察业务工作的长远发展。这就要求我们在构建检察业务工作考评机制时，首先要符合科学发展观对检察工作提出的新要求。

坚持以人为本是科学发展观的本质和核心。以人为本就是要把人民的利益作为一切工作的出发点和落脚点。发展的最终目的是实现最广大人民的根本利益。联系检察工作实际，坚持以人为本，就要带着对人民群众的深厚感情执法，本着对群众利益高度负责的精神办案，认真解决人民群众反映的实际问题，对于人民群众最关心、最迫切需要解决的问题，要想方设法、充满感情、全力以赴地解决，真正做到执法为民。要坚持以公正执法为根本，严格按照法律的规定，正确、及时、有效地处理各种案件和纠纷，积极维护司法机关正确的裁判和处理，做好当事人的教育疏导，服判息诉工作，使当事人理解、信服和接受司法机关的处理结果，实现办案法律效果、政治效果和社会效果的有机统一。这就需要在进行业务工作考评时，加大对相关工作的考评力度。

科学发展观要求以人为本，同正确的政绩观所强调的忠实履行全心全意为人民服务的宗旨，把实现人民群众的利益作为追求政绩的根本目的是一致的。正确的政绩观要解决何为政绩、如何创造政绩、为谁创造政绩、由谁评判政绩和怎样正确评价政绩等诸多问题。检察工作的政绩观则要回答为谁执法、为谁服务和怎样更好服务等基本问题。上海检察工作近年来有了长足的发展，但一些不正确的政绩观也正在影响和制约着检察工作的进一步健康发展。因此，探索建立业务工作考评机制，有助于我们确立正确的发展理念，为落实正确的政绩观，落实科学发展观，奠定坚实的制度基础和保证。

作为国家的法律监督机关和维护社会稳定的政法机关，检察机关履行职责的根本目的是为党的中心工作服务，也就是为经济、社会全面、协调、可持续发展，为建设全面小康社会创造一个稳定的社会环境和公正的法治环境。同时，这也对检察工作本身的全面、协调、可持续发展提出了要求。要实现检察工作的全面协调发展，就要处理好局部与全局的关系；打击与保护的关系；业务工作与队伍建设的关系；眼前利益与长远发展的关系；显性成绩与隐性业绩的关系。只有处理好这几对关系，才能在各种复杂环境中，实现检察机关法律监督职能的充分发挥，实现检察工作的全面协调发展。作为业务工作导向和标准的考评机制，应将这几对关系的处理作为重中之重。

要更加重视检察队伍的可持续发展，将检察队伍的长远发展作为政绩的重要内容，落实逢晋必考等有效措施，变"要我学"为"我要学"，引导检察人员终身学习、勤于思考、提升素质的自觉性；用机制保证检察人员尤其是专门人才和业务骨干获得经常性的学习、培训、提高的机会；严把进人关口、疏通出口关，切实保证和不断提高检察人员级别的法律专业素质，为检察队伍的可持续发展提供源源不断的人才储备。要努力以队伍素质的不断提高带动各项检察工作真正走上全面、协调、可持续发展的道路。

要具体落实科学发展观，不能靠简单的口号，也不能靠一时的运动，要通过构建业务工作考评机制，建立起长效机制，在把握质与量、动与静、基础与特色工作结合的辩证关系的基础上，通过测评数据、体系来反映工作，推进工作。使这一重点不因领导注意力的转移而转移。这就要求检察业务工作考评机制首先要符合科学化、程序化、法制化、规范化的要求。科学化要求将科学管理理念、现代绩效方法与检察工作实际有机结合，创造出一套符合检察工作内在规律，有利于提高工作积极性，能有效完成法律监督职责的考评体系；程序化要求考评机制要做到每一考评步骤、每一考评标准的设定都是必不可少的，增之则多，减之无效；法制化要求考评机制的设定要限制在现行法律法规的框架内，具有强制效力，以保证考评的权威性和有效性；规范化要求考评工作做到有章可循，有据可依，全面细致，没有漏洞。

具体而言，建立科学合理的业务工作考评机制，实际上是遵循检察工作的内在规律，吸收科学的管理理念和绩效管理方法，沿着两条主线展开的：一是吸收动机激励理论的合理内核，建立业务工作责任制，分解质量责任目标到每个办案单位，将考评实绩与奖惩、评优联系起来，以调动办案部门的积极性；二是采用系统论、信息论和控制论的观点，将检察机关的法律监督工作看做是一个大的系统，各个业务环节则是这一系统的有机组成部分，按照最优化的结构将这些环节有机组合起来，确定其中的关键考评节点，厘定考评标准。以这种系统论观点为指导，就可以科学合理地确定考评的具体指标和标准，从而发挥业务工作考评机制的最大效用。两条主线相结合起来，共同组成业务工作考评机制的基本架构。具体还要处理好以下几个方面的关系：

一是要在办案工作的各种错综复杂要素中处理好考评的导向性。如反贪部门为倡导开展侦查协作与配合，针对这项工作在各单位评比竞争状态中思想存有障碍，难于推动落实。对此，反贪部门围绕进一步增强全市侦查办案"一盘棋"的思想，构建侦查协作的办案工作格局，适当加大开展侦查协作与配合的考评分值，倡导各级院反贪部门积极主动地做好案件线索移送、情报信息共享、侦查经验交流、疑难案件合力攻坚等。如甲反贪局移送线索后，该线索被乙反贪局受理、初查、立案后，甲反贪局该项考评得分等同于甚至高于乙反贪局。这样，既盘活了全市线索总量，又调动了各方开展协作的积极性。

又如控申条线取消管辖内办理交办案件的加分制，试行不办理扣分制。由于相当一部分交办案件是由于原来案件和有关事项没有处理好当事人向上级领导反映后，领导批示交办的，这样，势必形成原来工作差错多，交办案件多，考评得分多的怪圈，所以需作必要修改，以督促基层院办好每一件案件，把牢案件质量关。对交办异地办理的案件，经申报市院业务处仍酌情给予加分。

二是处理好考评要素与办案数量的关系。即关于办案数量应否纳入考评中，成为考评的一个指标的问题。有观点认为，办案数量的多少，不是单纯依靠主观努力就能决定的，还要受到所辖区域内经济、文化、人口、地理等多方面因素的制约，在各地区发展不平衡，因此涉诉案件数量是不相同的。因此，以办案客观数量多少来进行考评，势必造成各地区考评的先天不平等，考评也不会是公平的。

我们认为这个问题要具体分析。标准就是看办案数量对法律监督职能的影响程度的大小。如公诉、侦监条线，办案数量对法律监督职能影响相对要小，因此在考评办法中可相应淡化办案数量对考评分数的影响。但对于反贪、反渎部门来说，办案数量在一定程度上反映了法律监督的力度，因此，要适当加大这方面的考评分值。

如反贪部门为推动反贪工作平衡健康发展，考评办法强调数量与质量并重，在坚持质量要求，体现办案水平的前提下，将依法加大力度，保持一定的办案数量规模作为考评的重要依据，明确提出"立案总量达到本局前三年平均办案水平或侦查岗位人均办案数达到1件"，作为部门评先进的一项准入条件，并且在分值量化、评估标准上立足办案，使办案状况与考评得分紧密挂钩，以此引导各级院反贪部门从本地区实际出发，积极主动开辟案源，坚持突出办案重点，保持查案工作的平稳发展，防止出现非正常的起落现象。

三是要处理好考评机制的稳定性与灵活性的关系。对检察业务工作的考评，实际上也是对司法活动的一种考评，要运用法律的方法。但法律方法具有明显的规范性、稳定性，容易给检察业务考评的研究造成一种僵化的、缺乏灵活性的惯性。但法律的有效程度取决于它在多大程度上符合客观事物的发展规律。如果不随着客观事物的变化而进行调整和修改，就会失去应有的效力。所以，法律必须随客观情况的变化而作出相应的调整。因此，要研究以法律监督为职能的检察业务考评的内在规律，特别是分析研究检察业务考评工作中出现的新情况、新问题，实现检察业务管理的科学化、标准化、规范化和程序化。具体包括：

①在研究过程中要运用现代自然科学和现代社会科学研究的新成果，以及现代化的通讯设备和电子计算机等新科技，来丰富和完善管理的方法和手段。

②考评办法要对一定时期法律政策的要求有所反映。如反贪部门就要处理好查办大案与查办小案的关系。要求在集中精力查办大要案的同时，从"三个效果"统一着眼，正确和妥善地把握查办小案的问题，合理设置办理小案的考评分值，引导、鼓励各级院反贪部门实事求是、依法、严肃地查办具有典型意义的小案。

③考评办法要坚持循序渐进性。坚持阶段性目标与总体目标相适应，把长远目标分解到不同阶段，根据人的认识规律和工作形势特点，在不同阶段突出不同的重点，为下一阶段工作的开展打下扎实的基础，从而形成逐层推进逐步实现总体目标的良好态势。

如在探索推广业务条线工作规范化考评管理体系过程中，可借鉴监所、研究室等部门创建规范化工作的做法，从硬件建设、机制建设、工作成效、队伍建设、基础工作等方面，设定规范化建设的具体要求，分阶段、分层次地加以实施。同时，改变一旦达标便终身无忧的"一劳永逸型"创建模式，以升级、年检等长效管理方式，推动和引导更多的基层院及业务部门朝着夯实基础、健全机制、规范科学、求真务实、开拓创新的方向健康发展，使越来越多的单位靠长效机制而不是短期突击来实现争先创优的目的，以此落实正确的政绩观。

四是要坚持实践检验的方法。任何理论的产生都离不开实践。检察业务考评作为实践性很强的工作，更离不开实践。作为一种应用科学，检察业务工作考评有自身的理论基础，但不能从理论到理论，也不能就事论事，而必须运用理论联系实际的方法，使之成为实践活动的思想武器。注意：从中国国情出发，研究有中国特色的检察业务考评；从检察业务工作实际出发，研究检察业务考评的特点和特殊规律；总结检察业务考评的经验，升华成理论；将检察业务考评的研究成果放在实践中检验，直接为现实服务。

五是正确认识业务工作考评机制的作用。办案工作情况，不是单纯依靠主观努力就能决定的，还要受到所辖区域内经济、文化、人口、地理等多方面因素的制约，在各地区发展不平衡。再加上各单位干部配置上存有差异，决定了不同情况用同一标准考评衡量，不科学、不合理的现象必然存在。所以条线考评的科学性是相对的，但要坚持规范操作和合理考评。

六是正确处理好质量和效率的关系。两者有机统一，质量是检察工作的生命线，是维护公平正义的保证，效率是工作力度的体现，两者都是维护党和人民利益、建设社会主义法治国家的根本要求。没有效率就没有真正的质量，没有质量也不会有真正的效率，二者相互关联、相互依存、相互促进。在检察办案实践中，我们只有既确保案件质量，又使办案效率有一个质的突破，才能充分发挥检察机关法律监督职能作用，实现检察办案法律效果、政治效果和社会效果的有机统一。在考评工作中，要坚持整体的观点、普遍联系的观点、两点论和重点论的观点，正确处理好质量和效率的辩证关系。要坚持以质量为本，在确保质量的前提下提高效率，在效率的要求下提高质量，实现两者的有机统一。

第三节　检察业务工作考评的历史与现状

一、检察业务工作考评的历史

检察业务考评机制中，确定科学合理的考评方式是其关键。长期以来，由于检察机关沿用行政管理的模式，检察考评工作也袭用了行政机关考评的原则和方法。这种考评方式没有处理好队伍建设、行政管理、公益活动等与业务工作的关系，弱化了检察法律监督在检察管理中的重要地位，模糊了检察职能与队伍建设、行政管理等作为保障服务检察职能实现的关系，直接造成在保证业务类考评分的同时，在其他项目花费很大精力。由于不符合检察工作本身的特点和规律，在实践中暴露出局限性。

此后，实践中不断进行探索。各检察院曾尝试过很多办法，通常有年终投票评比法；岗位目标管理考评法；对案件定性定量打分法。这些办法的实施在不同时期对加强干警的考评，强化科学管理，推进检察工作的全面开展，起到了一定的积极作用。但是，随着时间的推移，这些办法不同程度地暴露出一些弊端，集中在缺乏对办案工作的客观评估，难以真正全面、科学合理地反映真正的业绩。例如，岗位目标管理考评法，主要是针对各业务部门实际情况，在年初针对不同岗位的各项工作确定不同考评指标，到年终进行量化分解目标考评。它的弊端在于不能科学均衡各项检察业务中不同性质的案件定性、定量分析，不能科学衡量检察工作的实际工作量，考评标准和评分细则不够科学、合理，甚至个别条款脱离了基层院的工作实际。

对案件进行定性、定量打分法，主要内容是根据检察机关办结的不同种类的案件性质、办案的各个环节和各种不同情况确定分值进行综合打分。这个办法相对来讲是比较科学的。但是该办法对案件如何通过评估值体现案件质量方面的差距，如何掌握特殊案件、疑难案件的难易程度和计算方法，如何检验案件办结后的法律效果、政治效果和社会效果等，规定过于原则；而对于办案的每个环节的考评打分又规定得过分复杂，如采取强制措施，拘留加 1 分，取保候审加 2 分，逮捕加 5 分。办案中采取何种强制措施，是根据办案的客观要求决定的，如单纯地按强制措施的严厉程度打分，显然是不科学的，也很难掌握。所以此种办法也缺乏具体的可操作性。

二、检察业务工作考评的总体评价

从上海市检察机关来看，目前普遍适用量化考评方法，总体情况是好的，有很大的发展。一是各业务条线都有本条线的考评办法，基本符合本业务条线特点。如都突出了全面履行本条线职能，针对本条线业务工作特点分解考评项目，设定考评标准和权数；基本上都将办案质量作为考评重点，在分值设定上占有绝对优势比例；以考评结果为依据进行奖惩；等等。二是各条线都注重在实践中实行，不断反馈，不断修改完善，使之更符合客观实际。三是考评办法的实施，调动了工作积极性，推动了工作发展。四是保证了办案和业务工作的顺利完成。

实践中，业务考评工作同时也碰到不少难点。一是普遍适用于各类机关的量化目标管理如何体现检察工作的特点；在确定量化考评项目时，是突出检察业务工作，还是简单地表现业务、队伍两手抓；是强调体现工作量的数量，还是注重工作的质量、效率和效果；二是如何使考评工作能够提高而不是挫伤大部分干警的工作积极性，如何使检察考评的结果能够成为部门和干警工作业绩的客观评价并且得到绝大多数干警的认可；三是如何使考评结果与干部人事资源管理真正结合起来，真正使考评结果能够与干警利益挂钩，能够确实成为晋升、晋级、奖惩的重要依据；四是如何建立一套能够保证考评结果客观、公正的考评程序，使考评工作具有权威性。这些难点的研究解决，直接关系到适合检察机关特点的考评机制的确定。

三、检察业务工作考评存在的主要问题

（一）指导思想偏差

主要的问题是，考评工作不是从工作规律出发进行设定，而是认为考评是指挥棒、"魔棒"，为我所用，是体现领导机关的权威，这种思想仍有一定的市场。在这种思想指导下，甚至连推销书，也有列入考评范围的。

（二）功利性、随意性较大，缺乏相对稳定性

表现出考评工作中存在的急功近利，浮躁心理，不利于这项工作建立长效机制。如两年一度的考评期限的设定引发了一定程度的短期行为。在上一考评期限的后期加紧立案，使自己在考评时领先；然后又在下一个考评期的初期撤掉一些案件，由于撤掉的是上一年度立的案件，因此，不列入本期考评分等。另外，重办案工作实绩，轻队伍素质长期培养的倾向与此也不无关系。办案数量和质量是眼前必须解决的问题，也是看得见、摸得着的"实绩"，而队伍素质的提升非一朝一夕、一年半载之功，况且抓队伍的岗位练兵、调研分析等综合工作，势必占有办案时间，影响办案进度和其他"得分"的工作。因此，重办案业务轻队伍建设实际上是基层一些部门现实而又无奈的选择。其中的急功近利一定程度上是不尽合理的考评造成的。

当然，稳定性不是绝对的，应当在基本稳定的前提下有计划性地引导工作，如发表作品的引导层次上：一是上交作品，二是发表作品，三是发表精品（在一定层次刊物上发表），这与随意性是不同的，如今天重视立案数量，明天重视调研工作，无计划地改变就是随意性。要保持相对稳定性，就应树立正确的政绩观，从检察工作的协调发展、长远发展出发，找准着力点。

（三）不规范，不统一

由于考评采取的是条线纵向为主的模式，各条线的考评都自成体系，而从整个检察机关的层面或从公、检、法三机关相互配合、相互制约的更高层面看，工作考评机制存在着不相协调，甚至相互矛盾和冲突的地方。一个重要原因是衡量

案件质量的一些考评指标过于绝对化。立案多、追捕追诉多、不捕少、不诉少、无无罪是办案部门案件质量和工作业绩的主要指标，但实践中，由于证据变化、证据规格差异、认识分歧等原因，个别案件立案后撤案、不捕、捕后不诉，甚至诉后判无罪，都是一种符合客观实际的正常现象。但由于目前的考评机制在业务条线之间缺乏衔接，有的指标过于绝对化，因而造成部门间的扯皮和矛盾。后道诉讼环节为了体现自身的办案质量，有时必须"牺牲"前道环节的工作成绩。后道环节把关严了。质量高了，立案后撤案、不捕、捕后不诉、追捕追诉的案件必然增多，说明前道环节的案件质量有问题；职务犯罪查案多了，预防工作的成效必然受损等。这种"我的成绩就是你的失误"的考评机制，尤其是不加区别地将所有撤案、不捕、不诉、无罪案件都作为案件质量不高看待的现状，人为地增加了一些不构成犯罪、罪不该逮捕、起诉的案件被勉强立案、逮捕、起诉、判决，从上级考评的指标上看，案件无质量问题，然而，对于犯罪嫌疑人、被告人而言，这样的案件是不折不扣的错案和劣案。

片面强调考评的条线分割，造成有关部门对一些涉及几个部门或环节的全院性工作，如侦捕诉联动、自侦案件线索移送、控告申诉首办责任制乃至信息、调研、宣传、档案等综合性工作的重视程度不够，配合意识不强，工作合力欠缺，检察资源浪费。有利于考评得分的项目，纷纷往各自条线拉，无助于考评得分的内容，往往朝其他部门推。长此以往，必将不利于检察工作的健康发展，对检察工作正确政绩观的树立和落实，也是一个冲击。

此外，在市院总的考评方案与条线之间也有不一致的地方。市院总的考评方案往往在年底或两年考评年的第二年出台，其规定的原则、条块的分值配比计算方式不尽合理，与市院业务处考评方案导向的重点有冲突，可能在某些方面造成市院业务处考评办法中的内容形同虚设。市院出台的考评总方案时间应同步提前，以有利于各条线在制定条线考评办法时按照实施，增加可操作性和协调性。对各条线业务相互联系的地方，也存在矛盾之处。如对预防职务犯罪的考评，存在渎检条线与预防条线交叉现象。

（四）程序缺乏，公开不够，缺少必要的救济措施

目前的考评机制，无论是对单位还是对个人的考评，都存在着只有上级考下级，而几乎没有下级评上级的单向运行的问题。尽管市院近年来已推行了基层院业务部门对上级对口部门进行打分反馈的举措，但在工作业绩优劣由上级说了算的大环境下，这种下对上的考评，其工作力度和实际效果远不及上对下的考评那样有实质性的意义，更多的只是一种探索或者工作形式。这种考评模式的单向性，助长了被考评部门眼睛朝上、只对上负责，而相对忽视下级部门或人民群众

呼声的倾向。实践中部分条线矛盾比较突出，如市院某处室某年度考评，被 3 个基层院打"零"分。这也反映了救济程序的缺乏。

（五）缺乏科学性

这其中涉及可量化与不可量化（质化）的考评问题。由于在考评内容设定时，客观上存在有的项目容易定量，而有的项目难以定量的情况。因此，导致了被考评者将主要精力集中在能够通过定量测评"得分"的项目，而对那些不能定量测评的所谓"吃力不讨好"、"得势不得分"的项目，则"说起来重要，做起来次要，忙起来不要"。相当多的基层院和干警"扒分"意识空前强烈，"以数量论英雄"、"以分数定成败"、"以数字出经验"的片面认识有一定的市场。

关于量化与质化的问题，能量化的均应用数量表示，不能的即采用描述表示（对于一些依靠知识、经验及技能从事创造性的工作，定性考评更重要）。指标应是行为要求，不出现如"遵守法律"、"服从纪律"等无法表现具体行为的术语。如侦查监督部门参与专项整治工作、开拓创新取得的实效，无法量化，要进行评估。量化考评在方式上往往采用月度报表统计方式，质化考评往往以一年或半年、季度为单位，进行检查。

当前检察机关对案件质量的考评办法多种多样，有采取量化考评方式的（其中又可分为机械计分法和权数加减法等具体方式），有采取等级递进制的（其中等级划分标准和等次也不统一）。实践中也存在一些误区，如对结案率的考评、按照办案数计酬等做法带来一些消极影响。判断这几种方式的优劣得失，就要从考评的目的、案件质量的可考评性因素、实践可操作性等多方面进行考察。

（六）激励手段存在狭隘性和肤浅性

首先，对先进单位和个人表彰奖励的涉及面不够广。目前，除两年一度的条线考评、文明单位评选、优秀公诉人、侦查员及办案能手等奖项之外，个案个事奖励、阶段性工作业绩奖励、单项奖励等形式虽有所涉及，但尚未推广，影响力也相当有限。这使得因业务量少、人员少而长期处于中游水平的单位和个人，缺乏争先创优的热情。其次，对一些荣誉称号缺少事后的跟踪考评。有的荣誉称号的获得靠的是突击性的努力而非长效性的积累；有的荣誉称号一旦获得便"终身享有"，不必担心被摘掉。这种不完善的激励机制，诱导了某种只求表面文章，不重基础积累，只求轰轰烈烈，不重扎扎实实，只求一赛成名，不重厚积薄发的浮夸作用。一些单位和个人宁愿抓住关键场合精彩作秀的机遇而不愿在实际工作中开拓创新。这种现象，不但违背了正确的政绩观，而且对检察工作的发展也是极为不利的。

第四节　检察业务工作考评机制的科学构建

构建检察机关业务考评机制，它主要包括分解检察机关法律监督的战略目标到各个业务部门（条线）、提炼关键业绩指标（KPI）、编制业绩考评标准、选择考评方法、确定考评及管理流程、建立具体考评办法。总体目标是要努力构建并形成一个层次清晰、定位明确、各负其责、指导监督有力的条线考评决策和组织实施体系，使业务工作考评真正发挥其应有的作用。

一、分解部门职责及关键业务指标

检察机关法律监督职能的实现，是由内部的侦查监督部门、公诉部门、自侦部门、民检部门、控申部门以及监所部门等分工合作，共同完成的。因此，将检察机关法律监督的战略目标合理地分解到各个业务部门（条线）、科学提炼关键业绩指标，是业务工作考评机制的基础工作，也是考评能否取得实效的关键所在。

具体设定指标上，一是要结合当前检察机关的价值转换，即从专政工具向秩序、公正、人权保障的转变，强调检察官的法定和客观性义务。二是要立足于检察工作的业务特点，探求法律监督所应遵循的内在规律，从工作实际出发，力求简便易行。三是要以对检察官执法水平的考评为中心，以对检察官办理案件的工作实绩评估为重点。四是考评标准上，应选择最重要的，而不是最容易测量的指标。应实事求是，能量化的均用数量表示，不能的即采用描述表示（对于一些依靠知识、经验及技能从事创造性的工作，定性考评更重要）。五是要注重检察官职业素养和职业意识的培育，树立职业荣誉感，使其个人目标与组织目标一致起来，在为检察事业奋斗的过程中实现自我价值，调动其工作积极性，其潜力将是无可估量的。六是进行奖励时，在激励手段上，除了物质性手段，还要注重个体精神上的满足，如工作成就感。下面以图表方式将主要业务部门的主要职责及关键业务指标择要分解如下：

部门职责及关键业务指标分解表

条线	职责分解	项目设置	考评要点
公诉部门	对公诉案件进行审查、决定是否提起公诉	案件质量和效率	无罪案件
			不诉案件
			撤诉案件
			年审结率
		侦查监督	追诉
			向公安机关发出纠正违法通知书，且有对应收文单位书面回复整改意见的
		审判监督	抗诉
			向法院发出纠正违法通知书，且有对应收文单位书面回复整改意见的
		业务评比	获得全国和全市名次的
		综合治理	检察建议、参与专项整治等
		其他	包括基础工作、报表完成、理论调研等
侦查监督部门	行使审查批捕、决定逮捕权	案件质量	撤回报捕数
			复议改捕数
			复核改捕数
			重报批捕数
			错捕赔偿数
			捕后不作犯罪处理人数
			逮捕不当
			法律文书质量
		立案监督	与有关单位和部门建立联系、协作制度
			立案数及其增幅
			纠正行政机关应当移送公安机关立案侦查而不移送的案件
		业务评比	获得全国和全市的名次
		综合治理	检察建议数
			未成年人犯罪检索的效果
			参与专项整治
		侦查活动监督	追捕
			纠正违法通知
			纠正违法

条线	职责分解	项目设置	考评要点
控申部门	稳定工作和对内外监督制约工作	稳定工作	做好息诉工作或无越级访和进京访
			首办质量不高或隐瞒情况，酿成重大治安问题或群体性事件，造成严重后果的
		办案工作	办理复议自侦部门不立案案件、刑事申诉案件、刑事赔偿（确认）案件数量及质量情况
反贪部门	对国家工作人员利用职权实施的非法拘禁、刑讯逼供、报复陷害、非法搜查的侵犯公民人身权利的犯罪以及侵犯公民民主权利的犯罪进行立案侦查	办案质量	线索查结率
			初查成案率
			立案总量
			大、要案率
			结案率
			移送起诉率
			有罪判决率
			强制措施
			安全防范
		其他	参与市院反贪局组织的侦查人才库成员调用、协作活动
			被市院记功表彰
			侦查协作
			追逃
反渎部门			可参照反贪部门
监所部门	对刑事判决、裁定的执行和对监管改造场所的活动是否合法实行监督	监管活动检察	对监管活动中的违法情形，口头纠正数、发《纠正违法通知书》数和发《检察建议书》数
			安全事故失职、失查
		羁押期限检察	发现超期羁押并提出纠正意见数
		监外犯罪检察	发现缓刑、假释罪犯违法行为，依法提出检察意见数
		办理案件	深挖犯罪线索数
			办理劳教人员申诉控告案件
			办理属监所部门直接受理的职务犯罪案件数
			发现公安机关应当立案侦查而不立案侦查的案件数
			纠正劳教审批部门决定劳教错误

条线	职责分解	项目设置	考评要点
民行部门	民事行政诉讼检察监督	办案工作	建议提请抗诉、提请抗诉案件数以及法院再审改判或发回重审数
			检察建议采纳
			息诉工作
		其他	调研、统计、信息宣传等

上述仅作为一种思路提出，具体内容的设置也仅供参考，具体的还要深化研究，以做出科学的、符合实际的、可行的业务指标分解表。

二、编制业绩考评标准

要及时确立准确的评价指数。各项评价标准的设定，要充分体现检察机关的职能特色和强化法律监督、维护公平正义的要求以及质量效率并重的原则，要符合本市检察机关建设发展的总要求。

（一）分值的设定规律

绩效考评标准的确定应根据工作的性质、任务难度、工作目标和环境等因素综合考虑，同时对于已经确定的考评标准给予不同的权重，这样制定出的标准的客观性、公正性较强。同时在导向上还要考虑既要重点引导，又要均衡发展，即既体现考评的导向性又兼顾考评的全面性，最终是根据检察监督的需要来设定（前提是能量化的项目）。在计算方法上注意计分的合理性与科学性，将绝对数与相对数、加分制与减分制相结合。

1. 重点突出法

即设定不同考评项目，重点项目所占考评分值比重相对大一些，其他项目所占比重相对小一些。如民检部门办案工作占总体考评分数的70%。侦监部门为体现高检院第一次侦查监督工作会议所确立的"三项职责和八大任务"工作职能和工作要求上的变化，强化立案监督工作，突出了对在诉讼监督中立案监督单项工作有成绩的肯定。在未检工作考评办法中专门将立案监督工作从法律监督工作中单列出来，与办案质量、侦查、审判监督，特殊检察和综合治理并列作为一个独立的考评项目。

2. 工作平衡法

为使各项工作平衡发展，各条线总结经验，采取项目分列，分数封顶的做法，引导各单位重视各项工作，保持均衡发展。

如公诉条线，每个考评项目设定最高分，如侦查监督工作最高分值是 15 分，案件质量和效率项目最高分是 30 分。该项工作做好，最高也只得该项目最高分，其余单位得分按照实际得分 × 项目最高分 ÷ 该项目最高得分单位的得分的公式进行计算。避免了过去不规定单项最高分，有些单位甚至一个单项工作就可能拿到总体考评的最高分，甚至为"扒分"，而故意侧重某一单项工作，导致整体工作发展的不平衡。

侦查监督条线为倡导各项业务项目全面发展，防止部分区院钻考评空子导致某个或部分业务项目片面发展而出现"扒分"现象，在未检考评办法中设立项目得分封顶，以引导未检工作均衡全面拓展。立功和嘉奖的条件，规定两年一度的评比既要看总分，又要看单项考评成绩，立功的，至少在案件质量效率和涉诉监督项目上排名居前三位且不能有排名后二位的项目；嘉奖的在案件质量效率和诉讼监督项目上至少要有三个项目累计年度排名前五位且不能有排名末位的项目。

3. 地区平衡法

考评中涉及一个地区平衡问题。因为各区、县在面积、人口、经济等各方面的不同，各区县院情况各异，因此在考评中就不能以绝对的量化指标来进行衡量。为调动所有地区工作积极性，各条线所采用的方式各有特色：

一是公诉的相对分数考评模式。

如在审判监督项目中规定的考评方法：

第一步：所有抗诉分相加为抗诉绝对分

第二步：抗诉件数 ÷ 审结件数 × 100% = 抗诉率

第三步：抗诉绝对分 × 抗诉指数 = 抗诉比例得分

第四步：抗诉绝对分 × 50% + 抗诉比例分 × 50% = 抗诉得分

第五步：抗诉得分 + 纠正违法得分 = 审判监督得分

第六步：设审判监督最高得分 = 项目分值满分（20 分）

　　　　　其他单位项目分值为 X

　　　　X = 其他单位得分 × 20 分 ÷ 审判监督最高得分

为兼顾中心城区院与郊区院不同的受案特点，体现考评的科学性，将原来的比例分改为比例分与绝对分各占 50%。公诉有部分基层院提出，对案件质量考评、诉讼监督考评可按照大小区分别考评，因受理案件数量不同会对考评产生影响。市院公诉处调研后认为，有的案件质量问题，如无罪、撤诉等案件及公诉庭的质量与受案数无关，无论受案数多少，都不能降低标准，因此未予采纳。诉讼监督考评中的审结率、追诉、抗诉数，确实会受到受案数及相关因素的影响，但分大小区分别考评可能削弱这类工作，因此，对这项工作采用了相对分数考评制。

二是侦查监督的平行分组考评模式。

为更好地发挥考评机制的作用，调动各单位工作积极性，侦查监督条线根据部门办案数量少的单位意见，按照各单位办案数量来划分参评考评范围，依据各区、县院三年的办案审结数将全市 19 个区、县院侦查监督科分为两个大组，分别进行考评，每组按上述考评要求，分别设立 3 家优胜单位，其中年平均办案审结数 600 人以上的为 A 组，其余为 B 组。大大调动了办案数量少的单位的工作积极性。但会使原来办案数量处于中等偏上的单位失去机会。

未检条线没有参照侦监条线根据各单位办案数量多寡进行分组考评，其目的在于，未检工作导向主要不在鼓励多办案件上，而是重点要引导各单位对未成年人特殊检察和开展综合治理上，因而不分组考评。

对于按照办案数量分组考评的办法，笔者认为应辩证看待。即应看考评导向是什么，如果是需要引导鼓励多办案件，则应成为考评依据，否则不可。如未检导向是对未成年人特殊检察和开展综合治理上，则不进行分组考评。

三是民行的个别加分模式。

每项工作内容都有明确的计分标准，在考评上既坚持标准统一，又适当考虑各地区民事诉讼案件的数量，对民事诉讼案件偏少的地区，如崇明、南汇、奉贤、青浦区院，在受理案件和抗诉案件的考评标准上，适当提高分值，以尽可能缩小差距促平衡发展。

四是研究室的人数平均模式。

调研工作考评总分以人均分计算（调研工作绝对分÷全院干警人数）。这与办案数量等关系不大，单位人数多，相对而言，撰写调研的人员也多，以人均计算相对合理。保证在同等条件下竞争，相对合理公平。

五是反贪局的纵向平衡模式。

如反贪部门在考评办法中规定，为推动反贪工作平稳健康发展，考评办法强调数量与质量并重，在坚持质量要求，体现办案水平的前提下，将依法加大力度，保持一定的办案数量规模作为考评的重要依据，明确提出"立案总量达到本局前三年平均办案水平或侦查岗位人均办案数达到 1 件"，作为部门评先进的一项准入条件。

（二）具体指标权数衡量的几种方式

1. 一般扣分制

对每一项目下的具体考评指标，一般规定该指标的满分分数，该指标没完成或完成有瑕疵的从中扣相应的分数（如反渎部门规定，因收集证据不全面，导致认定的重要事实、量刑情节被变更的，或指控的渎职罪名被否定的，或定性明显不当，罪名被变更的，每件扣 10 分）。各指标的分值设定要有充分依据。

2. 加分制与减分制

特别的减分：对具有刚性要求的工作采用扣分制，如对无罪、撤诉、差错案件、出庭公诉成效、基础与培训等工作。

其方式按照严重程度排列如下：

一票否决制：如反渎职侵权部门当年所办案件，具有《质量考评办法》第 24 条规定的情形之一的，该部门当年办案质量为不合格。

无罪、不起诉、撤销案件的比例超过二年立案总数 40% 的为质量不合格；超过 30% 的，降二位排序；超过 20% 的，降一位排序。

特别的加分：对反映工作成效的项目，采用加分制，如刑事诉讼监督、调研、业务竞赛等。特别的加分项目应当按照高检院的要求严格控制，主要限于办案工作和改革创新的规定，加分面不宜过宽，加分值不宜过高。

如反渎职侵权部门规定：立案侦查的案件均符合《质量考评办法》第二章规定的标准，且办案总数在全市平均办案数量以上的单位，并具有下列情形之一的，该反渎职侵权部门案件质量可总评为优秀：一是个案质量优秀占办案总数 40% 的以上的。二是立案案件的有罪判决率及案件事实、定性的准确率列于全系统前 5 位的。反渎职侵权部门办案质量总评以评比年度（即两年）办案数量为基数。凡质量总评为优秀的，在原有排序上可推进一位。

3. 绝对分与相对分

关于考评案件数量与质量之争。一种观点认为，应将办案客观数量作为考评的依据，办案数量多，分数多，办案数量少，则分数少，即所谓机械加分法。另一种观点认为，办案数量不能成为考评的依据。理由：一是办案数量同其他工作的数量一样，确实反映了承办部门、承办人员为此付出的工作量，理应得到尊重，但公正执法、依法办案的要求对检察工作来说，立足点还是应当在办案的质量和效率上。因此，检察机关的办案工作要讲办案数量，但更重要的还是要通过质量和效率来反映这种数量的存在。即数量主要应当取决于严格执法的主观能动性，如民行抗诉的案件，刑事立案、侦查、审判、执行监督的案件，甚至是自行立案侦查的案件等，就应当通过考评予以肯定。二是其他的办案数量，由于不是单纯依靠主观努力就能决定的，还要受到所辖区域内经济、文化、人口、地理等多方面因素的制约，在各地区发展不平衡，因此涉诉案件数量是不相同的。因此，不能以办案客观数量多少来单列考评，而是结合案件审结率，以办案效率的形式进行考评更为合理。案件审结率在对条线的考评中，应作为重点实现对办案效率的考评。

笔者倾向于第二种意见。解决办法：对与办案数量无关的考评项目，采用绝对分值，如确有质量问题的无罪、撤诉、差错案件和公诉庭等，由于这类项目无论数量多少，都不能有丝毫马虎，因此采用绝对分值比较合理。

对与办案数量有关的考评项目，采用相对分值。如案件的审结率、追诉数、抗诉数、纠正违法数，由于这类项目的得分，确实受到案件受理数的大小以及公安机关、法院对案件质量把握的影响，因此采用相对数，既能兼顾中心城区院与郊区院不同的受案特点，又能体现考评的科学性。

这个问题在实践中也有争议。基层院控申部门对原控申办案案件分值，存在两种意见：第一种意见认为，案件来源是根据当事人的控告申诉，案件数量不是靠主观努力就能提高，所以办案数量不能衡量一单位的工作效果，而且，以办案数量衡量一单位的工作，大区小区因案件来源不同容易造成考评工作的不公正。第二种意见认为，办案数量多，工作量多，也应适度加分。控申经研究总体把握上认为，控申办案工作应当从数量考评转变到案件质量的考评上，但同时也要考虑到案件数量也反映一个单位工作量，控申工作考评标准将原来受理案件得分1—2分修改为得0.5分，降低了办案数量的得分，而对错案加大扣分力度（扣5—10分），从而使控申办案从片面追求数量向追求质量发展。同时，为了防止有案不办情况的发生，对有案件不办予以扣分（扣20分），还增加了办理刑事申诉复查案件立案率的考评。

4. 坚持考评标准的相对稳定性

鉴于考评手段固有的引导和激励作用，又由于考评体现了工作的实绩，各级院都十分重视和关注这项工作，为此，为保证工作的健康平稳发展，便于掌握和操作，保证考评标准在一个阶段内的相对稳定不仅十分必要，而且也较为合理。同时，根据社会治安形势和政策调整，对考评标准的调整和分值应当适当微调，但必须听取条线内各级部门意见，通过意见的汇总和论证、形成新一年的考评标准。

三、选择考评方法、确定考评及管理流程

检察业务工作考评机制属于对条线业务工作的考评，实际上是市院通过业务处室来实现的，但最终应作为一个整体，共同为检察机关实现法律监督职能而服务。因此，在业务工作考评机制中，就存在一个各个业务条线之间的统一性与区别性的问题。由于各个业务条线所负责的具体业务是不同的，因此在考评项目分解、具体指标的明确，以及考评标准的厘定，都会有所不同。但由于这些业务的目的归根到底都是实现检察机关的法律监督职能，因此在考评机制中还存在一些需要统一的地方，主要包括：一是统一指导思想，统一原则；二是统一考评程

序；三是要体现办案规程中互相联系、配合、制约的地方；四是结果方面要兼顾到可比性，等级要统一。

（一）考评程序的统一

本着简明扼要，简单易行，增强可操作性的原则，有必要将各条线的考评程序统一，以节约资源，提高效率。同时，法律监督的内在统一性，为考评程序的统一提供了内在的基础。

各级检察院应成立业务工作考评领导小组，检察长为组长，党组副书记或常务副检察长为副组长，其他副检察长、党组成员和检察委员会委员为考评领导小组成员。在考评领导小组的领导下，下设考评工作办公室，可设在政治部，负责执法质量考评日常工作，如制定年度考评方案、对考评中发现的有关问题进行督办等。基层院考评领导小组主要负责本院的检察业务考评工作，督促办案人员开展自查，对重点案件、重要执法环节进行跟踪督查，随时检查，同时配合上级院做好复核和抽查。

执法质量考评方法以上报业务数据、信息为主，结合查阅案件卷宗、调查走访、开座谈会等方式进行。各级院准备好年度考评方案，收集掌握考评单位干警违法违纪举报查处情况和有关数据统计资料，到上级院各业务处、同级公安机关、人民法院、司法局、发案单位走访，开座谈会了解相关情况。同时，应明确规定检查案件的程序和方法，以及对考评过程中的评分确定、争议解决程序等。争议解决应由政治部具体负责调查，由业务工作考评领导小组最后决定。

（二）各部门在考评中的定位和职能

市院政治部除了需要对自身条线进行考评以外，还承担着两年一度考评评比表彰的职责，指导协调条线考评工作和运用考评结果是其重要任务。需要做好的有关工作：

1. 做好条线考评工作的程序性规范和基础管理工作

根据高检院《基层检察院建设考评暂行办法》的有关要求和几年来条线考评的成功做法，制定《上海市检察机关条线量化考评的程序规定》，对条线考评的必要项目、考评办法、公开反馈等作出明确的规定，作为条线考评工作的程序法，使条线考评更加规范化，避免随意性。

2. 政治部要分清与市院业务处室在条线考评方面各自的职责

要把握条线考评基本情况和存在不足，要协调好市院处室与区县院在条线考评中的关系，在研究如何通过考评，帮助形成正确的政绩导向上下工夫，可以对有关条线的考评办法提出参考建议，共同协商。同时要给实施条线考评的部门留有必要的空间。其中要将各部门所应承担的全院性工作内容纳入考评体系，打破部门和条线分割，实现检察资源共享。

3. 及时收集各条线阶段考评的结果

积累资料，为两年一度的考评评比表彰先进检察院、内设机构立功嘉奖等奠定基础，使两年一度的表彰根据扎实，程序科学，更具有权威性。同时应探索加强对个案、个事、阶段性工作、单项、特色工作的及时考评和奖励；注重考评结果的事后追踪考评。从表彰奖励、必要的物质条件等方面保证专业队伍的稳定性，逐步扭转"官本位"对队伍专业化建设的不利影响；完善优秀公诉人、优秀侦查员、业务能手的选拔考评机制，在突出个人特长的同时，更多关注综合素养的积累和提高，改变"一赛成名、一劳永逸"的选拔和管理模式。

市院监察处、研究室要积极发挥监督、服务作用。构建业务工作考评体系，要有指导监督，可考虑结合正在开展的检务效能监察，对条线考评各自进行监督考察，这样有利于使检务效能监察有具体抓手和切入口，又能由上而下，拓展考评监察的途径和方法，通过监察条线考评，促进考评各自公正、公平和公开。研究室通过办案督查、预警工作，案件质量检查，为业务条线的考评工作提供必要的信息。

市院各业务部门是代表市院对区县院进行业务工作考评的，是条线考评办法的制定者和实施者，对于条线考评的成效承担着重要的职责，在考评工作中应当考虑以下几点：

在思想理念上对考评的功能要有科学的认识，考评是市院加强工作指导，推动工作发展的措施之一，是手段而不是目的，不能过分依赖考评来开展和推进工作。

考评实施中要做到公平、公正和公开，特别是公开，一定要规定定期公布反馈程序和方式，这是基层院的普遍要求。对于基层院有关考评的意见和建议要充分听取，认真研究，合理的在修改考评办法时应予吸收，不尽合理或暂时做不到的，要予以解释说明。

重视过程，在考评运作过程中下工夫，运用考评推动工作。要通过考评及有关情况的分析，及时发现基层部门工作中存在的问题，有针对性地进行指导，切实发挥条线考评在指导推动工作中的作用，同时也使基层部门对市院的条线考评更加认同和配合。

（三）考评方式的综合运用

在考评方式上，应将自评自析、互评和点评相结合，达到最佳考评效果。

自评：如反贪部门规定，对办案程序、办案作风上存在的问题，确属自行发现并主动纠正的，原则上不影响评先进资格的取得。如此既有利于整体上激发工作热情，保护全体干警的办案积极性，又有利于提供自查自改、继续争先创优的机会。

互查：如市院研究室每年将各基层院研究室主任组织分成若干个小组，由市院研究室领导和有关科长分别带队，对各单位不能量化的工作按设立的内容和分值进行检查考评。对一些不可量化的考评项目，运用该法可以比较直观地了解掌握情况，相互对比，实现质化考评。由市院业务处审核认可，如公诉听庭评议，由市院组织分院、区县院代表参加的考评小组进行考评。

在考评过程中，对于考评主体存在着主观考评（人际考评）与客观考评之争，笔者认为，其中首要的一点是，被考评者要作为考评主体作自我考评，以避免单纯由其他考评主体因晕轮效应、趋中效应、近因效应及对比效应等所带来的偏差，也增加了被考评者的申诉机会，为以后反馈准备条件。同时应将被考评者工作对象的反馈意见纳入考评体系。应多头考评，以保证考评的客观公正。同时，在确定考评标准、实施考评检测、落实考评奖惩等活动中，也应使被考评者参与其中，包括合理采纳被考评者的建议与意见，考评结果向各单位通报，有关数据各单位也可查询，真正做到民主、公开、公正。如侦查监督处在考评过程中增加了透明度，在其考评办法中，关于案件质量检查考评方面，邀请各区县院代表检查打分（问卷设计的语言描述应清楚明确，并且与打分内容一致，分数递进的逻辑应该清晰，否则，打分者倾向于只选择一两个分值，这将使打分结果出现"趋中效应"），将考评结果向各单位通报，有关数据各单位也可查阅；针对特殊检察，综合治理项目没有量化考评参数，部分区县院对考评得分公平、公正有疑问，在未检考评过程中，进一步加强规范，完善内部考评机制，并采用动态的过程监督，以提高考评的质量和公信度。

在考评方式中，还要引入外部评估机制。要真正实现考评的公平、公正和公开，就要有外部考评意见，尤其是人民群众的意见的介入。我们的工作，要以人民拥护不拥护、赞成不赞成、高兴不高兴、答应不答应作为最终的检验标准；"三个代表"重要思想，也以代表最广大人民群众的根本利益为最终要求；科学发展观提出以人为本，最终也是要把人民的利益作为一切工作的出发点和落脚点。这也要求我们在构建业务工作考评机制时，要引入外部监督机制，真正将检察工作置于人民群众的监督之下。为此，我们应将人民监督员对职务犯罪案件撤案、不诉、不服逮捕复议意见作为外部考评的重点，纳入业务工作考评机制当中，同时，还要把诉讼参与人的反馈意见，公安、法院等司法机关的评估意见，以及人大代表、发案单位、新闻舆论的意见等，作为考评的重要参考依据，以督促检察机关在工作中切实做到想人民群众之所想、急人民群众之所急，情为民所系，利为民所谋，真正实现法律效果、政治效果和社会效果的有机统一。

后　记

在喜迎伟大祖国母亲六十华诞的日子里，我终于完成了本书的编著工作，也完成了我的一个心愿。

我是 1980 年开始从事检察工作的，30 年的检察工作经历，让我对中国检察制度有了更深刻的体味。基层检察院繁忙的工作，让我不能像科研院所的研究人员那样从事专门的学术研究。但是，对检察事业的满腔执著和坚定信心，不断鞭策着我充分利用挤出的时间进行阅读和思考，去延续那份学术憧憬和热情。

由于经济基础、政治制度和法律文化等原因，不同法系国家甚至同一法系国家在检察制度方面存在很大差异，我们不能机械地照搬国外的做法和简单地"与国际接轨"。改革和完善中国的检察制度，必须以中国的社会传统和现实国情为基础。实现中国检察制度的科学发展，离不开工作创新和机制完善。正是基于这样的考虑，我开始了研究的历程，并为之倾注了大量的心血。

应当说，本书的出版汇集了我近年来的主要研究成果。当然，其中有不少内容借鉴了本院承担的最高人民检察院、上海市人民检察院等重点课题的一些成果。我的同事王戬、刘晶、王喜娟、顾文虎、秦天宁、黄汉勇、顾文、周子简、王天正、刘伯嵩、毛文静、郁铭华、杨伟、赵琪昊、张曦、金霞、韩东成，华东政法大学王俊民教授、苏晓宏教授、孙剑明副教授、研究生张琪参与了这些课题的研究。在此，一并向他们表示由衷的感谢！

罗昌平

2009 年 10 月